中国村落发展史研究系列

中国古代村落文化研究

马新 著

商务印书馆
The Commercial Press
创于1897

本书系

国家社会科学基金重点项目“中国古代村落文化研究”（12AZS003）
及山东大学考古与历史学一流学科建设资助项目

序　言

中国古代村落所产生与传承的文化内容丰富,特色鲜明,既蕴含着大量的原初文化要素,又不断生成或演化出新的文化形态,对中国农耕文明产生着源源不断的补充、滋润与影响,它既是中国农耕文明的有机组成部分,又是中国农耕文明发展中最为重要的本源。但是,长期以来,学界对于中国古代村落文化缺少应有的重视,多将村落文化视为民间文化的一部分,注重其原始性和民间性;即使为数不多的对中国古代村落文化的研究,也多以正统的中国传统文化为纲,对村落文化的有关史料与记载进行自上而下的阐释,可谓是中国传统文化的乡间版;研究视角所及,也多属于上层文化或精英文化在乡村社会的影响与表现,看不清村落文化的本相,更无法把握其特色与实质。这必然导致我们对中国古代村落文化研究的不系统、不全面,不能完整、客观地把握中国古代村落文化,当然,也必然影响到我们对中国古代社会的认识与把握。

如果我们立足中国式话语体系,在农耕文明的视野下,对古代村落中的各种文化现象进行挖掘与整理,便可发现,中国古代村落文化中有许多被我们误解或忽视的内容,而这些内容对于认识中国古代农耕文明中蕴含的优秀传统文化基因具有重要价值。

基于此,我们立足村落内部对村落中的各种文化现象进行挖掘与整理;而后再将其置于中国古代农耕文明的大背景中,自下而上探寻其特性、价值与影响,既为中国古代村落文化画像,又为中国古代村落文化传神,以丰富和完善中国古代社会与农耕文明的研究。

在这样一种视角下进行的研究,尽管筚路蓝缕,但也颇有以启山林的收获,取得了若干对村落文化的新认识、新判断,有些认识或许是颠覆性的。就其大略而言,主要集中在以下方面。

第一,在这一视角下,我们发现,随着佛教的传入、道教的形成,儒、释、道成为社会信仰的主流,村落社会中的原生信仰则往往被认作原始信仰的遗存或流变。但是,认真梳理与研究之后我们却发现,村落中的民间祠庙仍是最为普遍的存在,古代村落民众信仰的主体依然是传承而来的各种神灵。它们不仅未被儒家教化所一统,也未被寺庙宫观所征服,反倒将众多的佛教神灵与道教神灵俘获,纳入自身固有的神灵信仰体系中。

中国古代村落的神灵信仰体系是一种包容所有神灵的全神信仰,在全神信仰这一大体系下,各地区、各村落乃至各家各户又根据自身不同的需求,对各神灵进行选择与组合,形成千千万万种各具特色的信仰系统与神灵组合。由于宗法性传统宗教对昊天上帝的垄断,村落中的神灵信仰便缺少了至上神。但是,在宗法性传统宗教的辐射下,至上神并未离开村落民众,而是以另一种形式——使者——存在着。这个使者就是历代王朝的"天子"。他们作为上天之子,代天立言,通过教化与政令,向村落居民昭示着昊天上帝的存在。

因而,中国古代村落中的信仰世界并非真正被儒、释、道占据,神灵信仰体系是中国古代村落信仰的主体,它是中国古代宗法性传统宗教的重要组成部分。

第二,在这一视角下,我们还发现,自两汉以来,以纲常礼教为主题的面向全体民众的教化,一直是历代王朝治国的重要着力点,这是村落文化的一个重要方面。但是,在村落文化的发展与存续中,纲常礼教究竟起到多大作用,拥有多少空间,教化对村民们的制约与管束又有多少实际效果,值得我们重新审视。

在村落文化的发展与存续中,王朝官方的教化与村民原本的"野性"之争长期延续,最终的结局是:教化并未征服"野性",而"野性"也未推翻教化,从而形成了独特的村落二元文化景观。比如,对于兴起于城市的戏乐表演,正统教化一直认为其有违礼教,属于"淫乐",并再三禁断,尤其严防其下乡入村。

但实际上并无多大效果,恰恰自此以后,各类散乐优伶到乡村者不断增多。宋代陈淳恳请漳州地方官加以禁断,结果是禁不胜禁。又如,中国古代村落中盛行多神崇拜,各种祭祀名目繁多,凡超出官方认可范围或有悖官方许可的祭祀方式,均被视为"淫祀",或严加禁止,或从严制约,但往往都是有始无终,无法规范或制止各种祭祀。

这些足以说明教化与"野性"之争的特性:官方的教化代代倡导,影响着村民的精神文化生活;但村落间的"野性"也一直未被驯服,被官方视为"淫戏""淫祀"的村落原生文化层出不穷,同样是村民精神文化世界最为重要的构成。两者有冲突,但更多的是并行不悖的兼容。

第三,在这一视角下,我们还发现,宗族与宗法是乡村社会最重要的社会存在。以往我们重点关注其在村落社会中的消极影响,关注族权对村落百姓的束缚与压迫。但是,宗族与宗法在村落共同体的发展与存续中所起到的积极作用同样不能忽视。在村落共同体的秩序协调、亲情凝聚、文化向心等方面,以宗法血缘关系为基础的宗族与宗法起到了不可替代的作用。比如,宗法血缘关系中的亲情认同,在聚族而居、聚族而葬的基础上得到充分发展,"敦睦宗族"是乡村各宗族的宗法通则。

而且,中国古代村落的宗法文化并非只重血缘亲情,而是有较强的规则意识。比如,族规家训多为族人子弟树规立制,亲情爱敬与戒规是两项基本内容。亲情爱敬即"循其名分""相爱相敬"①;戒规中最常见的内容就是要族人们勤俭守道,还要求为官者不得受贿,农民不得窃田水,工匠不得造售弊伪器物,商人不得酒色浪费,等等。因此,在中国乡村社会的发展中,宗法与族权对村落秩序的规范与协调也是一个不容忽视的内容。家法族规以及宗亲族人对村民们的约束力远大于国法。凡有触犯者,或被族法惩治,或被宗族相责,最

---

① 章廷玉纂修:《上虞雁埠章氏宗谱》卷一四《家训二十四则》,民国十四年(1925 年)星聚堂校印本,第 2/b—3/a 页。

为严重的是被认定为"玷辱祖宗""贻羞戚族"①，在族内无法立足。中国古代乡村社会中良好的村落秩序与风尚，与宗法亲情的制约有着难以割舍的关系。

第四，在这一视角下，我们又发现，中国传统村落中的生活并非只是"面朝黄土背朝天"，村落中除了生活的勤苦与艰辛外，还有其乐融融、天然率性的文化娱乐生活。而且，村落中的娱乐往往与生产或祭祀密切关联，是生产或祭祀的组成部分，是村落精神世界不可缺少的单元。

中国古代村落的祭祀之际就是村民的娱乐之时，人们在娱神的同时，也实现着自娱。如《淮南子·精神训》记汉代村落祭社时称："今夫穷鄙之社也，叩盆拊瓴，相和而歌，自以为乐矣。"②在中国古代村落中，农业生产同样是娱乐的重要源头。如古代农业生产中所流行的秧歌、田歌与山歌，一直是村民们重要的排遣休闲、释放自我的娱乐方式。这种伴农作共生的娱乐具有极强的生命力和感染力，丰富着辛苦劳作的村民们的精神文化生活，源源不断地补充与推动着中国古代文化的发展。

第五，在这一视野下，又可以发现，中国古代村落中的农民并非"一盘散沙"，而是具有较强的合作意识与集体精神。中国古代村落自产生起，便有着较强的共同体特征，在长期传承发展中，村落中的公共活动与公共事务一直较为丰富，既有祭社、祭神、驱傩、求雨、腊祭等祭祀活动，又有修路、架桥、凿井、建房等公共事务，还有春节、上元、清明、端午、中秋等各种各样的节庆娱乐。对于村落的公共活动与公共事务，村民往往普遍参与。以祭社为例，自先秦时期，人们便"唯为社事，单出里；唯为社田，国人毕作"③。这种做法一直延续到明清时期，祭社之际，村民会倾家而出，参与其中。

早在西周井田制下，中国古代的农民们就进行着集体性的劳动。战国、秦

---

① 同治七年广东顺德《文海林氏家谱·家规》，转引自李文治、江太新：《中国宗法宗族制和族田义庄》，社会科学文献出版社 2000 年版，第 309 页。

② ［汉］刘安编，何宁集释：《淮南子集释》卷七《精神训》，《新编诸子集成》本，中华书局 1998 年版，第 541 页。

③ ［汉］郑玄注，［唐］孔颖达等正义：《礼记正义》卷四六《祭法》，《十三经注疏》本，中华书局 1980 年影印版，第 1590 页。

汉以来,土地制度发生了巨大变化,由井田制、授田制而转为农民的小土地私有制,农业生产也由大田集体劳作转为个体小农劳作。但村落的基本结构并未改变,村民们仍然是邻里相望,"鸡犬之声相闻"[①],彼此间的联系与往来十分密切。村民自发的劳动合作习俗一直延续下来。其方式或者是在农忙时节的集体耕耘,村民们在统一组织下,以秧鼓助力,活跃气氛,提高效率,其中也包含了互助、换工等方式;或者是生产互助而结社,汉代即有"民或十家、五家共为田社"[②]的记载,汉以后村落中的生产互助性结社多为专门性结社,如唐宋之际的渠人社、元代的锄社等。生产合作中所体现的集体精神是古代村落文化的重要特色。

第六,在这一视角下,同样可以发现,对于中国古代村落文化,以往多认为弥漫着小生产者的"封闭",是"民至老死不相往来"[③]。其实,中国古代村落文化中充满着浓厚的乡邻之情,邻里守望是其突出标志。邻里守望表达的是一种以地缘为基础、以农耕和村落为背景的人际关系。浸润在村落日常生活中的邻里守望,不仅是一种伦理要求,更是农民日常生活的需要,也是村民精神与实际生存的相互依托与互助。《孟子·滕文公上》对这种乡邻关系做了高度概括:"死徙无出乡,乡田同井,出入相友,守望相助,疾病相扶持,则百姓亲睦。"[④]两汉以来,儒家伦理文化的倡导与中国古代村落的现实相结合,使传统的邻里相望逐渐内化为乡里民众的价值取向,规范和引导着村落民众的生活,村邻间的守望相助相沿成风。

除上述内容外,我们对中国古代村落文化中蕴含的其他文化现象也进行了较为深入的挖掘。比如,在婚丧礼俗方面,村落之中并非因循保守,而是因时因地而异,根据现实条件与环境影响,具有较强的变通性;又如,在教育文化

---

① [魏]王弼撰,楼宇烈校释:《老子道德经注校释》第八〇章,《新编诸子集成》本,中华书局2008年版,第190页。
② 《汉书》卷二七中之下《五行志第七中之下》,中华书局1962年版,第1413页。
③ [魏]王弼撰,楼宇烈校释:《老子道德经注校释》第八〇章,第190页。
④ [清]焦循撰,沈文倬点校:《孟子正义》卷一〇《滕文公上》,《新编诸子集成》本,中华书局1987年版,第358—359页。

方面,并非以科举为唯一导向,村落教育中有大量的实用性与应用技能的内容,其教育方式也灵活多样,这是农业生产技术与生产经营不断发展的重要保障;再如,中国古代村落中的农民也并非如后人所言只是自私的小农,而是具有很强的集体精神与浓厚的家国情怀,其忠君爱国之情不仅高于城市民众,而且,与欧洲同期小农相比较,后者更是不可同日而语。

需要说明的是,中国古代村落文化中的丰富内涵,独具个性,这使其在中国传统文化乃至世界文明与文化发展史上具有重要地位。与中国传统正统文化相比,两者虽然都植根于农业文明与农业文化,但正统文化在形成与发展中不断地官方化、精英化,越来越远离其本源;村落文化则一直环绕着本源而发展,仍保有着农耕文化的原生性,是一种原生文化。与之相比,正统文化也可以说是一种次生文化或亚型文化。

与中国传统市民文化相比,中国古代村落文化具有鲜明的农耕文化特性,而中国传统市民文化却特色不足,是正统文化、村落文化与工商文化的混合体;中国古代村落文化是一种具有完整内涵和鲜明特性的主体文化,而中国传统市民文化则一直未形成独立、稳定的文化形态,具有很强的依附性和不确定性。其根源在于中国历史上的市民群体形成较晚,且一直未形成完整的市民阶层,缺少自有的价值归宿与文化自觉,处在正统文化与村落文化的制约与浸润中。

中国古代村落文化在中国传统文化的发展中所体现的价值与影响,更应引起我们的高度关注,值得我们认真对待。

首先,中国古代村落文化既是中国传统文化的源文化,又是源远流长的主体文化,对于任何外来文化,都具有强大的吸纳与消解能力,从而使中国传统文化历数千年而不失其本。以佛教的传入为例,佛教传入中土不久,便迅速扩展,大有兼并诸派之势。但在其扩展的同时,村落信仰的功能与特色又不断消解其宗教特性,把佛教中的佛与菩萨等转化为村落信仰中的诸路神灵。此后传入的其他宗教之所以未在中土繁盛,与之也不无关系。当然,我们并不否认正统文化对宗教的抑制作用，只是意在说明，村落文化的这一价值不应被忽视。

中国古代村落中存留着大量的原始文化基因，从原始信仰、神话传说，到原始艺术、婚丧习俗、节庆娱乐等等，都有众多的未被正统文化驯化的由远古而传承的文化内容，这些"野生"基因不断注入中国传统文化的相关内容，不断激发其活力，如民间歌谣对于诗歌之发展，村落赛神活动对于戏曲之发展，民俗民风对法规礼制之发展，等等，其作用是无法替代的。

其次，中国古代村落文化在中国传统文化结构中具有特定的地位与价值。按照当代文化范畴的划分，中国传统文化由正统文化、民间文化构成，民间文化又由村落文化与市民文化组成。从中国历史与文化的实际情况看，中国传统文化应当是一个三角结构，正统文化、村落文化与市民文化各据三点，互相联系，互相制约。其中，村落文化是正统文化与市民文化共同的基点，通过种种途径，包括通过乡村人口源源不断地进入上层社会和城市，持续传递着村落文化的影响。

遗憾的是，中国古代村落文化的这些价值与影响，尚未引起学界应有的重视，故而我们以"中国古代村落文化"为题，申请了国家社科基金重点项目，获准立项后，即全力投入相关研究中。寒去暑来，历时七年有余，史料的散落与匮乏，理论前置之不足，诸多问题时时拦在我们面前。我们曾设想走一条常规之路，即按照民间文化和民俗史的习惯模式，收集整理关于村落文化的有关资料，分门别类归纳与叙述村落文化的种种事项及其发展过程。如是，可以完成一部系统的《中国古代村落文化史》。但是，在一步步的研究中我们发现，中国古代村落文化领域，最为缺乏也最为紧迫的是对其特性、价值与地位的研究。因此，在较为系统地梳理中国古代村落文化各事项的基础上，我们重点对此做了更深一步的探讨，形成了《中国古代村落文化研究》一书。

马　新

2021 年 3 月于山东大学

目　录

第一章　中国古代村落的宗法文化

宗法文化是中国古代社会的一大特色,它植根于中国古代村落共同体中,以对宗法血缘关系的认同和维护为基本内容,影响着中国古代社会的走向和中国传统文化的发展,它既是中国古代村落文化的重要组成部分,也奠定着古代村落文化的基础,制约着村落文化的发展方向。

一、古代村落居民的宗族聚居意识

宗族成员的聚族而居,是中国古代村落发展的重要特色。自村落形成到近世之演进,其宗法血缘关系的内核一直沿袭未改。这其中原因,既有历史的传承,又有经济结构与社会结构的制约,同时这也是宗法意识的物化结果。当然,村落中的宗族聚居又无时无刻地不在强化、保障着宗法意识与宗法文化的传承及发展。

1. "聚族而居"村落传统的形成与发展

"聚族而居"传统滥觞于原始聚落时代。因农耕文明而兴起的中国古代原始聚落,源远流长,内涵丰富,孕育了发达的氏族血缘组织体系。在早期村落与相伴而生的城邑一起取代原始聚落,建构早期城乡结构过程中,氏族血缘组织体系演进为宗法血缘体系,"聚族而居"便成为村落的基本形态,宗族聚居意识也自聚落时代承续而来。①

---

① 关于中国远古时期村落的形成问题,详见马新:《远古聚落的分化与城乡二元结构的出现》,《文史哲》2008年第3期;马新:《群落与中国早期国家的形成》,《山东社会科学》2008年第7期;马新:《原始聚落与公共权力的生成》,《山东大学学报(哲学社会科学版)》2008年第3期。

　　至商王朝时代，尽管城乡关系更为明确，城乡间的差异也在不断扩大，但是，城邑与乡村都未成为独立的政治、经济单元，宗法血缘集团一直是这一时期基本的政治、经济单元，家族是基本的社会单位。商王治下的各区域实际上是地域性与血缘性相统一的各宗族共同体，城邑与乡村都是从属于此的城乡共同体。无论是王朝内的纵向分层关系，还是横向统治关系，均以宗法血缘关系而论。因此，很难分清城邑家族与乡村家族。

　　商代之村落均为平民所居，城邑则是贵族与平民杂居。无论是村落还是城邑，其基本组织状态都是宗法血缘关系的组合，具体而言，都是聚族而居。城邑之外的村落或由两级构成，即小型村落与较大型村落，后者可称为"邑落"。较大型邑落与小型村落的关系，就是家族长所在之村落与其他分支家族所在村落之关系。①

　　西周时期，宗法血缘关系的大背景依然如故，宗法制与井田制构成了西周王朝的基本制度体系。宗法制度下，村落只是地理意义上的聚居单位，并非地缘行政编制单位，村落居民处于同一宗法血缘单位中，是宗法血缘组织的基本单元。井田制下，或"八家共井"，或"九夫为沟"，土地以宗族为单位分配与管理，生产的组织与分配也是以家族为单位进行。② 与之相对应，村落中的社会活动，如各种节庆、祭祀以及婚丧嫁娶活动等，也都是以家族为单位进行。每到岁终之时，全村居民会聚于族中公堂，在族长主持下，宰杀羔羊，举杯欢庆。正如《诗经·豳风·七月》所描写的：

　　　　二之日凿冰冲冲，三之日纳于凌阴，四之日其蚤，献羔祭韭。九月肃霜，十月涤场。朋酒斯飨，曰杀羔羊，跻彼公堂，称彼兕觥，万寿无疆！③

----

　　① 参见马新：《殷商村邑形态初探》，《东岳论丛》2010 年第 1 期。
　　② 参见马新：《乡遂之制与西周春秋之乡村形态》，《文史哲》2010 年第 3 期。
　　③ ［汉］毛苌传，［汉］郑玄笺，［唐］孔颖达等正义：《毛诗正义》卷八《豳风·七月》，《十三经注疏》本，中华书局 1980 年影印版，第 392 页。

在春秋战国时代的历史巨变中,乡村社会虽然也发生了深刻的变化。比如,井田制瓦解,授田制出现,国人、野人演化为编户居民,地缘行政组织乡里之制形成,等等。但在多数村落中,同一血缘关系中村民的聚居仍是这一时代的普遍现象。①

其中原因有多种,比如农耕方式的特点、诸子均分的家产继承制度等,但宗法文化背景下的聚族而居意识无疑是重要因素。虽然村落中有如"中牟之人弃其田耘,卖宅圃者"②,但毕竟只是极少数,绝大多数的乡村居民还是无法放弃百亩之田,仍然保持着"死徙无出乡"的生活状态。如《国语·齐语》所言:

> 是故卒伍整于里,军旅整于郊,内教既成,令勿使迁徙。伍之人祭祀同福,死丧同恤,祸灾共之。人与人相畴,家与家相畴,世同居,少同游。故夜战声相闻,足以不乖;昼战目相见,足以相识。其欢欣足以相死。居同乐,行同和,死同哀。是故守则同固,战则同强。君有此士也三万人,以方行于天下,以诛无道,以屏周室,天下大国之君莫之能御。③

由此可见,宗法血缘组织被地缘乡里组织取代的过程,并非轰轰烈烈的破坏与变革,而只是其隶属体系的替代。在新的乡里制度下,乡村社会中被打破的是原有的宗法血缘组织外壳,被取消的是宗法血缘组织的经济与政治功能,乡村社会中的宗法血缘关系并未消失,而是以一种新的方式得以存续与发展。各国统治者依然希望乡村中的居民也像过去一样"祭祀同福,死丧同恤,祸灾共之"④。

秦汉以来,村落中的聚族而居意识不断增强,宗族聚居现象依然延续;西

---

① 详见马新:《论战国农民之特质——战国与两汉农民的比较研究》,《东岳论丛》2012 年第 1 期。

② [清]王先慎撰,钟哲点校:《韩非子集解》卷一二《外储说左上》,《新编诸子集成》本,中华书局 1998 年版,第 280 页。

③ 上海师范大学古籍整理研究所校点:《国语》卷六《齐语》,上海古籍出版社 1978 年版,第 232 页。

④ 以上参见马新:《乡遂之制与西周春秋之乡村形态》,《文史哲》2010 年第 3 期。

汉时代,聚族而居意识一度造成乡村社会宗族势力过于强大,影响地方政权的局面,以致汉武帝专门"徙强宗大姓,不得族居"①,并派遣酷吏对不法豪族进行镇压。如《汉书·酷吏列传》所言:

> 济南瞷氏宗人三百余家,豪猾,二千石莫能制,于是景帝拜(郅)都为济南守。至则诛瞷氏首恶,余皆股栗。
>
> ……
>
> 大姓西高氏、东高氏(师古曰:"两高氏各以所居东西为号者。"),自郡吏以下皆畏避之,莫敢与牾,咸曰:"宁负二千石,无负豪大家。"宾客放为盗贼,发,辄入高氏,吏不敢追。……(严延年)更遣吏分考两高,穷竟其奸,诛杀各数十人。郡中震恐,道不拾遗。②

从这些事例中不难看出,豪族形成的前提是聚族而居。只有聚居,才能以血缘关系为纽带将同宗同族组织起来,形成强大的地方恶势力,致使"二千石莫能制",对中央集权政治造成了较大的压力和侵蚀;汉王朝尽管采用"族灭""灭宗"等高压政策,但宗族聚居的态势并未发生多大变化。如西汉颍川郡的灌氏一族,"宗族宾客为权利,横颍川"③;"郡大姓原、褚宗族横恣,宾客犯为盗贼前二千石莫能禽制"④;"民有昆弟相与讼田自言……于是讼者宗族传相责让"⑤。东汉时代,村落中举宗聚居的现象更是多见。如《四民月令》中屡屡提到的所谓"振赡匮乏,务先九族,自亲者始","缮五兵,习战射,以备寒冻穷厄之寇","存问九族孤、寡、老、病、不能自存者","顺阳习射,以备不虞","暑小退,命幼

---

① 《后汉书》卷三三《郑弘传》注引[三国]谢承《后汉书》,中华书局1965年版,第1155页。
② 《汉书》卷九〇《酷吏列传》,第3647、3668页。
③ 《汉书》卷五二《灌夫传》,第384页。
④ 《汉书》卷七六《赵广汉传》,第3200页。
⑤ 《汉书》卷七六《韩延寿传》,第3213页。

童入小学"①,等等,可见这些宗族的基本活动多以村内宗族为单位进行。王充《论衡·语增》专门讲到当时村落之中,"九族众多,同里而处",一里之中往往只有一族,以至于"诛其九族,一里且尽"。②

魏晋南北朝时期,战争频发,政局不稳,农村人口大规模迁徙与流动,村落居民的族居状态在动荡与迁徙中有了一些新变化:宗法血缘关系进一步加强,宗族聚居的普遍性与规模性都在加强。唐宋以后,迄于近代,村落中的宗族聚居依然十分普遍。比如,北宋河水永乐之乡村中,有姚氏一族,"世为农,无为学者,家不甚富,有田数十顷,聚族百余人。子孙躬事农桑,仅给衣食,历三百余年无异辞者。经唐末、五代,兵戈乱离,而子孙保守坟墓,骨肉不相离散……"③。郓州须城县杨村村民张诚也是聚族而居。宋人王辟之在其《渑水燕谈录》中记道:

> 郓州须城县杨村民张诚者,其家自绾至诚,六代同居,凡一百一十七口,内外无闲言,衣裳无常主。旦日,家长坐堂上,率子弟而分职事,无不勤。张氏世为农者,不读书,耕田捕鱼为业,无蓄积,而能人人孝悌,友顺六世,几二百年,百口无一口小异,亦可尚也。④

至明清时代,宗族聚族而居的发展态势依然未减。如史料所载:

> 今山东、山西、江西、安徽、福建、广东等省,民多聚族而居。⑤

---

① [汉]崔寔撰,缪启愉辑释:《四民月令辑释》,农业出版社1981年版,第37、94、25、84、68页。
② [汉]王充撰,黄晖、刘盼遂校释:《论衡校释》卷七《语增》,《新编诸子集成》本,中华书局1990年版,第357页。按,以上参见马新:《汉晋间乡村宗族存在形态考论——兼论中古乡村社会的非宗族化问题》,《山东大学学报(哲学社会科学版)》2013年第1期。
③ 《宋史》卷四五六《孝义·姚宗明传》,中华书局1977年版,第13403页。
④ [宋]王辟之撰,吕友仁点校:《渑水燕谈录》卷四《忠孝》,《唐宋史料笔记丛刊》本,中华书局1981年版,第38页。
⑤ [清]冯桂芬:《显志堂稿》卷一一《复宗法议》,《清末民初文献丛刊》本,朝华出版社2018年版,第1031页。

　　吴、楚、闽、越山泽乡邑之间,族聚者常千百人。①

　　新安各姓,聚族而居……岁时伏腊,一姓村中千丁皆集……千年之冢不动一抔,千丁之族未尝散处,千载之谱系丝毫不紊。②

　　今者强宗大姓,所在多有,山东、西江左右以及闽、广之间,其俗尤重聚居。③

　　可以说,聚族而居这种居住方式是中国古代村落所独有的社会现象,它背后所蕴藏的文化背景便是自上古传之已久的宗法血缘观念和宗族聚居意识。或者说,宗法血缘观念在村落中的外化标志就是聚族而居。

2. "生死相恤"与"坟墓相从"

　　聚族而居既是宗法血缘观念在村落的外化,又强化着村落中的宗法血缘观念。西汉文帝时,晁错曾上疏建议政府移民实边。他在上疏中一再强调,政府若要"使民乐其处而有长居之心",必须做到:

　　制里割宅,通田作之道,正阡陌之界,先为筑室,家有一堂二内,门户之闭,置器物焉,民至有所居,作有所用,此民所以轻去故乡而劝之新邑也。为置医巫,以救疾病,以修祭祀,男女有昏,生死相恤,坟墓相从,种树畜长,室屋完安,此所以使民乐其处而有长居之心也。④

---

①　[清]方苞著,刘季高校点:《方苞集》卷一四《仁和汤氏义田记》,上海古籍出版社1983年版,第420页。
②　[清]赵吉士:《寄园寄所寄》卷一一《故老杂纪》,《续修四库全书》第1197册,上海古籍出版社2002年版,第127页。
③　[清]张海珊:《聚民论》,载[清]贺长龄辑:《皇朝经世文编》卷五八《礼政五》,台湾文海出版社1972年版,第2136页。
④　《汉书》卷四九《晁错传》,第2288页。

晁错敏锐地看到,在宗法血缘观念支配下,村落居民追求的是宗族亲戚的生死相依,是聚族而居。所以,他强调"生死相恤,坟墓相从"是使移民安居乐业的前提保障。

至西汉元帝对迁豪政策的取缔,也是打着亲戚、坟墓不能分离,以"使天下咸安土乐业"的幌子而进行的。如元帝永光四年(前40年)九月诏曰:

> 安土重迁,黎民之性;骨肉相附,人情所愿也。顷者有司缘臣子之义,奏徙郡国民以奉园陵,令百姓远弃先祖坟墓,破业失产,亲戚别离,人怀思慕之心,家有不安之意。是以东垂被虚耗之害,关中有无聊之民,非久长之策也。……今所为初陵者,勿置县邑,使天下咸安土乐业,亡有动摇之心。①

元帝在诏书中所强调的"安土重迁,黎民之性;骨肉相附,人情所愿也",正是基于宗族亲戚聚族而居这一价值取向。

"生死相恤"意识在造就聚族而居现象的同时,必然也造就"坟墓相从"的现象。村落之中的"坟墓相从"自然成为村落宗法文化的重要标志。

需要指出的是,"坟墓相从"也是自原始聚落时代承袭而来的传统。原始聚落时代,坟茔大多位于聚落居住区附近,是聚落构成的基本要素之一。如仰韶文化时代的姜寨遗址,面积约55 000平方米,由三大部分组成,即生活区、墓葬区和窑场。生活区中,有防护性壕沟环绕,壕沟内侧有栅栏、寨门,这是聚落的主体部分。壕沟之外则为墓葬区,西南侧为窑场。聚落平面呈现三层环形结构,共同构成一个有机整体(见图1-1)。②

---

① 《汉书》卷九《元帝纪》,第292页。
② 图及文见毕硕本、裴安平等:《基于空间分析方法的姜寨史前聚落考古研究》,《考古与文物》2008年第1期。

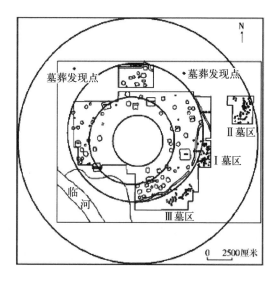

图1-1　陕西临潼姜寨聚落遗址平面结构

　　早期村落时代,仍旧沿袭了原始聚落时代的空间格局,坟墓区往往在村旁固定区域设置,是村落的基本组成部分。而且,坟墓区是以宗法血缘关系为原则构成,同一血缘关系中的人们的群葬是这一时代的普遍现象。如河南省鹤壁市刘庄遗址中,就有下七垣文化时代的公共墓地。墓地由东、西两区构成,计有墓葬337座。[①] 又如,山东章丘宁家埠早期村落遗址中,墓葬也是有明显的分区。春秋时期墓葬由东、西两墓区构成,战国时期墓葬由东北、西南、西北三个墓区构成,不同的墓区应当就是不同的家族族葬地。[②]

　　至战国时期,村落中的族葬现象依然普遍存在。这在先秦文献中不乏记载。如《管子·九变》云:

---

　　① 参见赵新平、韩朝会:《河南省鹤壁市刘庄遗址 2005 年度发掘主要收获》,载山东大学东方考古研究中心编:《东方考古》第 3 集,科学出版社 2006 年版,第 197 页。

　　② 参见济青公路文物考古队宁家埠分队:《章丘宁家埠遗址发掘报告》,载山东省文物考古研究所编:《济青高级公路章丘工段考古发掘报告集》,齐鲁书社 1993 年版,第 54、99—100 页。

凡民之所以守战至死而不德其上者，有数以至焉。曰：大者亲戚坟墓之所在也；田宅富厚足居也。不然，则州县乡党与宗族足怀乐也。①

另外，《周礼·地官·大司徒》"族坟墓"条郑玄注曰："族，犹类也；同宗者，生相近，死相迫。"②《周礼·春官·墓大夫》"令国民族葬"条郑玄注曰："族葬，各从其亲。"③

当然，这一历史时期正是中国古代社会的巨变时代，旧式族葬与族坟墓发生了一些变化，许多学者目之为族坟墓的崩溃与消亡。④ 其实并非如此。葬俗的变化历来晚于现实世界的变化，更何况，在战国时代，立足于血缘关系的亲属关系并未瓦解，"生相近"仍是普遍存在。从考古发掘看，各聚落的墓葬仍多是连片集中存在。因此，相同血亲关系的人们葬于一处是自然而然的事，这也同《管子》所云"伍之人祭祀同福，死丧同恤"现象相一致。

在以后漫长的历史发展中，村落居住区的"生相近"与墓葬区的"死相迫"并存的结构关系一直保持下来，村落中各宗族死者的"坟墓相从"习俗一直延续至近代。如辽宁省辽阳市三道壕西汉村落遗址，紧邻居住区便有墓区；其外侧不远处又有成人墓区。发掘主持人孙守道先生认为，从其埋葬秩序与排列组合方式看，"这就是古时的族葬，亦即《周礼》一书所称的'族坟墓'"⑤。白云翔先生也对辽阳三道壕村落遗址的瓮棺葬进行了具体考察。他说：

辽阳三道壕的 348 座瓮棺葬，集中分布在一条长 120 米、宽 6—12.5 米的土岗上，分布疏密不一，有的在 80 平方米的范围内埋葬 13 座，有的在

---

　　① 黎翔凤撰，梁运华整理：《管子校注》卷一五《九变》，《新编诸子集成》本，中华书局 2004 年版，第 898 页。

　　② ［汉］郑玄注，［唐］贾公彦疏：《周礼注疏》卷一〇《地官·大司徒》，《十三经注疏》本，中华书局 1980 年影印版，第 706 页。

　　③ ［汉］郑玄注，［唐］贾公彦疏：《周礼注疏》卷二二《春官·墓大夫》，第 786 页。

　　④ 参见李如森、刘云伟：《试论战国族坟墓制度的崩溃与衰亡》《吉林大学社会科学学报》2000 年第 4 期。

　　⑤ 参见李文信：《辽阳三道壕西汉村落遗址》，《考古学报》1957 年第 1 期。

120 平方米的范围内葬 128 座,有的甚至在 2 平方米的范围内葬 7 座,说明墓葬有分组现象。墓地南面是三道壕汉代聚落,北面是汉代成人墓地,相距 200—300 米左右。因此,三道壕瓮棺葬墓地应当是三道壕汉代聚落居民的儿童墓地。……辽宁三道壕等墓地中存在的分组现象,可能与死者之间血缘关系的亲疏有关,或许是聚落中不同的家族。看来,这里的儿童瓮棺葬墓地带有公共墓地性质,其家族关系通过分组得以实现。[①]

由此看来,当时人们往往按照族葬的原则,将本家族的人死后葬于一处,形成了以家族为单位的"坟墓相从"。

又如,陕西绥德黄家塔 13 座汉墓中近三分之一有纪年文字的墓主为王姓,由此可以认为黄家塔墓群为东汉王氏家族坟茔。[②] 陕北神木大保当城址南部发现的 26 座东汉初期到中期的墓葬也是族茔性质。发掘者认为:

> 整个墓地基本都是按家族设置的,每个家族的墓葬都相对集中在一定的区域,墓葬的方向也基本一致。[③]

2017 年,山东青岛土山屯发掘了一批汉代墓群。发掘者认为,该墓群墓葬布局、封土、祭台、棺椁形制、出土文物等均保存较好,构成了完整的有机整体,在汉代中低级贵族墓葬发掘资料中罕见;墓主人的私章显示其为"刘"姓,结合周边一些墓葬出土的文字资料等证据,也显示这一墓地为刘氏家族墓地。有关报告指出:

---

① 白云翔:《战国秦汉时期瓮棺葬研究》,《考古学报》2001 年第 3 期。
② 参见李林:《陕西绥德县黄家塔汉代画像石墓群》,《考古学集刊》2004 年第 1 期。
③ 榆林市文物管理委员会办公室编著:《神木大保当:汉代城址与墓葬考古报告》,科学出版社 2001 年版,第112 页。

目前考古发现，这种同一封土下发现数座乃至数十座墓葬的埋葬方式，在这一地区的西汉墓葬中尤其明显，其封土之间无明显打破关系，说明各墓地均经过了一定的规划和管理，同一座大封土下可能为同一家族的墓地。①

在唐代文献和墓志中也反映村落居民大都在本村附近设置墓地，有序安葬。如白居易《朱陈村》诗中写道：

> 家家守村业，头白不出门。
>
> 生为村之民，死为村之尘。
>
> ……
>
> 生者不远别，嫁娶先近邻。
>
> 死者不远葬，坟墓多绕村。②

"死者不远葬，坟墓多绕村"，形象地描述了唐代朱陈村村民绕村而葬的场景。这种情况在唐代墓志中也多有记载，如《唐故处士房（宝子）君墓志铭》记其为河南平乐乡王村人，死后葬于"村之东北一里半之原"③；《唐故开府索君墓志铭并序》记墓主为平乐乡翟村人，死后葬于"村西南二百步"④。

就有关记载与历史村落的考察来看，中国古代村落中的坟茔主要呈现三种状态：

其一，单墓区的村落。这种状态往往对应单姓村。单姓村中村民均为同一宗族，其墓地自然共处一区。比如，形成于明朝的山西省阳泉市的官沟古

---

① 康晓欢：《黄岛区土山屯汉墓发掘取得重大战果　出土 1000 多件珍贵文物》，《青岛早报》2017 年 9 月 14 日。
② ［唐］白居易：《朱陈村》，载［清］彭定求等编：《全唐诗》卷四三三，中华书局 1960 年版，第 4780 页。
③ 《唐故处士房（宝子）君墓志铭》，载周绍良主编：《唐代墓志汇编》，上海古籍出版社 1992 年版，第 348 页。
④ 《唐故开府索君墓志铭并序》，载周绍良主编：《唐代墓志汇编》，第 362 页。

村居民主要是张氏一族,其坟茔共处一区,分老坟和小坟两部分:小坟在上,老坟在下,俗称其为"人背鬼,老背小",形状如同一个压腰葫芦。老坟紧邻村中最高处的上巷大高房,占地达 1000 多平方米,有 30 多座墓穴;小坟占地 2000 多平方米,也有 30 多座墓穴。张氏坟茔与村落建筑形成相融一体的格局。(见图 1 - 2)[①]

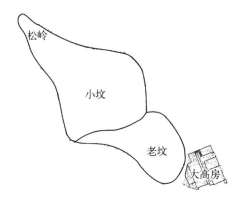

图 1 - 2　山西阳泉官沟古村张氏坟茔示意图

又如,山西省汾西县的明清古村师家沟,在明清时代一直是师氏之单姓村,其坟茔位于村北山坳中,自始迁祖以下,师氏族人均葬于此处。[②]

其二,多墓区的村落,即同一村落附带有两个或两个以上的墓区。这种状态往往对应的是双姓村或多姓村。前引白居易《朱陈村》诗中所言"坟墓多绕村",其村旁应当有朱姓与陈姓两个墓区。山东省青州市的明清古村井塘村,主要由吴、孙、张三姓构成,三姓均自明代移居井塘,绵延数百年,分别有本族族茔,族茔中立有碑谱,记录家族谱系。[③]

其三,同一墓区被多村落共有。这种状态往往对应同一宗族之村落就近

① 图及文均见薛林平等:《官沟古村》,中国建筑工业出版社 2011 年版,第 15—16 页。
② 参见薛林平等:《师家沟古村》,中国建筑工业出版社 2010 年版,第 152—153 页。
③ 参见马婕:《青州井塘村现存宗谱调查》,《民俗研究》2004 年第 1 期。

析分,形成若干村落的情况。如清道光年间(1821—1850 年)山东省曹县之后井、王庄楼、前老庄、伊庄四个村落共用一个祖茔。清道光七年(1827 年)所立《王氏先茔碑》记道:

> 我始祖及始祖妣蔡氏,于明洪武四年,自山西平阳府洪洞县,率我二世祖名仲宽及姑爷爷伊士谦来迁于兹,共爨一心协力,有此田产,若一家焉。数年之后,我始祖独回原籍,三世祖名友直兄弟三人始与伊氏四分田产,其家长门居茔东一里名后井,二门居茔东北名王庄楼,三门居茔东北半里名前老庄,伊氏居茔东一里即以姓名为庄名。①

另外还需指出的是,宗族的族居、族葬也并不是始终在一处的。随着宗族的膨胀与房分的形成,宗族会随之不断地扩张,成为一个超越宗族意义上的宗姓;或在原来宗族的基础上由房族②裂变为宗族。这种宗族裂变的情况在战乱年代更是频频发生,所以,同宗族的人也不一定自始至终聚居在一地。一宗分为数支散居各地的情形还比较多见。需要指出的是,即使分徙各地的族人,在新居之地仍保持着原有的族居形态,他们死后也不一定都回旧宗族之地"归葬""归旧茔",而是另开新的墓田。如《后汉书·廉范传》云:

> 廉范……赵将廉颇之后也。汉兴,以廉氏豪宗,自苦陉徙焉。世为边郡守,或葬陇西襄武。

廉氏徙之陇西后,遂把陇西襄武作为故里和祖茔所在。所以,后来"范父遭丧乱,客死于蜀汉……西州平,归乡里,年十五,辞母西迎父丧",此处所说的"乡

---

① 《王氏先茔碑》,转引自郑守来、黄泽岭主编:《大槐树寻根》,华文出版社 1999 年版,第 257 页。
② 房族,又称之为"房分""房从"等,为家族近支宗亲或同支宗亲的总称。

里"当为陇西。①

　　总之,中国古代村落结构中的"祖茔"亦即族坟墓现象十分普遍,其历数千年而不替。地下世界的这种社会组合其实就是地上世界社会组合的反映,"生相近"必然会"死相迫",因而,聚族而葬是中国古代村落坟茔的基本组合方式,聚葬与聚居共同构成了村落的二元景观。

　　由上所述,我们可以看到,聚族而居与聚族而葬是村落中宗法文化的外在标志与重要体现;同时,聚族而居与聚族而葬又持续培养着村落中的宗法文化,维系着宗法血缘关系。②

3. 诸子均分制与村落中的宗法文化

　　诸子均分制是中国古代家产继承的基本制度,中国古代村落中的宗族聚居以及宗法文化的养成,与这一制度有着密不可分的关系。

　　中国古代家产继承的诸子均分制起于战国时代。在宗法制下,嫡长子继承制是主导性的继承制度,无论是身份地位还是家庭财产,嫡长子均具有优先继承权。战国时代,随着宗法制的瓦解,身份地位与财富的获取方式发生了重大变化。如商鞅变法即规定:"明尊卑爵秩等级,各以差次名田宅,臣妾衣服以家次。""差次"与"家次"的确定非由家世,而是由耕战,核心是战功。与之同时,又颁发了分异令,规定"民有二男以上不分异者,倍其赋""令民父子兄弟同室内息者为禁",以法律手段强制二男以上的共居家庭分异为若干个体小家庭。③ 这种分异当然包括家产的分割与继承。汉代政治家贾谊言:"秦人富家子壮则出分,家贫子壮则出赘。……今转而为汉矣。然其遗风余俗,犹尚未改。"④所谓"子壮

---

　　① 《后汉书》卷三一《廉范传》,第 1101 页。
　　② 详见马新、齐涛:《汉唐村落形态略论》,《中国史研究》2006 年第 2 期;《试论唐代宗族的转型》,《文史哲》2014 年第 2 期。马新:《汉唐间乡村宗族存在形态考论——兼论中古乡村社会的非宗族化问题》,《山东大学学报(哲学社会科学版)》2013 年第 1 期;《中国传统宗族论》,《山东大学学报(哲学社会科学版)》2015 年第 4 期。
　　③ 《史记》卷六八《商君列传》,中华书局 1959 年版,第 2230、2232 页。
　　④ 《汉书》卷四八《贾谊传》,第 2244 页。

则出分"，即每个儿子均可以从父母处分得一份家产，诸子继承制至此已成定制。①

秦汉以来，这一继承方式在中国古代一直承袭沿用。如张家山汉简《二年律令》中的《置后律》规定：

□□□□长（?）次子，圆之其财，与中分。②

此条规定，兄弟分家时，财产分割的原则是"中分"，即均分。

又如唐律明文规定：

诸应分田宅者，及财物，兄弟均分……兄弟亡者，子承父分。兄弟俱亡，则诸子均分。其未娶妻者，别与娉财。③

同居应分，不均平者，计所侵，坐赃论减三等。《疏议》曰：……而财物不均平者，准户令：应分田宅及财物者，兄弟均分。……违此令文者，是为"不均平"。谓兄弟二人，均分百匹之绢，一取六十四，计所侵十四，合杖八十之类，是名"坐赃论减三等"。④

至明代律令也规定："不问妻妾婢生，止依子数均分。"⑤

从乡村社会家产继承的实际情况看，诸子均分这一制度得到较为彻底的实行。以汉代为例：西汉陆贾五子分其父千金时，即每"子二百金"⑥；东汉安帝

---

① 参见马新、齐涛：《略论中国古代的家产继承制度》，《人文杂志》1987 年第 5 期。
② 张家山二四七号汉墓竹简整理小组编著：《张家山汉墓竹简（二四七号墓）》（释文修订本），文物出版社 2006 年版，第 61 页。
③ ［宋］窦仪等撰，吴翊如点校：《宋刑统》卷一二引《户婚律》，中华书局 1984 年版，第 197 页。
④ ［唐］长孙无忌等撰，刘俊文点校：《唐律疏议》卷一二《户婚》，中华书局 1983 年版，第 241—242 页。
⑤ ［明］张卤：《皇明制书》卷一《大明令·户令》，《续修四库全书》第 788 册，第 5 页。
⑥ 《史记》卷九七《郦生陆贾列传》，第 2699 页。

时薛包"弟子求分财异居,包不能止,乃中分其财"①。《续齐谐记》也载西汉成帝时田氏兄弟分家的情景:

> 田真兄弟三人家巨富,而殊不睦,忽共议分财。金银珍物,各以斛量。田业生赀,平均如一。唯堂前一株紫荆树,花叶美茂,共议欲破为三,人各一分。②

兄弟三人分财,不但"田业生赀,平均如一",就连堂前的紫荆树也要"破为三,人各一分",可谓均之又均。为了做到分家时不偏不倚,古代分割家产时往往用探筹、投钩等方式进行。如《慎子·威德》所言:

> 夫投钩以分财,投策以分马,非钩策为均也。使得美者,不知所以德;使得恶者,不知所以怨。③

对此,《淮南子·诠言训》亦讲道:"临货分财,必探筹而定分。"④因为"探筹、投钩者,所以为公也"⑤。这种财产诸子均分原则一直延续到后世。

我们还可以引述敦煌文书中的记载加以说明。敦煌文书中伯二六八五号《戊申年四月六日沙州善护、遂恩兄弟分家契》:

> 城外舍:兄西分叁口,(弟)东分叁口;院落西头小牛舞(厍)舍合舍外空地,各取壹分。

---

① 《后汉书》卷三九《刘赵淳于江刘周赵列传序》,第1294—1295页。

② [宋]李昉等编纂:《太平御览》卷四二一《人事部六十二》引《续齐谐记》,中华书局1960年版,第1944页。

③ [战国]慎到撰,许富宏校注:《慎子集校集注》卷一《威德》,《新编诸子集成续编》本,中华书局2013年版,第18页。

④ [汉]刘安编,何宁集释:《淮南子集释》卷一四《诠言训》,第1008页。

⑤ [清]王先谦撰,沈啸寰、王星贤点校:《荀子集解》卷八《君道篇》,《新编诸子集成》本,中华书局2013年版,第273页。

南园,于李子树巳西大郎,巳东弟;北园,渠子巳西大郎,巳东弟;树各取半。

地:水渠北地叁畦共壹拾壹亩半,大郎分;舍东叁畦、舍西壹畦、渠北壹畦,共拾壹亩,弟分;向西地肆畦,共拾肆亩,大郎分;渠子西共叁畦拾陆亩,弟分。

多农地向南仰大地壹畦五亩,大郎;又地两畦共五亩,弟分。

又向南地壹畦六亩,大郎;又向北仰地六亩,弟。寻渠玖亩地,弟;西边捌亩地,舍坑子壹□(亩),大郎。

长地五亩,弟;舍边地两畦共壹亩,渠北南头寻渠地壹畦肆亩,计五亩,大郎。

北仰大地并畔地壹畦贰亩,□(兄);寻渠南头长地子壹亩,弟。

北头长地子两畦各壹亩:西边地子弟,东边兄。

大郎分:釜壹受玖斗,壹斗五胜锅壹,胜半龙头铛子壹,铧壹孔,镰两张,鞍两具,镫壹具,被头壹,剪刀壹,炒壹,锹壹张,马钩壹,碧绢壹丈柒尺,黑自牛壹半对草马与大郎,镢壹具。

遂恩:铛壹口并主鏊子壹面,铜钵壹,龙头铛子壹,种金壹付,镰壹张,安(鞍)壹具,大釿壹,铜灌子壹,镢□壹具,绢壹丈柒尺,黑牸牛壹半。

城内舍:大郎分,堂壹口,内有库舍壹口,东边房壹口;遂恩分,西房壹口,并小房子厨舍壹口。

院落并碨舍子合大门外舞(庑)舍地大小不等,后移墙停分。舞(庑)舍:西分大郎,东分遂恩。

大郎分故车盘,新车盘遂恩,贾数壹仰取新盘者出。车脚二,各取壹。大郎全毂,遂恩破毂。①

---

①　唐耕耦、陆宏基编:《敦煌社会经济文献真迹释录》第2辑,全国图书馆文献缩微复制中心1990年版,第142—143页。

从该分家契可以看到,善护、遂恩两兄弟共继承了两处房舍、两处园子、若干田地、若干物品,家财都以均分的原则分割继承。其城外舍六口,兄分西三口,弟分东三口;南园与北园也各一分为二;每一地块的田地也是如此分割;城内舍以及家中物品、农具同样是一分为二。

　　敦煌文书中所载其他一些分家文书,如《善濮兄弟分家文书》①《董加盈兄弟三人分家文书》②等,遵循的是同样的均分原则。尤其是敦煌文书中还有专门的分家文书(斯四三七四),摘录如下:

　　　　家资产业,对面分张;地舍园林,人奴半分。……今对六亲商量底定,始立分书,既无偏坡,将为后验。人各一本,不许重论。……右件家产并以平量,更无偏党丝发差殊。如立分书之后,再有喧悖,请科重罪,名目入官,虚者伏法。……

　　　　右件分割家□活具什物,叔侄对坐,以诸亲近一一对直,再三准折均亭,抛钩为定……

　　　　今则兄厶乙弟厶甲今对枝亲村邻,针量分割城外庄田,城内屋舍,家资什物及羊牛畜牧等,分为厶分为凭。右件分割已后,一一各自支配。更不许道东说西,□说剥仗。后有不于此契诤论者,罚绫一匹,用官中。仍麦拾伍硕,用充军粮。故勒斯契,用为后凭。③

　　以上分家文书是针对三种不同的分家情况而拟定的,但都有一个相同的基本原则,即均分。为贯彻这一原则,分割财产时,要在宗亲乡邻的监督下,由"宗老"主持,当着当事人的面将家产按兄弟数一份份列出,即"家资产业,对面

----

① 中国科学院历史研究所资料室编:《敦煌资料》第1辑,中华书局1961年版,第423—424页。
② 中国科学院历史研究所资料室编:《敦煌资料》第1辑,第405—406页。
③ 《分家书样文三件(斯四三七四)》,载中国科学院历史研究所资料室编:《敦煌资料》第1辑,第431—438页。

分张","一一对直","分为厶分";实施过程中,要"针量分割","再三准折均亭","家产并以平量,更无偏党丝发差殊",不可有偏差;分割时要采取"拈阄""投钩""探筹"等方式将财产分到诸子手中;最后还要"立分书","勒斯契",为的是"用为后凭"。①

要之,宗法制的瓦解促成了中国古代乡村社会中诸子继承制的形成,而以诸子均分为原则的继承制度又为新的宗法文化提供了充分条件。在诸子均分原则下,每一个乡村男性都可以从父祖辈处分得一份家产,进行小家庭的生产与生活,不必离乡远去,也无法背乡远去。析分家产后的兄弟们又是比邻而居,如此三四代之后,自然就会形成一个聚族而居的家族。正如明人王鏊论及江南地区时所言:

> 兄弟析烟,亦不远徙;祖宗庐墓,永以相依。一村之中,同姓者至数十家,或数百家,往往以姓名其村巷。②

如上所述,诸子均分的家产继承制度必然造就村落中的宗族聚居,这是村落中宗法文化传承发展的重要土壤。值得注意的是,中国古代的诸子均分并不限于家产继承,在宗祧继承以及各种宗族组织的继承人选中,也可以从长子长孙之外选取,这是中国古代村落宗法文化的重要特点。

二、古代村落中的宗族互助意识

中国古代村落之中,同宗同族内部有较为强烈的群体观念,遇有重大变故或重要事件,往往是举族一体,共同行动。动荡年代的举族迁徙,宗族间纷争

---

① 参见马新、齐涛:《试论汉唐时代家庭继承制度的反向制约》,《齐鲁学刊》2006 年第 6 期。
② [明]王鏊:《震泽编》卷三《风俗》,明弘治十八年刻本,第 2/a—2/b 页。

时的宗族械斗实际上都体现着这种群体观念。在日常生活中,村落宗族的群体观念主要表现为随时可见的各种经济互助。

1. 宗族成员间的赡济与互助意识

所谓赡济,是指村落居民中同族之富有者对贫穷族人的赈施与救助。这种情况在中国古代村落社会中十分常见。对此,两汉、魏晋史籍多有记载,兹引录几条如下:

> 郇越、相,同族昆弟也,并举州郡孝廉茂材,数病,去官。越散其先人訾千余万,以分施九族州里,志节尤高。[1]

> (朱邑)身为列卿,居处俭节,禄赐以共九族乡党,家亡余财。[2]

> 恽受父财五百万,及身封侯,皆以分宗族。[3]

> 建初中,南阳大饥,米石千余,晖尽散其家资,以分宗里故旧之贫羸者,乡族皆归焉。[4]

> (宣秉)所得俸禄,辄以收养亲族,其孤弱者,分与田地,自无担石之储。[5]

---

[1] 《汉书》卷七二《鲍宣传》,第 3095 页。
[2] 《汉书》卷八九《循吏·朱邑传》,第 3636 页。
[3] 《汉书》卷六六《杨敞传附子恽传》,第 2890 页。
[4] 《后汉书》卷四三《朱晖传》,第 1459 页。
[5] 《后汉书》卷二七《宣秉传》,第 928 页。

（韦彪）清俭好施，禄赐分与宗族，家无余财。①

（樊重）赀至巨万，而赈赡宗族，恩加乡间。②

（毛玠）居显位，常为布衣蔬食，抚育孤兄子甚笃，赏赐以赈施贫族，家无所余。③

（刘翊）乡族贫者，死亡则为具殡葬，嫠独则助营妻娶。④

折像，字伯式，雒人也。其先张江为武威太守，封南阳折侯，因氏焉。父国为郁林太守，家赀二亿，故奴姬八百人，尽散以施宗族，恤赡亲旧，葬死吊丧。⑤

南北朝、隋唐时期也不乏其例。如：

（房法寿）性好酒，爱施，亲旧宾客率同饥饱，坎壈常不丰足。毕众敬等皆尚其通爱。⑥

（房景远）重然诺，好施与。频岁凶俭，分赡宗亲；又于通衢以饲饿者，存济甚众。⑦

------

①　《后汉书》卷二六《韦彪传》，第 920 页。
②　《后汉书》卷三二《樊宏传》，第 1119 页。
③　《三国志》卷一二《魏书·毛玠传》，中华书局 1959 年版，第 375 页。
④　《后汉书》卷八一《独行·刘翊传》，第 2696 页。
⑤　[晋]常璩：《华阳国志》卷一〇《广汉士女》，《丛书集成初编》本，中华书局 1985 年版，第 145 页。
⑥　《魏书》卷四三《房法寿传》，中华书局 1974 年版，第 970 页。
⑦　《北史》卷三九《房景远传》，中华书局 1974 年版，第 1424 页。

（独孤罗）寓居中山，孤贫无以自给。齐将独孤永业以宗族故，哀之，为买田宅，遗以资畜。①

（张曜）每得禄赐，辄散之宗族。②

（唐瑾）好施与，家无余财，所得禄赐，常散之宗族。其尤贫乏者，又割膏腴田宅以赈之。所留遗子孙者，并硗埆之地。朝野以此称之。③

蔡祐……性节俭，所得禄秩，皆散宗族。④

（杨愔）家门遇祸，唯有二弟一妹及兄孙女数人，抚养孤幼，慈旨温颜……前后赐与，多散之亲族。群从弟侄十数人，并待而举火。⑤

（陆琼）四时禄俸，皆散之宗族，家无余财。⑥

（刘）德威于闺门友睦，为人宽平，生平所得奉禄，以分宗亲，无留藏。⑦

（窦怀贞）生平所得俸禄，悉散亲族无留畜，败时，家惟粗米数石而已。⑧

---

①　《北史》卷六一《独孤罗传》，第 2170 页。
②　《北史》卷五五《张曜传》，第 1996 页。
③　《北史》卷六七《唐瑾传》，第 2356 页。
④　《北史》卷六五《蔡祐传》，第 2311 页。
⑤　《北史》卷四一《杨愔传》，第 1503 页。
⑥　《陈书》卷三〇《陆琼传》，中华书局 1972 年版，第 397 页。
⑦　《新唐书》卷一〇六《刘德威传》，中华书局 1975 年版，第 4054 页。
⑧　《新唐书》卷一〇九《窦怀贞传》，第 4101 页。

（李袭誉）为人严忌，以威肃闻。居家俭，厚于宗亲，禄禀随多少散之。①

当然，村落宗族内富室大户对族内成员的接济最终往往导致"乡族皆归焉"②，使许多贫困不堪的人"依附宗家"③，其中蕴含的宗法互助意识是不能否认的。

所谓互助，是指村落内宗族成员间的互助。比如，两汉时代的村落宗族中往往有着一些共同的经济行为，其核心是通其有无，惠及贫弱。对此，《四民月令》有比较清楚的记载：

三月……冬谷或尽，椹、麦未熟，乃顺阳布德，振赡匮乏，务先九族，自亲者始。……

九月……存问九族孤、寡、老、病不能自存者，分厚彻重，以救其寒。……十月……同宗有贫窭久丧不堪葬者，则纠合宗人，共兴举之，以亲疏贫富为差，正心平敛，毋或逾越，务先自竭，以率不随。④

由"共兴举之""正心平敛"可以清楚地看到宗族内部通其有无的互助行为。据《后汉书·王丹传》载，两汉之际，前将军邓禹在西征关中时缺乏军粮，王丹遂"率宗族上麦二千斛"⑤。这二千斛小麦恐怕是敛之于全体宗人，应当也属于"正心平敛"的范畴。

当然，"正心平敛"只是同其有无的一种方式，而中国古代乡村宗族的互助方式方法多种多样。比如，《隶释》卷一载汉代《济阴太守孟郁修尧庙碑》云：

---

① 《新唐书》卷九一《李袭誉传》，第 3791 页。
② 《后汉书》卷四三《朱晖传》，第 1459 页。
③ ［宋］洪适：《隶释 隶续》卷一五《金广延母徐氏纪产碑》，中华书局 1985 年版，第 162 页。
④ ［汉］崔寔撰，缪启愉辑释：《四民月令辑释》，第 37、94、98 页。
⑤ 《后汉书》卷二七《王丹传》，第 931 页。

> 仲氏宗家……贫富相扶，会计欣欢。①

韩鄂《四时纂要》也载唐朝宗族的自救情况：

> 是时（四月）也，是谓乏月，冬谷既尽，宿麦未登，宜赈乏绝，救饥穷。
> 九族不能自活者，救。②

这与上引《四民月令》所述如出一辙。

也有把村落中贫寡孤独老病者收归于宗族大家庭中共同抚养的情况。如汉魏时期的侯瑾，"少孤贫，依宗人居"③；周党，"少孤，为宗人所养"④；金雍直，"蓄积消灭，责负奔亡……依附宗家，得以苏"⑤；丁览，"少丧父，独与母居，家贫守约，色养致敬，族弟孤弱，与同寒温"⑥；北魏时人高聪，"本渤海蓨人……聪徙入平成，与蒋少游为云中兵户，窘困无所不至，族祖允视之若孙，大加周给"⑦；等等。

还有一些被叔伯兄长或族中富家所抚养的情况。如韦孝宽"早丧父母，事兄嫂甚谨，所得俸禄，不入私房。亲族有孤遗者，必加振赡"⑧；卢柔"少孤，为叔母所养"⑨；唐人王珪"少孤且贫，人或馈遗，初无让。及贵，厚报之，虽已亡，必酬赡其家。……奉寡嫂，家事咨而后行。教抚孤侄，虽其子不过也。宗族匮乏，周恤之，薄于自奉"⑩；等等。

---

① ［宋］洪适：《隶释 隶续》卷一《济阴太守孟郁修尧庙碑》，第 12 页。
② ［唐］韩鄂撰，缪启愉校释：《四时纂要校释》卷三《夏令·四月》，农业出版社 1981 年版，第 116 页。
③ 《后汉书》卷八〇《文苑·侯瑾传》，第 2649 页。
④ 《后汉书》卷八三《逸民列传·周党传》，第 2761 页。
⑤ ［宋］洪适：《隶释 隶续》卷一五《金广延母徐氏纪产碑》，第 162 页。
⑥ 《三国志》卷五七《吴书·虞翻传》裴松之注引《会稽录》，第 1324 页。
⑦ 《魏书》卷六八《高聪传》，第 1520 页。
⑧ 《北史》卷六四《韦孝宽传》，第 2268 页。
⑨ 《北史》卷三〇《卢柔传》，第 1088 页。
⑩ 《新唐书》卷九八《王珪传》，第 3889 页。

需要说明的是,如果宗族中出现一家死绝而无人继嗣的话,可以将其财产收归宗内所有;如若孤儿有家产,待其长大后要归还本人。如上引《后汉书·逸民·周党传》载:

> 周党,字伯况,太原广武人也。家产千金。少孤,为宗人所养,而遇之不以礼。及长,又不还其财,党诣乡县讼,主乃归之。既而散与宗族。①

该史料从反面说明了宗族互助的情况。②

这种对族内孤老幼残的帮扶,历代一直延续下来,并写入族规家法中。如清同治江苏常熟丁氏宗族在其《义庄规条》中便规定:

> 族中凡丧嫡室而遗有子女俱幼者,于应给月米外,加给月米壹大口,制钱伍佰文。俾失恃子女,稍得体恤,俟满拾陆岁停给。
>
> 族中陆旬外鳏独,及拾陆岁以下孤子女,除月米应给外,每年俱给钱柒百文。孀寡给钱壹千文,俟其子孙年及贰拾岁停给,无子孙则常给。③

用族规家法对族内鳏寡孤独的赈济和救助,既维护了宗族的安定,达到敬宗收族的目的,又巩固了宗族组织对族众的统治。正像明万历江苏海安《虎墩崔氏族谱·族约》"敦族义"条所言:

> 贫病患难必相扶持周恤,以萃和气于一族之中,不亦美乎?④

---

① 《后汉书》卷八三《逸民列传·周党传》,第 2761 页。

② 以上参见马新:《论两汉乡村社会中的宗族》,《文史哲》2000 年第 4 期;马新:《汉唐间宗族关系略论》,《山东社会科学》2013 年第 6 期;马新:《中国传统宗族论》,《山东大学学报(哲学社会科学版)》2015 年第 4 期。

③ [清]丁学义纂修:江苏常熟《丁氏家谱·义庄规条》,清光绪十年(1884 年)济阳郡刻本,第 1/b—2/a、3/a 页。

④ [明]崔三锡纂修:江苏海安《虎墩崔氏族谱·族约》,明万历四十三年(1615 年)刻本,第 2/b 页。

综上,战国以来,中国古代村落中各小农家庭都是独立的经济与生活单位,宗族既非生活共同体,又非经济共同体。但宗族内的相互赈济、"贫富相扶",无疑会加强宗族内部的稳固和团结,增强宗族自身的凝聚力。这种宗族成员间的赡济与互助意识既是上古以来收族精神的延续和发展,也是村落中宗法文化的重要体现。

2. 族田义庄与宗族互助意识的强化

族田,即同一宗族共同拥有的土地,其最初表现多为墓田。自有坟圹,便有墓田,祖先之坟圹墓田,自然为后世子孙所共有。从汉唐时代的史料看,村落墓田的来源主要有买田与占田两种途径。当然,村落个别世家大族和豪绅的墓田还可来自皇帝和朝廷的赐予。

买田是村落墓田形成的普遍途径,自汉以来,一直较为流行。就汉代出土的买地券看,墓田的买入十分规范,券中都清楚标明了冢地四至、买卖价格以及中人(保人)。汉代村落百姓的墓田一般在数亩至十几亩不等,富庶人家也只在二十亩左右。[①] 山西曲沃县出土的北魏墓志中也有"墓田周回五百步"[②]的记载。

占田系唐代均田制所特有,从现有的均田令文献看,只涉及官吏百姓对耕地、宅地的占有,对于墓地与墓田并未涉及,而研究均田制者,亦鲜有论及墓地与墓田者。但在《唐会要》卷三八所载开元二十九年(741 年)敕文中,是有关于墓田的具体规定的。该敕文云:

> 古之送终,所尚乎俭。其明器、墓田等,令于旧数内递减。……其墓

---

① 如《光和元年曹仲成买地铅券》记曹仲成买冢田 6 亩,《光和二年王当买地铅券》记王当买冢田 10 亩,《建初六年武孟子男靡婴买地玉券》记靡婴买冢田 23 亩。前两者为乡村普通百姓,后者当为乡村富户。(以上所引买地券文均载张传玺编:《中国历代契约会编考释》,北京大学出版社 1995 年版,第 45、51、52 页)

② 杨富斗:《山西曲沃县秦村发现的北魏墓》,《考古》1959 年第 1 期。

田，一品茔地，先方九十步，今减至七十步；坟先高一丈八尺，减至一丈六尺。二品先方八十步，减至六十步；坟先高一丈六尺，减至一丈四尺。三品墓田，先方七十步，减至五十步；坟先高一丈四尺，减至一丈二尺。其四品墓田，先方六十步，减至四十步；坟高一丈二尺，减至一丈一尺。五品墓田先方五十步，减至三十步；坟先高一丈，减至九尺。六品以下墓田，先方二十步，减至十五步；坟高八尺，减至七尺。其庶人先无步数，请方七步，坟四尺。其送葬祭盘，不得作假花果及楼阁，数不得过一牙盘。①

由敕令可知，此前的墓田给授是一品方九十步，二品以下依次递减，至六品以下为方二十步。该敕令改为一品方七十步，至六品以下减至十五步。庶人原无给授墓田步数，至此定为方七步。

宋代以来，村落宗族内的经济互助方式发生了重要变化，其集中体现就是族田、义庄的出现，形成了功能较为完整的族田制度。族田名目众多，诸如祠堂田、寺庙田、墓田、祭田、义田、学田、公会田等。义庄、义田、学田等多由族中大户人家购田而设，用于经营所置土地，以其收入救助族人。最早的义庄由北宋范仲淹购置义田所创置，范成大《吴郡志》卷一四收有钱公辅所撰《范文正义田记》一文，兹转录如下：

范文正公，苏人也，平生好施与，择其亲而贫、疏而贤者，咸施之。方贵显时，置负郭常稔之田千亩，号曰义田，以养济群族之人。日有食，岁有衣，嫁娶凶葬皆有赡。择族之长而贤者一人，主其计，而时其出纳焉。日食人米一升，岁衣人一缣。嫁女者钱五十千，娶妇者二十千，再嫁者三十千，再娶者十五千，葬者以再嫁之数，葬幼者十千。族之聚者九十口，岁入粳稻八百斛。以其所入，给其所聚，沛然有余而无穷。仕而家居俟代者预

---

① ［宋］王溥：《唐会要》卷三八《葬》，中华书局1955年版，第693—694页。

焉,仕而之官者罢其给,此其大较也。初,公之未贵显也,尝有志于是矣,
而力未之逮者二十年。既而为西帅,以至于参大政,于是始有禄赐之入,
而终其志。公既殁,后世子孙至今修其业,承其志,如公存也。公虽位充
禄重,而贫终。其身殁之日,身无以为敛,子无以为丧,唯以施贫活族之仁
遗其子而已。①

从上文看,义田与其他族田之功能异曲同工,都是为了"敦睦宗族",只是更加
彰显兴办者个人意志,也具有更高的效率与更大的作用。

宋代以降,族田之设置渐多,尤其在明清时期,置办义田、义庄者大有人
在。特别是江南地区,宗法血缘关系尤为发达,乡村中的宗法文化十分浓重,
族田之设置及其应用更为普遍。

族田或义田的设置主要是为了祠墓祭扫和修葺,赡济鳏寡孤独和贫困残
疾者,共度灾荒,开办义塾及补助本族子弟入学等,对于培养族人对宗族的依
赖感情,维系宗族内部的团结,进而加强宗法血缘关系,起到很大的作用。换
句话说,它是实现宗法制下敬宗、收族的物质保障,时人对此已有充分认知。
如陆游所言:

人之情于其宗族远则疏之……推上世之心,爱其子孙,欲使之衣食给
足……岂以远而忘之哉! 义庄之设盖基于是。②

陆游所言"推上世之心,爱其子孙",道出了族田义庄所体现的基于宗法原则的
互助精神的内在动因。

范仲淹之后,置办义田、义庄者越来越多,且目的更为明确和具体。如明

---

① [宋]钱公辅:《范文正义田记》,载[宋]范成大:《吴郡志》卷一四《园亭》,《江苏地方文献丛书》本,江苏古
籍出版社 1999 年版,第 202 页。
② [宋]陆游:《渭南文集》卷二一《东阳陈君义庄记》,中华书局 1936 年版,第 41 页。

代陆果之族,有族田八百亩、祭田五十亩、学田二百亩、役田三百亩,并明确规定各田使用目的:族田是为"赡族之婚丧老疾贫而学者";祭田是为"供檜祀";学田是为"置塾讲业族里之子弟群焉……以给饩廪";役田是为"宗属日繁,更徭不任也……以代过更"。① 清代安徽怀宁梅冲吴氏族田也明确规定了其收族的目的:

> 倘田租有余,户内有嫁娶不时、丧葬窘迫、孤寡无告者,必须量助以敦一本之谊,读书乏油膏饮食者,亦必量输以成其美。②

族田、义庄强化了乡村社会中的宗族互助意识,是宗法文化在村落中的物化存在。长期以来,对其评价见仁见智,褒贬不一。但是,它协调村落社会的稳定,维护基层社会秩序的意义,还是值得关注的。如清代方苞明确指出:

> 盖以文正置义田,贫者皆赖以养,故教法可得而行也。③

魏源在《庐江章氏义庄记》中进一步指出:

> 闾左余子之塾废,而后有教无类者有义学;墓图族葬之法废,而后掩骼者有义冢;兵农之法废,而后自团练自守御者有义勇。而上亦兢兢昭显章示之,以补王政所穷,以联群情所不属,岂非渊渊然有意于天地生人之本始而思复其朔者哉!④

① [明]张萱:《西园闻见录》卷五《敦睦》,《续修四库全书》第1168册,第102页。
② [清]吴凤等纂修:安徽怀宁《皖怀梅冲吴氏编修宗谱·宗训》"摄祭田"条,载陈建华、王鹤鸣主编:《中国家谱资料选编》第8册《家规族约卷》,上海古籍出版社2013年版,第207页。
③ [清]方苞著,刘季高校点:《方苞集》卷一四《仁和汤氏义田记》,第420页。
④ [清]魏源:《魏源全集》第13册《古微堂外集》卷八《庐江章氏义庄记》,岳麓书社2011年版,第419页。

创建义庄可"以补王政所穷,以联群情所不属",亦即可弥补皇权统治的疏漏与不足,可谓一语中的。冯桂芬也认为"千百族有义庄,即千百族无穷民",若倡行下去,必会使"奸宄邪慝,无自而作"。[①]

三、祭祖在村落中的宗法意义

中国古代村落中,祭祖与祖先崇拜十分流行,而且村落中的祭祖往往不限于一家一户,而是以家族为单位的集体行为,较之城市居民之祭祖,村落祭祖体现了更为浓厚的宗法意义与宗法文化色彩。

1. 两汉时期的墓祭与祭祖方式

祭祖行为的出现与祖先意识同步,早于文明产生。新石器时期的考古发掘中,祭祖遗址便颇为多见,如红山文化的女神庙、良渚文化的祭坛等;安徽含山凌家滩遗址、山东龙山遗址等都出现了祖先偶像。在文明发展进程中,农业生产的地位日益重要,对土地的崇拜逐渐形成。[②] 至商周时期,宗庙与社稷成为国家的象征,对祖先的祭祀与对社稷的祭祀被视为国家的首要事务。不过,由于宗法文化背景下祖先祭祀的特定价值,就当时而言,宗庙与祭祖具有更大的意义。"毁其宗庙,迁其重器"[③],即意味着国家的灭亡。因此,此时的祭祖权与统治权合而为一,被统治者牢牢控制,村落百姓无权染指。[④]

战国秦汉以来,祭祀的内容与形式都发生了重大变化。就祭祀内容而言,以往统治者对祭祀权的垄断已被打破,村落中的普通民众也拥有了对祖先的祭祀权。就祭祀方式而言,先秦时期,祭祖活动大都在宗庙进行,坟墓只是埋

---

① [清]冯桂芬:《显志堂稿》卷四《武进盛氏义庄记》,第 405 页。
② 详见马新:《原始崇拜体系与中国文化精神的起点》,《东岳论丛》2005 年第 1 期。
③ [清]焦循撰,沈文倬点校:《孟子正义》卷五《梁惠王下》,第 154 页。
④ 参见马新:《试论汉代的墓祀制度》,《山东大学学报(哲学社会科学版)》2014 年第 1 期。

葬死者之地，除了举行丧葬仪式外，人们的其他祭祀活动大都不在这里举行；死者被"葬之中野，不封不树"①，一次性结束，基本不会再有人光顾。至两汉时代，人们在陵墓之前修祠、立碑、植树，定期进行洒扫、祭拜等活动，使墓祀成为基本的祭祖方式。如王充《论衡·四讳》所言：

> 古礼庙祭，今俗墓祀。……墓者，鬼神所在，祭祀之处。②

因此，冢墓与冢前祠堂是最重要的祭祖场所，其往往被视为本宗族的一种象征。如《东观汉记·邓晨传》云：

> 邓晨，南阳人，与上起兵，新野吏乃烧晨先祖祠堂，污池室宅，焚其冢墓。宗族皆怒，曰："家自富足，何故随妇家入汤镬中！"③

新野吏火烧邓氏先祖祠堂及冢墓，遂引起全族的愤怒。另从《后汉书·郑玄传》载郑玄"诫子书"中谆谆叮嘱子孙"问族亲之忧，展敬坟墓"一语，也可见宗族中人对冢墓的感情。

从现有史料看，汉代村落中的墓前祭祀活动已十分盛行。如《汉书·朱买臣传》载：

> 买臣独行歌道中，负薪墓间。故妻与夫家俱上冢，见买臣饥寒，呼饭饮之。④

---

①　[魏]王弼、[晋]韩康伯注，[唐]孔颖达等正义：《周易正义》卷八《系辞下》，《十三经注疏》本，中华书局1980年影印版，第87页。

②　[汉]王充撰，黄晖校释，刘盼遂集解：《论衡校释》卷二三《四讳》，《新编诸子集成》本，中华书局1990年版，第972页。

③　[汉]刘珍等撰，吴树平校注：《东观汉记校注》卷九《邓晨传》，中华书局2008年版，第285页。

④　《汉书》卷六四上《朱买臣传》，第2791页。

　　因史料所限,村落中墓祭的许多具体程序与内容,我们仍无法详知,通过对一些零散材料的梳理分析,可以描绘出一些最基本的"图像"。

　　汉代村落中的墓祀往往依岁时节日进行。依《四民月令》记载,村落中正式的祭祖活动一年要进行七次,分别在正月、二月、五月、六月、八月、十一月、十二月进行。如:

　　正月之旦,是谓正日,躬率妻孥,洁祀祖祢。前期三日,家长及执事,皆致斋焉。及祀日,进酒降神毕,乃家室尊卑,无小无大,以次列坐先祖之前,子、妇、孙、曾各上椒酒于其家长,称觞举寿,欣欣如也。……

　　二月,祠太社之日,荐韭卵于祖祢。前期斋、馔、扫涤,如正祀焉。其夕又案冢薄馔祠具,厥明于冢上荐之;其非冢祀良日,若有君命他急,筮择冢祀日。……五月……夏至之日,荐麦鱼于祖祢,厥明祠冢。前期一日,馔具,斋,扫涤,如荐韭卵。

　　六月,初伏,荐麦瓜于祖祢。斋、馔、扫涤,如荐麦鱼。……

　　八月……祠太社之日,荐黍豚于祖祢。厥明祠冢,如荐麦鱼。

　　十一月,冬至之日,荐黍羔,先荐玄冥于井,以及祖祢。斋、馔、扫涤,如荐黍豚。……

　　十二月,腊日,荐稻雁。前期五日杀猪,三日杀羊。前除二日,斋、馔、扫涤,遂腊先祖、五祀。……后三日,祀冢。①

这种祭祖做法一直贯穿于整个中国古代社会。

　　在一些正式的墓前祭祖活动中,一般是全族不分贵贱、男女老幼都要参加。如《汉书·酷吏·严延年传》载:

---

① 〔汉〕崔寔撰,缪启愉辑释:《四民月令辑释》,第1、25、68、84、104、109页。

初,延年母从东海来,欲从延年腊……母毕正腊,谓延年:"……我不意当老见壮子被刑戮也! 行矣,去女东归,扫除墓地耳。"遂去。归郡,见昆弟宗人,复为言之。[1]

从这段叙述中可以看出,祭扫是昆弟及宗人都要参加的。前引《四民月令》所记正月之旦"家室尊卑,无小无大,以次列坐于先祖之前",也是如此。

举族墓祭现象在一些汉画像石上也有反映。在汉不其令董恢阙上,其一阙有一画像,上面"刻一冢,冢上三物植立,若木叶然。二男子拜于前,其后有一妇人,二稚子,又有六妇人鱼贯于后"[2]。可以看出,这是一族的祭祖图。在山东长清孝堂山下发掘的一小祠堂内的祭祀图上,画有一祠堂建筑,为四合封闭式院落,正房两侧为左、右厢房,屋顶为两面坡式瓦顶,一只猿猴正在厢房屋脊上奔走嬉戏,向右开的大门不设门扉。画面右部,有一棵枝条交互缠绕的大树。树的左侧,有一人面对祠堂大门,跪拜在地,面前置有祭食一钵、长明灯一盏。树的右侧,有一男子正在喂马,表示祭祀者是骑马而来。这是一幅表现子孙到墓地来祭祀祖先的祠堂祭祀图。(见图1-3)[3]

图1-3　山东长清孝堂山祠堂祭祀画像石摹本

① 《汉书》卷九〇《酷吏·严延年传》,第3671—3672页。
② [宋]洪适:《隶释 隶续》卷一三《汉故不其令董君阙》,第147页。
③ 参见信立祥:《汉代画像石综合研究》,文物出版社2000年版,第81—82页。

　　祭祀仪式由家长、族长或专人负责。前引崔寔《四民月令》中的"前期三日,家长及执事,皆致斋焉","各上椒酒于其家长",其中的"家长"及"执事"即是负责祭祖仪式的人。

　　祭祀前要进行斋戒仪式。由于祠堂和墓地是祖先神灵所在,即"鬼神所在,祭祀之处",所以事先要"斋戒洁清"①,以示对祖先的尊敬。《四民月令》中规定,祭祖仪式进行前都要先"洁祀祖祢",要"斋、馔、扫涤",有的要"前期三日,家长及执事,皆致斋焉",有的要"前期斋、馔、扫涤,如正祀焉。其夕又案冢薄馔祠具",有的要"前期五日杀猪,三日杀羊。前除二日,斋、馔、扫涤"。具体做法正如《后汉书·列女·班昭传》中所言:"清静自守,无好戏笑,洁斋酒食,以供祖宗,是谓继祭祀也。"②

　　祭祀时要陈设祭食,即献祭。对祖灵所供献物品因时节而各有不同,如《四民月令》中规定,二月要"荐韭卵",六月要"荐麦瓜",八月要"荐黍豚",十一月要"荐黍羔",十二月要"荐稻雁"。山东嘉祥宋山出土的许安国祠堂题记中也有"甘珍滋味兼设,随时进纳,省定若生时"③之语。南阳汉代画像石墓出土有墓祀图,据有关研究者介绍:

　　　　画像内容分层排列:顶部为一祠堂,中立一柱,下施柱础,上施一斗二升斗拱,大庑顶。堂内放祭品,左置五盘,右置六耳杯;其下置奠酒,中间一樽,两侧各一提梁壶;再下放肴馔,左置一叠案,中置二圆盒,右置三碗。最下刻一警犬。④

汉画像石所呈现的画面与文献记载十分吻合。

---

① [汉]王充撰,黄晖校释,刘盼遂集解:《论衡校释》卷二三《四讳》,第972页。
② 《后汉书》卷八四《列女·班昭传》,第2787页。
③ 参见济宁文物组、嘉祥县文管会:《山东嘉祥宋山1980年出土的汉画像石》,《文物》1982年第5期。
④ 王建中、闪修山:《南阳两汉画像石》图26,文物出版社1990年版。

值得注意的是,在 2017 年山东青岛黄岛区土山屯考古发掘的汉墓群中,首次发现了封土前砖构"祭台"。发掘者指出:

> 共在 7 处封土的南侧发现有砖构平台,均位于封土南侧的缓坡之上,略呈方形,边长 2～2.5 米,其中封 10 砖构平台中央放置有一灰陶罐。初步推测其应为"祭台"性质的遗迹,其作用应是在墓前"露祭"时摆放酒食。①

> 可见,本地区此类封土前的砖构平台在西汉晚期已属常制。……四号封土前的两处祭台,分别对应早晚两期封土,晚期祭台位于整处封土南侧缓坡的中心位置,应是同时祭祀封土下两座墓的墓主人。②

这一发现,填补了汉代墓祭制度研究中有关实物资料的空白。

汉代人还往往借祭祖活动集会族人、乡里父老等,或饮宴,或叙旧,以达到凝聚族人、融洽彼此关系的目的。如《四民月令》所记,正月祀日,不仅要祭祖,还要"谒贺君、师、故将、宗人父兄、父友、友亲、乡党耆老";十二月,"(祭祀)事毕,乃请召宗族、婚姻、宾旅,讲好和礼,以笃恩纪"。③

居于城市中的权贵也十分重视返乡祭祖活动。如史载:

> 伯(见征)上书愿过故郡上父祖冢……因召宗族,各以亲疏加恩施,散数百金。北州以为荣,长老纪焉。④

---

① 《山东青岛土山屯墓群》,见中国文物信息网 2018 年 1 月 31 日。
② 青岛市文物保护考古研究所等:《山东青岛土山屯墓群四号封土与墓葬的发掘》,《考古学报》2019 年第 3 期。
③ [汉]崔寔撰,缪启愉辑释:《四民月令辑释》,第 1、109 页。
④ 《汉书》卷一○○《叙传上》,第 4199 页。

（楼护）为谏大夫，使郡国。护假贷，多持币帛，过齐，上书求上先人冢，因会宗族故人，多以亲疏与束帛，一日散百金之费。①

建武二年春，诏异归家上冢，使太中大夫赍牛酒，令二百里内太守、都尉已下及宗族会焉。②

琮还，经过钱唐，修祭坟墓，麾幢节盖，曜于旧里，请会邑人平生知旧、宗族六亲，施散惠与。③

由此看来，村落中的祭祖活动实际上还起到了村落宗法文化向城市和上层社会延伸与上传的作用。④

2. 魏晋南北朝隋唐时期的家祭

自魏晋以来，由于各王朝对薄葬的倡导以及对墓前设施的限制，墓祀之风衰歇，那些有权势的官僚贵族多将墓前祭祀改由家庙进行，称"庙祭"；而一般村民则由墓前祭拜改为在家中寝堂进行，称为"家祭"。晋代规定，诸侯王及各品级官僚均可设立家庙，亦即"宗庙之设，各有品秩"⑤。其标准尚无严格规定，大多参照先秦宗庙之礼；祭祀时间、次数也无严格规定。至于那些无官无品的村落百姓不得立庙，当然也无法祭先祖于庙堂，只能将家中的厅堂作为祭祖的地点。

东晋贺循比较详细地论述了当时家祭的情况。其曰：

---

① 《汉书》卷九二《游侠·楼护传》，第 3707 页。
② 《后汉书》卷一七《冯异传》，第 645 页。
③ 《三国志》卷六〇《魏书·金琮传》，裴松之注引《江表传》，第 1382 页。
④ 以上参见马新：《试论汉代的墓祀制度》，《山东大学学报（哲学社会科学版）》2014 年第 1 期；马新：《论两汉乡村社会中的宗族》，《文史哲》2000 年第 4 期。
⑤ 《晋书》卷七五《范宁传》，中华书局 1974 年版，第 1988 页。

今无庙，其仪：于客堂设亡者祖坐，东向；又为亡者坐于北，少退。平明持馔具设及主人之节，皆如卒哭仪。先向祖座拜，次向祔座拜，讫，西面南上伏哭。主人进酌祖座，祝曰……又酌亡者座，祝曰……皆起再拜，伏哭尽哀，复各再拜，以次出。妻妾妇女以次向神座再拜讫，南向东上，异等少退，哭尽哀，各再拜还房。遂彻之。自祔之后，唯朔日月半殷奠而已，其馔如来时仪，即日彻之。①

由上可知，一般百姓多无庙，无法祭祖先于庙堂。所以祭祖之日，须将祖先牌位置于客室，祭拜完毕再撤去。如卢谌《祭法》所言："凡祭法，有庙者置之于座；未遑立庙，祭于厅事可也。"②

晋代以后，基本上遵循以品秩尊贵制定祭祖权力的做法。"自后齐、后周及隋，其典大抵多依晋仪。然亦时有损益矣。"③如北齐规定，从七品以上官员可以立庙祭祖；正八品以下乃至庶人，祭祖于寝堂。较之晋代更加严密、规范。隋代在北周基础上稍有更改："新制……一品已下，五品已上，自制于家，祭其私庙。"④进一步将家庙的设置下限定在五品，五品以下以至乡村百姓只能祭祖于寝。

唐代基本继承了隋代的做法，但比前代更为缜密、完善。按照唐《开元礼》的规定，五品以上的文武官员得以祠家庙，官品不同，家庙的数量、规模也各不相同；六品以下以至庶民不得立庙，祭祖的场所只能在家中寝堂进行。

从唐代文献记载来看，达官贵人的家庙多设其现居处，亦即城市，在乡村中几乎不见。村落中的祭祖主要是家祭。⑤

---

① ［唐］杜佑撰，王文锦等点校：《通典》卷八七《礼四七·沿革四七》"祔祭"条，中华书局1988年版，第2374页。
② ［宋］李昉等编纂：《太平御览》卷一八五《居处部十三》引卢谌《祭法》，第897页。
③ 《隋书》卷七《礼仪志二》，中华书局1973年版，第146页。
④ 《隋书》卷一二《礼仪志七》，第270页。
⑤ 该部分参见马新、齐涛：《魏晋隋唐时期民间祭祖制度略论》，《民俗研究》2012年第5期。

3. 唐宋以来的寒食墓祭

魏晋以来,虽然家祭取代了墓祭,成为祭祖的主导方式,但在乡村社会中,墓前的祭祀并未完全消失,而且,渐又附着于寒食节而再兴。

寒食节之起源由来已久,相传此俗源于纪念春秋时晋国介之推。春秋时,晋国公子重耳被迫流亡列国,介之推历经磨难,竭力辅佐,甚至割股肉供文公充饥。重耳复国后,介之推隐居绵山。重耳烧山逼他出山,子推母子遂隐迹焚身。晋文公为悼念他,下令在介之推忌日(后为夏历冬至后 105 日)禁火寒食,形成寒食节。介之推被焚之事的记载,最早见于西汉桓谭《新论·离事》,后陆续在《后汉书·郡国志·太原郡》《后汉书·周举传》、曹操《明罚令》《晋书·石勒传》、郦道元《水经注·汾水》、贾思勰《齐民要术·煮醴酪》等文献典籍中也有所记载。

随着历史的演变,寒食节活动逐步由纪念介之推的禁火寒食演变为以拜扫祭祖为主。这其中的原因,一方面是由于其蕴含的忠、孝的理念完全符合中国传统社会及家庭对忠、孝传统道德核心的需求,成为族人和谐、社会稳定的重要载体;另一方面,魏晋以来各王朝以行政的力量遏制汉以来的墓前设立祠堂,进行墓祀的习俗,继而以庙祭与家祭取代了墓祀的祭祖功能,但不能完全满足人们对祖先们的缅怀与纪念。因而,墓前的追思与祭扫在魏晋以来实际上在民间一直存在着。对于乡村社会而言,乡村百姓无权设置家庙,而在寝堂祭祖又往往受场所之限,难以寄托哀思,因而墓前的扫祭仍是乡村百姓祭奠先祖、凝聚族人最好的方式。所以乡村社会一直未能断其俗。在陈、隋之间,村落百姓已相对固定在寒食节进行墓祭活动。

寒食节扫墓祭祖,最初主要是乡村百姓所为,故一直被官方视为"野祭",官方将村落百姓"寒食上墓,复为欢乐,坐对松槚,曾无戚容"现象斥之为"玷风猷"①之举,认为有伤风化。然而,尽管各朝对"寒食上墓"多次禁断,却屡禁屡

---

① ［宋］王溥:《唐会要》卷二三《寒食拜扫》,第 439 页。

兴,蔓延全国。唐玄宗时便不得不下诏对这一既成事实的风俗予以承认,在法律上规定寒食节为拜祖扫墓的日期,并编入《开元礼》中。《唐会要》卷二三《寒食拜扫》载开元敕:

> 开元二十年四月二十四日敕:寒食上墓,礼经无文,近世相传,浸以成俗。士庶有不合庙享,何以用展孝思? 宜许上墓,用拜扫礼,于茔南门外奠祭撤馔讫,泣辞,食余于他所,不得作乐,仍编入礼典,永为常式。[①]

这一诏令一方面"因俗制礼",将"寒食上墓"这一来自村落的"野祭"风俗加以肯定,并把它纳入礼教的范围,"编入礼典,永为常式";另一方面,又将这一风俗制度化、礼仪化,比如规定祭祀后要"食余于他所,不得作乐"。另外,此前的墓祭主要是乡村百姓的活动,此敕之后,各类官员也采纳和加入了这种祭祖活动,使之成为全民的祭奠祖先的方式。

官方对寒食节的肯定和扶持,使这一祭祖习俗空前兴盛。当时,无论是官宦贵族,还是士绅、农夫,甚或妇女、皂隶,均可一家或一族人同到先祖墓地,进行致祭、添土、撤馔、挂纸钱等活动。《新唐书·柳宗元传》描述了乡间寒食节扫墓的情形:

> 近世礼重拜扫,今阙者四年矣。每遇寒食,则北向长号,以首顿地。想田野道路,士女遍满,皂隶庸丐,皆得上父母丘墓,马医、夏畦之鬼,无不受子孙追养者。[②]

由此可以想见当时村落寒食扫墓的场景。

---

① ［宋］王溥:《唐会要》卷二三《寒食拜扫》,第439页。
② 《新唐书》卷一六八《柳宗元传》,第5135页。

后世沿袭了这一风俗。宋王应麟《困学纪闻》卷一四云:"五代礼坏,寒食野祭而焚纸钱。"①欧阳修在书简中也写道:"今因寒食,遣人力去上坟……为地远,只附钱去,与买香、纸、酒等浇奠。"②

一度衰微的墓祭风俗到唐宋以后又得以复兴,但这已不是对汉代墓祀的简单继承。唐人将墓祀这种敬终追远十分严肃的大事与一系列娱乐活动结合在了一起,即所谓"今年寒食好风流,此日一家同出游"③;"拜扫无过亲骨肉,一年唯此两三辰"④。唐代诗歌中也有不少反映寒食拜扫情形的内容。如白居易的《和春深》诗:

何处春深好,春深寒食家。
玲珑镂鸡子,宛转彩球花。
碧草追游骑,红尘拜扫车。
秋千细腰女,摇曳逐风斜。⑤

此诗可谓写尽人们寒食节拜扫之余尽情娱乐的情形。

需要说明的是,由于寒食节与传统二十四节气中的清明只相隔一天,随着时间的推移,人们逐渐将二节合而为一,当然寒食节的一些习俗,尤其是上墓祭祖之俗也移植于清明节。

另外,清明节还吸收了另外一个较早出现的节日——上巳节的内容。上巳节由来已久,一般在农历三月初三日举行被禊活动,即上巳日人们在水边举行祭礼,洗濯去垢,消除灾晦不祥之气,借以祈福消灾,相伴还有春游踏青、临

① [宋]王应麟撰,翁元圻等注,栾保群等校点:《困学纪闻》卷一四《考史》,上海古籍出版社2008年版,第1667页。
② [宋]欧阳修著,李逸安校点:《欧阳修全集》卷一五三《书简·与十四弟七通五》,中华书局2001年版,第2527页。
③ [唐]元稹撰,冀勤点校:《元稹集》卷二〇《寒食日》,中华书局1982年版,第264页。
④ [唐]熊孺登:《寒食野望》,载[清]彭定求等编:《全唐诗》卷四七六,第5420页。
⑤ [唐]白居易:《和春深》,载[清]彭定求等编:《全唐诗》卷四四九,第5065页。

水宴饮等活动。如《周礼·春官·女巫》："女巫掌岁时祓除衅浴。"郑玄注："岁时祓除，如今三月上巳，如水上之类。衅浴，谓以香熏草药沐浴。"①《论语》："莫春者，春服既成，冠者五六人，童子六七人，浴乎沂，风乎舞雩，咏而归。"②写的就是春秋时期人们祓禊的情形。汉代应劭《风俗通义》亦云："禊者，洁也。春者，蠢也，蠢蠢摇动也。……疗生疾之时，故于水上盥洁之也。"③上巳节在汉唐时期特别隆重，是一种全民节日。《后汉书·礼仪志上》："是月上巳，官民皆洁于东流水上，曰洗濯祓除去宿垢痎为大洁。"④到了宋代，上巳节逐渐消失在人们的视野之外。究其原因，当是在农历三月一个月中有三个祭祀节日，且时间十分接近，人们便将其活动转移至清明节，由其容纳、延续。这样，清明节承载寒食和上巳节日的俗信，由原来单纯的农业节气变成了中国古代一个重大的节日。

李之彦《东谷所见》载乡间村落清明扫墓后的游乐活动：

> 吾乡多于至节、岁节、清明诣坟所……乘祭之后，大率与兄弟、妻子、亲戚、契交，放情游览，尽欢而归。⑤

又，庄绰《鸡肋编》卷上云：

> 寒食日上冢，亦不设香火，纸钱挂于茔树。其去乡里者，皆登山望祭，裂冥帛于空中，谓之"擘钱"。而京师四方因缘拜扫，遂设酒馔，携家春游。⑥

---

①　[汉]郑玄注，[唐]贾公彦疏：《周礼注疏》卷二四《春官·女巫》，第816页。
②　程树德撰，程俊英、蒋见元点校：《论语集释》卷二三《先进下》，《新编诸子集成》本，中华书局1990年版，第806页。
③　[汉]应劭撰，王利器校注：《风俗通义校注》卷八《祀典》，《新编诸子集成续编》本，中华书局2010年版，第382页。
④　《后汉书》志四上《礼仪志上》，第3110页。
⑤　[宋]李之彦：《东谷所见·先茔》，《丛书集成初编》本，中华书局1991年版，第1页。
⑥　[宋]庄绰撰，萧鲁阳点校：《鸡肋编》卷上，《唐宋史料笔记丛刊》本，中华书局1983年版，第23页。

这样,唐代以后,扫墓祭祖除了保有其最初的宗法意义外,还成了乡村社会生活的一种文化需要,因而同时也具有了一种娱乐意义。

需要指出的是,清明节尽管加入了许多祭祀之外的内容,但墓前祭祖的核心内容未变,一直被乡村社会沿袭下来,直至元明清时期。如元末婺源回岭汪氏,"每当岁清明节,大会族人致祭。祭讫,分遣拜扫诸茔在他远者"①。又如,同期婺源凤亭汪氏,"岁正之朝,族人子弟会拜族长之家,然后以鼓乐前导,省谒墓下,还宴于家;明日以次谒先世诸墓,遍而后止"②。

当然,中国幅员辽阔,风俗各异,各地之祭扫的差异颇大。如嘉靖《隆庆志》卷七《风俗》云:

> 其祭扫也,清明、中元、下元谓之鬼节,则携酒果、肴馔、纸烛,男妇俱诣其祖茔行礼焉。③

嘉靖《通许县志》卷上《人物·风俗》则记道:

> 吉祭于清明、七月十五日、十月一日,祀于先垄,大族用伎乐,祭既而饮,竟日乃归。④

嘉靖《太康县志》卷四《礼乐》载:

> 乡民岁时墓祭,多用释道文疏,设食奠酒、焚纸钱、叩首而已。⑤

----

① [元]李祁:《云阳集》卷七《汪氏永思堂记》,《景印文渊阁四库全书》第 1219 册,台湾商务印书馆 1986 年版,第 709 页。
② [元]郑玉:《师山集》卷五《凤亭里汪氏墓亭记》,《景印文渊阁四库全书》第 1217 册,第 43 页。
③ [明]谢庭桂纂修:嘉靖《隆庆志》卷七《风俗》,明嘉靖年间刻本,第 14/a 页。
④ [明]韩玉纂修:嘉靖《通许县志》卷上《人物·风俗》,明嘉靖二十四年(1545 年)刻本,第 31/b 页。
⑤ [明]安都纂修:嘉靖《太康县志》卷四《礼乐》,明嘉靖三年(1524 年)刻本,第 10/a 页。

总之,乡村社会的祭祖活动绵延于整个中国古代社会,它既是村落中宗法精神与祖先崇拜的外化与仪式,又是全社会宗法文化的基点所在,在村落文化的发展中占有重要地位。[①]

四、祠堂与宗祠在村落宗法文化中的功能

祠堂是中国古代村落中十分重要的文化景观,是宗法文化的外在体现。在长期的历史发展中,可分为前期祠堂与后期宗祠两大类型,虽主体功能一致,却又具有各自不同的文化特色。

1. 古代村落的祠堂

中国古代村落的祠堂至迟应出现在西汉初期,当时的祠堂有多种名称,既有称"祠室""祠庙""祠宇""庙祠"者,也有称"房祠""房祀""石堂"者。到西汉中后期,修建祠堂已蔚然成风。

由于汉代人们祭祖方式普遍实行墓祭,故而祠堂大都修筑在墓前。例如《盐铁论·散不足》云:

> 古者,不封不树,反虞祭于寝,无坛宇之居,庙堂之位。及其后,则封之,庶人之坟半仞,其高可隐。今富者积土成山,列树成林,台榭连阁,集观增楼。中者祠堂屏阁,垣阙罘罳。[②]

汉代蔡邕所撰《王子乔碑》言:

---

① 以上部分参见马新、齐涛:《魏晋隋唐时期民间祭祖制度略论》,《民俗研究》2012 年第 5 期。
② 〔汉〕桓宽撰,王利器校注:《盐铁论校注》卷六《散不足》,《新编诸子集成》本,中华书局 1992 年版,第 353 页。

修祠宇,反几筵,馈饎进,甘香陈。①

东汉《阳三老石堂画像题字》记道:

延平元年十二月甲辰朔十四日,石堂毕成……朝半祠祭,随时进
[食],□□(下残)。②

由此看来,在西汉时期祠堂之设已比较普遍,而且都建在冢墓之旁。东汉时
期,墓前祠堂已十分流行,大户人家自然是"集观增楼",中产之家也是"祠堂屏
阁",村落中的很多富裕农户甚至一般农户也每每在墓前筑立祠堂,无论富贵
贫贱,都将修建祠堂视为整个家族或整个宗族最为重要的事情。

比如汉代崔氏家族本为村落大家,但因崔寔在其父卒后倾其所有,大力修
缮祠堂、坟茔等祭祀设施,导致家业败落,一贫如洗。《后汉书·崔骃附崔寔
传》记道:

寔父卒,剽卖田宅,起冢茔,立碑颂。葬讫,资产竭尽,因贫困,以酤酿
贩鬻为业。……(寔)建宁中病卒。家徒四壁立,无以殡殓。③

那些中等之家或普通农户如依此而为,更是要"竭家所有"。《从事武梁碑》碑
文就记道:

孝子仲章、季章、季立,孝孙季侨躬修子道,竭家所有,选择名石南山

---

① [清]严可均辑,马志伟审订:《全上古三代秦汉三国六朝文·全后汉文》卷七五,商务印书馆1999年版,第
759页。
② [清]方若原著,王壮弘增补:《增补校碑随笔》,上海书画出版社1981年版,第41页。
③ 《后汉书》卷五二《崔骃附崔寔传》,第1731页。

之阳,擢取妙好色无斑黄,前设坛墠,后建祠堂,良匠卫改,雕文刻画,罗列成行,撊骋技巧,逶迤有章。①

不难看出,是否修建祠堂,如何修建祠堂,已是关系到是否为孝子、孝孙的大问题。

能够比较真实反映汉代村落祠堂修筑情况的当属山东嘉祥县宋山许安国祠堂。"许安国祠堂题记"②记道,许安国为低秩小吏,秩百石,其卒后,父母兄弟"以其余财,造立此堂","作治连月,功扶无亟,贾钱二万七千",为其修建了豪华祠堂。(见图1-4)其豪华状况,题记描述道:

图1-4　汉山东嘉祥宋山许安国祠堂画像石及题记③

---

① [宋]洪适:《隶释 隶续》卷六《从事武梁碑》,第75页。
② "许安国祠堂题记"系东汉晚期画像石刻,长1.07米,高0.68米,浅浮雕八叶柿蒂纹,石上部及左右刻双鱼补白,下以两个人首蛇身羽人补白。石上方刻有长篇题记,共10行,462字,为东汉桓帝永寿三年(157年)刻,现收藏于山东省石刻艺术博物馆。
③ 采自朱锡禄编著:《嘉祥汉画像石》图75"宋山第二批画像第29石",山东美术出版社1992年版,第59页。

采石县西南小山阳山。琢砺磨治,规矩施张,襄帷及月,各有文章。
雕文刻画,交龙委蛇,猛虎延视,玄猿登高,狮熊嗥戏,众禽群聚,万狩云
布,台阁参差,大兴舆驾。上有云气与仙人,下有孝友贤仁。尊者俨然,从
者肃侍,煌煌濡濡,其色若儋。作治连月,功扶无亟。①

许安国家境普通,耗资两万七千钱修造此祠,势必倾其所有,甚至可能还
要向大家借贷。

汉代盛行厚葬,从王公贵族到大户人家,无所不用其极。在这种厚葬风气
的带动下,村落百姓也纷纷效仿,铺张攀比,虚耗家产。桓宽《盐铁论·散不
足》篇曾言:

今,生不能致其受敬,死以奢侈相高;虽无哀戚之心,而厚葬重币者则
称以为孝,显名立于世,光荣著于俗。故黎民相慕效,至于发屋卖业。②

《后汉书·明帝纪》中也记有时人对此风气的批评:

今百姓送终之制,竞为奢靡。生者无担石之储,而财力尽于坟土。伏
腊无糟糠,而牲牢兼于一奠。糜破积世之业,以供终朝之费,子孙饥寒,绝
命于此……③

在这种社会氛围中,墓祠成为厚葬的重要标志,成为村落百姓铺张攀比的
要件。且不说人死后殓葬、发丧及其他费用,仅就修建墓祠而言,已远远超出

---

① 济宁文物组、嘉祥县文管会:《山东嘉祥宋山 1980 年出土的汉画像石》,《文物》1982 年第 5 期;宫衍兴编
著:《济宁全汉碑》,齐鲁书社 1990 年版,第 12—13 页。
② [汉]桓宽撰,王利器校注:《盐铁论校注》卷六《散不足》,第 354 页。
③ 《后汉书》卷二《明帝纪》,第 115 页。

了一般农民所能承受的能力。

　　当然,乡间中小地主、低级官吏、乡绅及普通农民所建多为墓前小祠堂,它们虽名为祠堂,但起不到大型陵墓中祠堂的作用。它们被立于墓前,仅仅具有一种象征意义。比如,山东济南长清孝堂山祠堂属于小祠堂之列,面积 10 平方米左右(见图 1－5)①;武梁祠前石室面积 3—6 平方米。又如山东嘉祥宋山1 号石祠,面宽只有 1.89 米,进深 0.88 米,通高约 1.64 米(见图 1－6)。② 这类小型祠堂空间狭小,内部无法进行任何活动,起不到聚集宗亲、进行祭祖活动的作用。这类祠堂的主人只能在祠堂前进行祭祖的种种仪式。③

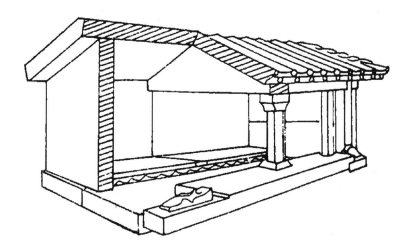

图 1－5　山东济南长清孝堂山祠堂剖视图④

　　①　参见信立祥:《汉代画像石综合研究》,第 78 页。
　　②　参见信立祥:《汉代画像石综合研究》,第 77 页。
　　③　参见马新:《试论汉代的墓祀制度》,《山东大学学报(哲学社会科学版)》2014 年第 1 期。
　　④　采自信立祥:《汉代画像石综合研究》,第 78 页。

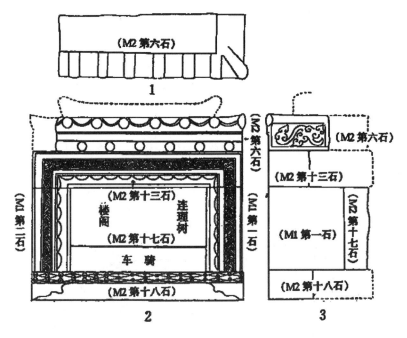

图 1-6　山东嘉祥宋山 1 号石祠剖视图①

1. 屋顶石　2. 正面图　3. 侧面图

信立祥先生曾对这类小祠堂的性质进行讨论,指出:

　　实际上,这种石结构祠堂不过是一种象征性的祭祀建筑,祭祀时祭祀
者并不进入祠堂,祭祀典礼活动都在堂外进行。从……山东沂南画像石
墓的祠堂图看,祭祀时供物都摆放在祠堂外的庭院中。孝堂山祠堂中的
祭台石,笔者认为不是摆放供品的地方,而是放置祠主的神主之处。《从
事武梁碑》所云"前设坛墠,后建祠堂"中的"坛墠",就是位于祠堂前的祭
祀用祭坛。②

正是由于汉代祠堂所具有的这种"象征性的"意义,汉代乡村社会中还出现了一种独特的民俗现象,村落居民在吊唁死者时以小祠堂作为赙礼。山东沂南北寨汉画像石中就有一幅完整的祭祖图,刻有吊唁死者时送上小祠堂的画面。[①] 丧家收到的小祠堂或可作为随葬品置入墓中,如山东淄博金岭镇一号汉墓出土有一件陶制祠堂名器。[②]

2. 古代村落的宗祠

宗祠最早出现于宋代乡村,它既不同于汉代的墓前祠堂,也不同于魏晋、隋唐时期祭祖的家庙。

首先,隋唐家庙祭祀的是以家族为限的近祖。宋代家庙之制仍沿袭隋唐,只允许少数高官建置家庙,且只能以小宗宗法祀及近祖。宋徽宗时,稍稍放宽限制,规定:"文臣执政官、武臣节度使以上祭五世,文武升朝官祭三世,余祭二世。"[③]但宋代出现的祠堂却是祀及始祖或始迁祖,故又称"宗祠""祖庙""祖祠"。如福建莆田朱氏在北宋后期即建有朱氏祠堂,祠堂建于村宅之南。朱氏十三世孙朱元功在南宋咸淳十一年(1275 年)所作《群仙书社祠堂记》描述其祠堂状况:

> 前座为家庙,祀先世神主,以寓时思之敬,揭其匾曰"朱氏祠堂"。后座为家塾,训子侄读书入仕,以为报国之忠,揭其匾曰"群仙书社"。[④]

其次,宋代祠堂兴自民间,先见于村落之中。这是与家庙的另一不同之

---

① 参见南京博物馆院、山东省文物管理处:《沂南古画像石墓发掘报告》图版 28,文化部文物管理局 1956 年印行。

② 参见山东文物考古研究所:《山东淄博金岭镇一号汉墓》,《考古学报》1999 年第 1 期。

③ [清]徐松辑,刘琳等校点:《宋会要辑稿·礼十二》"群臣士庶家庙"条,上海古籍出版社 2014 年版,第707 页。

④ 郑振满等编:《福建宗教碑铭汇编·兴化府分册》第 45 号,福建人民出版社 1995 年版,第 50 页。

处。元代祠堂承宋而来，形制渐渐完备。

元末人赵汸在《知本堂记》中记载了婺源大畈汪氏所建祠堂的情况。其记云：

宗法之废久矣。近代盛时，虽号为世家大族者，其子孙往往散越，无以相维，与凡民等，而况于衰乱之民乎？……同郡汪侯仲玉早岁尝有志于斯，中遭多难，虽军务填委，未尝一日而忘。乃即星源大畈田中创重屋，为楹间者五，其上通三间以为室，奉始得姓之祖神主中居，及初渡江者，及始来居大畈者，而昭穆序列左右者十有余世。又为庙于屋南，像其祖之有封爵在祀典者，配以其子孙之有功德者四人。重屋之下有堂，有斋舍，延师其中，聚族人子弟而教之。庙有庑有门，时享月荐，买田以给凡费者若干亩，合而名曰"知本堂"。以族人之属尊而年长者主祀事焉。别为专祠于大畈西浯村先人故居，曰"永思堂"。祀高祖而下四世，其田与祭则继高祖者主之焉。盖知本者，以明大宗之事，而永思则小宗之遗意也。夫宗法之不能复古，自今世以来病之。侯之意，盖欲因四时之享，以寓合族之意，使其族人之登斯堂者思世家之远如彼，而有功德者之盛又如此，则必不肯一日自同于凡民子弟之学。……自祸乱以来，所在大家歼夷，不能相保，何可胜数。大畈之族以侯力独完，又作斯堂以尊祖敬宗，教示将来，其所以遗夫族人子孙者，可谓远矣。故为书之。侯名同。始得姓者鲁成公子讳汪，父名尝食采颍川，初渡江者汉龙骧将军讳文和，始居大畈者讳中元。有封爵而在祀典者唐越国公，国朝封昭忠广仁武烈灵显王。配食者，团练使积官御史大夫讳濆，神号端公，中元其仲子也；曰顺义军使检校司空讳武，皆以靖寇捍患有功；曰宋西京文学四友先生讳存，有经学行义；曰端明殿学士招讨制置使立信，以忠节显，皆其谱实云。①

---

① ［元］赵汸：《东山赵先生文集·文补·知本堂记》，中国国家图书馆藏明抄本，第25/a—27/a页。

从以上所记文字可以看到,知本堂建于大畈乡村,供奉始得姓之祖以及始迁祖,堂中设塾学,有祭田,有主祀者,是体制完备的宗祠。此外,汪氏还在大畈西浯村另建专祠,祀高祖以下四世,名为"永思堂",这实际上是仿家庙而来。

宋元时代,宗祠尚不多见,宗祠的普及始自明嘉靖年间。嘉靖十九年(1540年)礼部尚书夏言上《请定功臣配享及令臣民得祭始祖立家庙疏》①被嘉靖帝认可,后乡村宗祠迅速发展,其中以徽州等地的宗祠最具典型意义。(见图1-7)如嘉靖《徽州府志》卷二《风俗志》云:

图1-7　安徽徽州棠樾村鲍氏宗祠(作者自拍)

家多故旧,自唐宋来数百年世系比比皆是。重宗义,讲世好,上下六亲之施,所在村落家构祠宇,岁时俎豆其间。小民亦安土怀生,即贫者不鬻子流庸。②

嘉靖年间(1522—1566)的吴子玉在《沙溪凌氏祠堂记》中就曾极力铺陈徽州宗祠之盛,记中写道:

───────────

① [明]夏言:《请定功臣配享及令臣民得祭始祖立家庙疏》,载《夏桂洲先生文集》卷十一《疏》,哈佛燕京图书馆藏明崇祯十一年刻本,第71—78/a页。

② [明]何东序修,[明]汪尚宁纂:嘉靖《徽州府志》卷二《风俗志》,明嘉靖四十五年刻本,第41/a页。

寰海之广,大江之南宗祠无虑以亿数计,徽最盛;郡县道宗祠无虑千数,歙最盛;自歙水之东无虑百数,凌氏祠巨丽最盛。盖我郡国多旧族大姓,系自唐宋来,其牒记可称已,而俗重宗义,追本思远,俭而用礼,兹兹于角弓之咏。以故姓必有族,族有宗,宗有祠。诸富人往往独出钱建造趣办,不关闻族之人。诸绌乏者即居湫隘,亦单(当为"殚")力先祠宇,毋使富人独以为名。由是祠宇以次建,益增置矣。①

对这一问题,李文治、江太新先生在《中国宗法宗族制和族田义庄》一书中写道:

笔者从文集、方志和家谱中收辑到一些有关明代建置宗祠家庙的事例,其中间有正德朝以前的,但主要建在嘉靖朝(1522—1566)至明末的百年间。此风至清朝而益盛。如江西省,据乾隆二十九年(1764)统计,全省同一个族姓合建的总祠89处,各州县村镇各姓所建分祠凡8994处。按江西共计78州县,几乎所有大村镇都有祠堂。清人陆燿面对当时建祠的迅速发展,发表过如下论说:"此徒见世俗于通衢隙地建立祠庙,炫耀乡邻,以示贵异,不知其悖理违制不可学也","若今世之祠堂,既不与寝相连,而又祀至数十世之远……此何足仿效乎?"陆燿立论,显然是针对当时庶民户建置祠庙追祀远祖不符合古制而发的。其实此风非自清代始,乃滥觞于明代中叶。②

宗祠在乡村社会普之后,很快便成为村落宗法文化的载体与重要平台,对村落中的宗法文化起到了重要的传承与维系作用。

---

① [明]吴子玉:《大鄣山人集》卷二二《沙溪凌氏祠堂记》,《四库全书存目丛书·集部》第141册,齐鲁书社1997年版,第511页。

② 李文治、江太新:《中国宗法宗族制和族田义庄》,第66页。

3. 祠堂与宗祠的宗法功能

关于祠堂的功能,在前述墓祭的叙述中已述及。值得注意的是,宗祠较之前期的祠堂,无论是形制还是功能,都发生了重大变化,已成为宗法功能齐全的村落宗法活动中心。

为全面把握宗祠的功能,我们可以先引述清末福建福州通贤龚氏的《祠堂条例》:

一、进主:以昭功德也。前议自公卿大夫至明经而上,以其文行举于乡,贡于庭,故列祀以为劝。生、监则择其生平无可訾议而有大功于宗族祠堂者,准其进主配享。若乃倡优隶卒及窃盗与夫奸恶彰闻者,断断不准。至孝弟为百行所先,贞节为妇人所难,不可以富贵贫贱有所轩轾也,当别其真而祀之。

惟思公曰:以后生、监入祀者,当谨遵此例。

一、主祭:当用有爵也。宗子法既废,或谓当以齿为序。然邱琼山谓上冠裳而下布素,无以昭对越之度。吾又谓白丁为庶人,《礼》"庶人祭于寝",不当有祠;且恐年老之人精力衰耗,祀事时久,未免颠踬之过。故当以有爵者为主,爵同则论齿。如爵者未归,则举人、贡生及有职衔者摄祭可也。族长年壮,亦可摄祭,但必衣冠齐整,纬笠皂靴,断不可以缨笠布鞋也。主祭有爵者蟒袍补褂,举、贡补褂,生员、监生蓝衫。

一、执事:当用生监以赞礼也。通赞一人,引赞一人,读祝一人,执爵一人,奉馔四人,司帛一人。当先期讲习,或请亲友之习礼者,或子弟之能者。

一、祭祀:春以二月二十日,秋以八月二十日。有牲曰祭,无牲曰荐。今祭典微薄,且当用庶羞,有牲时则祭。毕,各分祭肉,计房给之,生员、监生计人给之,有执事者倍给之,祭用鼓乐,席视人数,司年者预备。

一、伴夜：庆灯节也。《礼》有"冬至祭始祖，立春祭先祖"之文，而宋儒以为僭。今伴夜之举不知何典，而吾闽皆然，当从俗也。是夜，用鼓乐，盛灯烛，席视人数，司年者备之，龛前喜烛则各人自带。酒后喧争有禁，违者罚纱灯一对，跪香一炷；不听，则斥逐之，不许入祠与祭。

一、报喜：告祖宗也。古人出仕、升官、毕姻、得男、迁居，皆有祝文，以告祖祢，事死如事生也，今当从之。报时用报单二条，一贴祠堂壁上，一选司年者登簿。报式具后：其喜金，仕至督、抚者三百两，布司二百两，按司道、府一百六十两，提学使如之，州、县一百两，翰林、部属五十两，同知、通判、提举等如之，首领佐杂三十两，教官二十两，诰封二十两，捐者同之。捐职衔者，视现任之品级半之。捐贡者八两，捐监者四两，乡饮大宾者四两，毕姻及得男者五钱或三钱，乔迁夏屋者五两，开设大当者五两。

惟思公曰：报喜必用报单二张，最为精细。如得男非当时，即两处报明，登记于簿，如历年久远，或螟蛉养子，乌得而知之？又案举盐商者，亦当有喜金。

一、祭田：以供祭祀也。乾隆十六年以前，积喜金典得允磷田二号，佃户林世通等载租谷三百六十五斤。十八年，洪山桥地换得天起田二号，佃产杨奶送等载租谷八十一斤，租银九钱。二十四年，又将厚斋所寄喜金典得魏永思田一号，佃户魏必鸣载租谷五百斤。总计所入，不敷所出。今年厚斋又捐出田二号，佃户郑朝辅、陈世明等载租谷六百四十斤。士金又捐出田一号，佃户郑朝辉等载租谷五百斤，共载租谷二千零八十六斤，租银九钱，并状元公优免钱三千九百九十文，可以供所用矣。司年者收之。

一、轮值：司年以均劳也。公事公办之，前者所入不敷，每苦于赔累，且多口舌，故人每难之。今择族中明白而充裕者，轮年司之，可以均劳逸，可以免侵渔，可以无怠废矣。乙酉年士金，丙戌年厚斋，丁亥年士忠，戊子年天申，己丑年文鼎，庚寅年天裳，周而复始。倘后更有似此者，添之。司年者一年之中所收若干，所用若干，更剩若干，核一清数，另立一簿，将所余钱并各数簿于年底交于下年司年者收受,不得短挂。如有短挂,下年司者即当告明族房长并各司年者,同往索取清楚。如有不清,下司年者容隐承受,即令受者赔补。且一年中所有喜例,除官居任所者听其寄来,其余即当年内收明,以付下手,亦不得作情任意挨延。如有赔垫,亦当开数载明,俟下年有余拨补。余银积至十两以上,便当买业,或田或店;不得借贷于人,致滋口舌。至祠堂有渗漏破损,便当即时修拾。如工程浩大,便当请族房长及各司年出单劝捐,以免塌废。

惟思公曰:出仕喜金虽当听其寄来,然亦当有年限,或两年或三年而止。盖借其为数较多,方足为祖宗增祭业。如听其挨延,年复一年,恐归无有。祠中借为添补之用者,惟得男、毕姻两项喜金,为数甚微,难以敷用。

一、书田:培元气也。子弟不可以不读书,不特发科甲,高门第也;读书明大义,识道理,即经营生理,明白者自不至于受人之愚。但往往父兄无力,遂至子弟废学,目不识丁,即数目字尚不能悉,何异马牛而襟裾乎?且长大何处觅生活也。谓宜捐置书田,立义塾于祠堂左右之地,请业师于其中,使贫无力之子弟得以肄业其中,上可以掇科名为祖宗光显,下亦可以识字明理,不至如马牛之踯躅,夫非吾祖吾宗之所乐欤!而且秀才因家计而荒功课,举人因盘缠而阻会试,甚可念也。若有书田,则膏火有资,公车有赠,竭力观光,云蒸霞蔚矣。后有以文正为心者,能出千金,可以办此矣。今既不能,或送秀才以卷金,或送公车以盘费,则各房各尽其心,聚腋成裘,亦众擎易举之事也。

惟思公曰:厚斋公为书田、义田二事,既殁目不瞑,海峰公祝之,以为身任,乃瞑。辛酉、壬戌海峰公官累始清,方将有为,而天忽不永其年,呜呼痛哉!

一、矜恤:谓鳏寡孤独之无告也。此等无告,其不为饿殍者几。吾族之鳏寡孤独以及年老而无所归者,各房随时加意矜恤而周济之,使寡妇得饔飧，而孤儿可长养，不至背乡离井；穷者得饘粥，而日暮途穷不至于辗转沟壑。斯亦造福积德、累善行仁之大事者也。若夫置义田，使族中无饥馁，则又甚望于后之效法范文正公者。

一、记功过：示劝惩也。常人不能无所劝而为善，无所惩而不为恶，故有功必记，有过必书。积功十次，虽白丁亦当以孝义从祀，庶有所感发而敦本睦族焉。积过至十次，虽有前程，亦当以干犯名义斥黜，庶有所警惧而不为恶。何谓义？如入孝出弟，秉仁好义，为祖宗修墓兴祠，为族属抚孤恤寡之类是也。何谓过？如卖墓地，典祭业，逞凶健讼，欺凌孤寡，以及使酒滋事，不安本分，皆是也。卖墓地，典祭业为大过，有一于此，必当绝之。至于倡优隶卒奴仆窃盗，斯玷辱宗之甚者，不惟绝其往来，并当于谱中除其名字。《传》曰：善善欲长，故必久必录之；恶恶欲短，故有过或宥之。自甲申以前勿论，自乙酉年为始，愿宗族共勉之。褒贬一秉于至公，是非务存于核实，执笔者慎之。如有偏私，任意雌黄者，则祖宗在天之灵鉴之，雷神殛之。

一、治忤逆：罪不孝也。不孝为十恶所不赦。人心不古，有好货财、私妻子，以至老年人不得所，且有牝鸡司晨，听妇人言而生身老父母转若赘疣公众之物，此等禽兽之行，吾族所绝无而不忍其有者。如或有之，其父母舐犊之私，或不忍言，则许同居之伯叔兄弟鸣之家族长及有官爵者，于祠堂重杖之，或鸣之官痛惩之。至于停柩不葬，独子分爨，兄弟争产阋墙，皆不孝不弟之大者，俱当请家族长等于宗祠痛惩之。更有悍妇詈翁姑而男子懦弱不能治内者，家族长等亦当明正之，甚则鸣官离异。[1]

这一《祠堂条例》是同类文书中较为完备者，从 12 项具体规定中，我们可以归纳出宗祠的五大功能。

---

[1]　［清］龚葆琛纂修：《福州通贤龚氏支谱》卷中《宗祠·祠堂条例》，清光绪九年刻本，第 3/b—8/b 页。

宗祠功能之一是祭祖。

龚氏《祠堂条例》规定春、秋两次在祠堂祭祀始祖与先祖,对主祭者与执事也有明确规定,比如,规定主祭者"必衣冠齐整,纬笠皂靴,断不可以缨笠布鞋也"。有的族规中对祠堂祭祖活动有更严格的要求。如明代浦江义门郑氏历经宋、元、明三代15世,全族同居共食长达350年,最多的时候有3 000人。郑氏对祭祖活动格外重视,祠堂祭祀是族人生活的重要内容,所建郑氏宗祠,南宋始建,距今已700多年。其前后五进,结构宏敞,风格古朴。主体建筑序堂,是可容纳1 000多人的大厅,至今保存完好。浦江《郑氏规范》对宗祠祭祖的方方面面都有详尽规范。如关于祭祀时间,其规定:

> 立祠堂一所,以奉先世神主。出入必告正,至朔望必参,俗节必荐时物。四时祭祀,其仪式并遵文公《家礼》。然各用仲月望日行事,事毕更行会拜之礼。[1]

如此,在正日及朔、望日,俗节,四时都有祭祖之仪,十分密集。

又如,关于祭祖礼仪规定得更为详尽。《郑氏规范》规定:

> 时祭之外,不得妄祀徼福。凡遇忌辰,孝子当用素衣致祭。不作佛事,象钱寓马亦并绝之。是日不得饮酒、食肉、听乐,夜则出宿于外。
>
> 祠堂所以报本,宗子当严洒扫、扃钥之事。所有祭器服不许他用。

又规定:

> 祭祀务在孝敬,以尽报本之诚。其或行礼不恭,离席自便,与夫跛倚、

---

[1]　郑强胜注评:《郑氏规范》,中州古籍出版社2016年版,第1页。

欠伸、哕噫、嚏咳,一切失容之事,督过议罚。督过不言,众则罚之。①

其他家训族约中多有类似规定,有的甚至有十分细致的处罚细则。如甘肃兰州《金城颜氏家谱》规定:

> 正月初一日,卯时齐赴家祠,设奠拜祖,各宜虔诚。如有不到者,须各房将辞季首记名,俟新家长任事,一一秉明。罚银一钱,入匣公用。不愿罚者,择十棍不恕,如季首隐匿,查出亦罚。……凡遇清明、七月十五、十月初一、冬至四节,每人出祭金三十文。如人到钱不到,钱到人不到,责十棍,仍罚钱三十文,入匣公用。如人、钱全不到者,照前倍罚、倍责,决不姑息。②

宗祠功能之二是报功。

报功,亦即前引清末福州通贤龚氏的《祠堂条例》中所言之"报喜",即将出仕、升官、毕姻、得男、迁居等事项告知祖宗。这一功能较为普遍,明清时代的家法族规中也往往有明确规定。如江苏镇江《京口茅氏宗谱·宗约祠规》规定:

> 凡冠、婚、生子纪名、入泮、出仕,必谒祠虔告,以见尊祖敬宗之义,仍量输所有以为香火之资。若生子纪名,尤为紧要。今于宗祠内一蠡斯衍庆簿,俾生子者书曰:"某代某人与某年　月　日　时生男某名,敬奉香仪银若干。"其簿存之,可以备他年之谱录。其银积之,即可以作将来修谱之费矣。③

---

① 郑强胜注评:《郑氏规范》,第2—5页。
② [清]颜秉隋等纂修:甘肃兰州《金城颜氏家谱·规则八条》,载陈建华、王鹤鸣主编:《中国家谱资料选编》第8册《家规族约卷》,第34页。
③ [清]茅实修:江苏镇江《京口茅氏宗谱·宗约祠规》,载陈建华、王鹤鸣主编:《中国家谱资料选编》第8册《家规族约卷》,第202页。

清同治年间广东宝安南头黄氏所定族规中也规定：

> 凡子姓婚娶者，于亲迎吉夕，必先虔谒祖祠，然后归家堂拜。盖夫妇家室，人伦造端，礼莫大焉。到拜谒者，祠与花红钱二百文。

该族规还规定：

> 族人生男者，于来年正月各要到祠开灯。每一灯头，出钱二百文。灯一盏，其大八角。灯以及油火各项春色，俱系祠出。祠另补花银二元，以为庆贺之用。①

该族规中还对族中子弟取得功名官爵后如何入祠谒祖做了十分具体的规定，此不赘述。

宗祠功能之三是教化。

前引龚氏《祠堂条例》所称"记功过"就是要"示劝惩也"，要"有功必记，有过必书"，倡导"入孝出弟，秉仁好义"之风。其他家法族规中，关于在祠堂推行教化的规定各有特色。如浙江兰溪《择基童氏宗谱》中的《祠规十五条》中就有"敦孝弟""存忠信""尚礼义""励廉耻""教子孙"五条涉及教化。② 又如明初的《郑氏规范》规定：

> 朔、望，家长率众参谒祠堂毕，出坐堂上，男女分立堂下，击鼓二十四声，令子弟一人，唱云："听！听！听！凡为子者必孝其亲，为妻者必敬其夫，为兄者必爱其弟，为弟者必恭其兄。听！听！听！毋徇私以妨大义，

---

① ［清］黄世麟等纂修：《宝安黄氏族谱》卷上《族规》，清同治十一年刻本，第6/a页。
② ［清］童瑞兰等纂修：浙江兰溪《择基童氏宗谱·祠规十五条》，载陈建华、王鹤鸣主编：《中国家谱资料选编》第8册《家规族约卷》，第475—476页。

毋怠惰以荒厥事,毋纵奢侈以干天刑,毋用妇言以间和气,毋为横非以扰门庭,毋耽曲蘗以乱厥性。有一于此,既隤尔德,复隳尔胤。眷兹祖训,实系废兴。言之再三,尔宜深戒。听!听!听!"众皆一揖,分东西行而坐。复令子弟敬诵孝弟故实一过,会揖而退。①

清后期的浙江山阴项里钱氏宗规则要求每月朔日,全族要在祠堂内仿作乡约。宗规规定:

> 乡约当遵。孝顺父母,尊敬长上,和睦乡里,教训子孙,各安生理,毋作非为,此六句包尽做人之道理。凡为忠臣,为孝子,为顺孙,为圣世良民皆由此出,无论贤愚皆晓得此文义,只是不肯着实遵行,故自陷于过恶。祖宗在上,岂忍使子孙辈如此。今于宗祠内仿乡约仪节,每朔日族长督率子齐赴听讲,各宜恭敬体认,共成美俗。②

宗祠功能之四是惩戒。

宗族中人有触犯纲常礼教及家规国法者,往往要先在宗祠处以家法。上引福州龚氏《祠堂条例》中所规定的"治忤逆罪"即为此例。清同治年间的《宝安黄氏族规》规定,对宗族内的各项恶行要"先家规,后国法"。具体内容如下:

> 一、族有幼凌长,强凌弱,谓之不恭。犯之,必集尊贤在祠警责,所以抑骄悍。
> 一、禁淫纵、赌博、斗狠、浪荡。盖淫纵,则秽族损德;赌博,则倾产败家;斗狠,则亡身危亲;浪荡,则荒事废业。此四者,为害不小。有犯之,为

---

① 郑强胜注评:《郑氏规范》,第12页。
② 光绪浙江山阴县《项里钱氏宗谱·族规》,转引自李文治、江太新:《中国宗法宗族制和族田义庄》,第296页。

家长者当力为之惩;不率,则经投族内尊贤,拘出祠警责;又不率,则送官究治。先家规,后国法,所以挽风俗以归仁厚也。①

清代浙江绍兴《唐氏家谱·宗祠条例》也规定:

> 一、子孙如有赌博、非为,房族长、宗准公同教之改过;如不悛,则以家法惩戒,仍不悛,则鸣官究治。其游手好闲,果无资本经营者,责令亲房协力设处。如并无设处,家长、宗准于祠堂田租内,或于义田租内,量助三五金,令其小本行运。倘仍致亏折,不再助。
>
> 一、族中有孝悌、至行及妇人守节不渝,与旌表年例符合者,合族公举呈请旌奖。②

清同治年间,广东南海《潘氏典堂族谱·家规》规定了祠堂惩戒的具体方式:

> 一、凡事要先投诉该房,然后许投通报。若该房理处平允,仍敢抗断,擅投大宗,希图刁翻,除秉公抛断外,本人仍须议革。其应翻者不在此例。至两造原被证佐,俱要预先到祠伺候。倘恃顽不到亦须议处。
>
> 一、集祠,以午前齐集,绅者宗子序坐两旁,犯罪者分别轻重跪在阶下,随问随答,毋许搀越。倘要该房亲担保及房亲秉公,而房亲躲匿不出,亦须议处。至壮丁子弟只许在阶下静听,毋得喧哗,如违议革。③

---

① ［清］黄世麟等纂修:《宝安黄氏族谱》卷上《族规》,第6/b页。
② ［清］唐咨伯纂修:《唐氏家谱·宗祠条例》,载陈建华、王鹤鸣主编:《中国家谱资料选编》第8册《家规族约卷》,第80页。
③ 同治广东南海《潘氏典堂族谱·家规》,转引自李文治、江太新:《中国宗法宗族制和族田义庄》,第306页。

在祠堂中对作恶族人进行惩戒,在明清时代当较为普遍。清康熙年间,江苏镇江大港赵家,族人众多,家法颇严。如史载:

> 祠有祠长,房有房长。族人有讼,不鸣之官,而鸣之祠,评事议之,族长判之,行杖者决之。有干名教犯伦理者,缚而沉之江中,以呈官,无不厌众心者。后有族人与姓讦讼,族长请之于官,判决明允,官民皆服,后遂以为常。①

宗祠功能之五是收族。

收族的方式多种多样,将贫困族人子弟收入族学、设法赈济贫困族人等,都是常用方式。明清时代,有相当一批族学设在宗祠,收录本族包括贫困族人在内的子弟接受教育;宗祠还往往有祭田、义田,也用于赈济贫困族人。如福州通贤龚氏《祠堂条例》规定:

> 宜捐置书田,立义塾于祠堂左右之地,请业师于其中,使贫无力之子弟得以肄业其中。
> 置义田,使族中无饥馁。②

康熙年间所修《毗陵长沟朱氏祠规》也明确规定了宗祠中所设义仓与义学的管理办法。其中规定:

> 一、设义仓。每年正月十五后,本族之贫者赴祠具领状,管年人酌其宜借,呈明族长批准登簿。二月初一后,照簿领给。十月内,管年人催还,

---

① [清]刘献廷撰,汪北平、夏志和点校:《广阳杂记》卷四,《清代史料笔记丛刊》本,中华书局1957年版,第215页。

② [清]龚葆琛纂修:《福州通贤龚氏支谱》卷中《宗祠·祠堂条例》,第7/b、6/b—7/a页。

每石加息二斗半。荒免一斗，大荒全免，其所借之本，亦移至次年起息偿还。如有奸顽拖欠，十一月族长逐拘严比。及腊月十五，管年人交带，倘容情不催，亦照欠数倍罚，下手不许接受。

　　一、立义学。族中贫不能延师者，俱送子入祠读书。如幼童品质颖秀，其父甘于废弃，不送读书，罚银一两。有从旁谤议阻挠，不肯成人之美，定责二十板。①

　　总而言之，宗祠是中国古代社会后期村落中最为重要的文化地标，既是祖先崇拜的场所，又是宗法文化的中心，承载着宗法文化的传承、扩散与维系。因而，它又是村落中的"圣地"。如浦江《郑氏规范》要求：

　　　　子孙入祠堂者，当正衣冠，即如祖考在上，不得嬉笑、对语、疾步。晨昏皆当致恭而退。②

宝安南头黄氏族规规定：

　　　　祖宗祠宇乃所以妥先灵，行礼祭，宜洁净也。况建造艰难，修葺匪易，可不为之珍惜乎？吾族姓宗人，于堂寝廊庑，不许堆积什物及系牛马，以致坏垣墙，秽处所。夫然后体统尊严，而先灵永妥矣。③

　　有些村落族规中，对宗祠的保护性规定十分具体，甚至延及周边。如同治广东南海《潘氏典堂族谱·家规》规定：

---

①　《毗陵长沟朱氏祠规》，转引自费成康主编：《中国的家法族规·附录》，第298页。
②　郑强胜注评：《郑氏规范》，第7页。
③　[清]黄世麟等纂修：《宝安黄氏族谱》卷上《族规》，第6/a—6/b页。

祠堂重地,不得晒谷、放牧牛羊及堆积什物寮铺等项,如违,指名革祭。①

又如,同治年间广东顺德《文海林氏家谱·家规》规定:

祠边树木及山上松株,风水所关,如有恃强斩伐者,当祠重责,仍酌量停胙。②

从这些记载中,我们可见宗祠在村落中的特殊意义与特殊地位。

另外还需要提及的是,祠堂还往往是族学的处所。古代村落的许多村学,或直接以宗祠用作教学;或依宗祠而建,与宗祠构成一体性建筑。如山西省高平市良户古村中,有一座清康熙年间所建田氏宗祠,其功能分两部分:东为祠堂,西为书院,均为前、后二进院落。③ 书院当然是田氏子弟的族学堂。这样,宗祠除上述功能外,还充当着教育的功能。

五、家法族规与村落宗法文化

在中国古代乡村社会中,家法族规是一种重要的制度文化载体,对几乎所有的村民都施加着宗法约束,直接推动与保障着宗法文化的存续。如同治年间广东顺德《文海林氏家谱·家规》即规定:

朝廷有国法,宗庙有家规,守国法为好百姓,守家规为贤子孙。我族

---

① 同治广东南海《潘氏典堂族谱·家规》,转引自李文治、江太新:《中国宗法宗族制和族田义庄》,第305页。
② 同治七年广东顺德《文海林氏家谱·家规》,转引自李文治、江太新:《中国宗法宗族制和族田义庄》,第310页。
③ 参见王金平等:《良户古村》,中国建筑工业出版社2013年版,第78—79页。

禀承先德,雍睦同敦,各子弟幸家循谨,无作非为。然而董戒维殷,愿绸缪于未雨,所以规条特采,期共效尔淳风。凡我后昆,永为恪守,庶几爱宗敬族,和气致祥,实有厚望。[1]

这里明确地提出,家法族规是每位宗族子弟都要恪守的,守家规方为贤子孙。这也是各种家法族规的通例。

1. 两汉魏晋南北朝时期的家训与族规

自秦汉到唐代的中古社会,家法族规以各式家训为主,所规范者较为简单,如西汉阳武县户牖乡富户张负曾训诫其出嫁女:"毋以贫故,事人不谨。事兄伯如事乃父,事嫂如事乃母。"[2]又如,《后汉书·樊宏传》曾记西汉后期,南阳湖阳人樊宏为乡里大姓,宗族强盛,其父樊重"世善农稼,好货殖","性温厚,有法度,三世共财,子孙朝夕礼敬,常若公家"。[3] 所谓"有法度",即家法严明也。

目前,史界大都认为两汉及魏晋南北朝时期只有家训或类似于家训的诫子书等,尚未出现真正的族规,这种看法有失偏颇。

所谓族规,就是宗族内部制定的、要求族人遵守的规范和准则。家训,即家诫,是对子孙后代的训诫,虽然其最初是针对本家子孙的训导或教育,但传至几代后,便自然而然地转化为族训族规了,只是前期不如后期那样完备而已。

虽然关于两汉魏晋南北朝时期的族规、族训,史料阙载,但从一些相关史料看,族规与族训显然存在。如《后汉书·邓禹传》称:

---

① 同治七年广东顺德《文海林氏家谱·家规》,转引自李文治、江太新:《中国宗法宗族制和族田义庄》,第 308 页。

② 《汉书》卷四〇《陈平传》,第 2039 页。

③ 《后汉书》卷三二《樊宏传》,第 1119 页。

禹内文明,笃行淳备……修整闺门,教养子孙,皆可为后世法。

自祖父禹教训子孙,皆遵法度,深戒窦氏,检敕宗族,阖门静居。①

从上文可以看出,邓氏宗族是有族规家训的,文中所谓"检敕宗族",自然是以族规相检敕。

汉代的家训多是大家族的家长给其子孙的训诫。这些训诫按其形式可以分为两类:一是形成文字的诫子书或家训。在汉代,尚未出现像《颜氏家训》那样系统、全面的家训,但从史籍中我们可以知道一些家训的篇章。如西汉孔臧的《与子琳书》,东方朔的《诫子》,韦玄成的诫子孙诗,疏广的《告兄子言》,刘向的《诫子歆书》,王莽的《诫子书》八篇;东汉杨统的《家法章句》,马援的诫子书,郑玄的《戒子益恩书》,赵咨的诫子书,杜笃的《女戒》,班昭的《女戒》,荀爽的《女诫》,蔡邕的《女训》,诸葛亮的《诫子书》《诫外甥书》,等等。二是留给子孙的遗言或遗训。如司马谈的《遗训》,尹赏的《临终诫诸子》,赵岐的《遗令》,等等。

就汉代家训的内容来看,主要有对立身处世或为官之道的教育和传授,有对于风节操行的训诫,有对于治家的训诫,也有对于勉学的训诫,还有对于葬礼的训诫,等等。

由于两汉时代只是族规与家训的初发时期,无论其系统性还是规范性都无法与后世相比,但其在宗族聚合与发展中所起的作用却是不容忽视的。

魏晋南北朝时期,家训族规则呈现加速发展的趋势,很多家族都有家训。如《宋书·王弘传》云:"(弘)造次必存礼法,凡动止施为,及书翰仪体,后人皆依仿之,谓为'王太保家法'。"②《魏书·安同传》云:"(安)同在官明察,长于校练,家法修整。"③当时的著名家训主要有王昶的《王氏家训》,嵇康的《家训》,陶渊明的《命子》《与子俨等书》《责子》,羊祜的《诫子书》,杨椿的《诫子孙》,

---

① 《后汉书》卷一六《邓禹传附邓骘传》,第605、616页。
② 《宋书》卷四二《王弘传》,第1322页。
③ 《魏书》卷三〇《安同传》,第713页。

颜延之的《庭诰》,徐勉的《为书诫子崧》,刁雍的《诫子孙》,张烈的《家诫》,魏收的《枕中篇》《诫子侄》,其中最负盛名的是颜之推的《颜氏家训》。据统计,这一时期仅现存文献中可考的家诫就有80余篇(部)①。

这一时期的家规族训,在内容上较前代更为丰富,也具有了一定的系统性,主要表现为两点:

其一,这一时期的家训族规多注重维护宗亲血缘关系,强调敦族睦宗,重视父家长制度下的家庭伦理道德及规范。如王昶《诫子及兄子书》云:

孝敬则宗族安之,仁义则乡党重之,此行成于内,名著于外者矣。②

王祥《遗令》云:

夫言行可覆,信之至也;推美引过,德之至也;扬名显亲,孝之至也;兄弟怡怡,宗族欣欣,悌之至也;临财莫过乎让。此五者,立身之本。③

颜延之《庭诰》云:

观夫古先垂戒,长老余论,虽用细制,每以不朽见铭;缮筑末迹,咸以可久承志。况树德立义,收族长家,而不思经远乎。

曰身行不足遗之后人。欲求子孝必先慈,将责弟悌务为友。虽孝不待慈,而慈固植孝;悌非期友,而友亦立悌。④

①　参见张白茹、李必友:《魏晋南北朝家诫论略》,《安徽史学》2002年第3期。
②　《三国志》卷二七《魏书·王昶传》,第744页。
③　《晋书》卷三三《王祥传》,第989页。
④　《宋书》卷七三《颜延之传》,中华书局1974年版,第1894页。

这些家规族训,一方面要求子孙后代要"树德立义,收族长家",对宗族极力扶持;另一方面又要求在家族内部要遵从"父慈子孝,兄友弟悌"的伦理纲常。汉唐时期,人们对宗族的利益、对宗族的亲和力越来越重视,同宗宗族间的共祖意识也不断加强,族规家训在其间起到了不容忽视的作用。

其二,这一时期的家训族规的相当一部分内容是教诫子孙后代处理与族人的关系,与家族、家庭成员如何融洽相处。例如《颜氏家训》教诫道:

> 有夫妇而后有父子,有父子而后有兄弟:一家之亲,此三而已矣。自兹以往,至于九族,皆本于三亲焉,故于人伦为重者也,不可不笃。……惟友悌深至,不为旁人之所移者,免夫!
>
> 兄弟不睦,则子侄不爱;子侄不爱,则群从疏薄;群从疏薄,则僮仆为仇敌矣。如此,则行路皆踏其面而蹈其心。①

南朝萧嶷临终前召子萧子廉、萧子恪教诫道:

> 吾无后,当共相勉励,笃睦为先。才有优劣,位有通塞,运有富贫,此自然理,无足以相陵侮。勤学行,守基业,修闺庭,尚闲素,如此足无忧患。②

需要说明的是,两汉魏晋南北朝时期的家训,多数出自士大夫之手,而当时之士大夫均植根于乡村社会,或其本人或其宗族戚属,往往居于乡村,因而,可以视之为村落宗法文化的一种体现。

---

① ［北齐］颜之推撰,王利器集解:《颜氏家训集解》(增补本)卷一《兄弟》,《新编诸子集成》本,中华书局 1993 年版,第 23、27 页。

② 《南史》卷四二《豫章文献王嶷传》,中华书局 1972 年版,第 1066 页。

2. 唐宋以来的族规

唐宋时期,家训族规得到了空前的发展。很多士大夫家族都立有家法族规,出现了前所未有的纂修家法族规的高潮,可以说,从汉代以来的家法族训传统得到了空前的发扬光大,以致在士大夫及乡村缙绅家族中兴起了以"礼法""家法"治家的风气,甚至皇帝也要求女儿下嫁后"执妇礼,皆如臣庶之法"[1]。

但是,至唐后期,一直未能出现较为综合全面的家法族规。唐大顺元年(890年)出现的陈氏家法——《江州陈氏义门家法》方改变了这一状况。

据唐后期文人徐锴所作《陈氏书堂记》,江州陈氏之始迁祖陈伯宣本居泉州,与贬任泉州别驾的马总(又作"揔")相友。马总移任江西南康后,伯宣"因来居庐山",占籍于德安县太平乡常乐里,"合族同处,迨今千人"。[2] 据《旧唐书·马揔传》,马揔于元和初移任虔州[3],即南康所在之州。因而,陈伯宣举家移居江州之时间当为元和元年(806年)。大顺元年(890年),其六世孙陈崇定立《江州陈氏义门家法》。陈氏家法是汉代以来保存最早、最为完备的族规。

《江州陈氏义门家法》计33条,有族内组织结构、人员分工、各种功能及管理方式等等。其中,有对族内组织和功能划分的规定。如:规定主事和副主事为宗族首领,分别承担不同的职责;库司、庄首、宅库等人为主事和副主事之下的专司人员,负责族内经济事务的管理以及学堂与书院的管理。有对族内生活方式与规则的要求。如:要求衣服要平均分配,饮食要统一安排,等等。还有对族内成员违规行为的惩罚规定。家法明确规定,对于违反家法族规者,处以笞、杖、剥落衣装等惩罚,且规定得十分明确具体。如:"若恃酒干人及无礼妄触犯人者,各决杖十下";"不遵家法,不从上命,妄作是非,逐诸赌博,斗争伤

---

① [宋]司马光:《资治通鉴》卷二四八《唐纪六十四》,中华书局1956年版,第8036页。
② [清]董诰等编:《全唐文》卷八八八,徐锴《陈氏书堂记》,第9279页。
③ 《旧唐书》卷一五七《马揔传》,第4151—4152页。

损,各决杖十五下,剥给衣装,归役三年"。①

宋元以来,特别是明清时期,随着近古宗族的发展与繁盛,家法族规也日渐完备,其规范的范围包括了族人生活、生产的方方面面,既有对举族公共场所、公共事务的规范,又有对族人个人事务的约束,还有对族内关系、族际关系以及宗族与国家关系的规定。比较有代表性的家规族约当属宋代范仲淹所编《义庄规矩》及浙江诸暨暨阳开化刘氏的《同居戒言》以及明代的《郑氏规范》。《义庄规矩》系范氏家族的家规,系范仲淹于皇祐二年(1050年)制定,最初是为所建义庄制定的规条,后经范氏后代多次修订完善。《义庄规矩》内容比较详尽,从米、绢、钱的发放及管理、监督等事项都有具体规定,且奖罚分明,这相对于以往以劝谕为主要内容的家规族约是一突破和创新。《郑氏规范》为明代浦江郑氏家族族约,被视为中国古代家规族约的集大成者,共有168条,内容丰富,对此后家规族约的编撰具有重要的范式意义。

从明清时代较为典型的家法族规看,较为通行的规范主要体现在以下七个方面。

其一是宗法认同。

综观历代家训族规,其第一要义就是要求族人对本族本宗要有完全的认同与归属意识。如五代初期的《上虞雁埠章氏宗谱·家训》即明确要求族人要"睦亲族"与"继绝世"。所谓"睦亲族"强调的是同宗同族之谊,重在现有宗族成员间的亲情与归属。该家训云:

> 三党之中,皆与我有休戚相关之谊。必期循其名分,恤其孤寡,同其好恶,贷其贫急。不以意气相加,惟以礼让为先。斯上不负祖宗,下不欺幽独,相爱相敬,风斯古也。且孔子大圣,恂恂乡党,其于亲族,果何如耶?

---

① 《江州陈氏义门家法》,转引自费成康主编:《中国的家法族规·附录》,第238—243页。对其论述参见马新、齐涛:《试论唐代宗族的转型》,《文史哲》2014年第2期。

愿吾族众,毋以贵欺贱,毋以强凌弱,毋以众压寡,斯为一乡之善士矣。倘于亲族之间,休戚漠不动念,而或交相欺凌,是蹶其根本矣,可不戒哉!①

清末浙江山阴《项里钱氏宗谱·族规》中则对此有十分详尽的阐发,其强调族人均是同祖子孙,固无亲疏,均应以祖宗之念为念,亲九族以睦族。如该族规第四条"宗族当睦"云:

> 书曰:以亲九族睦族,圣王且尔,况凡众人乎。末俗或以富贵骄,或以智力抗,或以顽泼欺凌,虽能争胜一时,已皆自作罪孽。尝谓睦族之要有三:曰尊尊,曰老老,曰贤贤。各分属尊行者尊也,则恭顺退逊不敢触犯。分属虽卑而齿迈,众老也,则扶持保护事,以高年之礼。用德行族贤也,贤者乃本宗桢干,则亲炙之,景仰之,每事效法。忘分忘年以敬之,此之谓三要。又曰四务:曰矜幼弱,曰恤孤寡,曰周窘急,曰解忿竞。幼者稚年,弱者鲜势,人所易欺,则矜之。一有矜悯之心,自随处为之效力矣。鳏寡孤独,王政所先,况乎同族,得于耳闻目击则恤之,贫者恤以善言,富者恤以财谷衣食,窘急生计无聊则周之,量己量彼,可为则为,不必望其报,不必使人知,吾尽吾心焉。人有忿则争竞,得一人劝之气遂平,遇一人助之气遂激。然当局而迷得多矣。居间解之族人之责也,此之谓四务。引申触类为义田、义仓,为义学,为义冢,教养同族,使生死无失所,皆豪杰所当为者。陶渊明之言曰:同源分流,人易世疏,慨焉寤叹,念兹厥初。范文正公之言曰:宗族于吾固有亲疏,自祖宗视之则均是子孙,固无亲疏。此光贤格言也。人能以祖宗之念为念,自知宗族当睦矣。②

---

①　章廷玉纂修:《上虞雁埠章氏宗谱》卷一四《家训二十四则》,第2/b—3/a页。
②　光绪浙江山阴《项里钱氏宗谱·族规》,转引自李文治、江太新:《中国宗法宗族制和族田义庄》,第297页。

　　《上虞雁埠章氏宗谱·家训》所言"继绝世",核心要义是要维护本宗族的纯洁性与连续性,这也是宗法认同的重要体现。《章氏家训》重点规定了族人无嗣者收继的原则,规定道:

　　　　继有两条,有应继,有爱继。应继者,伯叔无嗣,子侄承继,由长及次,由近及远,以次推焉。爱继者,本亲子侄当继,而又爱堂者为后,则以堂者继之;本堂子侄当继,而又爱从者为后,则以从者继之。此一定之理。若同姓不继,而取继于异姓,则与祖宗一脉流传之义毫无干涉,虽继尤斩也。古人云"神不歆非族",可不思乎。①

　　后起之家法族规往往在此基础上加以细化,并进一步明确。如明万历年间的浙江余姚江南徐氏《宗范》规定:

　　　　宗人无后立继,当会众告祖,务要相应。不得循私联疏为亲,紊乱昭穆。应继者,亦不许始利财产,中叛还宗。②

浙江山阴项里钱氏《族规》则将"族类当辨"单列一条,规定:

　　　　族类辨物,圣人不废。世以门第相高,间有非族认为族者,或同姓而杂居一里,或自外邑移居本村,或继同姓子为嗣,其类匪一。然姓虽同,而祠不同入,墓不同祭,是非难淆,疑似当辨。傥称谓亦叔侄兄弟,后将若之何。故谱必严为之防,盖神不歆非类,处己处人,名分当正。③

---

①　章廷玉纂修:《上虞雁埠章氏宗谱》卷一四《家训二十四则》,第3/b页。
②　[明]徐生祥纂修:《余姚江南徐氏宗谱》卷八《宗范》,民国五年(1916年)木活字本,第4/b页。
③　光绪浙江山阴《项里钱氏宗谱·族规》,转引自李文治、江太新:《中国宗法宗族制和族田义庄》,第296页。

其二是对族内公共事务的规范。

族内公共事务涵盖了村落中的主要社会事务,包括祭祖;祠堂兴建、修缮;以祠堂为中心的各种活动;族坟墓事务;义田与祭田事务;族学事务;族谱事务以及其他公共事务。各家家法族规对公共事务的规范各有侧重。如《上虞雁埠章氏宗谱·家训》对于与祭祀有关的公共事务规定的十分明确、周到,共有7条家训规范此事,兹征引如下:

重丧祭

孝子事亲,生则养,没则丧,丧毕则祭。养观其顺,丧观其哀,祭观其敬,此三者孝子之行也。人之于祖、父,春秋必祭,忌日必祭,祭必以礼。庶士农工商,各展孝思。不然,时值当祭而不祭,或祭之而无洞洞属属之心,是忘其水源木本者也。又何责焉?

建祠宇

《礼》云:"君子将营宫室,宗庙为先。"盖祠乃先灵之所栖,子孙所以尽报本追远之义也。况习礼、饮胙、睦族、敦宗皆系于此,其容缓乎?

治葬地

凡营葬当避五患。须使他日不为道路,不为城郭,不为沟池,不为贵势所夺,不为耕犁所及。古人之择地如是。今之惑于堪舆家者,必得吉地,必合年月,遂至停柩不葬。是举祖、父遗体以图子孙富贵,大非仁人孝子之心矣。至坟墓坍损,亟宜修理。盖祖、父体魄,子孙同气,彼安则此安,彼危则此危也。

立墓碑

葬埋藏其形也,墓碑示后世也。坟高数尺,必立石碑于前,镌录世系名字行列,令后世子孙识其祖墓所在,祭扫瞻拜不致失误。事亡如存,断不容缓。

置祭田

祭所以报本,无田则祭无所出。《家礼》云:"初立祠堂,则计立田,取二十之一以为祭田。"亲尽则墓田立约闻官,不得典卖。每岁计租之所入,以为牺牲粢盛之需。

保荫木

墓木成拱,所以护祖茔也。松柏垂青,梓桐增色。望之蔚然而深秀者,皆元气之所盘结也。陌路坟荫,尚思珍惜,矧我祖我宗,忍令斩伐而勿思培植乎?敢有不肖戕贼,削谱革祭。倘或他姓侵砍,合族呈官究治。

禁盗卖

《礼》云:"君子为宫室,不斩邱木。"邱木且不可斩,忍将祖坟田地售诸他姓及被侵占乎?有此等事,呈官究治外,削谱革祭,吾族断不容恕。①

明万历年间休宁范氏的《宗规》则十分重视族产的经营与管理,对祭田管理、祠银开支、族人捐助等都有详尽条文。兹引述如下:

一、赡祭田地屋租。各将四至亩步丈尺与置买年月文契共抄誊一本,名曰《林塘范氏祭产簿》。其各花利俱轮付祀首经收,办祭仪馂席等项。如祀首未堪托付,即令该支房长收贮,临期给办,庶不误事。仍常查佃户地邻,毋致侵占疆界及改换段落等弊。但祭产尚少,每岁祀事虽取给清明祀首,而所费亦多,子孙繁衍,贫富不齐,法非可久,今议于每年祠簿上支余银不必分领,只陆续置膏腴田地入祠中范继宗户,除纳粮差外,酌量增给值年祀首。日后田产充裕,祭馂有余,初上清明银两亦可议免,岂特贫者无累,即吾族文正公良法可渐举行矣。如陆续置买不敷,听尚义宗彦乐助祭田若干,祖宗英爽,必有善报。

<hr>

① 章廷玉纂修:《上虞雁埠章氏宗谱》卷一四《家训二十四则》,第5/a—6/a页。

一、祠银积聚甚艰，浪费甚易，剂量盈缩，惟尊长力主之，子姓亦宜相体。目今余银不复分领，固省唇舌，然节年置祭田，又恐本银渐少，今议即以万历二十年为准，本银若干，毫厘不动，以后每年只支利息，除修理祠墓桥梁及祠中正项公用外，余剩利多寡尽数买好田地，毋得妄费。其见领银人户有并还本者，即通众议选各房生意顺遂信行端厚之人领放生息，亲笔登簿，照期交纳，其一切收支账目经手者亦明白开簿，一年一揭总，清明日凭众稽查。凡祠内有犯约应罚者，初犯俱罚米一斗，再犯二斗，以次递增。米照时价纳银，通登名于簿纪过。

一、乐助乃贤孙肖胤所为，亦祖宗之所期望者，在本人虽出仗义，在众人当为纪名。今将先年拨入祠田园若干人，及助银建祠、修祠及节次置祭田、祭器若干人，查据清明旧簿与石碑已载未载各名数，同登祭产簿内，而修理先茔平治村路，凡为公事劳费者皆列名，仍刊入宗规，以劝将来之仗义者。①

值得一提的是，该宗规除了对祭祖有所规范外，还将对村东水塘的塘祭纳入宗族公共事务，而且有十分明确的规范。其《宗规》云：

塘祭。吾村以林塘名，由居室东有苍松千百株成林，下有大塘十余亩，冬夏不涸，而子姓当科之年，或有显者，塘必先为之兆，因灵其塘，每年清明前一日，祀首用三牲奠酒，楮钱香烛先后，并行二拜礼，祭以祝文，率为常典。祭塘祝文：维大明万历年岁次月朔清明前一日干支，领会事信士范某等，谨以牲醴，致昭告于本境林塘之神而言曰：维神昌毓，大展我宗，衍滋藩庶，肇此多士，显异呈奇，无开不先，神之灵亦赫矣哉！天之生民，有物有则，其持节秉贞、克忠完孝者，非神其畴翼之；倘有干常蔑理、自底

---

① ［明］范涞纂修：《休宁范氏族谱》卷六《谱祠·宗规》，明万历三十三年刻本，第62/a—63/a页。

弗类者,亦惟神是惩是救。尚飨。①

各家法族规的规范中,除了与祭祖有关的各项活动是其通行内容外,族谱的编修与保存是另一项通行的族内公共活动。尤其是明清时代的家法族规中,基本上都有相关规范。如同治年间广东顺德《文海林氏家谱·家规》规定:

　　族谱乃传家之宝,最宜珍重。倘有不肖子孙卖与别人作纸,查出确证,当祠重责,仍罚银一元给与报信之人为花红之资。②

光绪年间,浙江山阴县项里钱氏族规也规定:

　　谱牒所载皆宗族祖父名讳,孝子顺孙目可得睹口不可得言。收藏贵密,保守贵久,每岁清明祭祖时,宜各带所编发字号原本到宗祠会看一遍,祭毕仍各带回收藏,如有鼠侵油污磨坏字迹者,族长同族众即在祖宗前量加惩诚,另择贤能子孙收管,登名于簿以便稽查。或有不肖辈鬻谱卖宗,或誊写原本瞒众觅利,致使以膺乱真,紊乱支派者,不惟得罪族人,抑且得罪祖宗,众共黜之,不许入祠,仍会众呈官追谱治罪。③

光绪年间浙江慈东方家堰方氏之家规,将有关家谱与宗谱的规范作为中心内容,整个家规共12条,专门规范家谱、宗谱的内容就有3条,对收藏、修订、使用都有详细的规定,兹引述如下:

---

① [明]范涞纂修:《休宁范氏族谱》卷六《谱祠·宗规》,第66/a—66/b页。
② 同治七年广东顺德《文海林氏家谱·家规》,转引自李文治、江太新:《中国宗法宗族制和族田义庄》,第310页。
③ 光绪浙江山阴《项里钱氏宗谱·族规》,转引自李文治、江太新:《中国宗法宗族制和族田义庄》,第298页。

一、家谱前有笔抄一册,同式六本,分藏各房。今子孙繁盛,捐资重修,采访调查,改印八本为一部,共计廿二部,分给宗长,东、南、西、北四房长,二柱首,各发起人,各慎藏一部。又有方鸥后人一部,因其迁居在慈溪城内。尚余剩四部,暂存藏家槥处。倘后有慷慨贤者,或助公堂田亩者,给发家谱以备查。

一、各房宗谱各有谱箱,宜悬于高洁处。不得慢藏,不得出借,并不得藏于迁居外姓之房长。如有遗失等情,各房长须立追失主,自备资斧,的限两月,照式备录。告成之日,并令其祭祖,邀各房长、柱首、检视、享馂,以示大众。不得徇情,以干不孝之律。

一、宗谱宜二十年一修,庶不荒芜。前此两次修葺,并无资斧。以吾族谱简易,修之不过两月,可以告成。贤子孙宜思创造之难,不可推诿耳。如嫌谱末无抄录地步,可招订工增订,尤为便捷。①

其三是族权认同。

对族长之权威与族规的服从是族权认同的主要体现。各家训族规中多对族长的职掌与权力的行使做出明确规定。如元代温州《盘谷高氏新七公家训》中专门设有"立族正"条,其云:

一族之中,必择老成有德者为之,宗主每事皆就正焉。或有败类之徒,不遵训诫,即当依法惩儆。或年老而倦勤,或不幸物故,应会众公举以充其乏。而为族正者,尤要顾名思义,毋得阿私,致滋物议,庶家法不至废坏,而吾族可无失德矣。②

① 童成章纂修:《慈东方家堰方氏宗谱·家规》,民国二十年(1931年)忠恕堂活字本,第1/b—2/a页。
② 高谊纂修:《盘谷高氏贵六公房谱》卷一《弁言·盘谷高氏新七公家训》,民国二十四年(1935年)温州新墨林精印本,第19/a页。

又如,明代余姚江南徐氏《宗范》之首条就是关于族长的规定:

> 族长齿分居尊,统率一族子姓,评论一族事情,公平正直,遇事辄言,乃其职也。虽亲子弟有犯,亦不得偏枉回护。若委靡不断,依违是非,或私受嘱托,或恃尊偏执,皆不称职,何以服众,族反不睦,纪纲废而讼端起矣。①

需要指出的是,族长人选未必是宗子,也不一定是辈分最高者。如前条家训即规定,"必择老成有德者为之"。明代江苏海安《虎墩崔氏族谱·族约》第一条也规定,族长须"推择宗中齿德并隆者一人为之,主祀事,统宗人,宗中事无巨细咸听命焉"②。有的家法族规甚至规定族长任期有时间限制,并且要由全族人推举产生。如湖南湘乡《黄塘陈氏续修族谱·旧家训十劝》之"长族房"条明确规定:

> 所以主宗祀者,族长也。……族之兴,由此长;族之衰,亦由此长,其任不綦重哉?我族定例三年一届。递交之际,合族公择,毋得私授,毋得阘充。③

该家规规定,族长任期为三年一届,新的族长要"合族公择",不得由他人私授。

家法族规对如何维护族长之权威多有严格规定。如清康熙年间浙江山阴《吴氏宗谱·家法》规定:

---

① [明]徐生祥纂修:《余姚江南徐氏宗谱》卷八《宗范》,第 2/a 页。
② [明]崔三锡纂修:《虎墩崔氏族谱·族约》,明万历四十三年刻本,第 1/b 页。
③ [清]陈廷柏等主修:湖南湘乡《黄塘陈氏续修族谱·旧家训十劝》,载陈建华、王鹤鸣主编:《中国家谱资料选编》第 8 册《家规族约卷》,第 318 页。

各支卑幼因事争辩者,本支之长即为处分。如有不明,词禀祠中,帖付宗使唤知。至朔望,行香坐定,二人立阶下各言其情,公议曲直,白于宗长,质之宗正。是非一定,不得再争,其曲者量轻重以加责罚。①

由"是非一定,不得再争",足见族长之权威;由族长裁决争讼之方式,也足见其高高在上之威仪。光绪年间合肥《邢氏宗谱·家规》中也规定:

凡族中有事,必具呈禀于户长,户长协宗正批示,某日讯审。原被两造及祠正先至祠伺候。至日原告设公案笔砚,户长同宗正上座,各房长左右座,两造对质毕,静听户长宗正剖决,或罚或责,各宜凛遵,违者公究。②

由该家规之规定我们可看到族长之威仪,也能感受到族长之绝对权威。族人不仅要"静听"族长剖决,而且,对于剖决结果,"各宜凛遵,违者公究"。

家法族规中,无不要求族人要无条件服从家法族规,对于违犯族规者的处罚十分严厉。《盘谷高氏新七公家训》即规定:

子姓既蕃,贤愚不一,苟无以约束之,窃恐其纵轶而莫知所守也。爰立家训,岁时申儆。敢有勿率,会集宗祠,告于祖考,惩以家法,宁过严,毋过纵也。③

从上述家训中可以看到,对于敢有触犯族规家法者,要召集族人,在宗祠处以家法,宁过严,不过宽。

再如前述《虎墩崔氏族谱·族约》亦规定:

① 康熙浙江山阴《吴氏宗谱·家法》,转引自李文治、江太新:《中国宗法宗族制和族田义庄》,第132页。
② 光绪安徽合肥《邢氏宗谱》卷一《家规》,转引自李文治、江太新:《中国宗法宗族制和族田义庄》,第132页。
③ 高谊纂修:《盘谷高氏贵六公房谱》卷一《弁言·盘谷高氏新七公家训》,第18/a页。

　　　　若有才子弟克勤德业者,族正以告族长,与众族异之,以示劝。其或
　　有不才子弟违犯约戒者,族正以告族长,与众责罚之以示惩,甚则告之先
　　祖而痛惩之;三犯不悛,黜约除名,与众绝之。①

此族约对于违犯"约戒"者不仅要当众责罚痛惩,屡教不改者还要逐出宗门,可
见处罚之严厉。

其四是对宗法血缘秩序的维护。

宗法血缘秩序主要体现在以宗法血缘关系为基准形成的上下尊卑秩序。
家法族规往往将其定位在名分礼义之大防,不守名分触犯宗法血缘秩序者,谓
之凶德,要严厉惩戒。如前引海安《虎墩崔氏族谱·族约》"叙伦理"条云:

　　　　人生所赖以立身者莫大于礼义,礼义莫严乎名分,名分一逾,不可以
　　和亲睦族矣。凡我宗人,尊卑称谓俱要明白,岁时拜贺,庆吊会饮、行走坐
　　次俱要守分,不得以富贵骄,不得以才能傲,有一于此,谓之凶德,族长与
　　众戒谕之。有不悛者,是自暴弃不齿于族者,其母党妻党有碍者俱不论。
　　已嫁女宁亲,不得以客礼待之。②

这种对宗法血缘秩序的维护,体现在宗族生活的方方面面。如《上虞雁埠
章氏宗谱·家训》共24条,其中对宗法血缘秩序规范的有"孝父母""友兄弟"
"别夫妇""睦亲族""教子孙""慎婚配""谨称呼"。这些规范往往相当具体,
在言行举止各方面都要体现对宗法血缘秩序的遵循。如"谨称呼"条规定:

　　　　凡族中虽服属疏远者,必须按尊卑行辈称呼。称兄必曰某兄,称弟必

---

① 〔明〕崔三锡纂修:《虎墩崔氏族谱·族约》,第1/b—2/a页。
② 〔明〕崔三锡纂修:《虎墩崔氏族谱·族约》,第4/a—5/b页。

曰某弟,称伯叔必曰某伯、某叔,称伯叔祖必曰某伯祖、某叔祖。不得尔我相称,不得仅以字号相呼。至于一行一坐,俱要尊者还尊,卑者还卑。敢有不遵,合族惩之。①

还有的家法族规对亲缘行第有明确规定,以规范宗法行辈,严防混乱。如前引休宁范氏《宗规》规定:

一、生者行名,自吾祖而下,历世以金水木火土相生取一字。今传至火字,子姓繁多,字音重复,众议取二字为名,即以火字辈始,上用一字分世代,下一字仍以五行。如土字已周,生齿愈众,五行字亦难取,则下一字听便用,惟一字不可易,系严支派、序昭穆者,林塘子孙相与守之。上一字开后:文宗宣旦武志安康遵绍和顺介寿允存懋忠同达体国义荣期养良贵长式大成,每世用一字,用毕再拟以四字为句,避尊也。所取字义,无非期后人忠君体国,立身孝友,出为良弼,入为真儒,求不负先大夫承前启后至意。②

宗法族规对于行为举止的规范同样具体明确,充分体现宗族成员间的尊卑秩序。如清嘉庆《泾川万氏家谱·家规》规定:

尊卑长幼各有定分,于此不敬则伦序乖谬。故吾族凡为卑幼者,见长上无论亲疏,皆当致敬;坐则起,行则随,出而归则揖;或途迂尊长乘轿坐马,须逊避候过;或卑幼乘骑,见尊长即下行礼,毋得傲慢假作不认。③

---

① 章廷玉纂修:《上虞雁埠章氏宗谱》卷一四《家训二十四则》,第6/b页。
② [明]范涞纂修:《休宁范氏族谱》卷六《谱祠·宗规》,第65/b页。
③ 清嘉庆安徽《泾川万氏家谱·家规》,转引自李文治、江太新:《中国宗法宗族制和族田义庄》,第138页。

其五是宗法教化。

宗法教化是站在宗族的立场,对宗族成员进行道德行为的劝教。两汉魏晋直到南北朝时期,族规族训比较简单,就其内容来看,主要是对族内成员的立身处世或为官之道的教育和传授,以及对风节操行、治家勉学的训诫等。

唐宋之后,族规族训愈来愈详细,主要包含五个方面的内容,即做人、做事、持家、向学、社文。以《盘谷高氏新七公家训》为例,家训中有"立人品"即属于做人的劝教。该条云:

> 人之所重,不独在有才,尤在有德。故必于天理、人欲之界,辨之至精,乃能卓然自立,不为利回,不为威怵。可生可杀,而决不可丧其品。否则,虽勋业烂然,而问心不能无疚,亦安足取。子朱子曰:"敬哉恕哉,尚其无致。"①

《文海林氏家谱·家规》也有"端品行"条规定道:

> 凡人无论富贵贫贱,而立心制行俱不可苟且。倘鲜廉寡耻,无所不为,不惟玷辱祖宗,亦且贻羞戚簇。故大德在所必矜,而细行亦在所必谨,斯为持身之道。②

两者大同小异,其他家法族规中也多有此项内容。如《盘谷高氏新七公家训》中还有"勤道艺"一条,属于对做事的劝教。该条云:

> 《周书》云:"功崇惟志,业讲惟勤。"无论士农工贾,必勤而后有成。倘

---

① 高谊纂修:《盘谷高氏贵六公房谱》卷一《弁言·盘谷高氏新七公家训》,第18/b页。
② 同治七年广东顺德《文海林氏家谱·家规》,转引自李文治、江太新:《中国宗法宗族制和族田义庄》,第309页。

群居终日，无所用心，则职业日以荒废，而诱惑之事滋多。韩退之云："业精于勤，荒于嬉。行成于思，毁于随。"可不知所戒钦。①

家法族训中对此多加以认同，以士农工商为本业，以勤于事为主旨，只是在表述上各有特色。如广东顺德《文海林氏家谱·家规》将"勤"与人生观并论，并加以规范：

> 勤正业。士农工商各有本业，舍而不务，游手好闲，势必致于为非作歹，隐身刑法。即不然，而聪明才力置于无用，自暴自弃，亦是虚度一生。倘知自好，能不奋然。②

又如，浙江山阴项里钱氏《族规》第八条则将"勤"与有道相关联，主张"勤非徒尽力，实要尽道"。其在"职业当勤"条规定：

> 士农工商，业虽不同，皆是本职。勤则职业修，惰则职业坠，修则父母妻子仰事俯育有赖，坠则资身无策不免姗笑于娴里。然所谓勤非徒尽力，实要尽道，如士者则须先德行，次文艺，切勿因读书识字，舞弄文法，颠倒是非，造歌谣，匿名帖。举监生员不得出入公门有玷行止，仕宦不得以贿贬官贻辱祖宗。农民不得窃田水，纵牲畜作践，欺赖田租。工者不得作淫巧售敝伪器什。商者不得纨绔冶游酒色浪费。亦不得越四民之外为僧道，为胥隶，为优戏，为椎埋屠宰。若赌博一事，近来相习成风，凡倾家荡产招祸速寡无不由此，犯者宜会族众送官惩治、不则罪坐房长。③

---

① 高谊纂修：《盘谷高氏贵六公房谱》卷一《弁言·盘谷高氏新七公家训》，第19/b页。
② 同治七年广东顺德《文海林氏家谱·家规》，转引自李文治、江太新：《中国宗法宗族制和族田义庄》，第309页。
③ 光绪浙江山阴《项里钱氏宗谱·族规》，转引自李文治、江太新：《中国宗法宗族制和族田义庄》，第299页。

　　《盘谷高氏新七公家训》中还有"守俭朴"一条，属于对持家的劝教。该条云：

> 宁俭毋奢，圣有明训。衣服但取适体，何须美丽。饮食但求充饥，何须精凿。居室但求容身，何事高大。凡冠婚丧祭，宜遵守家礼。过于奢靡，即伤财而败德。《传》称"世族之家，鲜克由礼"，尚其鉴诸。①

项里钱氏《宗规条》第十一条在此基础进一步细化。其规定道：

> 节俭当崇。老氏三宝，俭居一焉。人生福分各有限制，若饮食衣服日用起居一一朴啬，留有余不尽之享，以还造化，优游天年，可以养福。奢靡败度，俭约鲜过，可以养德。多费多取，至于多取，不免奴颜婢膝，委曲徇人。费少取少，随分随足，浩然自得，可以养气。且以俭示后，子孙可法，有益于家。以俭率人，敝俗可挽，有益于国。世顾莫之能行何哉，其弊在于好门面一念。如争讼好赢的门面，则鬻产借债，讨人情，钻刺不顾利害。吉凶礼节，好富厚的门面，则卖田嫁女，厚赂聘媳，铺张发引，开厨设供，倡优杂还，击鲜散帛，乱用绫纱，又加招请贵宾宴新婚与搬戏许愿预修祈福，力实不支，设法应用，不知挖肉补疮所捐日尽，此皆恶俗可悯可悲。噫！士者民之倡，贤智者庸众之倡，责有所属，吾日望之。②

　　《盘谷高氏新七公家训》还有"重文士"一条，实际上是对宗族子弟的"劝学篇"。该条规定：

①　高谊纂修：《盘谷高氏贵六公房谱》卷一《弁言·盘谷高氏新七公家训》，第 19/b—20/a 页。
②　光绪浙江山阴《项里钱氏宗谱·族规》，转引自李文治、江太新：《中国宗法宗族制和族田义庄》，第 300 页。

贻谋之事,莫如读书。族中子弟,多一读书之士,非期其显扬,欲其知礼义廉耻,庶可绵世泽、振家声。凡吾子姓,不惟遇有爵者,因当敬礼;如其博学能文,虽遇处艰屯,族人不得藐视。况教化之隆,风俗之美,皆基于能文之士。尔其毋忽。[1]

项里钱氏《宗规条》第六条也是在此基础上进一步细化,对族内蒙童教育做出具体规定:

蒙养当豫。闺门之内,古人有胎教,又有能言之教,是以子弟易于成材。今俗教子弟者何如,上者教之作文取科第功名足矣,功名之上道德未教也;次者教之杂字柬笺以便商贾书记;下者教之状词活套以为他日刁猾之地,是虽教之实害之矣。于族中各父兄须知子弟之当教,又须知教法之当正,养正之当豫。七岁便入乡塾学字学书,随其资质,渐长有知识,便择端悫师友将正经书史严加训迪,务使变化气质,陶镕德性,他日若做秀才做官,固为良士为廉吏,就是为农为工为商,亦不失为谆谨君子。[2]

《盘谷高氏新七公家训》中还有“谨交游”一条,属于社交劝教,强调交友要慎。其规定道:

友以辅仁,必择善而从,方能收直谅多,闻之益。若小慧伤道,比匪伤德,是滥交也。损者三友,尔其鉴诸。[3]

---

① 高谊纂修:《盘谷高氏贵六公房谱》卷一《弁言·盘谷高氏新七公家训》,第21/b 页。

② 光绪浙江山阴《项里钱氏宗谱·族规》,转引自李文治、江太新:《中国宗法宗族制和族田义庄》,第298—299 页。

③ 高谊纂修:《盘谷高氏贵六公房谱》卷一《弁言·盘谷高氏新七公家训》,第21/a 页。

类似的劝教在其他家法族规中也时而可见。如《文海林氏家谱·家规》有"敦友谊"一条,与上述之"谨交游"基本一致。该条云:

> 曾子曰:君子以文会友,以友辅仁,然则朋友所关固甚重矣。故须真诚相与,不可口是心非。然必正人君子方可结交,盖比之匪人,所伤实多,又不可不知也。①

也有一些家法族规将有关内容延伸至乡里关系,主张与其他宗族和睦相处。比如浙江山阴项里钱氏《宗规条》第七条规定:

> 姻者族之亲,里者族之邻,远则情义相关,近则出门相见,宇宙茫茫,幸而聚集,亦是良缘,况童蒙时或多同馆,或共游嬉,比之路人回别,凡事皆当从厚,通有无,恤患难,不论曾否相与,俱以诚心和气遇之,即使彼曾待我薄,我不可以薄待,久之且感而化矣。若恃强凌弱,倚众暴寡,靠富欺贫,捏故占人田地风水,侵人山林疆界,放债违例过三分取息,此皆薄恶凶习,天道好还,毋自害儿孙也。②

休宁范氏《宗规》也明确规定:

> 邻舍皆我同里,在祖宗时,待之各有恩信,有礼义,故彼虽属中户贫户,莫不赖我庇植,感我德意,一切约束,相率顺从,非独畏我财力之众有以压之也。年来族中子弟,间有自恃上户家声,每与谑狎,一言不和,辄逞怒詈骂,甚则殴之,或虚张驾言恐吓之,纵未诈财,已为招怨,况复有酒店

---

① 同治七年广东顺德《文海林氏家谱·家规》,转引自李文治、江太新:《中国宗法宗族制和族田义庄》,第308页。

② 光绪浙江山阴《项里钱氏宗谱·族规》,转引自李文治、江太新:《中国宗法宗族制和族田义庄》,第299页。

赔礼自致轻亵者,如何服人? 各门中但遇有此等子弟,须极言禁止,使其省悟。虽云宽待各邻舍,实所以厚待我子弟也。倘村邻委果强梁犯非,其分则法网难逃,彼将自取,于我何尤。①

有的家法甚至规定"毋比匪人","毋任妇女游观","毋与僧道往来"②,等等。族人的行为举止受到严格约束。

其六是宗法劝诫与约束。

《盘谷高氏新七公家训》中有五条戒规,分别是"戒淫盗""戒争讼""戒邪术""戒妄言""戒赌博"。兹征引如下:

一、戒淫盗

万恶淫为首,偶一涉足,终身莫赎。穿窬攘窃,非士君子之行,玷宗辱祖,莫此为甚。少有干犯,即当痛责。与其身试官刑,孰若治以家法。不悛者,革无赦。至若犯劫盗之罪案,经族正会议,立予除名,不准入谱。

一、戒争讼

聚族而居,偶有嫌隙,即当禀白族正,公辨是非。勿得蓄怒构怨,健讼公庭。若因人有隙,从中唆使,是为小人之尤。违者,重惩不贷。

一、戒邪术

师巫僧道,皆有邪术,足以蛊惑人心,欺骗财物。吾族清白传家,立身制行,以礼义为衡。万不可误受人欺,致罹法网。尔宜自惩。

一、戒妄言

古之人非法不道,故宁讷毋纵。诚知夫是非毁誉之间,悉足为身心之累。倘恣为欺诈,或谪人阴私,及造作歌谣,匿名谤讪,均是取祸之阶。惟

---

① [明]范涞纂修:《休宁范氏族谱》卷六《谱祠·宗规》,第64/b—65/a页。
② [清]田忠明等纂修:江苏丹徒《柳湖田氏宗谱·家谱新增家训》"垂戒"条,载陈建华、王鹤鸣主编:《中国家谱资料选编》第8册《家规族约卷》,第313—314页。

口兴戎,可畏哉。毋多言。

一、戒赌博

士农工商,各有正业。一入赌场,虽家拥厚资,亦不足恃。且嗜好失当,凡类似赌博者,虽名为借端消遣,皆足耗费其精神。尔宜慎之。①

可以说,这五条戒规的指向已基本包括了乡村恶俗劣行的各个方面,后世家法族规中的宗法劝诫与约束,多是在此基础之上的增益与调整,使之更加具体明确。如项里钱氏《宗规条》第十条也有"争讼当止"一条,但内容却丰富许多。该条写道:

> 争讼当止。太平百姓完赋役、无争讼便是天堂世界。盖讼事有害无利,要盘缠,要奔走,若造机关,又坏心术,且无论官府明廉如何,到城市便被歇家撮弄,到衙门便受胥吏呵叱,伺候几朝夕,方得见官。理直犹可,理曲到底吃亏,受笞杖,受罪罚,尽至破家亡身辱亲,冤冤相报,害及子孙,总为一念客[?]气,始不可不慎。经曰:君子以作事谋始,始能忍,终无祸。即有万不得已,或关系祖宗父母兄弟妻子情事,私下处不得,没奈何闻官,只宜从直告诉,官府善察情,更易明白,切莫架桥捏怪,致问抬回,又要早知回头,不可终讼。圣人于讼卦曰惕中吉终凶,此是锦中妙策,须是自作主张,不可听讼师棍党教唆,财被人得,祸自己当,省之省之。②

其七是对遵从国法的要求。

几乎所有家法族训都有遵从国法的要求,而且都置于重要地位,将是否守国法作为是否为良民的标志。如江苏海安《虎墩崔氏族谱·族约》第三条便是

---

① 高谊纂修:《盘谷高氏贵六公房谱》卷一《弁言·盘谷高氏新七公家训》,第 20/a—20/b 页。
② 光绪浙江山阴《项里钱氏宗谱·族规》,转引自李文治、江太新:《中国宗法宗族制和族田义庄》,第 299—300 页。

"宣圣谕"。规约如下：

> 圣谕曰："孝顺父母,尊敬长上,和睦乡里,教训子孙,各安生理,毋作非为。"此六事乃太祖高皇帝曲尽做人的道理,件件当遵守,能遵守的便是好人,有一件不曾遵守便是恶人。愿我一族长幼会集祠中,敬听宣读,悉心向善,皆作好人,有过即改,共为盛世良民,贻子孙无穷福泽。[1]

有的家法族训对于触犯国家法律、破坏社会秩序的盗窃行为严格加以禁止。如安徽绩溪《明经胡氏龙井派宗谱·祠规》"贼匪"条规定：

> 天地之间,物各有主,乃有不轨之徒,临财起意,纳履瓜田,见利生心,整冠李下,鼠窃狗偷,此等匪人宜加惩戒。如盗瓜、菜、稻草、麦杆之属,罚银五钱;盗五谷、薪木、塘鱼之属,罚银三两,入公堂演戏示禁。其穿窬夜窃者,捉获有据,即行黜革。[2]

对于完粮纳税的规定更为普遍。如元代《盘谷高氏新七公家训》"急完粮"条规定：

> 践土食毛,富有纳税之义务。凡吾子姓,不分贵贱,须知国课之早完,非独免追呼之扰,亦为下不倍之道,当然也。乡先哲梅溪诗:"劝君及早完官税,免得低头见长官。"尔其念之毋忽。[3]

清代乾隆浙江东阳与贤少溪楼氏家规也要求：

---

① [明]崔三锡纂修:《虎墩崔氏族谱·族约》,第2/a页。
② 胡宝锋、胡宜铎纂修:绩溪《宅坦明经胡氏龙井派宗谱》卷首,民国十年(1921年)木刻本,第2/b页。
③ 高谊纂修:《盘谷高氏贵六公房谱》卷一《弁言·盘谷高氏新七公家训》,第18/b页。

粮税正供,子孙当尽力急输于公。如过期逋负,致有追呼之扰,辱先丧家。①

湖南湘乡黄塘陈氏家训中也有此类规定:

我族有产业者,每岁三仓,宜早输将。如或迟延抗搁,致使结役临乡,骚扰逼勒,视早完数加倍葮,非惟损耗银钱,抑且卑污人品。方明府劝民歌云:"国课早完无追捕,半夜敲门心不惊。"正勉人急公奉上也。族其念之。②

明清许多宗约族规中都有"急公务""急赋税""急徭役"或"完国课""完钱粮"之类的条款。如江苏常州张氏家规"完国课"一条规定:

朝廷之取钱粮也,非以入私橐也,文武之俸出于是,士卒之养出于是,驱除寇兵之用出于是,取之百姓者还为百姓用之,故百姓得以从容安乐,以成其耕耨,以享其安饱也。此何必劳官府之催征,衙役之追促哉?世有拖欠以希宥赦,侵欺以饱私腹者,必不容于天地鬼神,凡我宗族夏熟秋成及期完纳,毋累官私焉。是亦忠之一端而实保家之道也。③

又如湖南邵陵桐江赵氏规训中"急赋税"条规定:

普天率土,共戴一王,赋税力役之征,三代以来未之或易。若恃强抗制,或玩法拖延,即为盛世之蠹民,追呼问罪必至,家破名辱,害岂有穷哉?

① [清]浙江东阳《与贤少溪楼氏重修宗谱·家规》,载陈建华、王鹤鸣主编:《中国家谱资料选编》第8册《家规族约卷》,第140页。
② [清]陈廷柏等主修:湖南湘乡《黄塘陈氏续修族谱·旧家训十劝》,载陈建华、王鹤鸣主编:《中国家谱资料选编》第8册《家规族约卷》,第318页。
③ 张方玉等纂修:民国《毗陵城南张氏宗谱》卷二《家规》,民国三年(1914年)木活字本,第7/b—8/a页。

谚云:"要得欢,先了官。"尚其及时输纳,竭力急公。此固职分所当为,而非奸谋可得免者,又何所容其徘徊也。①

这些写在宗约族规中的"规劝",较之官府的公文告示,其作用不知胜过多少,起到了公文告示所难以起到的作用。

正因为此,在一般情况下,官方对各宗族族规是默认的,认可族规在一定范围内的民事与刑事的司法裁量作用。因此,有些族规明确划出了它与朝廷法律处置的区界。如《毗陵庄氏族谱》卷一一所录乾隆时该族宗约云:

> 族人相争,大干法纪,自难解免。倘属田土口争、一切家庭细故,族人可为调处者,不得遽行兴讼。先以情词具禀宗祠,听族长、分长暨族之秉公持正者传集两造,在祖宗神位前论曲直、剖是非,其理屈与不肖者,当即随事惩罚,甚则绳以祖宗家法,令其改过自新,若顽梗不灵,轻则鸣鼓共攻,解官求治;重则祠中斥革,谱内削名,断勿循纵。②

这一规约表明,对"大干法纪"者要送官;对"田土口争、一切家庭细故",则以族规处理;对于不服祖宗家法、无悔改者亦可送官。

也有许多宗族为了增强宗约族规的权威性,要求官府核批。经官府核批的宗约族规更是朝廷法律的直接延伸。官府核准认可宗约族规的行为起于北宋,至明代万历时期达到高潮,清代宗族向政府申请批准者也不少见。③需要指出的是,地方官府对于这些族规并非简单的核准,而是赋予其法律地位,要求其族众必须遵循;否则,官府要加以惩处。如明万历二十六年(1598年),安

---

① [清]赵祥璧等纂修:湖南邵阳《邵陵桐江赵氏族谱·规训》,载陈建华、王鹤鸣主编:《中国家谱资料选编》第8册《家规族约卷》,第142页。

② 庄清华等纂修:《毗陵庄氏增修族谱》卷一一《训诫·宗约》,民国二十五年铅印本,第23/b—24/a页。

③ 参见常建华:《中华文化通志·宗族志》,第468—469页。

徽歙县在核准《朱氏宗族族规》的告示中规定：

> 为此示仰朱姓通族人知悉。务宜遵守家规，敢有违约不遵者，许约正族长等指名呈来，以凭究处，以不孝罪论，决不轻恕，特谕。[1]

清嘉庆十五年(1810年)，合肥县在核准杨氏族规的告示中也要求杨氏族人做到：

> 嗣后务遵祠规，父训其子，兄戒其弟，如敢不遵，许该族户、祠长人等指名禀县，以凭究治，决不宽贷，各宜凛遵毋违。[2]

综上，家法族规与王朝政府的关系体现了乡村宗族与王朝统治体系的关系，表明以宗法血缘关系为纽带的宗族在王朝统治体系中的特定地位，也表明村落宗法文化与王朝正统文化的一致性和互补性，这也是中国古代村落文化的一个重要特色。

要之，中国古代村落结构与乡村社会的固有特征为村落中的宗法文化提供了基本土壤和内生动力。在诸子均分的家产继承制下，几乎所有的村落都不断生成与存续着宗法血缘关系组合，使中国古代村落成为包含地缘行政外壳与宗法血缘关系内核的统一体。在这一统一体内，宗法文化可以外化为物质存在，比如宗族的聚居与聚葬、祠堂与宗族共同财产等等；也可以内化为村落居民的精神存在，制约着他们的行为与习惯，比如祭祖与祖先崇拜、家法族规、村落中的宗族互助等等。宗法文化是村落文化的重要组成部分，也是村落文化的重要基点，必须给予足够的重视。

---

① 《朱氏祠志》，载张海鹏等主编：《明清徽商资料选编》，黄山书社1985年版，第33页。
② 咸丰《弘农杨氏宗谱》卷首《宗谱碑记》，转引白寿彝等主编：《中国通史·中古时代·清时期》(上)，上海人民出版社2013年版，第438页。

第二章　中国古代村落的崇拜与信仰

在中国古代社会,儒、释、道既是中国传统思想文化的三大主流,也是传统信仰的基本源流,无论是儒家的伦理教化,还是释、道的宗教传布,都深深影响着古代民众的精神世界与社会生活。在这一定论的影响下,研究者也往往将这一模式用于对古代村落信仰的描述,论及中国古代村落信仰,多一言以蔽之,即儒、释、道并存,舍此之外者,便被视作末叶支流或原始遗存。但是,若将这一认识框架也用之于古代村落信仰的描述,就会失之偏颇。我们若抛开固有的话语体系和先期认定,深入探讨中国古代村落之实际,便可发现,村落中村民的信仰并非如此。中国传统村落信仰有着自我一体、独具一格的内容与特色。

一、古代村落中的祠庙

李肇《唐国史补》卷下云:

> 每岁有司行祀典者,不可胜纪,一乡一里,必有祠庙焉。①

亦即不论村落大小,也不论其富庶与否,"村各有庙,户各有神"②。每个村落,甚至每一农户都有自己的庙宇或祭神之处。各种祠庙、宫观、寺庙成为村落的

---

① [唐]李肇:《唐国史补》卷下,《丛书集成初编》本,中华书局1991年版,第171—172页。
② 马继桢等修,吉廷彦等纂:民国《翼城县志》卷一六《礼俗·祭礼》,民国十八年(1929年)铅印本,第7/b页。

基本构成要素,是村民重要的精神归宿与精神寄托。

在有关村落祠庙的资料选择上,我们确定了四个样本:一是汉唐方志中的祠庙;二是元代《至顺镇江志》中的祠庙;三是明清时代福建北部村落中的祠庙;四是清末定县 62 村的祠庙。如此选择,首先兼顾到历史时段,其次兼顾到资料统计的不同地域,以最大限度地体现其代表性。

古代村落中的祠庙大致可分为三类,包括佛教寺庙、道教宫观和民间祠庙,在取样与分析中均以此作为划分标准。

1. 汉唐方志中的祠庙

汉唐方志今已无完整传世者,刘纬毅先生所辑《汉唐方志辑佚》[①]是目前为止最为完整的汉唐方志辑佚之作,其中有关庙宇祠庵的记载,均见于所辑魏晋南北朝及隋唐方志中,兹据以列表《汉唐方志所见祠庙》(见表 2 - 1):

表 2 - 1 　《汉唐方志辑佚》中所见祠庙一览表

祠庙名称	地点	事迹	出处
神农庙	长子县		《上堂记》
关龙逢祠	王屋山		《上堂记》
首阳祠	洛阳东北首阳山		《河南十二县境等》
大石祠	洛阳县南大石山中		《河南十二县境等》
箕子祠	考城县		《陈留志》
蘧伯玉祠	长垣县		《陈留志》
子路祠	长垣县		《陈留志》
陈平祠	东昏县		《陈留志》
风公庙	武康县		《吴兴记》
神农社	随郡庙乡村		《荆州记》

① 刘纬毅:《汉唐方志辑佚》,北京图书馆出版社 1997 年版。

（续表）

祠庙名称	地点	事迹	出处
伍伯社	叶县伍伯村	有白榆、连李(理)树异干合条，土民奉为社	《荆州记》
女须庙	秭归屈原故宅东北六十里		《荆州记》
灵坛	新安县灵村山上		《新安记》
崇敬寺	洛阳		《西京记》
天宫寺	洛阳		《西京记》
土羊神庙	汧源县	秦始皇开御道，见二白羊斗，遣使逐之，至此化为土堆	《陇州图经》
郝姑祠	莫县西北	农家女，被东海龙王娶为妇	《莫州图经》
吴芮祠	鄱阳县	祭吴芮	《鄱阳记》
楚王祠	鄱阳县	祭陈胜	《鄱阳记》

《汉唐方志辑佚》中所见祠庙共 19 处，其中佛寺 2 处，均位于洛阳，其余祠庙散见于各县、乡，可以纳入乡村祠庙的考察范围。在 17 处祠庙中，首先以先贤祠居多，有关龙逢祠、首阳祠、箕子祠、蘧伯玉祠、子路祠、陈平祠、女须庙、郝姑祠、吴芮祠、楚王祠，共 10 处，约占祠庙总数的 58.8%；其次为乡土灵异之祠庙，有大石祠、伍伯社、灵坛、土羊神庙，共 4 处，约占祠庙总数的 23.5%；最后为神祇祠庙，有神农庙、神农社、风公庙，共 3 处，约占祠庙总数的 17.6%。

2. 元代镇江的祠庙

元代未出现官方对祠庙的整顿，因而，其祠庙与宋代有着较强的继承关系。我们以《至顺镇江志》为底本对元代镇江祠庙的统计①，可以代表宋元时代镇江祠庙的情况。

元至顺年间(1330—1333 年)，镇江府辖三县，共四个行政区域，即镇江府治、丹徒县、丹阳县、金坛县。为保障资料的客观性与完整性，我们以上述四个行政区域为单位，分列整理出其境内在《至顺镇江志》中的全部祠庙(见表 2-2)。

---

① ［元］俞希鲁：《至顺镇江志》卷八、九、一〇，《宋元方志丛刊》本，中华书局 1990 年版。

表 2-2 《至顺镇江志》中所见祠庙一览表

（一）

祠庙名称	镇江府治	说明
后土神别祠	府治西南二里	亦号"皇地祇庙"，祀于道冲观
文昌祠	报恩观之西庑	即梓潼帝君祠
文昌祠	儒学大成殿侧	
康王祠	城隍庙西庑	康保裔为宋初名将，战死于北疆
林仁肇祠	因胜寺内	南唐名将
钱良臣祠	甘露寺内	
明灵昭惠祠	长桥下双寨门	
赵彦逾祠	甘露寺内	
东岳别庙	登云门里阳彭山巅	
城隍忠佑庙	清风门里南塘之上	里人兴建，乾道元年赐庙额埔
顺佑王庙	府治之后圃	西汉荆王之神庙，下鼻塘有别庙
汉刘史君庙	利涉门里	土人刘四郎，有神异，能祈雨
白马庙	府治之西	
寿丘司徒庙	上河街普照寺北	寿丘山神，南唐封为司徒
三皇庙	府治西南万岁岭上	伏羲、神农、黄帝
灵顺庙	唐塯山上	五显王庙
灵顺庙	乌盆澳	五显王庙
火袄庙	朱方门里山冈之上	唐末杨茂实为苏州刺史时立
天王庙	右军寨门	祀毗沙门天王，旧诸军寨皆有之
天王庙	前军寨门	
仰山庙	通吴门里	祀仰山之神
平水大王庙	京砚山	祀后稷庶子
柳如京庙	北固山下	
帝师寺	范公桥东南	至治元年奉诏建，祠八思巴
甘露寺	建山下	
普照寺	寿丘山巅	宋高祖故宅
道林寺	仁和门里	
洪福寺	长桥因胜寺之西	
静明寺	还京门里	

(续表)

祠庙名称	镇江府治	说明
灵建寺	东利涉门里	
梁广寺	灵建寺东寺内	有五圣殿
花山寺	梁广寺之东	
安圣寺	登云门里	
因胜寺	府治之南三里	
延庆寺	市南坊葛家巷	
罗汉寺	唐塸山下	唐天复中安王施果园为之
弥陀寺	车家巷	至元十六年张氏舍宅建
报恩寺	青阳门里	
水陆寺	文昌巷	
灵济寺	登云门里	至元十三年郡民倪亿舍宅建
万寿寺	中土门里	
天王承庆寺	登云门里	
惠安寺	夹道巷	
众善寺	丛桂坊	旧在金坛县之车村,后移建于此
保福寺	府治南一里	
大兴国寺	夹道巷	
甘泉寺	大兴国寺之侧	
大光明寺	丹阳馆南	
三教辩证院	小竹竿巷	至元二十七年徐氏舍宅为之
华藏院	石砝桥北	
表善院	崇德隅	
妙善尼院	鹤林门里	
福田弥陀尼院	上河街南	
戒德尼院	化隆隅	
千佛院	崇德隅	
龙华庵	仁和门里天福山	
庆寿庵	文昌巷	
大圆庵	仁和门里	
普应庵	竹竿巷内	

（续表）

祠庙名称	镇江府治	说明
圆觉庵	皇佑桥南	
白莲庵	静宁隅	
妙觉庵	上闸西	
善德庵	践教隅	
显杨尼庵	践教隅	
圆通庵	临津隅	
法云尼庵	临津隅	
千佛庵	崇德隅	
常乐庵	崇德隅	
释迦庵	崇德隅	
观音庵	崇德隅	
龙王庵	还仁隅	
净明尼庵	还仁隅	
广惠庵	大围桥东巷内	
法华尼庵	果子巷	
乾明尼庵	布袋巷	
乾元万寿宫	大围桥南瓶场巷	
道冲观	仁和坊石硋桥北	
元妙观	石硋桥西北	唐紫极宫老子祠
迎仙观	还金门里	宋仲宗舍孟宅建
和光道院	大市坊北	
祐圣道院	小围桥西	
报亲道院	斜桥南	
大隐道院	卷逢桥北	
真武道院	柏家桥北市河岸东	
安定道院	范公桥西	
庆真道院	大围桥西	
崇德道院	还京门里	
崇福道院	鹤林坊	
奉真道院	西花园巷	

（续表）

祠庙名称	镇江府治	说明
清真庵	顾著作巷	里人张道渊舍宅为之
守真庵	堰军巷	女道士吴氏舍宅建
垕德庵	顾著作巷	
元通庵	杨名巷	
奉思修观庵	静宁隅	
冲和庵	静宁隅	
修真庵	践教隅	
通真庵	夹道巷	
全真庵	崇德隅	
全真庵	崇德隅	
全真庵	化隆隅	
全真庵(2)	静宁隅	
全真女冠庵	化隆隅	
全真女冠庵	还仁隅	
全真女冠庵	静宁隅	
全真女冠庵(2)	临津隅	

（二）

祠庙名称	镇江丹徒县	说明
瓜步江神祠	金山龙游寺	
刘武翼祠	登云门外	宗武翼大夫刘延祠也
林文节祠	紫府观内	宋枢密使林希
西岳别庙	鹤林门外	华岳金天王之行庙也
徐偃王庙	崇德乡大淓山下漕河之西	
徐偃王庙	崇德乡下鼻塘	
汉留侯庙	丹徒镇漕河之东	
汉留侯庙	彭城	去城三十里
张司徒别庙	丹徒镇官庄口	

（续表）

祠庙名称	镇江丹徒县	说明
白龙庙	长山之麓	
辛王庙	新丰镇	
白兔山神庙	城东南十五里	
萧练三姑庙	城东三十里	
石公山神庙	城东北二里	
句骊山神庙	城西南七十里	
褒忠庙	西津蒜山下	宋忠州刺史魏胜之庙
旌忠庙	通关门外	韩世忠庙
邓艾庙	京口巷上	
林仁肇庙	朱方门外	南唐林仁肇之庙
关王庙	江口坊竖土山之侧	
天妃庙	竖土山东	至顺三年僧德焕募众重修
下元水府庙	还京门外	旧在金山,元丰中僧了元移于此
张王别庙	鹤林门外	每岁仲者,江淮及境内士民拜奠祠下者几月不绝
张王别庙	华山	
张王别庙	高平乡下兰	
昭惠庙	大慈乡山雱	乌龙王庙
石马庙	高资涧西	
夏禹庙	马迹山顶紫府观东	
司马公庙	乂里乡岸渚桥侧	
唐葛周三将军庙	塔山之巅	
炳灵公庙	丁角镇	
皮场庙	江口坊京口闸左岸	
东平忠靖王别庙	小沙中保	宋末,里人裔杰重建
汉王别庙	乐亭汉王桥北	
龙游寺	金山	
平等寺	江口坊正平山上	
显亲胜果寺	鹤林门外	
长乐寺	京口东二十里涧壁	

（续表）

祠庙名称	镇江丹徒县	说明
向善寺	城东北五十里	
绍隆寺	城东北六十里之五峰	
法云寺	城东北六十里平昌乡	
永安寺	登云门外	
永兴寺	还京门外经家湾北	
鹤林寺	黄鹄山下	旧名竹林寺
禅隐寺	招隐山	
竹林寺	鹤林门外三里	
普济寺	焦山	
玉山报恩寺	江口坊	
资福寺	义里乡	
上方寺	崇德乡	
妙慧寺	西岳庙南	
宁国寺	鹤林门外半里许	
昭庆报慈寺	城西二里	
普济寺	黄杜村	
海会寺	丹徒镇	
显慈寺	五州山	
崇惠寺	丁角镇西	
东霞寺	圖山下	
三山寺	崇德乡	
四渎安寺	开沙	
大法兴寺	通关门外福田山	亦也里可温寺也
登云寺	登云门外	
普慈寺	仁和乡	
宝城寺	登云门外一里	
延寿院	郡西南	
般若院	竖土山巅	
华严院	大慈乡	
上生院	丹徒乡	

（续表）

祠庙名称	镇江丹徒县	说明
宝胜院	崇德乡	
瑞相院	高平乡	
化生院		
轮藏院	大慈乡	
弥勒院	长乐乡横山	
弥陀院	长乐乡	
观音院	丹徒乡	
释迦院	洞仙乡	
文殊院	丹徒乡	
显庆崇福院	三里岗	
大圣院	官沙	
崇惠院	丁角镇	
水晶院	高平乡	
择胜院	高平乡	
报亲院	高平乡	
下会观音院	高平乡	
大慈院	高平乡	
鹤林院	义里乡	
丛秀院	义里乡	
昭庆院	义里乡	
思敬院	义里乡	
报亲院	义里乡	
崇恩院	义里乡	
长山顺宁院	义里乡	
石马奉慈院	义里乡	
德善院	大慈乡	
显亲院	大慈乡	
妙智院	大慈乡	
荐福院	大慈乡	
大圣院	大慈乡	

（续表）

祠庙名称	镇江丹徒县	说明
上善院	大慈乡	
千佛院	大慈乡	
观音院	崇德乡	
时思院	崇德乡	
大圣院	崇德乡	
妙惠院	长乐乡	
宁国院	长乐乡	
长山兴云院	长乐乡	
无违院	长乐乡	
净土院	长乐乡	
庆仙院	长乐乡	
思敬院	长乐乡	
崇圣院	长乐乡	
单巷观音院	洞仙乡	
赤岸崇敬院	洞仙乡	
奉先院	洞仙乡	
栅口奉先院	洞仙乡	
经藏院	洞仙乡	
报亲庵	崇德乡白兔山	
龙华庵	鹤林门外胜果寺侧	
德云庵	丹徒乡	
崇教庵	高平乡	
荐福庵	义里乡	
报本庵	义里乡	
静明庵	义里乡	
五圣尼庵	义里乡	
宝盖山观音尼庵	义里乡	
报亲庵	丹徒乡	
释迦庵	丹徒乡	
奉圣庵	丹徒乡	

（续表）

祠庙名称	镇江丹徒县	说明
奉祠庵	丹徒乡	
广慧庵	丹徒乡	
弥陀庵	丹徒乡	
圆通尼庵	丹徒乡	
宝相尼庵	丹徒乡	
思敬庵	大慈乡	
忠孝庵	大慈乡	
时思庵	大慈乡	
弥陀庵	大慈乡	
庆丰庵	大慈乡	
释迦庵	大慈乡	
观音尼庵	大慈乡	
崇庆尼庵	大慈乡	
上生尼庵	大慈乡	
谭城庵	平昌乡	
荣显庵	平昌乡	
大圣庵	长乐乡	
奉圣庵	长乐乡	
时思庵	洞仙乡南庄单巷	
明真观	长乐乡	邑人吴伯善舍宅为之
紫府观	大慈乡马迹山	
上善观	平昌乡	
广惠仙真观	华山	
通真观	大慈乡	
仙台观	县南二里	
拱真道院	义里乡	
敬真道院	高平乡	
三仙道院	仁和门外	
丹阳道院	定波门外	
三茅道院	登云门外	

（续表）

祠庙名称	镇江丹徒县	说明
高庄吴坟庵	洞仙乡	
白马干通真庵	洞仙乡	
叶坟庵	义里乡	
土洞全真庵	义里乡	
崔坟庵	丹徒乡	

（三）

祠庙名称	镇江丹阳县	说明
丁令威祠	太霄观内	
三皇庙	县市普宁寺东张通判苍	县尹马天瑞建
城隍庙	县治西	知县孙卫重建
武烈帝别庙	县东南三里斜桥下	
东岳庙	县东一里	
东岳别庙	土地桥北	宗贡士吴从龙舍地为之
张王庙	县北一里	
屏陵侯庙	县东五十四里吕城镇	吴将吕蒙庙也
汉王庙	闾塘	
汉王庙	越塘村村前	
汉王庙	越塘村村后	
善利庙	县东北五十里	嘉山龙洞，祷雨有应
慈感庙	县东南五十里	吴塘龙田祠
白鹤三仙庙	县西十里钟离村	
广惠庙	县东北七里湾	张王别庙
广惠庙	九曲河上	
广惠庙	延陵镇东	
广惠庙	县南五十里竹塘	两人相殴，一人求张王保佑，为还愿而移地重建
灵顺庙	湖西龙城	
灵顺庙	县东一里漕渠之西	
梓潼帝君庙	县东灵顺庙之西	

（续表）

祠庙名称	镇江丹阳县	说明
灵惠王庙	县治之东城	威济李侯庙
颜良庙	吕城大桥北	
显济庙	县东北三十五里	彭山龙祠
平水王庙	县东北仁信乡	
顺佑王庙	县南五十里荆城	汉荆王庙
葛大王庙	县市南	
萧相公庙	县市东酒坊	
七郎庙	湾溪	
陈司徒庙	岳庙东	
鲍王庙	寿安乡	
贺贤庙	延陵镇西北九里	吴季子庙
普宁寺	县治南一里	
香严寺	云阳桥东	
昌国寺	延陵镇	
云台寺	青阳门外乌龟湾之西	
法云寺	县东五十里	
广福寺	大慈乡	
崇福寺	太平乡	
祇园寺	县东南六十里	
延庆寺	县南三里谭庄	
妙果寺	县东南七里竹村	
孝感寺	县东北十五里耿冈	
祇林寺	县西北十五里	
定善寺	云阳桥南一里	
崇教寺	县北三十里	经山院
广教寺	县东北四十五里	沈山院
梁宝寺	县南五十里丁桥西	
广福院	县东二里观音山	
孝感院	县东北三十里	
戒珠院	县东北三十五里萧塘港之北	

（续表）

祠庙名称	镇江丹阳县	说明
崇教院	县北四十里	即经山院
广教院	县东北四十五里	即沈山院
植德博施院	县东北四十里	
三圣院	县市	
释迦下院	县市	
普贤院	县东南十二里青阳	
智宝院	县西二十里都官村	
菩萨院	寿安乡	
经藏院	寿安乡	
大圣院	县东二十七里陵口	
道林院	县东北四十里	
崇福院	县南四十四里季子庙侧	
复福院	永济乡	
旌孝院	永济乡	
显庆院	永济乡	
嘉山真珠院	永济乡	
宝光院	仁信乡	
龙竿廨院	仁信乡	
董巷大圣院	仁信乡	
崇庆院	练塘乡	
三仙院	练塘乡	
昌福院	练塘乡	
大慈院	练塘乡	
普化院	太平乡	
新游院	太平乡	
地藏院	太平乡	
圆通院	太平乡	
麦坤大圣院	太平乡	
崇德院	寿安乡	
前周大圣院	寿安乡	

（续表）

祠庙名称	镇江丹阳县	说明
下庄观音院	寿安乡	
白莲院	石城乡	
延寿院	石城乡	
广惠院	石城乡	
天王廨院	石城乡	
岳祠大圣院	石城乡	
越塘大圣院	石城乡	
横塘大圣院	高牧乡	
东嵺大圣院	桂仙乡	
存心院	永和乡	
栅口廨院	永和乡	
大同庵	上德乡	
奉先庵	仁信乡之南山	
致敬庵	吕城镇北刘家桥	
万寿庵	县市	
光远尼庵	永济乡	
报恩庵	后彭村	里人束德荣兄弟同建
报德庵	永和乡	
仁寿庵	桂仙乡	
衍庆庵	桂仙乡	
普寿庵	桂仙乡	
圆通庵	桂仙乡	
大圣庵	太平乡	
宁寿庵	太平乡	
永福庵	太平乡	
汉王兴圣庵	太平乡	
九源上墒两庄庵	太平乡	
善庆庵	上德乡	
龙禧庵	上德乡	
邵道庵	上德乡	

（续表）

祠庙名称	镇江丹阳县	说明
显福庵	仁信乡	
崇报庵	仁信乡	
致思庵	仁信乡	
凝禧观	县东北五十四里张村	
大霄观	县东南五十里丁桥	
清微崇寿观	永济乡吕城镇	邑人诸葛士铭建
仁静观	县东北四十里九灵山	
集真道院	县市谢家场	
崇真庵	太平乡	
倪庄庵	石城县乡	
崇德庵	桂仙乡	
敬亲庵	桂仙乡	
优庵	永济乡	
徐庵	永济乡	
敬庵	永济乡	
言坟东庵	永济乡	
西庵	上德乡	
三山庵	练湖北华墅	
都官庵	练塘乡	
处士庵	沈山	

（四）

祠庙名称	镇江金坛县	说明
陶弘景祠	陶村	
三皇庙	西南坊里仁巷	
城隍庙	县治西南一百步	
东岳别庙	县治东北二里	
武烈帝别庙	县治东北半里	
张王庙	县治西二里	
灵济庙	县南十里白龙荡之洲上	

（续表）

祠庙名称	镇江金坛县	说明
太常卿庙	县东南一里	
袁太守庙	三洞乡	晋袁宏庙
湖溪庙	登荣乡	
李司徒庙	游仙乡	
朱林双庙	游仙乡	
上塘庙	唐安乡	
白塔庙	三洞乡	
游塘庙	三洞乡	
崇圣庙	礼智乡	
慈云寺	县治东南一百步	
普慈寺	县东二十五里礼智乡	
报恩尼寺	县治东三百步	
广恩崇福寺	县西南五十里	
布金寺	去县五十里	
同建寺	县东二里	久废
延庆寺	县西诸里村	
同建寺	三洞乡	
崇福寺	游仙乡	
法中平等寺		今废
笃忠显庆院	县东三里	
灵建塔院	金山乡	
地藏院	县市	
圣僧院	县市	
尊圣院	县市	
药王院	县市	
新兴院	三洞乡	
西禅接代院	三洞乡	
真如院	游仙乡	
崇先院	游仙乡	
持爱院	游仙乡	

（续表）

祠庙名称	镇江金坛县	说明
福缘院	游仙乡	
邢坞接待院	游仙乡	
新院	登荣乡	
福先院	登荣乡	
兴福院	登荣乡	
万安院	登荣乡	
彭城院	上元乡	
妙法院	孝德乡	
广惠院	孝德乡	
显庆院	孝德乡	
福善院	大云乡	
施水庵	三洞乡	
永思庵	登荣乡	
主敬庵	上元乡	
善继庵	大云乡	
报德庵	大云乡	
致严庵	孝德乡	
梓阳庵	孝德乡	
观音庵	县市	
祥符廨庵	县市	
大圣尼庵	县市	
昭德庵	唐安乡	
敬德庵	唐安乡	
施水庵	唐安乡	
桂墅庵	唐安乡	
薛义庵	游仙乡	
万松庵	游仙乡	
大致严庵	游仙乡	
报亲观	登荣乡	邑人赵有光建
元阳观	茅洞之上	

祠庙名称	镇江金坛县	说明
藏真观	茅山叠玉峰	
崇寿观	县西七十里游仙乡大茅山下	
真惠道院	县市	
城隍三茅道院	县市	
上元道院	大云乡	
嗣真道院	游仙乡	
崇真道院	孝德乡	
佑圣道院	孝德乡	
礼真庵	唐安乡	
敬庵	金山乡	
后嘐潘坟庵	金山乡	
汰塘庄坟庵	大云乡	
厚德庵	登云乡	
永怀庵	登云乡	
敬亲庵	登云乡	
南王庄赵坟庵	登云乡	
顾云庵	孝德乡	
青培显庵	三洞乡	
邹坟庵	三洞乡	
敬思庵	三洞乡	
明秀庵	三洞乡	
王坟庵	三洞乡	
仁寿庵	三洞乡	
普利庵	上元乡	
寿仙庵	上元乡	
果庵	上元乡	
知敬庵	上元乡	
顺宁庵	上元乡	

（续表）

祠庙名称	镇江金坛县	说明
息庵	上元乡	
全庵	上元乡	
望云庵	上元乡	
新庵	上元乡	
常静庵	上元乡	
荐福庵	游仙乡	
白云庵	游仙乡	
极本庵	游仙乡	
观如庵	游仙乡	
存庵	游仙乡	
云溪庵	游仙乡	
格庵	游仙乡	
顺德庵	游仙乡	
张坟庵	游仙乡	
瞻庵	游仙乡	
寄庵	游仙乡	
善本庵	游仙乡	
报德庵	游仙乡	
志省庵	游仙乡	
碧云庵	游仙乡	
敬亲庵	游仙乡	
陟庵	游仙乡	
宁庵	游仙乡	
积善庵	游仙乡	
顾云庵	游仙乡	
藏密南山庵	游仙乡	
瞻云庵	游仙乡	
敬庵（2）	游仙乡	
新庵（2）	游仙乡	

　　镇江府治属于城市,根据表 2-2,计有祠庙 107 处。其中,民间祠庙 23 处,含先贤祠庙 9 处,神祇祠庙 9 处,乡土灵异祠庙 5 处;佛教寺院 52 处,含佛寺 25 处,佛院 7 处,佛庵 20 处;道教宫观 32 处,含道宫 1 处,道观 3 处,道院 10 处,道庵 18 处。

　　丹徒县基本属于乡村,根据上表,计有祠庙 163 处。其中,民间祠庙 34 处,含先贤祠庙 20 处,神祇祠庙 3 处,乡土灵异祠庙 11 处;佛教寺院 113 处,含佛寺 30 处,佛院 52 处,佛庵 31 处;道教宫观 16 处,含道观 6 处,道院 5 处,道庵 5 处。

　　丹阳县属乡村范围,根据上表,计有祠庙 131 处。其中,民间祠庙 32 处,含先贤祠庙 20 处,神祇祠庙 6 处,乡土灵异祠庙 6 处;佛教寺院 82 处,含佛寺 16 处,佛院 44 处,佛庵 22 处;道教宫观 17 处,含道观 4 处,道院 1 处,道庵 12 处。

　　金坛县也属乡村范围,根据上表,计有祠庙 126 处。其中,民间祠庙 16 处,含先贤祠庙 6 处,神祇祠庙 4 处,乡土灵异祠庙 6 处;佛教寺院 49 处,其中,佛寺 10 处,佛院 22 处,佛庵 17 处;道教宫观 61 处,含道观 4 处,道院 6 处,道庵 51 处。

3. 明清时期福建北部村落祠庙

　　21 世纪初,福建省博物院曾组织力量对福建北部古村落进行了系统调查,调查范围包括了福建北部 21 个县(市、区)中全部古村落,对村落中明清时代形成或存续的祠庙作了确切记录。我们据其编著的《福建北部古村落调查报告》[①]制成福建北部明清村落祠庙一览表(见表 2-3)。

---

① 福建省博物院编著:《福建北部古村落调查报告》,科学出版社 2006 年版,第 25—244 页。

表 2-3　福建北部明清村落祠庙一览表

县名	村名	庙宇名	数量
武夷山市	城村	北帝庙、慈云阁、华光庙、关帝庙、药王庙、妈祖庙、三官堂、崇福庵、绛仙庵	9
	下梅村	镇国庙、万寿宫	2
	五夫镇	天后宫、大兴寺、土地宫庙	3
邵武市	和平镇	黄氏峭公祠、岐山公祠、惠安祠、中乾庙	4
	大埠岗镇	玄灵寺	1
	宝积村		0
	金坑村	将军殿、观音殿、文昌阁	3
光泽县	崇仁村		0
顺昌县	谢屯村	青云殿、临水宫	2
	东郊村	观音庙	1
浦城县	观前村	禅寂寺、福主庙、水东社	3
松溪县	巨口村		0
政和县	澄源村	龟山庙、梧桐宝殿	2
	西门村		0
建瓯市	党城村	林公庙、关帝庙、回龙庙、紫竹寺	4
建阳区	书坊村	二圣庙	1
延平区	陕阳镇	庄武庙	1
	宝珠村	神主庙、临水宫、齐天大圣庙、天王殿、福主庙	5
寿宁县	西浦村	雪山庵、下庵、西庵、社坛(土主庙)三处、三元宫、太阴宫、大帝宫	9
柘荣县	山后村		0
	前山村		0
	长岐村	长福宫	1
福鼎市	翠郊村		0
福安市	廉村	天后庙、六祖禅寺、后湖宫、将军庙、槟老大师庙、林四相公庙、忠平宫、五谷真仙庙	8
	磻溪村	忠平宫、虎马将军庙	2
	楼下村	永镇宫、南山宫、泗州文佛庙、土地庙、齐天大圣庙、仙宫、狮峰禅寺、林四相公庙	8

（续表）

县名	村名	庙宇名	数量
霞浦县	上村	大王庙、宝玉殿、泗州文佛庙、土主庙	4
周宁县	洋中村	桃园观、齐天大圣庙、阁坪宫、土地庙、文昌阁、魁星楼	6
	川中村	延福宫、文昌阁	2
	赤岩村	虎马将军庙	1
屏南县	北墘村		0
	漈下村	龙漈仙宫、大王殿	2
	上山口村	连公庙	1
古田县	岭里村		0
	长洋村	临水分宫、蓝公殿	2
蕉城区	石桥村	益后亭、文昌阁、华阳宫、武圣庙、街尾亭、宏街宫	6
尤溪县	桂峰村	资寿寺	1
闽侯县	大坑村		0

从表 2－3 中统计可见,在列入调查的 38 个村镇中,10 处村镇未见旧有祠庙,其余 28 处村镇共有祠庙 94 处,平均每处村镇有明清祠庙 3 处左右。在全部 94 处祠庙中,佛教寺庙 18 处,占 20% ;道教宫观 1 处;民间神祇祠庙 75 处,占近 80% 。

4. 清末定县村落中的祠庙

20 世纪二三十年代之交,李景汉先生组织了具有重大社会意义的定县社会概况调查,对河北定县村落中的村民信仰进行翔实的调查与记录,据此可以了解清末定县村落中的祠庙分布状况。

根据李景汉先生所编著的《定县社会概况调查》一书的统计,截至 1930 年,定县全县尚存祠庙 879 座,在城关者 22 座,在 453 村中者 857 座。[①] 现据此制作下表(表 2－4) :

---

① 李景汉编著:《定县社会概况调查》,上海人民出版社 2005 年版,第 407 页。

表 2－4　定县 453 村内各种祠庙数目

寺庙类别	数目	寺庙类别	数目
五道庙	157	关岳庙	2
关帝庙	123	佛寺	2
老母庙	102	佛爷庙	2
南海大士庙	80	狐仙庙	2
三官庙	48	北斗庙	1
奶奶庙	45	九神庙	1
真武庙	41	弥勒庵	1
龙王庙	32	天齐庙	1
玉皇庙	22	天地庙	1
马王庙	21	五将庙	1
虫王庙	20	大王庙	1
药王庙	14	瘟神庙	1
观音庙	13	白塔寺	1
三义庙	13	阎王庙	1
大寺	13	韩祖庙	1
龙母庙	12	显兴寺	1
菩萨庙	9	四杰庙	1
土地庙	7	慈云寺	1
二郎庙	7	佛祖寺	1
老君庙	6	苍山院	1
太公庙	5	五灵庙	1
河神庙	5	三清观	1
孔子庙	5	禹王庙	1
岳王庙	4	天台寺	1
全神庙	4	苍姑庙	1
三皇庙	4	报恩寺	1
城隍庙	3	高阁庙	1
仙姑庙	3	木塔寺	1
七神庙	3	清真寺	2
天仙圣母庙	2	总和	857

由表 2 - 4 可知,在各村共 857 座祠庙中,佛教寺院计有 34 处,清真寺计有 15 处,道观 1 处,孔子庙 5 处。上述四类之合计为 55 处,其余 802 处祠庙均为民间神祇之祠庙(其中或许与道教诸神有交叉,但其性质并不属于道教宫观)。

在定县社会概况调查中,特地对该县东亭乡村社会区内 62 村的祠庙情况进行了上溯调查,调查了 62 村历年毁坏祠庙之情况,还原了清末以前 62 村的祠庙情况,兹据其《62 村内原及现有每种庙宇数目》[①]做清末定县 62 村祠庙统计表(见表 2 - 5)。

表 2 - 5　清末定县 62 村祠庙统计表

庙宇名称	数目	庙宇名称	数目
五道庙	68	韩祖庙	1
老母庙	54	三清庙	1
关帝庙	40	八蜡庙	1
真武庙	37	五视庙	1
三官庙	32	周公庙	1
奶奶庙	22	龙母庙	1
玉皇庙	22	老君庙	1
龙王庙	21	刘秀庙	1
药王庙	18	文庙	1
马王庙	17	城隍庙	1
大寺	12	齐天大圣庙	1
虫王庙	9	罗汉庙	1
观音庙	7	佛爷庙	1
二郎庙	6	凤凰寺	1
三义庙	5	净业寺	1
土地庙	4	弥勒寺	1
太公庙	4	洪门寺	1

---

① 李景汉编著:《定县社会概况调查》,第 414—415 页。

（续表）

庙宇名称	数目	庙宇名称	数目
五龙圣母庙	3	兴元寺	1
三皇庙	3	福长寺	1
七神庙	3	白马寺	1
五圣老母庙	2	龙泉寺	1
瘟神庙	2	开明寺	1
永宁寺	2	安乐寺	1
崇宁寺	2	小寺	1
佛光寺	2	天真寺	1
河神庙	2	兴福寺	1
李靖庙	1	大佛寺	1
苍姑庙	1	坐佛寺	1
老张庙	1	地藏庵	1
天仙圣母庙	1	尼姑庵	1
财神庙	1	总计	435
北岳庙	1		

由表 2-5 可见,李景汉先生所调查的 62 村中,至清末共有祠庙 435 处,其中,佛教寺庵 32 处,占总数的 7.36%;无确切道观,其他各处均为民间神祇之祠庙,其中或许与道教诸神有交叉,但其性质并不属于道教宫观。这样,乡村庙宇占到 92% 以上,这一比例与全县各村的统计相类。

5. 古代村落祠庙的构成

综合上述统计,我们可以看到村落祠庙的构成状况。宋元时代的镇江城中,有佛教寺院 52 处,居第一;道教宫观 32 处,居第二;民间祠庙 23 处,居第三。丹徒县有佛教寺院 113 处,居第一;民间祠庙 34 处,居第二;道教宫观 16 处,居第三。丹阳县有佛教寺院 82 处,居第一;民间祠庙 32 处,居第二;道教宫观 17 处,居第三。金坛县有道教宫观 61 处,居第一;佛教寺院 49 处,居第二;民间祠庙 16 处,居第三。佛教、道教与民间宗教可以说是鼎足而立。另外,考虑到佛教与道教之庵有相当一部分属于辟住宅为之,属家内修奉之所,不应与其他寺院宫观及祠庙一并统计。如金坛县之游仙乡,仅有 31 户里便有道庵 26 处①,显然有相当一部分为家内修奉之所。若计入这一因素,更可说明民间祠庙与佛、道寺观的鼎足之势。

明清时代福建北部山区与河北定县乡村中,民间祠庙数量则占绝对优势,前一地区占到近 80%,后一地区则占到 92% 以上。再看汉唐方志中的散见记载,县以下各地均为民间祠庙,可以在一定意义上反映汉唐乡村的情况。

还有一点需要说明的是,在村落居民的信仰与崇拜中,即便是在佛教寺院中的礼佛,在道教宫观中的崇道,他们与城市社会特别是上层社会中的佛教信仰与道教信仰也并不相同,他们往往也像崇信民间祠庙中的诸神那样,目的在于祈福禳灾。这样,佛、道中的诸“神灵”往往也就混同于民间诸神。

综上所述,汉唐方志、明清福建北部山区村落调查以及定县 62 村调查所得结论大致相类,即民间祠庙在村落中占绝对优势,佛教寺院与道教宫观占比较少。从《至顺镇江志》所载祠庙来看,佛教寺院、道教宫观与民间祠庙三足鼎立,其中以佛教寺院占比最高,道教宫观与民间祠庙各有千秋。《至顺镇江志》与前三者所反映情况的差异当有两个原因:其一,《至顺镇江志》的编纂原则。该志对各类寺观祠庙并非全部记录,而是只记录官方认可的“正规”寺观祠庙,当然以佛教寺院数量为多。对于“不在祀典”的村落中的众多祠庙,斥之为“祝史巫觋,惑世误民,增益土偶,妖形怪状,违越典礼,非一而足”②,不肯将其收录入志。这必然会大大影响志中民间祠庙的数量。其二,《至顺镇江志》所录三县寺观祠庙虽然大部分散处各乡,但佛教寺院与道教宫观多分布在山林之中或道路要冲,直接设置于村中者颇少。检《至顺镇江志》丹徒、丹阳、金坛三县之寺院、宫观所在地直接标明村落者仅 10 处,计有:丹徒县之普济寺,位于黄

---

① 〔元〕俞希鲁:《至顺镇江志》卷一〇《道观》,第 2760 页。
② 〔元〕俞希鲁:《至顺镇江志》卷八《神庙》,第 2724 页。

杜村;时思庵,位于洞仙乡之南庄单巷。丹阳县之延庆寺,位于县南三里谭庄;妙果寺,位于县东南七里竹村;智宝院,位于县西二十里都官村;报恩庵,位于后彭村;凝禧观,位于县东北五十四里张村;清微崇寿观,位于永济乡吕城镇。金坛县之陶弘景祠,位于陶村;延庆寺,位于西诸里村。其余寺院宫观均标明地理方位或所在之乡,应当是未设于村落之中。这样,设于村落之寺院宫观数量就十分有限了。

总之,通过对上述四种调查样本的分析,笔者认为,汉唐方志、明清福建北部山区村落调查以及定县 62 村调查的结论,更符合中国古代村落信仰的实际,能较为客观地反映出中国古代村落居民的信仰倾向。

二、古代村落中的神灵

古代村落中的神灵丰富多样,既有居于祠庙者,也有居于村民户内者,还有一些被置于野外者,可谓"村各有庙,户各有神"[1],它们无所不在,无所不能。最大特色是差异大于类同,分散大于系统。各村所信仰之神灵并无一定之规,其中,最受村民重视的神灵,是与他们的生活、生产息息相关者。[2]

---

① 马继桢等修,吉廷彦等纂:民国《翼城县志》卷一六《礼俗·祭礼》,第 7/b 页。

② 长期以来,学界对于宗教之外的民间信仰进行了较为充分的研究,并对其神灵进行了多种类型划分。比如,钟敬文先生将其分为灵魂、自然神、图腾、祖先神、生育神、行业神 6 个类别;吕宗力、栾保群先生认为中国民间诸神有 5 个组成部分,即最高神、自然崇拜之神、鬼魂崇拜之神、社会性职能神、佛教道教之神;美国学者韩森则将中国民间信仰神祇细分为 8 个类型,即传统神祇、平民神祇、佛教神祇、儒教神祇、道教神祇、一般神祇、自然神祇、区域性神祇。还有一部分学者试图构建系统的神祇体系。如:王守恩先生将中国民间信仰神祇划分为地理环境神、人口保障神、个人命运神、群体监护神、综合神,并从民间神祇的功能出发,构建了一个"与社会的存在和运行、生产和生活、凝聚和秩序大致对应的民间神灵体系";顾希佳先生以太湖地区的民间神祇为中心,将该地区被祀奉的 200 多个神祇构建起上界天仙、中界云仙、下界游仙的三界神灵体系;俞黎媛先生则试图构建民间神祇的生态位关系,探讨了各个神祇"如何在民间信仰这个生态系统里获得相应的生态位,并通过与其他神祇的规避分离、竞争合作,或相互依存、相互制约以保持民间信仰生态系统的和谐平衡"。上述研究与结论固然具有重要意义,但是,放之中国古代村落内部,不难发现,村落信仰的实际情况与之并不相合,难以以某种类型和体系诠释之。

1. 古代村落神灵的来源

就世界一般宗教而言,所有信仰客体都是统一设定,自上而下、自外而内地进入信仰过程;而中国古代村落信仰的客体却是村落居民自我选择的结果:在长期的历史选择中,村落中的神灵不断积累、不断发展与变化,形成了复杂多样、颇具特色的村落信仰。经梳理区分之后,中国古代村落神灵主要有三大来源。

一是自聚落时代接转之神灵。自早期村落形成,村落神灵便随之而来。最初的村落神灵是由原始聚落接转而来,在城乡分离的过程中,城邑垄断了祭天与祭祖等重大信仰,村落只余下土地神与一些神祇灵异。那些自聚落时代接转之神灵,在长期的历史传承中,有的被湮没消失或异化,也有的绵延不衰,一直是古代村落神灵的重要组成,如社神、火神、灶神、先农、伏羲等,其中以社神最具代表性。

对于社神的信仰,在原始聚落时期即已开始;进入村落时代后,祭社在村落中一直得以存续,从春秋时代书社与里社之制的普遍出现可说明村落之社与社祭的普遍存在。如新蔡楚简有许多里人祭社的记载:

> 柤里人祷于亓(其)祏(社)☒
> ☒里人祷于亓(其)祏(社),一☒ ①

周家台 30 号秦墓简牍《日书》中也有里社、田社的记载,如:

> 置居土,田社、木并主岁。
> 置居木,里社、冢主岁,岁为上。②

---

① 河南省文物考古研究所编:《新蔡葛陵楚墓》,大象出版社 2003 年版,第 207、212 页。
② 陈伟:《周家台秦墓简牍》,载陈伟主编:《秦简牍合集(释文注释修订本)》(叁),武汉大学出版社 2016 年版,第 216—217 页。

《诗经·小雅·甫田》则描述了早期村落中的祭社场面：

> 以我齐明，与我牺羊，以社以方。我田既臧，农夫之庆。琴瑟击鼓，以
> 御田祖。以祈甘雨，以介我稷黍，以谷我士女。①

可以看出，当时村落祭社已有了明确的祭祀仪式和信仰诉求。

汉代以降，历代王朝都允许乡里置社。如《史记·封禅书》记载：

> 高祖十年春，有司请令县常以春二月及腊祠社稷以羊豕，民里社各自
> 财以祠。②

香港中文大学博物馆所藏西汉初年简牍《日书·诘咎篇》也载：

> 取里社□土以为禺（偶）人，男女各一，[置]之户下。（简 35）③

这样，中国古代村落中对于社神的祭祀与信仰一直延续不衰。唐宋以来，村落中多立有土地庙，但规模大小不一；甚至各家各户也都有自己的土地神或土地庙，成为室宅之神。尤其在明清时期，在许多地区的村里村外，田间地头，一般都设有土地庙。其庙小到高不过 60 厘米，蹲在墙角；大也不过是十分局促的空间。有的被安置到一些其他庙宇中的偏院或某一神台的角落。④ 如史载：

---

①　[汉]毛苌传，郑玄笺，[唐]孔颖达等正义：《毛诗正义》卷一四《小雅·甫田》，第 474 页。
②　《史记》卷二八《封禅书》，第 1380 页。
③　陈松长编著：《香港中文大学文物馆藏简牍》，香港中文大学文物馆 2001 年版，第 26 页。
④　参见李秋香主编：《庙宇》，生活·读书·新知三联书店 2006 年版，第 31 页。

> 民间乡村,有社无坛,有屋谓之社屋。二社所祀,谓之社公。承平时,
> 父老村民酿酒为社,欢呼歌舞;城市坊巷亦各有社、有祀,有分酢之饮,而
> 百戏之社、祠神之社,无不有社公之名。①

可见,社神一直是中国古代村落最为常见的神灵。

二是村落发展中不断追加的神灵。此类神灵为村落民众在长期的生产、生活中主动追加,是村落神灵的重要组成部分。具体而言,有两大追加途径:一是各种先贤神灵;二是各种灵异神灵。

先贤神,即历史或现实中的人物神。在中国古代,历代帝王将相、名士贤臣或传说中的人物都可被奉为神,可以立庙祭祀,其祠庙既有官方所建,也有民间所建,村落中不乏此类庙宇。其中既有三皇五帝,又有商汤、周文王、周武王;也有一些当地名人或有灵验的凡人,如东汉方士王秀曾为叶县县令,有政声,死后"百姓乃为立庙,号叶君祠"②。这类祠庙到唐代已泛滥成灾。《旧唐书·狄仁杰传》记其"充江南巡抚使。吴、楚之俗多淫祠,仁杰奏毁一千七百所,唯留夏禹、吴太伯、季札、伍员四祠"③。

在村落民众的信仰世界中,凡事关村民的生死存亡、福禄寿考、农事耕作,不论大小,只要灵异,村民都会虔诚膜拜,会给它们建祠立庙。有主管生产各个环节的诸神八蜡,不同专业的神主——诸如蚕神、"刘猛将军"(虫王、蝗王)、圈神、青苗神、牛王神、马王神、塘神、药王、雹神、棉花神、场神、仓神等;另外,诸如呵护、庇佑乡民的灶神、门神、财神、福神、福禄寿三星、喜神(吉神)、妈祖、玄武水神,甚至像阎王、瘟神、狐仙、五通神、五显神之流也在村落百姓的崇拜之列。这种对神灵的认定与追加,并无一定标准,但凡一石一木或一虫一

---

① [宋]魏了翁、[元]方回:《古今考 续古今考》卷一一《广社稷考》,明崇祯九年(1636年)谢三宾刻本,第7/a页。
② 《后汉书》卷八二上《列传上·王乔传》,第2712页。
③ 《旧唐书》卷八九《狄仁杰传》,中华书局1975年版,第2887页。

鸟,只要显现出"灵性",就可能被立祠祭祀。

　　三是佛、道等宗教传播中进入村落的神灵。汉代以来,随着道教的兴起和佛教的传入,道、佛两教逐渐进入村落,成为村落信仰的重要组成部分。进入村落的佛教与道教,在被村民接纳的过程中,村民往往是信其神而忽视其教义,村落中存在的"佛爷殿""观音堂""菩萨殿""三清庙""老君庙"等,也多是供神之"神庙",而非信教之寺庙。村民们往往把诸教中的神灵与原有的各种神灵一体看待。以唐代敦煌地区为例,唐代敦煌是佛教流行地区,敦煌文书中有许多与佛教相关的文书可以表明村民们是如何对待各种神灵的。如 P. 1335 文书录有一份发愿文书,发愿人索清儿因患重病发愿写《四分戒索清儿题记愿文》一卷,其祈愿对象如下:

　　　　一切诸佛、诸大菩萨摩诃萨及太山府君、平等大王、五道大神、天曹地府、司命司录、土府水官、行病鬼王、疫使、知文籍官院长、押门官、专使可嗑官,并一切幽冥官典等,伏愿慈悲救护。[①]

由敦煌文书中关于"奉神"的内容可看到,人们所奉请诸神,既有诸佛、诸大菩萨,又有各路神灵。又如 S. 5589 文书所录《散食文》,开列了所奉请的神祇,既"奉请清净法身毗卢遮那佛,奉请圆满宝(报)身卢舍那佛,奉请千百[亿]化身同名释迦牟尼佛,奉请东方十二上愿药师琉璃光佛,奉请诸大菩萨摩诃萨众,奉请声闻缘觉、一切贤圣"等,"又更启请土地灵祇、护戒(界)善神、护伽蓝神、金刚蜜迹、十二药叉大将、八大龙王、五岳之主、地水火风神等并诸眷属来降道场"[②]。由此可见,在敦煌村民的信仰世界里,他们对一切诸佛、诸大菩萨与太山府君、平等大王、土地灵祇等等是一视同仁的。

---

① 黄征、吴伟编校:《敦煌愿文集》,岳麓书社 1995 年版,第 915 页。
② 黄征、吴伟编校:《敦煌愿文集》,第 580 页。

这样,在佛教与道教向村落传播的过程中,村落中的芸芸众生不但未被棋布于乡村的寺庙宫观所征服,反而不断将众多的佛教神灵与道教神灵俘获,纳入到自身固有的信仰体系。在这一过程中,除了将佛、道诸神视同于各路神灵外,村落民众往往还将其加以改造,使之成为自家神灵。比如,在南方各地流行甚广的五通神本为佛教中的五通仙,谓具有五种神力者,南北朝时期即被民间信重。刘勰曾指斥:"若乃神仙小道,名为五通,福极生天,体尽飞腾。"①唐宋以来,五通神在南方地区迅速普及,成为村落信仰的重要神灵。蒲松龄即言:"南有五通,犹北之有狐也。"②不过,后来的五通神已经完全脱离了佛教,成为本土化的民间神灵。③

另外,还有一些村落神灵是由多种信仰融通合一。如村落信仰中的五道大神,其地位颇高,可与泰山府君、阎罗王并列,其本身就是多元混合的结果。魏晋以后的买地券中便有三道将军和五道将军的身影,负责死后魂灵的道路引领。如刘宋元嘉十年(433 年)《徐副买地券》中即有"道上游罗将军、道左将军、道右将军、三道将军、蒿里父老"④等文字。元嘉二十一年(444)《田和买地券》中则有"道上游罗将军、营道将军、横将军、断道将军、道左将军、道上将军、道右将军、三道将军、五道将军"⑤等文字。随着佛教的流布,佛经中的五道大神也被村落百姓接纳。佛教之五道大神主轮回,如《太子瑞应本起经》言:"五道大神,名曰'贲识',最独刚强……所当过见者也。"⑥如是,其执掌与三道将军、五道将军相类,最终与五道将军合而为一,成为冥界中的重要神灵,其称呼或谓"五道神",或谓"五道将军"等,三道将军不再出现于村落。至明清时期,五道神信仰十分盛行。

---

① [南朝宋]刘勰:《灭惑论》,载[南朝梁]僧祐:《弘明集》卷八,上海古籍出版社 1991 年版,第 52 页。
② [清]蒲松龄:《聊斋志异》卷七《五通》,齐鲁书社 2000 年版,第 2056 页。
③ 参见贾二强:《佛教与民间五通神信仰》,《佛学研究》2003 年第 1 期。
④ 王育成:《徐副地券中天师道史料考释》,《考古》1993 年第 6 期。
⑤ 白彬:《吴晋南朝买地券、名刺和衣物疏的道教考古研究》,载张勋燎、白彬:《中国道教考古》第 2 卷,线装书局 2006 年版,第 856 页。
⑥ 《大正新修大藏经》第 3 卷,台北新文丰出版公司 1983 年版,第 475 页。

　　中国古代村落在数千年的发展中,不断地收容与追加着信仰对象,各路神灵逐渐完备,形成了一种包容所有神灵的全神信仰。在全神信仰这一大体系下,各地区、各村落乃至各家各户又根据自身不同的需求,对各神灵进行选择与组合,形成千千万万种各具特色的信仰系统与神灵组合。

2. 关乎村落民众生活的各路神灵

　　有些神灵,事关村落民众的生活日常,对此类神灵,百姓往往要恭迎到家中敬奉,或到附近庙宇定期膜拜。这些神灵主要有灶神、门神、财神、福神、福禄寿三星、喜神、送子娘娘等。

　　灶神又称"东厨司命""灶王爷",是古代中国信奉最为普遍的神灵之一,也是与百姓生活最为密切的家宅之神,尤其在村落百姓那里,即便家中一贫如洗,也要在除夕临近时在家中摆列祭器,陈列供养,虔诚敬奉。自春秋战国时代,灶神实际上就成为一家之中的最高神祇,是当时社会主要的五祀[①]之一,灶神与门神在乡村社会尤其被推重。原因是其职能除了掌管饮食外,他还是天帝派驻各家的监察大员,负责监督一家老小的善恶功过,定期上报天庭。如《礼记·祭法》:

　　　　庶人立一祀,或立户,或立灶。
　　　　郑玄注曰:"小神居人之间,司察小过,作谴告者尔。"[②]

---

　　① 五祀,一般指古人祭祀的与人们的生活联系紧密的五种神祇,其构成由于古文献记载不同,故有不同说法。《礼记·月令》:"(孟冬之月)天子乃祈来年于天宗,大割祠于公社及门闾,腊先祖五祀。"郑玄注:"五祀,门、户、中溜、灶、行也。"王充《论衡·祭意》:"五祀报门、户、井、灶、室中溜之功。门、户,人所出入,井、灶,人所欲食,中溜,人所托处,五者功钧,故俱祀之。"总的来说主要有两说:一说为户神、灶神、土神、门神、行神;一说祭门神、户神、井神、灶神、中溜。先秦时期,对于所祀对象有等级差别:天子七祀,诸侯五祀,大夫三祀,士二祀,庶人一祀。作为村落民众只能祭祀一种,或祭门神或祭灶神:"庶人立一祀,或立户,或立灶。"对此,郑玄注谓:"此非大神所祈报大事也。小神居人之间,司察小过,作谴告者尔。"(见《礼记·祭法》)
　　② [汉]郑玄注,[唐]孔颖达等正义:《礼记正义》卷四六《祭法》,第362页。

《论语·八佾》也曾有这样一段对话：

> 王孙贾问曰："与其媚于奥，宁媚于灶，何谓也？"子曰："不然。获罪于天，无所祷也。"①

"与其媚于奥，宁媚于灶"是当时民间谚语，表明民间社会对灶神的普遍崇拜。对这一现象，孔子的解释也十分得当："不然，获罪于天，无所祷也。"《淮南万毕术》即讲到："灶神晦日归天，白人罪。"②唐段成式《酉阳杂俎》说得更清楚：

> （灶）常以月晦日上天白人罪状，大者夺纪，纪三百日，小者夺算，算一百日。……己丑日，日出卯时上天，禺中下行署，此日祭得福。③

由于人与天帝无法沟通，在这种条件下，人们对于灶神自然要恭敬有加。所以，在中国古代社会各个王朝时期，民众都对其非常笃信与虔诚，祭祀侍奉得非常殷勤，并演变出许多民间传说。如在汉代民间就流传着许多祠灶得福的传说。人们一般在每年的腊月二十三祭灶，为灶神上天送行。送行时一般供奉香火、糖稀（或麦芽糖），一方面是为了"贿赂"灶神，让灶神上天庭时多多美言，为其"报善"；另一方面，也想借用糖稀粘住灶神的嘴，避免其"报恶"。

除腊月之祭外，在日常生活中，人们对灶神也常常进行祭祀，或祈福禳灾，或祈求灶神实现自己的愿望。例如，在搬迁新居之后，人们往往要"祭灶，请比邻"。新娘嫁入夫家也要先祭灶神，要得到他的认可，才能在新家庭中从容生

---

① 程树德撰，程俊英、蒋见元点校：《论语集释》卷六《八佾》，第 178、181 页。
② ［宋］李昉等编纂：《太平御览》卷一八六《居处部十四》引《淮南万毕术》，第 903 页。
③ ［唐］段成式撰，方南生点校：《酉阳杂俎·前集》卷一四《诺皋记上》，中华书局 1981 年版，第 128 页。

活。如唐代段成式《酉阳杂俎》卷一所称："近代婚礼……妇入门，先拜猪霍枳及灶。"①由此可看出灶神在家庭中的重要地位。（见图2-1）

图2-1　清代灶神图（天津杨柳青年画）

与灶神一样，门神也是中国古代村落信仰中十分重要的神祇。早期流行的门神是神荼与郁垒（又被称为"荼余"和"郁雷"）。依古代习俗，家家户户一般是每年之末或新年初一，刻桃木做神荼与郁垒之形，让他们立于门前，再于门上画只老虎，垂下一段"苇索"，以备缚鬼之用。（见图2-2）

① ［唐］段成式撰，方南生点校：《酉阳杂俎》卷一《礼异》，第8页。

图 2-2　神茶和郁垒①

汉应劭《风俗通义·祀典》对汉世这一风俗记载得比较清楚：

　　谨按:《黄帝书》:"上古之时,有茶与郁垒昆弟二人,性能执鬼,度朔山
上立桃树下,检阅百鬼,无道理,妄为人祸害,茶与郁垒缚以苇索,执以食
虎。"于是县官常以腊除夕,饰桃人,垂苇茭,画虎于门,皆追效于前事,冀
以卫凶也。②

此外,一些地方州里村落还有望日祭祀门户的习俗。如南朝宗懔《荆楚岁

---

①　采自王红旗、孙晓琴编著:《天地人鬼神图鉴》,中国对外翻译出版公司 1997 年版,第 407 页。
②　［汉］应劭撰,王利器校注:《风俗通义校注》卷八《祀典》,第 367 页。

时记》记载：

> 今州里风俗,望日祭门户。其法先以杨枝插于左右门上,随杨枝所
> 指,仍以酒脯饮食及豆粥、糕糜插箸而祭之。[①]

东阳无疑《齐谐记》亦曰：

> 今州里风俗,望日祠门,其法先以杨枝插门而祭之,其夕则迎紫姑
> 以下。[②]

唐代以后,随着纸张应用的普及,门神演化为春联与门神年画,画上的门神到唐代则改换了人选,神荼与郁垒被换成了秦琼与尉迟恭。乡村百姓往往将他们的画像彩印于纸上,贴在门上。到后来,门神的队伍越来越大,诸如刘(刘备)、关(关羽)、张(张飞)、钟(钟馗)乃至八仙中的吕洞宾、汉钟离等都成了门神。[③]

在村落民众信仰中,对于能使其获得更多财富的财神的祭拜尤为隆重和虔诚。财神是乡村百姓最重视的神祇之一。中国传统财神有文、武之分。文财神主要有两位:一位是商朝王室的重臣比干,另一位是曾任越国大夫的范蠡。

在古代村落信仰中,对范蠡的崇拜更为广泛。因为他善于发财且乐于施财,在所有财神中,是唯一生前真正与财富有关的神灵,乡间至今流传他烧制聚宝盆的传说。所以,乡间信奉的文财神形象是:容貌富态,白面长须,头戴宰

---

① [南朝梁]宗懔著,姜彦稚辑校:《荆楚岁时记》,岳麓书社1986年版,第15页。
② [宋]李昉等编纂:《太平御览》卷三〇《时序部十五》引《齐谐记》,第140页。
③ 以上参见马新:《论两汉时代的乡村神祇崇拜》,《山东社会科学》2004年第1期;马新等:《中国古代民间信仰:远古—隋唐五代》第三章,上海人民出版社2010年版,第123—208页。

相纱帽,身着红袍玉带,手执如意,身携聚宝盆,足蹬元宝。

比干,沫邑(今河南淇县)人,商纣王之叔父。他与箕子、微子共同辅佐商朝,并称为"商末三贤"。纣王荒淫无度,横征暴敛,暴虐无道,比干直言进谏,三日不去,卒为纣王剖心而死。比干既非腰缠万贯、富可敌国的巨商,文献中也未见其善于理财的记载。他之所以被奉为财神,首先是因为其忠义。民间百姓在比干身上寄托了许多对公平、公正与正直的期望,使之成为民间社会理想的模范财神。

中国乡间信奉的武财神主要也有两位:一位是赵公明,另一位是关羽。

赵公明又称"赵玄坛""赵元帅"。一直到宋朝,他都被视作冥司鬼王、冥神、瘟神等。如晋干宝《搜神记》曰:"上帝以三将军赵公明、钟士季,各督鬼下取人。"①其形象与招财纳福的财神相去甚远。元、明之后,赵公明的神迹才有完整的记载,且其身份也大为改变,在将其当成瘟神的同时,视其为善神、福神的传说也在民间流传开来。元、明间成书的《三教源流搜神大全》卷三《赵元帅》称:赵公明为终南山下周至赵代村人,秦朝时避世在山中,虔诚修道。汉朝张道陵天师在鹤鸣山精修时,收他为徒,且让他骑黑虎,守护丹室。张天师炼丹功成后,分丹与赵公明食之。赵公明神异多能,变化无穷,能够驱雷役电,呼风唤雨,更能为信徒保命解灾,讼冤伸抑,买卖求财,等等。此时赵公明已从一个危害人间的瘟神恶鬼彻底转变成一个骑坐黑虎、身兼数职、造福社会的善神,也成为道教的重要护法神了。

明清以来,各地多建有财神庙,塑赵公明像以祀之。头戴铁冠,一手执铁鞭,一手执元宝,黑面浓须,身跨黑虎,全副戎装,是乡间供奉的武财神最常见的形象。他周围还常画有聚宝盆、珠宝、珊瑚之类,以强化财源辐辏之效。俗以三月十五日为财神诞生日,多设坛祭之;或以阴历正月初五为财神赵公明生日,届时也有乡村百姓在家置办鱼、肉、水果、鞭炮,供以香案,迎接财神。

---

① [晋]干宝撰,汪绍楹校注:《搜神记》卷五《赵公明》,中华书局1979年版,第63页。

关羽在财神谱系中是一位受官方与民间双重推崇，又贯通儒、释、道三教的神祇。对于乡村百姓而言，关羽首先是作为全能保护神被奉祀，其次才是财神，因而民众对之祭拜更是推崇备至，虔诚有加。

关羽是东汉末三国时期蜀汉大将，辅佐刘备建立蜀汉政权。关羽死后，人们在当阳玉泉山建祠祭祀，初时，关羽只是荆州地区民间祠祀的神灵，影响并不太大。自唐代尤其是宋代以后，关羽就不断得到朝廷封赠，被纳入国家祀典之列，至明代，关羽则成为国家祀典中的正神，成为封建体制当中的重要神祇。与之同时，佛、道也对关羽信仰加以利用。佛教封关羽为伽蓝神；道教奉关羽为北极紫微大帝之主将，冠上了"雷部斩邪使""兴风拔云上将""馘魔大将""护国都统军""平章政事""崇宁真君关元帅"等头衔，村落百姓则称之为"关帝""关圣""关老爷"等。在弱小的民众尤其是村落百姓心目中，关羽成了忠义、威武甚至可以驱邪降魔、无所不能的圣神，因而信徒众多。

官方的推崇、褒扬和佛、道二教的宣扬利用，也大大推动了全国性关羽信仰的形成。明清时期，在国家力推与民间努力下，修建了数量众多的关帝庙，几遍天下。（见图 2 - 3）如在相对荒凉的东北地区的 27 个县中就有 122 座关帝庙，今内蒙古自治区、西藏自治区、新疆维吾尔自治区等地也都建起了关帝庙，明代新建的塞外小城归化（呼和浩特旧城雏形）至清末就有关帝庙 7 座。[①]在前部分的统计表中，不少村落中都设有关羽庙。如表 2 - 4"定县 453 村内各种祠庙数目"中，关帝庙的数量有 123 座，位居第二位。清人薛福成对此感慨道："天下关帝庙，奚啻一万余处。"[②]

---

① 参见蔡东洲等：《关羽崇拜研究》，巴蜀书社 2001 年版，第 286—289 页。
② ［清］薛福成著，南山点校：《庸盦笔记》卷五《幽怪·亡兵享关帝庙血食》，江苏古籍出版社 2000 年版，第124 页。

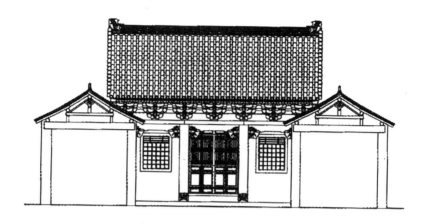

图 2-3　山西高平良户古村关帝庙①

明清时期,每年春、秋两季及关帝祭日或关帝诞辰日(农历六月二十四日,另有五月十三日、六月二十二日诸说)或关羽受封日(六月二十四日),各地村镇还举办庙会,进行隆重的酬神活动。在庙会上,各处村民云集一处,一方面祭关公,以求其护佑全家平安,财源广进;另一方面也借此交流货物,贩卖农产品,买进农具、种子等。②

需要说明的是,由于村民对诸神灵的神职界限模糊不定,加上中国地域辽阔,区域俗信各有不同,所以信奉的财神远不止以上所述文、武财神(民间称之为"正财神"),还有许多其他"偏财神"(如五路财神、五通财神、五显财神、五圣财神、招财童子、利市仙官、福禄财神等)或"准财神"(诸如灶神、刘海蟾、无常鬼等),甚至还有"活财神",充斥在村落信仰世界中。③ 这实际上反映出古代村落信仰的一个突出特点,即信仰体系的开放化。

乡村社会中对于人丁的兴旺十分看重,所以对送子娘娘也格外崇拜。送

---

① 采自王金平等:《良户古村》,中国建筑工业出版社 2013 年版,第 65 页。
② 参见谭景玉、齐廉允:《货殖列传:中国传统商贸文化》,载马新主编:《中国文化四季》,山东大学出版社 2017 年版,第 241—246 页。
③ 参见吕微:《隐喻世界的来访者:中国民间财神信仰》,学苑出版社 2001 年版,第 11、69 页。

子娘娘,又称作"送生娘娘""注子娘娘""观自在菩萨""光世音菩萨""观音菩萨"等(见图2-4),是中国四大菩萨之一。

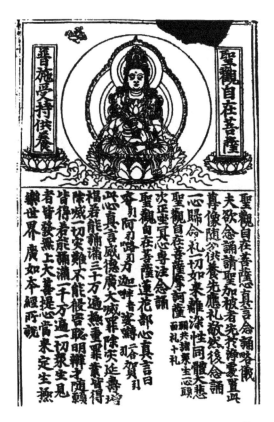

图2-4　敦煌木板印刷的《观音经》及插图[①]

3. 关乎村落民众生产的各方神灵

中华民族以农立国,所以对于与兴农有害的自然灾难尤为关切,为了防治天灾、农事顺利、秋有丰收,乡村百姓对与土地、庄稼有关的一切神灵都虔诚膜拜。在乡村供奉、祭拜的行业神中,既有掌管土地及农业生产的总神主——社

---

① 采自巫鸿:《礼仪中的美术》,生活·读书·新知三联书店2005年版,第362页。

神,还有主管生产各个环节的八蜡诸神,更有不同专业的神主,诸如蚕神、刘猛将军(虫王、蝗王)、圈神、青苗神、牛王神、马王神、塘神、药王、雹神、棉花神等等。(见图2-5)

图2-5　牛王神、马王神(江苏徐州)①

中国古代是以农耕为主体的社会,对于土地神亦即社神的祭祀尤为重视。

前已述及,社神在原始聚落时期即已出现,进入夏商周早期村落时代后,社神祭祀在村落中一直得以存续,且有了明确的设施与仪式。此时之社的设立,有以土丘或一石块为社者;也有以茂树或丛林作为社神所在,被人称之为"社树""社丛""神丛""丛位",或简称为"社""丛";还有的进一步封土立坛,称之为"社坛",坛上有树、石之类的东西。汉代以来,县社已有规范的庙宇或祭坛,但就一般普通村落而言,未必都有像样的神祠。在祭祀社神之日,祭祀活动大多是村民聚在象征社神的大树下进行或在树下临时搭建棚屋进行。如《汉书·郊祀志》载:

---

① 采自李秋香主编:《庙宇》,第25页。

及高祖祷丰枌榆社。颜师古注曰："以此树为社神，因立名也。"①

又，南朝梁人宗懔《荆楚岁时记》也记：

> 社日，四邻并结综会社，牲醪，为屋于树下，先祭神，然后飨其胙。②

唐代元稹《古社》诗也描写了古代村落的社树：

> 古社基址在，人散社不神。
> 惟有空心树，妖狐藏魅人。
> ……
> 绕坛旧田地，给授有等伦。
> 农收村落盛，社树新团圆。
> 社公千万岁，永保村中民。③

所谓"农收村落盛，社树新团圆"，即是写秋收后村民集聚在社树下一起进行酬谢社神活动的场景。

村落中祭祀社神的祭品都是由村落居民敛钱购置，所谓"民里社各自财以祠"④，就是民间自行敛钱祭社。李悝所言"社闾尝新、春秋之祠，用钱三百"就是对村落居民敛钱祭社之事的准确描述。既然是村落居民自主敛钱祭祀，则丰俭各不相同。如《居延汉简甲乙编》下册录地湾简云："对祠具，鸡一、黍米一斗、稷米一斗、酒二斗、盐少半升。"⑤地湾另有一简（简三二·一六）记道："买

---

① 《汉书》卷二五上《郊祀志上》，第 1210 页。

② ［南朝梁］宗懔著，姜彦稚辑校：《荆楚岁时记》，第 23 页。

③ ［唐］元稹撰，冀勤点校：《元稹集》卷一《古社》，第 4 页。

④ 《史记》卷二八《封禅书》，第 1380 页。

⑤ 中国社会科学院考古研究所编：《居延汉简甲乙编》下册，中华书局 1980 年版，第 7 页。

芯廿廿束,束四钱给社。"①这是较为简陋的社祭。祭社活动之后,祭品大多要分发给村落居民。如《汉书·陈平传》载陈平在祭社后分割祭品一事:

> 里中社,平为宰,分肉甚均。里父老曰:"善!陈孺子之为宰。"平曰:"嗟乎!使平得宰天下,亦如此肉矣!"②

在当时的社会环境下,分割祭品关系到村落内的公平,陈平在社祭后"分肉甚均",故得到里父称赞。《荆楚岁时记》所载魏晋南北朝时期的祭社活动也是如此:"社日……先祭神,然后飨其胙。"③

祭社活动有春社与秋社之分。社祭的基本目的是春祈秋报。春社向土地神卜稼,祈求丰收;秋社向土地神报功,酬谢护佑。社祭是村落一年两度、与农业生产密切相关的大事,所以得到乡村百姓的格外重视。

需要注意的是,社神越来越民间化,与村落百姓的日常生活日益密切。人们平时祭社主要为祈求福佑,在生活中遇到各种困难时也都会向社神祈祷。如生病时、遇有灾难时往往要向社神求助。《太平御览》引应璩《与阴夏书》有载:

> 从田来,见南野之中有徒步之士。怪而问之,乃知郎君顷有微痾,告祠社神,将以祈福。④

另外,人死入土后,要由社神将死者的魂魄送往幽都、泰山或庙宇等地方。马王堆汉墓出土帛画(见图2-6)中的主神,有学者考证是社神,其用途是威慑厉

---

① 中国社会科学院考古研究所编:《居延汉简甲乙编》下册,第20页。
② 《汉书》卷四〇《陈平传》,第2039页。
③ [南朝梁]宗懔著,姜彦稚辑校:《荆楚岁时记》,第23页。
④ [宋]李昉等编纂:《太平御览》卷五三二《礼仪部十一》引应璩《与阴夏书》,第2417页。

图 2 - 6　马王堆汉墓帛画"社神护魂图"(湖南长沙马王堆汉墓出土)

鬼,让社神将死者的魂魄顺利地送达目的地。① 一些史籍也有记载。如《楚辞·招魂》云:

　　魂兮归来,君无下此幽都些。土伯九约,其角觺觺些。王逸注:"幽都,地下后土所治也。地下幽冥,故称幽都。"②

《法苑珠林》卷六二引《幽冥记》曰:

　　晋巴丘县有巫师舒礼,晋永昌元年死,土地神将送诣太山。③

---

①　图及文见杨琳:《马王堆帛画〈社神护魂图〉阐释》,《考古与文物》2000 年第 2 期。
②　[汉]王逸撰,黄灵庚疏证:《楚辞章句疏证》卷一〇《招魂》,中华书局 2007 年版,第 1992—1993 页。
③　[唐]释道世著,周叔迦、苏晋仁校注:《法苑珠林校注》卷六二引刘义庆《幽冥记》,中华书局 2003 年版,第 1849 页。

河北《武安县志》亦载：

> 土地，俗称里社之神，曰土地，人死，往其庙押魂。①

魏晋以降，土地神的地位呈逐渐下降趋势。首先表现在对社神的称呼上。先秦时期并无固定叫法，有称"地主""野地主""宫地主"者，也有称"侯土""野侯土"者；②汉代以后，人称社神为"社公"或"土地"。魏晋以后，社神逐渐被村民赋予人格，有了姓氏，并有了具体形象。如宋郭象《睽车志》卷三云："（刘）知常始生，皓首赭面，里俗谓之社公貌。"③至明清时期，社神由显赫的大神演变为明清小说中所描写的"土地爷""土地老儿""土地公公"，或被乡村戏谑为"本县土地""吾家土地"。唐代以来，有的地方村落甚至还出现了女性土地神，称之为"地婆""田婆""土地奶奶"等。其次，社中所祭祀对象已不单单是本来的土地神，除社神之外，还不断有有名于当时或嘉惠当地的人物被供奉入社中。他们或配祀社神，如陈平"少为社下宰，今民祀其社"④，孔融为北海相时，"郡人甄子然、临孝存知名早卒，融恨不及之，乃命配食县社"⑤；或直接为其立社，干脆让一些名人充当神主，如萧何、曹参、韩愈、岳飞等都曾被一些村落百姓作为土地爷供奉。最后，祭祀地点也不限一地，各地山陵园地均有社坛，每一村落均立有土地庙，规模大小不一，甚至各家各户也都有自己的土地神或土地庙，成为室宅之神。

除社神外，"八蜡"所祭祀的八种自然神灵先啬（神农）、司啬（后稷）、农

---

① 杜济美修，郗济川纂：民国《武安县志》卷九《社会志》，《中国地方志集成·河北府县志辑》第64册，上海书店出版社2006年版，第276页。

② 如秦家嘴M99简11记："地主、司命、司祸各一羘，缨之吉玉北方一环。"（晏昌贵：《秦家嘴"卜筮祭祷"简释文辑校》，《湖北大学学报（哲学社会科学版）》2005年第1期）包山简记："荐于野地主一豭，宫地主一豭。"（湖北省荆沙铁路考古队：《包山楚墓》，文物出版社1991年版，第33页）

③ ［唐］释道世著，周叔迦、苏晋仁校注：《法苑珠林校注》卷六二引刘义庆《幽冥记》，第1849页。

④ ［宋］李昉等编纂：《太平御览》卷五三二《礼仪部十一》引《陈留风俗传》，第2416页。

⑤ 《后汉书》卷七〇《孔融传》，第2263页。

（伏羲）、邮表畷（茅棚、地头等）、猫虎、坊（堤）、水庸（城隍）、昆虫①也大多与农业有关。在中国古代社会，官方和民间乡村都十分重视八蜡之祭，旨在祈求农事顺利、秋有丰收。八蜡之祭在周代已盛行。周代在每年农事结束后，就举行祭祀八蜡活动。如《礼记·郊特牲》载：

> 天子大蜡八。伊耆氏始为蜡。蜡也者，索也；岁十二月，合聚万物而索飨之也。

该篇还载有一首伊耆氏《蜡辞》：

> 土反其宅，水归其壑，昆虫毋作，草木归其泽。②

由此看来，八蜡之祭是一个酬答与祈求色彩十分浓厚的活动。

　　八蜡中的"先啬""司啬""农"三位神灵是远古以来就受到乡村社会顶礼膜拜的农业神。先啬，又称为"先农"，即神农氏炎帝，传说中的农业和医药的发明者。在上古神话中，神农氏根据天时之宜，分地之利，创造了耒耜等农具，教民耕作，故号"神农"；他遍尝百草，发现药材，教会人们医治疾病。这其实是原始先民们由采集渔猎向农耕生产进步的反映。司啬，即后稷，被认为是开始种稷和麦的人。古代以稷为百谷之长，所以，后稷被尊奉为农业始祖、五谷之神。这里的"农"指的是伏羲（古籍中又作"宓羲""包羲""皇羲"等），是古代神话传说中人类的始祖。相传他和女娲氏相婚而产生人类，又传他教民结网，从事渔猎畜牧，故被后世祭拜。

　　先农、司啬、农由于对原始农业有突出贡献，自然而然地被奉为农业原始

---

① 《礼记·郊特牲》"八蜡以祀四方"，郑玄注："四方，方有祭也。……蜡有八者：先啬一也；司啬二也；农三也；邮表畷四也；猫虎五也；坊六也；水庸七也；昆虫八也。"
② ［汉］郑玄注，［唐］孔颖达等正义：《礼记正义》卷二六《郊特牲》，第1453—1454页。

信仰的重要神灵。农民期望农业诸神的保佑,获得一年的风调雨顺、五谷丰登,因而对于农业神的祭祀也格外重视,虔诚有加。他们或单独或一起被供奉和祭祀,各地州县村落建有许多三皇庙、三皇祠、神农庙、后稷祠等,且祭祀时间不仅仅在腊月,在春耕时节祭祀也较为多见。里耶秦简中就有不少春三月祭祀先农的简文,如:

> 卅二年三月丁丑朔丙申,仓是、佐狗出粟米四斗以祠先农。(简[14]639、[15]434)
>
> 卅二年三月丁丑朔丙申,仓是、佐狗出祠农馀彻酒一斗半斗……(简[14]650、652)①

在荆州市沙市区关沮乡清河村周家台 30 号秦墓出土竹简(简 347—353)也记载了乡村农夫在腊日祭祀先农的活动:

> 先农:以腊日,令女子之市买牛胙、市酒。过街,即行操(拜),言曰:"人皆祠泰父,我独祠先农。"②

在汉代画像石中,伏羲、神农、后稷的画像更是频频出现。

居八蜡神第八位的昆虫,因与农作息息相关,故而也备受关注。在中国古代农业生产中,虫害被农民视为第一大敌,农民对虫害尤其是蝗虫危害最为恐惧,所以驱逐害虫就逐渐成为八蜡祭祀的主要内容,八蜡神中的虫王也就成为专治庄稼害虫的神灵。自先秦以来,对其祭祀长盛不衰,各地州县及村落建有专门的庙祠。北魏郦道元《水经注·洛水》载:

---

① 张春龙:《里耶秦简祠先农、祠窌和祠隄校券》,载《简帛》第 2 辑,上海古籍出版社 2007 年版,第 393 页。
② 湖北省荆州市周梁玉桥遗址博物馆编:《关沮秦汉墓简牍》,中华书局 2001 年版,第 132 页。

又有百虫将军显灵碑。碑云："将军姓伊氏，讳益，字隤敳，帝高阳之第二子伯益者也。晋元康五年七月七日，顺人吴义等建立堂庙。永平元年二月二十日，刻石立颂，赞示后贤矣。"①

文中的"百虫将军"即是受村落百姓膜拜、被人格化的神灵。与古代其他神祇的发展途径一样，人们对虫王的祭祀也逐渐从自然神过渡到人格神，人们对其崇拜和信仰越来越盛。

到宋代，八蜡庙和虫王庙已遍设全国各地，其中最多的为刘猛将军庙。虫王刘猛，世人尊称为"虫王刘猛将军""刘猛将军""天曹猛将""蝗王"等。一般来说，虫王刘猛将军的原型是南宋抗金将领刘锜②。他曾大败金兵，歼灭金军王牌"铁浮图"和"拐子马"，因而江南地区有许多刘猛将军庙。江苏无锡南邙沟刘猛将军庙即有庙联：

> 卧虎保岩疆，狂寇不教匹马返。
> 驱蝗成稔岁，将军合号百虫来。

江苏常州武进刘猛将军庙亦有庙联：

> 破拐子马者此刀，史书麻扎；
> 降旁不肯以保稼，功比蓐收。

---

① ［北魏］郦道元注，杨守敬、熊会贞疏，段熙仲点校，陈桥驿复校：《水经注疏》卷一五《洛水》，江苏古籍出版社 1999 年版，第 1325 页。

② 对于刘猛将军的原型，学界有不同看法。如宋钦宗时出使金国、不屈而死的资政殿学士刘韐，南宋抗金名将刘锜的弟弟刘锐等，都曾被附会上为民驱逐蝗害的事迹。有的还认为是指南唐末年大将刘仁瞻，也有人认为是南宋刘宰。到清代，又将"刘猛将军"说成是元末的刘承忠。综合看来，"刘猛将军"或"蝗王神"被设为主神当在宋代。

所谓"旁不肯"①其实是一种吞噬蝗虫的小虫。至宋代,刘猛将军被列入正宗神祇,乡村每年春、秋两祭。

明清时期,对刘猛将军的祭祀依然盛行,以致出现"郡县有刘猛将军庙,每农田害虫发生,必扛像为驱逐"②的现象。《清嘉录》中"祭猛将"条记载:

> 刘猛将军⋯⋯相传神能驱蝗,天旱祷雨辄应,为福畎亩,故乡人酬答尤为心愫。③

清人袁枚《新齐谐·鬼多变苍蝇》中说:

> 虫鱼皆八蜡神所管,只须向刘猛将军处烧香求祷,便可无恙。④

看来,祭祀这尊神,不仅仅是为驱蝗灭虫,还有求雨、祛邪、求福等诉求,故其深得农民厚望,不仅村村都有神像,甚至有的家庭也会供奉。对于刘猛将军的祭祀活动一年大致有两次:一是在正月十三日刘猛诞辰日;一是在农历七月蝗虫易造成灾害之际。届时,除了地方官府主持祭祀外,乡村民间也举行盛大的迎神赛会。对其生日祭,一般从正月初持续到元宵节后,各地先后有赛猛将军神的祭祀活动。

对农历七月的蝗王祭祀,一般在七月十五的中元节(有的地方为七月七日)举行。如陕西延长县即有"中元祭八蜡逐蝗"⑤之俗。江南一带乡村称之为

---

①　[宋]沈括:《梦溪笔谈》卷二四《杂志一》:"元丰中,庆州界生子方虫,方为秋田之害,忽有一虫生,如土中狗蝎,其喙有钳,千万蔽地,遇子方虫则以钳搏之,悉为两段。每日子方皆尽,岁以大穰。其虫旧曾有之,土人谓之'傍不肯'。"(上海书店出版社2009年版,第203页)

②　吴恭亨撰,喻岳衡校注:《对联话》卷二《题署二》,岳麓书社2003年版,第32页。

③　[清]顾禄撰,来新夏校点:《清嘉录》卷一《正月·祭猛将》,上海古籍出版社1986年版,第20页。

④　[清]袁枚著,崔国光校点:《新齐谐—子不语》卷四《鬼多变苍蝇》,齐鲁书社2004年版,第65页。

⑤　[清]洪蕙纂修:嘉庆《重修延安府志》卷三九《礼略三·岁时》,《中国地方志集成·陕西府县志辑》第44册,凤凰出版社2007年版,第275页。

"青苗会""烧青苗""猛将老爷走会"。如袁景澜《吴郡岁华纪丽》写道：

> 中元节候，田事耕耘甫毕，各醵钱设牲醴，迎赛猛将神，鼓乐酬饮，四野插五色纸旗，以驱飞蝗，谓之"青苗会"。①

4. 保佑村落平安、祛灾避难的各色神灵

中国古代小农经济的脆弱性，使得农民们十分没有安全感，为求得农业生产风调雨顺，家庭生活平安无虞，村民们便会祈求各方神灵的庇佑。在他们眼中，只要能为之所用即可，从不计较各种神灵的来路。所以，无论是传统的各路神仙，还是佛、道二教诸神，有求则拜，有用则亲，都是他们顶礼膜拜的对象。如民间信仰中的泰山奶奶、妈祖、五道神、梓潼帝、狐仙、瘟神、仙姑北斗、天齐、五将神，道家的玉皇大帝、东海龙王、太上老君、王母娘娘、阎王爷等，佛教的如来佛、弥勒、观音等，均在其列。这在前节的表 2-1、表 2-2、表 2-3 中即有体现。

泰山奶奶，又称为"泰山娘娘""泰山老母"等，本系民间信仰神灵，后被纳入道教神祇系统，被称为"东岳泰山天仙玉女碧霞元君"，简称"碧霞元君"。泰山奶奶的神像多为一女性手抱男婴，周围祥云缭绕，因此，乡村百姓又亲切地称之为"送子娘娘"。泰山奶奶是中国历史上影响最大的女神之一，尤其在北方广为流传，可谓法力无边。

在乡村社会，泰山奶奶被赋予送生保育、护佑妇孺、祛病防疾等神性职能，是香火最为旺盛的女神。本章所列表 2-5"清末定县 62 村祠庙统计表"中，"老母庙"数量达 54 座，奶奶庙 22 座，共计 76 座，由此可见一斑。实际上，她

---

① ［清］袁景澜撰，甘兰经、吴琴校点：《吴郡岁华纪丽》卷七《七月·青苗会》，江苏古籍出版社 1998 年版，第240 页。

在普通民众中的地位已超过了泰山神东岳大帝。到嘉靖、万历时期,碧霞元君的祠庙已遍及全国。该信仰的中心在泰山,有上、中、下三庙,其庙终日香客云集,烟雾缭绕。此外,泰山周围地区还有很多碧霞元君行宫,而在全国各地还建有许多娘娘庙、奶奶庙。[①] 在中国古代乡村社会,每年元君圣诞(大致有农历正月十五日、三月十五日、四月初八日、四月十八日四种说法)前后,各地均有不同规模的庙会活动。

妈祖是中国沿海地区民间信仰的主要神灵之一。关于妈祖的出生年代、出生地点、身份等,历来均有不同看法。大多数学者认为妈祖于宋太祖建隆元年(960 年)生于福建莆田湄洲屿,名字叫林默。据说她秉性聪颖,善观天象,知人祸福,济世救人,为人祛灾。死后经常显灵拯救海难,护佑渔民船只,被尊为海神,成为奉祀崇拜的对象。在历代封建王朝推崇以及地方官员和势力的共同推动下,妈祖在诸多海神信仰中突显出来,成为海运和内河航运的第一守护神。对妈祖的信仰很快从海岛传到内陆,逐渐在福建、两广、江浙、山东等沿海及大江河湖地区传播。明代郑和下西洋与海外各国交流时将妈祖信仰传播到琉球、日本等东南亚地区和国家。自宋至清,历代皇帝有 40 多次册封妈祖,且封号不断升级,由夫人、妃、天妃、天后至圣母,妈祖的地位被捧到无以复加的地步。

沿海地区的乡村百姓对妈祖崇敬的起因主要是在当时的科技条件下,海上航行的船只经常受到风浪的袭击而船毁人亡,人们在征服自然的能力有限时,特别希望借助神灵的护佑以确保航程平安、顺利。

五道神是我国古代乡村信仰的一位重要神灵,魏晋以后的买地券中便有"三道将军"和"五道将军"等神灵的记载,主要负责人死后魂灵的道路引领。后与佛教中的五道大神融通合一。村落百姓对其称呼不一,大致有"五道将军""五道真君""五道圣君""五道大神""五道轮转王""五道老爷""五道大

---

① 参见田承军:《碧霞元君与碧霞元君庙》,《史学月刊》2004 年第 4 期。

使"等称谓。

五道将军是把守阴间地府东、南、西、北、中入口的五位守路鬼神,据传为东岳大帝属神和重要助手,掌管人世间的生死、荣禄,是阴间的大神,地位比阎罗王前的判官都高。五道将军具有监督阎王、判官及纠正其不公行为的莫大权利。该神并不始终身处阴间,经常暗中巡游人间,多以入梦的方式与人交流,履行职能。由于五道将军在阴间地府的职责权限大,且富有同情心和正义感,所以乡村老百姓非常喜欢并信仰他,为之建庙奉祀,至明清时期,其庙宇遍及全国各地。在前节所列表 2 - 4"定县 453 村内各种祠庙数目"中,五道庙的数量位居第一,为 157 座;在表 2 - 5"清末定县 62 村祠庙统计表"中,也位居榜首,竟达 68 座,也就是说,平均每个村落设 1 座以上。这反映出北方乡村对于五道神的偏好。

梓潼神是乡村民间尊奉的主管仕禄文运之神,最初仅是蜀地信仰的民间小神。据东晋常璩《华阳国志》卷二记载,梓潼县"有善板祠,一曰'恶子'"①,百姓每年供奉"雷杼"十枚,年终,雷杼不复见,即认为雷神取去。雷杼是雷神殛人的武器,而善板祠祭祀的本是地方保护神雷神,多主兵革之事。唐宋以后,梓潼神被官方统治者提倡,加封为"英显武列忠佑广济王";与此同时,梓潼神也被道教吸收,与文昌神一起合称为"文昌帝君"。至明清时期,文昌庙遍布天下。

狐仙为农业社会动物崇拜的产物。动物崇拜在原始社会便已产生,狩猎时代的人们既要捕杀动物,又怕动物灵魂予以报复,所以对动物进行膜拜,以求得到宽恕。当然,此时的动物崇拜对象往往是凶猛、有力的动物,而弱小的狐最初并不具备神性,《山海经》中的九尾狐,只是一个喜"食人"的妖兽。随着农耕文明的发展,凶猛的野兽逐渐远离人们的生活,狡黠的狐狸成为村落中的常客,人们开始对其赋予种种神性与灵性。汉代石刻画像及砖画中,常有九

① ［晋］常璩:《华阳国志》卷二《汉中志》,第 22 页。

尾狐与白兔、蟾蜍、三足乌之属列于西王母座旁,以示祯祥,狐已被民间认为是一种具有神仙妖气的动物。东汉许慎的《说文解字》中也解狐为"祅兽也,鬼所乘之"①。到了魏晋南北朝,狐狸开始向人格化方向发展,变得法力无边,还获得了人的感情和智力。如郭璞《玄中记·说狐》载:

> 狐五十岁能变化为妇人,百岁为美女,为神巫,或为丈夫与女人交接。能知千里外事,善蛊魅,使人迷惑失智。千岁即与天通,为天狐。②

至唐宋时期,狐仙信仰已很盛行,尤其村落百姓对之深信不疑,有专为狐狸所立的庙。据唐朝张鷟《朝野佥载·狐神》记载:

> 唐初已来,百姓多事狐神。房中祭祀以乞恩。食饮与人同之。事者非一主。当时有谚曰:"无狐魅,不成村。"③

从当时谚语"无狐魅,不成村"可见村落百姓都把狐作为神供奉,狐仙拥有着相当多的信众。

古代村民认为,得道的狐仙通灵,它既能替人医病或消灾解厄,也能预示吉凶。当然,若侍奉不周,也会弄得全村鸡犬不宁,甚至降灾于人。如《吕氏杂记》记载:

> 邠州旧有狐王庙,相传能与人为祸福,州人畏事之。岁时祭祀祈祷,不敢少怠,至不敢道"胡"字。④

---

① [汉]许慎撰,[清]段玉裁注:《说文解字注》卷一八《犬部》,中州古籍出版社 2006 年版,第 478 页。
② [宋]李昉等编:《太平广记》卷四四七《狐一》,中华书局 2020 年版,第 3017 页。
③ [宋]李昉等编:《太平广记》卷四四七《狐一》,第 3021 页。
④ [宋]吕希哲:《吕氏杂记》卷下,《丛书集成初编》本,中华书局 1991 年版,第 24—25 页。

　　玉皇大帝是道教神话传说中天地的主宰,乡村百姓称之为"天公""老天爷"等。自先秦以来,历朝历代均有祀天大典,但当时所祀的"天",大体指的是自然的"天"。至北宋,随着宋真宗为玉皇大帝造像,并封圣号为"太上开天执符御历含真体道玉皇大天帝""玉皇大天尊",玉皇大帝遂成为被偶像化的天神,并与民间的"天公""老天爷"合为一体。在村民眼中,玉皇大帝是上天至尊之神,如同人间帝王。因此,村落百姓普遍信仰玉皇大帝,玉皇庙、玉皇殿遍布各地村落,这从上节所列各时期的庙宇统计表中也可看出。

　　作为以农立国的中国传统社会,对于龙王更是崇拜。先秦时期,在原始信仰的基础上,便出现了东、南、西、北四海之神,《山海经》中对此就有详细记载,它们被描写为半人半鸟(兽)形状,并且被赋予行云布雨的功能,卜辞及《山海经》中就有多处龙求雨的记载。(见图 2-7)[1]至汉代,龙王司雨观念已深入人心。汉画石(砖)中出现很多龙的画像,多表现其腾云驾雾,呼风唤雨的形象。如山东沂南汉墓前室北壁东侧画像为一条青龙,吐舌,翘尾,口衔开花的绕身瑞草,蜿蜒上行。(见图 2-8)[2]龙经常被时人用于祈雨。如山东沂水汉画像石中刻有人们祭龙求雨的场面。画中有一双首龙,龙头下垂,下面各有一人头顶大盆盛接由龙口中倾下的雨水。[3]旱灾发生时,汉代官方和民间都设土龙以招雨,在《春秋繁露·求雨》及《后汉书·礼仪中》等书中都有祭龙求雨之俗的记载。至唐代,龙王得到了朝廷的册封,唐玄宗赐封号"四海龙王"。到宋代,宋仁宗加封东海龙王为"渊圣广德王",宋徽宗诏封天下五龙神王爵。龙王的地位大大提高。

---

　　① 据《山海经》之《大荒东经》《大荒南经》《大荒西经》《大荒北经》记载,东海海神名"禺虢",南海海神名"不廷胡余",西海海神名"弇兹",北海海神名"禺强",它们大都呈现半人半鸟(兽)的状态。

　　② 采自中国画像石全集编辑委员会编:《中国画像石全集》第 1 卷图 192,河南美术出版社、山东美术出版社 2000 年版,第 63、142 页。

　　③ 参见李发林:《山东汉画像石研究》图版五,齐鲁书社 1982 年版。

图2-7　应龙(马昌仪:《古本山海经图说·大荒东经》)

图2-8　汉画像石龙(山东省沂南县北寨村出土)

　　由于中国是一个农业国家,农民最大的愿望就是风调雨顺,所以,能够行云布雨的龙王自然受到村落百姓的推崇,每逢久旱不雨,百姓便向龙王祈求甘霖。至元明清时期,龙王庙遍及全国,成为乡村社会最普遍的信仰。其中,居于东海龙宫的东海龙王地位最高,为沿海湖河川地区的居民所普遍崇拜。

5. 满足村落百姓精神寄托的各种神灵

在中国古代社会,帝王将相、名士贤臣或传说中的人物都可以被立为神,可以立庙祭祀,其祠庙有官方所建,也有民间为之。村落中也不乏此类庙宇。此类庙宇中所供奉先圣先贤诸神,主要承载着村落百姓对明君盛世的向往和对社会伦理正义的崇奉。

据上文表 2 – 1《汉唐方志辑佚》中所见祠庙的统计,在 17 处乡村祠庙中,先贤祠居多,有关龙逄祠、首阳祠、箕子祠、蘧伯玉祠、子路祠、陈平祠、女须庙、郝姑祠、吴芮祠、楚王祠,共 10 处,占乡村祠庙总数的 58.8%。在表 2 – 2《至顺镇江志》所见庙宇一览表中所统计的元代镇江府、丹徒、丹阳、金坛四地中(其中镇江府治属于城市,我们不做统计),其他三地共有乡村祠庙 82 处,其中先贤祠有 46 处,占比超过 56%。像夏禹、周公、孔子、萧相国、留侯、刘秀、关羽、颜良、邓艾、鲍王、岳飞、韩琦、李司徒、武烈帝、袁太守、林仁肇、钱良臣、赵彦逾、丁令威、葛大王、朱林双、李司徒、司马公、东平忠靖王、顾王、康王、汉王、徐偃王、平水王等等,村落中都建有专祠。

祭祀先贤是中国古代信仰文化的一大特色。就古代村落信仰而言,无论是传说中的英雄圣贤,还是他们身边的贤良达人,均承载着村落百姓对明君盛世的向往,因而都可以成为祭祀对象。村落中的先贤祭祀,既有鲜明的地方特点,又有着共同的祭祀取向。在长期的历史传承中,先贤祭祀不断地被扩展,先贤信仰不断地被推而广之。如对介之推的信仰。介之推是春秋时晋国人,曾和晋文公重耳一起流亡。重耳返国登王位,介之推隐居绵山。晋文公请他担任官职,遭到拒绝,便放火烧山。但介之推宁死不从,最后被烧死在山中。此山就是今山西介休市东南的介山。东汉时当地已经有介之推庙,并且介之推的事迹还与禁火习俗相结合,流传区域日渐广大。十六国时期,介之推的信仰已经逐步扩展到北方大部分地区,以至南方地区也受到影响。其他如项羽信仰、伍子胥信仰、留侯张良信仰、蒋子文信仰等等也是如此,都是由地方性信仰推而广之,成为区域性乃至全国性信仰。

三、古代村落崇拜与信仰的方式

村落中村民的崇拜与信仰客体多种多样,但崇拜与信仰的方式却相对一致,大致而言,可以划分为祭神、造神、赛神、请神、朝神五种。

1. 祭神

祭神是乡村崇拜的最初形式,其方法是将财物或其他物品供奉于神,请其享用,用以交换人们的种种诉求。《周家台三〇号秦墓竹简》(简 347—353)生动、详细地记载了村落居民在腊日祭祀先农神的整个过程,包括仪式、祷词等,兹录如下:

> 先农:以腊日,令女子之市买牛胙、市酒。过街,即行撠(拜),言曰:"人皆祠泰父,我独祠先农。"到囷下,为一席,东鄉(向),三腏,以酒沃,祝曰:"某以壶露、牛胙,为先农除舍。先农筍(苟)令某禾多一邑,先农桓(恒)先泰父食。"到明出种,即□邑最富者,与皆出种。即已,禹步三,出种所,曰:"臣非异也,农夫事也。"即名富者名,曰:"某不能肠(伤)其富,农夫使其徒来代之。"即取腏以归,到囷下,先侍(持)豚,即言囷下曰:"某为农夫畜,农夫筍(苟)如□□,岁归其祷。"即斩豚耳,与腏以并涂囷僧下。①

这组简文详细描述了农夫祭祀先农的整个过程:

---

① 湖北省荆州市周梁玉桥遗址博物馆编:《关沮秦汉墓简牍》,第 132 页。按,通读这组简文,简中"某为农夫畜,农夫筍(苟)如□□"中的"农夫"应为"先农"之笔误,"农夫筍(苟)"应与前文"先农筍(苟)"一致。有的学者认为"农夫"指的是"农作管理的神"(参见王贵元:《周家台秦墓简牍释读补正》,《考古》2009 年第 2 期),似嫌牵强。

时间——腊日；

地点——囷下（即粮仓、粮囤）；

祭祀物品——牛肉、酒、整只猪，祝祷词；

祭祀程式——腊日当天，先在粮囤前东向置一席，将祭品摆放其上，供神享用，然后念念有词，十分虔诚地向先农表白其诚意。次日取出粮种时要再次祭祀，用整只猪做祭品，最后割下猪耳朵。祭祀时还要脚踏禹步，口念祷词，一面表达对先农的敬重，一面向先农提出自己的愿望，希望先农护佑其庄稼丰收，富甲乡里。所以，整个祭祀过程既是酬谢先农，庆祝本年五谷丰登；又祈求先农，保佑来年风调雨顺。

《史记·滑稽列传》中所记战国时期魏国邺令西门豹治邺之事，则反映了另外一种祭神方式。据载，邺地近黄河，常有水患，为求河神护佑，当地有向河神奉献新妇的习俗。其载：

> 巫行视小家女好者，云是当为河伯妇，即聘取。洗沐之，为治新缯绮縠衣，闲居斋戒；为治斋宫河上，张缇绛帷，女居其中。为具牛酒饭食，（行）十余日。共粉饰之，如嫁女床席，令女居其上，浮之河中。始浮，行数十里乃没。①

当然，这是一种十分极端的祭神方式，在以后的历史传承中并不多见。

祭神是最为原始、最为基本的信仰与崇拜方式，几乎可以行之于所有神祇，也是传承最为久远者。汉代应劭《风俗通义》载，"会稽俗多淫祀，好卜筮，民一以牛祭"，以至于百姓们"财尽于鬼神，产匮于祭祀。或贫家不能以时祀，至竟言不敢食牛肉，或发病且死，先为牛鸣，其畏惧如此"。② 至中古时代，祭神

---

① 《史记》卷一二六《滑稽列传》，第 3211 页。
② ［汉］应劭撰，王利器校注：《风俗通义校注》卷九《怪神》，第 401 页。

方式依然如此。如白居易在《黑龙潭》诗中描述道:

> 肉堆潭岸石,酒泼庙前草。
>
> 不知龙神飨几多,林鼠山狐长醉饱。
>
> 狐何幸?豚何幸?年年杀豚将喂狐。
>
> 狐假龙神食豚尽,九重泉底龙知无?①

裴谞在《储潭庙》诗中也描述道:

> 老农老圃望天语,储潭之神可致雨。
>
> 质明斋服躬往奠,牢醴丰洁精诚举。②

白居易诗中讲述了村民们在黑龙潭边的黑龙庙中,奉上祭品,洒上祭酒,祈求龙王的保佑;裴谞诗中所讲述的是农民与菜农们,为了求雨天蒙蒙亮便身着斋服,来到储潭神庙,献上丰厚整洁的祭品。

柳宗元也描写了越地村民为疗疾而娱神的情况:

> 越人信祥而易杀,傲化而偭仁。病且忧,则聚巫师,用鸡卜。始则杀小牲;不可,则杀中牲;又不可,则杀大牲;而又不可,则诀亲戚饬死事,曰"神不置我已矣",因不食,蔽面死。以故户易耗,田易荒,而畜字不孳。③

至近古时代,又兴起了更大规模且自成体系的祭神活动,被称作"解钱粮"。所谓解钱粮,是指镇市四乡之农民,在城隍或东岳神的诞辰日及节庆之

---

① [唐]白居易:《黑龙潭》,载[清]彭定求等编:《全唐诗》卷四二七,第4709页。
② [唐]裴谞:《储潭庙》,载[清]彭定求等编:《全唐诗》卷八八七,第10022页。
③ [唐]柳宗元:《柳河东集》卷二八《柳州复大云寺记》,上海古籍出版社2008年版,第465页。

时,向镇市城隍庙或东岳庙交纳钱币,并抬着村庙神像前往参拜,此举又称"解天饷"①,其实,这是一种模仿政权系统的面向全体村民的祭品征纳行为。顾禄《清嘉录》卷二"解天饷"条记道:

> 春中各乡土地神庙有"解天饷"之举。司香火者董其事。庙中设柜,收纳阡张、元宝,俗呼"钱粮"。凡属境内居民,每户献纳一副、十副、数十副不等。每完一副,必输纳费制钱若干文,名曰"解费献纳",稍迟则遣人于沿街鸣锣使闻,谓之"催钱粮"。有头限、二限、三限之目。限满之日,盛设仪从鼓乐,戴甲马,舁神至穹隆山上真观。以钱粮焚化玉帝殿庭,为境内居民祈福,名曰"解天饷"。②

这种祭神方式已构成了对所有村民的巨大负担,尤其是贫困村民,更是不堪重负。

道光《虞乡志略》卷八《风俗》录有贝青乔的《催社粮词》,形象描述了贫困村民面对这一压力的无奈。词云:

> 庙门夜掣锒铛锁,庙令大呼神怒我。
>
> 征粮不力谓我惰,急唤太保行相催。
>
> 鸣钲村口声如雷,村村络绎输粮来。
>
> 输粮既足神颜开,福汝祐汝不汝灾。
>
> 东村老翁数未足,太保乃言期已促。
>
> 昨日取钱今取谷,春衣典却还卖犊。

---

① 张建民主编:《10 世纪以来长江中游区域环境、经济与社会变迁》,武汉大学出版社 2008 年版,第 318 页。

② [清]顾禄撰,来新夏点校:《清嘉录》卷二《二月·解天饷》,第 43 页。

　　　　　　黄犊作苦且勿哭,明日神筵飨尔肉。①

从中可以看出,祭神之方式已登峰造极,失去了其本意。

　　需要指出的是,无论祭神有多少种方式,仪式多么繁复、隆重,其核心目的
还是与神灵的交换,因而,向神灵提出诉求的祈祷是与祭神密切相连的信仰方
式,也是整个信仰的核心所在。如前引《周家台三〇号秦墓竹简》中就有献祭
过程中完整的祈祷内容,其中一段祷文曰:

　　　　某以壶露、牛胙,为先农除舍。先农筍(苟)令某禾多一邑,先农恒先
　　泰父食。

另一段祷文则言:

　　　　某为农夫畜,农夫筍(苟)如□□,岁归其祷。②

《史记·滑稽列传》中所载战国时代齐国名士淳于髡与齐威王的一段对话中也
完整地记述了乡村农民祭神时的祝祷内容:

　　　　齐王使淳于髡之赵请救兵,赍金百斤,车马十驷。淳于髡仰天大笑,冠
　　缨索绝。王曰:“先生少之乎?”髡曰:“何敢!”王曰:“笑岂有说乎?”髡曰:
　　“今者臣从东方来,见道旁有禳田者,操一豚蹄,酒一盂,祝曰:‘瓯窭满篝,污
　　邪满车。五谷蕃熟,穰穰满家。’臣见其所持者狭而所欲者奢,故笑之。”③

---

　　① ［清］邓琳纂:道光《虞乡志略》卷八《风俗》,《江苏历代方志全书·苏州府部》第81册,凤凰出版社2016年
版,第368页。
　　② 湖北省荆州市周梁玉桥遗址博物馆编:《关沮秦汉墓简牍》,第132页。
　　③ 《史记》卷一二六《滑稽列传》,第3198页。按,“瓯窭满篝,污邪满车。五谷蕃熟,穰穰满家”,［唐］司马贞
《索隐》:“司马彪云‘污邪,下地田’。即下田之中有薪,可满车。”

　　从《周家台三〇号秦墓竹简》所载祷文看,二则祷文均由两部分组成:第一部分是向先农神表达恭敬,"某以壶露、牛胙,为先农除舍""某为农夫畜"均为此意;第二部分是向先农神祈愿,但这个祈愿是交换,而非单纯的祈求——若先农能使其丰收,则"恒先泰父食""岁归其祷"。《史记》所记禳田者的祷文只有一层含义,即向田神提出诉求。禳田之时,他奉献一豚蹄、一盂酒,所以祈求得理直气壮:他不仅希望自己种的庄稼大获丰收,即便是狭小干旱或低洼易涝的田地也要有好收成。上则村夫祭祀先农神的情况与之十分类似,都属于"所持者狭而所欲者奢",交换色彩十分明显。

　　吕大吉先生曾分析了各大文明信仰中的祈祷。他指出:

　　　　伊斯兰教的《古兰经》被认为是一部祈祷书;《圣经》(旧约)中的诗篇被看成是从对圣经历史的沉思转变而成的祈祷文;圣奥古斯丁的《忏悔录》本质上是他向造物主所作的长篇祈祷。印度的《吠陀》,我国的《书》、《诗》中的不少篇章,其基本内容实际是歌颂神的威德,祈求神的福佑的祈祷词。如果说,没有理性便没有哲学,那么,可以认为,没有祈祷便没有宗教。①

将这一结论与中国古代村落信仰中的祈祷相比较,则会发现两者间明显的不同。

　　上已述及,交换式的祈求是中国古代村落信仰中祈祷的重要特色,与西方宗教信仰中的祈祷相比,少了对神的敬畏与颂扬,也少了自身的道德忏悔和对神的依赖。与《诗》《书》中所反映的中国古代上层社会的祈祷相比较,这一特性仍然成立。罗新慧先生曾对周代上层社会与下层社会祷词的差异进行论述。她认为:

　　① 吕大吉:《宗教学通论新编》,中国社会科学出版社 2010 年版,第 264 页。

上层贵族对于神灵恭敬严肃,其祷颇有感动天地、神谕方外的意味,所祈祷的神灵表现为高高在上的力量;下层民众之祷,祷者往往径向神灵提出要求,或与神灵讲交换条件,显示出比较直接的神人关系。因而,在与诸神的关系中,神并不永远高高在上,人也并非始终处于卑微地位。

她还对造成这一现象的原因进行了探讨,并指出:

愈在上位者与神灵愈发疏远,神灵越具有威严的品性,人与神灵之间愈有难以逾越的鸿沟;而下层民众则与神灵亲近直接,神灵植根于民众的生活中,缺乏神秘与威严。[①]

这一研究告诉我们,中国古代村落信仰的这一特色在周代便已形成,其表层原因当如罗新慧先生所言在于上层社会与下层社会对神灵距离的不同、亲密程度的不同。其更深层的原因,我们认为当是村落信仰形成与发展过程中所造就的宗教特质。

2. 造神

造神是制造神祇之偶像以供祭拜,但造神行为本身也是村民崇拜与信仰的重要方式。

凌家滩遗址(位于安徽含山)距今已有 4 600 年左右的历史。此地出土了 3 件玉人,其中一件较为完整的玉人通高 9.6 厘米,最宽处 2.2 厘米,最厚处 0.8 厘米。其头部似戴一梯形面具,上有冠饰,眉眼细长,两耳下部有穿孔,除手足外,通体着衣。两臂弯曲,十指张开置于胸前,腕部饰弦纹,可能表示戴有

---

① 罗新慧:《禳灾与祈福:周代祷辞与信仰观念研究》,《历史研究》2008 年第 5 期。

环,腰部饰一周宽3毫米的斜线纹,似表示腰带。① 可以认为,这种玉人应当是这一地区人们的祖先偶像。(见图2-9)

　　1. 薛家岗文化玉人　　　2. 龙山文化玉人　　　3. 商代玉人

图2-9　玉制祖先神

东汉应劭《风俗通义》卷八《祀典》记道:

> 今民间独祀司命耳,刻木长尺二寸为人像,行者檐箧中,居者别作小屋,齐地大尊重之,汝南余郡亦多有,皆祠以腊,率以春秋之月。②

　　民间所刻司命神之像,目的是用作祭拜,但刻制本身便具备崇拜与信仰的内容。③

---

　　①　参见安徽省文物考古研究所:《安徽含山凌家滩新石器墓地发掘简报》,《文物》1989年第4期。

　　②　[汉]应劭撰,王利器校注:《风俗通义校注》卷八《祀典》,第384页。

　　③　详见马新:《原始崇拜体系与中国文化精神的起点》,《东岳论丛》2005年第1期;《论两汉时代的乡村神祇崇拜》,《山东社会科学》2004年第1期;马新、齐涛:《关于民间信仰史研究中的几个问题》,《民俗研究》2010年第1期。

至佛教传入,制造佛像是重要的祭祀求福之手段。许多佛经中,都把造制佛像作为重大功德。如《妙法莲华经》即云:

> 若人为佛故,建立诸形像,刻雕成众相,皆已成佛道。或以七宝成,鍮钰赤白铜,白镴及铅锡,铁木及与泥,或以胶漆布,严饰作佛像,如是诸人等,皆已成佛道。彩画作佛像,百福庄严相,自作若使人,皆已成佛道。乃至童子戏,若草木及苇,或以指爪甲,而画作佛像,如是诸人等,渐渐积功德,具足大悲心,皆已成佛道。①

据经文所指引,建立任何一种佛像都可成佛道。哪怕是用草木、指甲画出佛像,也可渐积功德,成就佛道。

随着佛教在乡村社会的流传,村落居民也开始建造佛像以求功德。比如北魏孝庄帝永安三年(530年),青州齐郡高柳村僧人与村民曾共造佛像二尊,其造像记记道:

> 大魏永安三年岁次庚戌,八月甲辰朔,九日壬子,青州齐郡临淄县高柳村比丘惠辅、比丘僧□、比丘僧详、比丘惠弥、维那李檠、维那李元伯法义兄弟姊妹一百五十人等敬造弥勒尊像二躯。②

北齐孝昭帝皇建二年(561年),并州乐平郡石艾县安鹿交村村民也曾共建石佛像一尊,其造像记记道:

> 唯大齐皇建二年,岁次辛巳,五月丙午朔,二十五日庚午,并州乐平郡

---

① 王彬译注:《法华经·方便品》,载赖永海主编:《佛教十三经》,中华书局2010年版,第82页。
② 鲁迅:《鲁迅辑校石刻手稿·造像》(上),载李新宇、周海婴主编:《鲁迅大全集》第25卷,长江文艺出版社2011年版,第143页。

□艾县安鹿交村邑义陈神忻合□邑子七十二人等,敬造石室二区。①

北齐废帝乾明元年(560 年)某地大交村曾有女子 75 人,共造观世音像一尊,其造像记记道:

　　乾明元年四月十五日,大交村邑义母人七十五人等,敬造双观世音像一躯,上为皇帝陛下,师僧父母,法界众生,俱共成佛。②

从以上三个造像记可见,村民们建造佛像的目的就是如《妙法莲华经》所倡导的,要求取功德,俱共成佛。还可以看到,由于村民家庭生活之窘迫,不可能像富商大贾那样一掷千金,建造大佛,只能合多家之力,共同祈福。

佛教所倡导的这种功德理念也逐渐渗透到乡村居民的其他信仰中,许多地方也将造神作为祈福攘灾的手段。如清人詹元相《畏斋日记》中,便记有康熙三十九年(1700 年)八月,徽州多地乡村为祈福攘灾而重塑五显灵官庙之事:

　　本村复塑溪东庙五显灵官像,于十七日上座。先是庙本有五显神像,于某年讹传奉旨以他故焚之。自是而后,村中禾稼不利,每于收成时发大风。此亦未必关毁像之故,而农家多咎之,思复兴其像。好事者遂通村敛银,约计二十余金,并庙中他神像俱加金漆一新。本家助银六钱,俱付讫。③

要之,造神是中国古代乡村社会中由来已久的信仰方式,造神是为了祭

---

① 〔清〕胡聘之:《山右石刻丛编》卷二《陈神忻七十二人等造像记》,山西人民出版社 1988 年影印版,第 9/b 页。
② 〔日〕大村西崖:《支那美术史雕塑篇》,日本国书刊行会 1972 年版,第 327 页。
③ 中国社会科学院历史研究所清史研究室编:《清史资料》第 4 辑,中华书局 1983 年版,第 209 页。

神,进而由祭神过程中之祈祷实现祈福禳灾。佛教传入中土后,造神本身也成为祭神的有效形式,成为祈福禳灾的重要手段。因此,乡村社会中的造神活动日渐兴盛。

3. 赛神

赛神即娱神,是指人们通过祭祀、舞蹈、声乐等取悦神祇,向神祇祈福的行为。娱神类似于酬神,但酬神只是答谢神祇,而娱神既可以是祈福,也可以是致谢。

自从人类有了神灵崇拜与信仰以来,就有了对神的讨好行为。比如,在距今5000多年的青海省大通县上孙家寨遗址中,出土有一件绘有舞蹈图案的彩陶盆。[①] 在甘肃武威新华乡磨嘴子出土的舞蹈盆内有两组舞者,每组9人;在青海同德县宗日遗址也出土一件舞蹈盆,内有两组舞者,一组11人,另一组13人,舞者腹部皆为球状,手拉手,下肢以线条代之。[②] 另外在云南沧源、甘肃黑山、新疆康家石门子等地的原始岩画中也发现了不少舞蹈图。

我们认为,这一类舞蹈图起自巫术行为,即舞蹈是为了祀神。大通县舞蹈图中舞者身后之饰物,或许也应当是牛尾,因为这是一种连臂舞,手中无法持物,只好改为尾饰。这一类的舞蹈自然不单纯是为娱乐而舞,而是一种以舞娱神、沟通神人的手段或方式。

关于乡村娱神的早期文字记载当推《诗经·小雅·甫田》所咏:

> 以我齐明,与我牺羊,以社以方。我田既臧,农夫之庆。琴瑟击鼓,以御田祖。以祈甘雨,以介我稷黍,以谷我士女。[③]

---

① 青海省文物管理处考古队:《青海大通县上孙家寨出土的舞蹈纹彩陶盆》,《文物》1978年第3期。
② 参见孙寿岭:《舞蹈纹彩陶盆》,《中国文物报》1993年5月30日。
③ [汉]毛亨传,[汉]郑玄笺,[唐]孔颖达等正义:《毛诗正义》卷一四《小雅·甫田》,第474页。

农业丰收后,农夫们"琴瑟击鼓",载歌载舞,以酬谢"田祖",亦即土地之神。此后,举凡对神灵的示好,都离不开歌舞乐曲。《楚辞》中就有很多关于娱神活动的描述。如战国楚地所流行的《九歌》就是娱神歌舞所用,王逸云:

> 昔楚国南郢之邑,沅、湘之间,其俗信鬼而好祠。其祠必作歌乐鼓舞以乐诸神。屈原放逐,窜伏其域,怀忧苦毒,愁思沸郁,出见俗人祭祀之礼,歌舞之乐,其词鄙陋,因为作《九歌》之曲。①

此处的"乐诸神"即娱神也。这种祭祀舞蹈渐渐由以娱神为主发展为既娱神也娱人;再到后来,发展为以娱人为主、娱神为辅,从而演变为民间祭祀节日。

自两汉时代起,赛神成为社祭的重要内容。如《盐铁论·散不足》记道:

> 今富者祈名岳,望山川,椎牛击鼓,戏倡舞象。中者南居当路,水上云台,屠羊杀狗,鼓瑟吹笙。贫者鸡豕五芳,卫保散腊,倾盖社场。②

值得注意的是,这种祭社方式历两千年而未衰,一直是村落中十分重要的娱神方式。③

唐代的社祭活动依然是乡村最重要的信仰活动之一,留下了诸多的赛神诗文。如唐代诗人韩愈在《赛神》诗中,即描述了村落农家赛社娱神的活动。诗云:

> 白布长衫紫领巾,差科未动是闲人。
> 麦苗含穗桑生葚,共向田头乐社神。④

---

① ［汉］王逸撰,黄灵庚疏证:《楚辞章句疏证·九歌》,第742—745页。
② ［汉］桓宽撰,王利器校注:《盐铁论校注》卷六《散不足》,第351—352页。
③ 详见马新:《论文明前夜民间社会的出现与民间信仰的生成》,《齐鲁学刊》2010年第3期。
④ ［唐］韩愈:《赛神》,载［清］彭定求等编:《全唐诗》卷三四三,第3850页。

又如白居易《春村》诗云：

> 二月村园暖，桑间戴胜飞。
> 农夫春旧谷，蚕妾捣新衣。
> 牛马因风远，鸡豚过社稀。
> 黄昏林下路，鼓笛赛神归。①

王维《凉州郊外游望》诗也描述了西北僻村的赛社神活动。诗云：

> 野老才三户，边村少四邻。
> 婆娑依里社，箫鼓赛田神。
> 洒酒浇刍狗，焚香拜木人。
> 女巫纷屡舞，罗袜自生尘。②

该诗中道出赛社神的活动过程，如焚香祷告、箫鼓齐奏、酒浇刍狗、祭拜木人、女巫起舞等。

延至明清时期，依然如故。如弘治《八闽通志》卷三载明代兴化府风俗云：

> 祈年自十三日起，至十七日止，里民各合其同社之人为祈年醮。是夜以，鼓乐迎其土神，遍行境内。民家各设香案，候神至，则奠酒果，焚楮钱，拜送之，亦古者乡人傩之遗意也。③

清人袁景澜在《吴郡岁华纪丽》卷七《斋田头作秋社》中记道：

---

① ［唐］白居易：《春村》，载［清］彭定求等编：《全唐诗》卷四三六，第 4841 页。
② ［唐］王维：《凉州郊外游望》，载［清］彭定求等编：《全唐诗》卷一二六，第 1278 页。
③ ［明］黄仲昭纂修：弘治《八闽通志》卷三《地理·风俗》，福建人民出版社 2006 年版，第 68 页。

农家祀田神,村翁里保敛钱,于土谷神祠作会。刑牲叠鼓,男女聚观,与会之人,归持各携花篮、果实、食物、社糕而散。又或具粉团、鸡黍、瓜蔬之属,于田间十字路口,祝而祭之,谓之"斋田头"。①

当然,村落中的赛神活动多种多样。除社祭外,还有其他多种赛神活动。如元稹的《赛神》诗描写了楚地村落中"妖神"的赛神情况:

> 楚俗不事事,巫风事妖神。
> 事妖结妖社,不问疏与亲。
> 年年十月暮,珠稻欲垂新。
> 家家不敛获,赛妖无富贫。
> 杀牛贳官酒,椎鼓集顽民。
> 喧阗里闾隘,杀酗日夜频。
> 岁暮雪霜至,稻珠随陇湮。
> 吏来官税逼,求质倍称缗。
> 贫者日消铄,富亦无仓囷。
> 不谓事神苦,自言诚不真。
> ……
> 此事四邻有,亦欲闻四邻。②

有的地方以赛龙舟(竞渡)作为赛神的方式。如乾隆《鄞县志》记载:

八月,各乡祠庙为会祀神,以龙舟竞渡,谓之"报赛",与各处端午竞渡

---

① ［清］袁景澜撰,甘兰经、吴琴校点:《吴郡岁华纪丽》卷七《七月·斋田头作秋社》,第241页。
② ［唐］元稹撰,冀勤点校:《元稹集》卷三《赛神》,第29页。

不同。①

江南地区还盛行蝗神刘猛将军的赛神习俗。清代乾隆《震泽县志》中详细地描述了江南村落举办蝗神刘猛将军赛神活动的场面：

> 元旦，坊巷乡村各为天曹神会，以赛猛将之神。相传神能驱蝗，故奉之。会各杂集老少为隶卒，鸣金击鼓，列队张盖，遍走城市，富家施以钱粟，至是日乃罢，或于上元日罢。……村间亦有为酿会者，先于岁暮入酿米五升，纳于当年会长，以供酒肴之费。至元日呼集，以美少年为神仙公子，锦衣、花帽、羽扇、纶巾，余各装演杂剧，遍走村落。富家劳以酒食，或两会相遇于途，则鼓舞趋走，自成行列，歌唱答应，亦各有情。至十一日，会长广列酒肴，凡在会者悉至……连会三日而罢。②

袁景澜《吴郡岁华纪丽》对此活动也有生动描写：

> 两队并合前驱，赤棒纷争交击，杯盘对掷，巾帻飞坠，儿童骇窜，邻翁喊哑，彼自以为乐。③

由上可见各村落赛神活动之热烈。赛神活动开始后，村民们或"鸣金击鼓，列队张盖，遍走城市"；或"以美少年为神仙公子，锦衣、花帽、羽扇、纶巾，余各装演杂剧，遍走村落"；或"两会相遇于途，则鼓舞趋走，自成行列，歌唱答应"；或两队村民各抬着神像急奔如飞，围观村民为之助威，奋力呐喊，热闹非凡。

---

① ［清］钱维乔修，［清］钱大昕纂：乾隆《鄞县志》第 1 册，上海古籍出版社 2015 年版，第 16 页。
② ［清］陈和志修，［清］倪师孟、［清］沈彤纂：乾隆《震泽县志》卷二六《风俗二·节序》，《中国地方志集成·江苏府县志辑》第 23 册，江苏古籍出版社 1991 年版，第 238 页。
③ ［清］袁景澜撰，甘兰经、吴琴校点：《吴郡岁华纪丽》卷一《正月·赛猛将》，第 27 页。

顾禄《清嘉录》中记载了清代苏州地区乡村的迎神赛会：

> （中元日）是时，田夫耕耘甫毕，各醵钱以赛猛将之神，舁神于场，击牲
> 设醴，鼓乐以酬，田野遍插五色纸旗，谓如是则飞蝗不为灾。[①]
>
> 前后数日，各乡村民击牲献醴，抬像游街，以赛猛将之神，谓之"待猛将"。
> 穹窿山一带，农人舁猛将，奔走如飞，倾跌为乐，不为慢亵，名曰"迎猛将"。[②]

与其他神祇的赛神仪式不同的是，人们抬猛将时不但"舁神于场，击牲设醴"，
"田间遍插五色纸旗"，鼓乐齐鸣；还可以与刘猛将神开玩笑，抬着神像奔跑跳
跃，"倾跌为乐，不为慢亵"，竭尽全力逗神开心。这大概是村民最喜爱、最放松
的祭神活动吧！

当然，从中国古代村落中娱神的发展看，各种神祠庙宇前的娱神还是最
为丰富多彩的。就现存史料看，神祠庙宇前的娱神始见于汉代。据《风俗通
义》卷九《怪神》载，西汉之朱虚侯刘章，被封城阳王，死后，"自琅琊、青州六
郡，及渤海都邑乡亭聚落，皆为立祠"。对其祭祀时，往往是"烹杀讴歌，纷籍
连日"。[③]

魏晋、隋唐时代，随着佛教与道教的发展，村落中的寺庙类建筑迅速增加，
不仅佛寺道观如此，那些民间杂神也纷纷拥有了自己的庙堂，且总体数量远超
于佛寺道观。为了娱神的方便，在修建寺观庙堂时，往往将娱神的场地也包括
其中，从而有了正规的戏台，而庙中戏台又成为一地的娱乐活动中心。

从村落中现存的戏台看，古代村落中的戏台多以庙宇为单位，一个庙宇配
一座戏台。山西省泽州县西黄石古村庙宇较多，现存 3 座较为完整者都配有
戏台。如始建于金代的玉皇庙分设玉皇殿、奶奶殿、祖师殿，两侧有东、西厢

---

① ［清］顾禄撰，来新夏点校：《清嘉录》卷七《七月·烧青苗》，第 122 页。
② ［清］顾禄撰，来新夏点校：《清嘉录》卷一《正月·祭猛将》，第 20 页。
③ ［汉］应劭撰，王利器校注：《风俗通义校注》卷九《怪神》，第 394 页。

房;玉皇殿对面则是戏台,所有设施有机地铺设在一个院落中。始建于明朝中期的祖师庙和明末清初的三官庙结构与之类似。其中三官庙庙门开在南侧,为通天门楼形式,内部为长方形庭院,长约 13.6 米,宽约 12.3 米。四周各有建筑围合,呈四合院形式。正殿三官殿坐拥院落正北方向,殿门朝南。院落南侧为一戏台,与正殿相对。东、西两侧为厢房。(见图 2 - 10)①

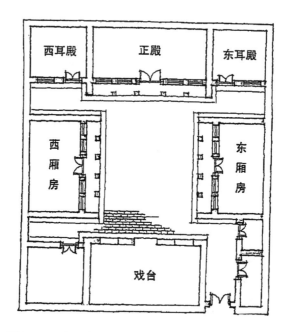

图 2 - 10　山西省泽州县西黄石古村三官庙首层平面图

也有的村落是若干庙宇合用一座戏台,并非以庙宇为单位配备。如山东省青州市的明清古村井塘村,村东有一组庙宇建筑,包括无生祠、关帝庙、龙王庙,都是较为简单的单体建筑,最小的是龙王庙,庙高仅 2 米左右,门高仅 0.5 米。三座庙宇共用一座戏台,位于关帝庙的东南侧。

再者,庙宇不分大小,均普遍地配以戏台。浙江省永嘉县泰石村是楠溪江

———————————

①　参见薛林平等:《西黄石古村》,中国建筑工业出版社 2010 年版,第 113、122—123 页。

中游的一处山村,村中有一座很简陋的圣湖庙,供奉卢氏娘娘,庙中只有卢氏娘娘殿和戏台两个建筑。可见,无论庙大庙小,都可设置戏台(见图2-11)。

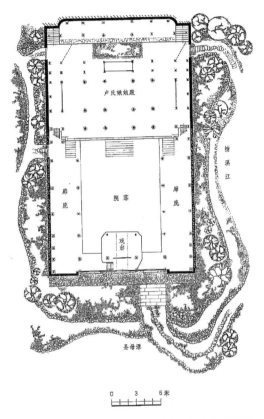

图2-11　浙江省永嘉县泰石村圣湖庙中戏台①

　　无论庙宇中的戏台,还是宗祠中的戏台,都是庙宇宗祠的有机组成部分。多数情况下,戏台与所在的庙宇宗祠都是一体建筑,如前述西黄石古村和泰石村之例均是。少数情况下,戏台可能会独立于庙宇宗祠之外,但往往也是与其一体建造,构成一个整体。如山西省阳泉市大阳泉古村中,广育祠和五龙宫都有配套的戏台,且都是独体的戏台。广育祠的主体院落在阳泉街北,由正院和

①　采自李秋香主编:《庙宇》,第177页。

配院两个连体院落组成。与之配套的戏台叫"嘻愉楼",始建于元朝,建在对面街南,面朝广育祠。五龙宫位于大阳泉村的南端,主体建筑是一座一进式院落,院落门外有一个广场。广场对面就是戏楼——遏云楼,建于清中期,虽然它独立于五龙宫外,但在设计和建造上却是与五龙宫一体的建筑,其功能也是为五龙宫诸神提供娱乐。

如何利用庙前戏台娱神? 段友文先生通过实地采风,梳理出明清以来山西潞城南舍村赛神实况。比如,该村玉皇庙之戏楼,在玉皇大帝诞日,亦即正月初九,要演出"调家龟"。"调家龟"又称"队戏",台上演出者"人数众多,按照俗规凡本村 18 岁以上,55 岁以下青壮年男子一律参加扮演",其特色是台上台下一体,场内场外一体,需全体村民以整个村落为背景完成,如上演《过五关》剧目时,"第一场《封金挂印》演罢,全体演员列队走出庙门,依次为'纱灯'一对,'土铳'一对,'标旗队'十余人,关羽骑红马(象征赤兔马);两名马僮保护,甘、糜二夫人乘车,执事銮驾队伍随后。村里搭起五座草台,有守兵拦路,关羽下马上台表演开打,表示过五关斩六将,最后又回到庙院舞台"。[①]

如此娱神,将神灵、媒介以及全体村民融为一体,人神交融于同一时空,构建起中国古代村落中独特的信仰世界。

4. 请神

所谓"请神",即迎神,是将另一世界的神祇恭迎到身边或家中,供人们敬之、娱之、祭之,代人驱除邪魅。与之相应,也就产生了迎神仪式。

(1) 迎神:驱鬼逐疫

自上古以来,最为简易的请神方式就是扮神,即以世间之人装扮所请之神,在人间从事种种活动。如自商周以来极为流行的傩祭,就是请方相氏下凡以驱鬼逐疫。所谓傩,又称"追傩",一般在年末岁终之际举行,是一种迎神驱

① 参见段友文:《黄河中下游家族村落民俗与社会现代化》,中华书局 2007 年版,第 504—505 页。

鬼逐疫的活动。这种仪式的主角为"方相氏"，又被称作"傩神""乡傩神""傩公"，实际上是由人戴上面具装扮而成。据《周礼·夏官·方相氏》载："方相氏掌蒙熊皮，黄金四目，玄衣朱裳，执戈扬盾，率百隶而时傩。"①可见，方相氏有一副威严凶猛的形象：头戴黄金制作的有四目的面具，全身毛皮，上着玄衣，下着朱裳，持戈执盾。率领众隶，举行驱傩仪式。

乡村社会举行的追傩又称"乡傩"或"乡人傩"，乡里的人们由戴着面具的方相氏统帅，逐门逐户地搜索厉鬼，加以驱逐。《论语·乡党》云："乡人傩，朝服而立于阼阶。"何晏《集解》曰："孔曰：傩，驱逐疫鬼，恐惊先祖，故朝服而立于庙之阼阶。"邢昺《疏》引《正义》曰："此明孔子存室神之礼也。傩，索室驱逐疫鬼也。"②

至两汉时代，傩事活动逐渐发展成为具有浓厚娱神兼娱人色彩的礼仪祀典。自京城宫室到乡间民间，普遍流行追傩仪式。"卒岁大傩，驱除群厉。"③时间一般在腊月初七之夜，目的是使百神在腊祭时不受野鬼邪祟惊扰，并以此除旧迎新。《吕氏春秋·季冬纪》东汉高诱注：

> 大傩，逐尽阴气，为阳导也。今人腊岁前一日，击鼓驱疫，谓之逐除，是也。④

汉代乡傩的文字记载并不多见，而在一些出土的汉画像石上，不时可以见到其痕迹。如嘉祥武氏祠后石室第三石⑤、山东沂南画像石墓前室北壁横梁石

①　[汉]郑玄注，[唐]贾公彦疏：《周礼注疏》卷三一《夏官·方相氏》，第851页。
②　程树德撰，程俊英、蒋见元点校：《论语集释》卷二一《乡党下》，第706、708页。
③　[汉]张衡：《东京赋》，载[南朝梁]萧统编，[唐]李善注：《文选》卷三，中华书局1977年版，第63页。
④　许维遹撰，梁运华整理：《吕氏春秋集释》卷一二《季冬纪》，《新编诸子集成》本，中华书局2009年版，第259页。
⑤　朱锡禄编著：《武氏祠汉画像石》，山东美术出版社1986年版，第37页。

上①、四川郫县东汉画像石棺②、枣庄周营出土的汉画像石上③等都有汉代行傩的场面。其具体方式，我们可以从《后汉书·礼仪志》所记宫廷大傩仪式中窥其一斑：

> 先腊一日，大傩，谓之逐疫。其仪：选中黄门子弟年十岁以上，十二以下，百二十人为侲子。皆赤帻皂制，执大鼗。方相氏黄金四目，蒙熊皮，玄衣朱裳，执戈扬盾。十二兽有衣毛角。中黄门行之，冗从仆射将之，以逐恶鬼于禁中。夜漏上水，朝臣会，侍中、尚书、御史、谒者、虎贲、羽林郎将执事，皆赤帻陛卫。乘舆御前殿。黄门令奏曰："侲子备，请逐疫。"于是中黄门倡，侲子和曰："……凡使十二神追恶凶，赫女驱，拉女干，节解女肉，抽女肺肠。女不急去，后者为粮！"因作方相与十二兽舞。欢呼，周遍前后省三过，持炬火，送疫出端门；门外驺骑传炬出宫，司马阙门门外五营骑士传火弃洛水中。百官官府各以木面兽能为傩人师讫，设桃梗、郁垒、苇茭毕，执事陛者罢。④

张衡《东京赋》也描写了东汉京师洛阳腊月大傩驱鬼的场面：

> 尔乃卒岁大傩，殴除群厉。方相秉钺，巫觋操茢。侲子万童，丹首玄制。桃弧棘矢，所发无臬。飞砾雨散，刚瘅必毙。煌火驰而星流，逐赤疫于四裔。然后凌天池，绝飞梁。捎魑魅，斮獝狂。斩蜲蛇，脑方良。囚耕父于清泠，溺女魃于神潢。残夔魖与罔像，殪野仲而歼游光。八灵为之震慑，况魃蜮与毕方。度朔作梗，守以郁垒，神荼副焉，对操索苇。目察区

---

① 参见南京博物院、山东省文物管理处：《沂南古画像石墓发掘报告》图版 29，文化部文物管理局 1956 年印行。
② 参见四川省博物馆、郫县文化馆：《四川郫县东汉砖墓的石棺画像》，《考古》1979 年第 6 期。
③ 参见枣庄市文物管理站：《山东枣庄汉画像石调查记》，《考古与文物》1983 年第 3 期。
④ 《后汉书》志五中《礼仪志中》，第 3127—3128 页。

陂,司执遗鬼。京室密清,罔有不韪。①

从以上记载来看,两汉时代的追傩仪式大致包括四个组成部分:第一,请来方相氏,配以巫觋,组成追傩队伍,一般是全体居民都要参加。第二,逐门逐户作方相氏舞,欢呼呐喊,其内容是对疫鬼进行威胁恐吓,诸如"节解女肉,抽女肺肠,女不急去,后者为粮"。第三,将厉鬼送出聚落,其方式恐怕也是将火炬投入附近水流中,使其随波逐去。第四,为避免厉鬼重来,抓紧设立防范措施,"设桃梗、郁垒、苇茭",至此,追傩大功告成,人们可以安心地辞旧迎新了。

乡村社会中的追傩仪式当然不会如此声势浩大,但由此我们可以反观汉代乡人傩的基本形式,因为宫廷大傩毕竟是从民间之傩演化而来,不是凭空产生的。

宗懔《荆楚岁时记》中记载了南朝村落居民的驱傩情景:

> 十二月八日为腊日。谚语:"腊鼓鸣,春草生。"村人并击细腰鼓,戴胡公头及作金刚力士以逐疫,沐浴转除罪障。②

此例与上例所述十分接近,由此可反观古代乡间驱傩的仪式:首先由巫觋戴"胡公头"面具,装扮成打鬼的方相氏,率领一些"金刚力士"组成驱傩队伍;他们击鼓呐喊,逐门逐户进行搜索,以驱逐室内疫疠之鬼。有的驱鬼避邪之术十分简单。比如:有的"岁暮腊,埋圆石于宅隅,杂以桃弧七枚,则无鬼疫"③;有的则简化为"设桃梗、郁垒、苇茭"或"以腊除夕,饰桃人,垂苇茭,画虎于门"④等方式驱除疾疫厉鬼。⑤

---

① [汉]张衡:《东京赋》,载[南朝梁]萧统编,[唐]李善注:《文选》卷三,第63页。
② [南朝梁]宗懔著,姜彦稚辑校:《荆楚岁时记》,第53页。
③ [宋]李昉等编纂:《太平御览》卷三三《时序部十八》引《淮南万毕术》,第158页。
④ [汉]应劭撰,王利器校注:《风俗通义校注》卷八《祀典》,第367页。
⑤ 以上详见马新:《论两汉民间的巫与巫术》,《文史哲》2001年第3期。

年终的驱傩迎神活动贯穿于整个中国古代历史时期,是上至宫廷,下至村落都要举行的活动,而且在唐宋以后增加了不少节庆的色彩。如唐孟郊的《弦歌行》记当时民间驱傩活动场景:

> 驱傩击鼓吹长笛,瘦鬼染面惟齿白。
> 暗中莝莝拽茅鞭,倮足朱裈行戚戚。
> 相顾笑声冲庭燎,桃弧射矢时独叫。①

诗中对于傩的形状和人们驱傩的欢乐情绪做了生动描述。

在长期的请神驱鬼活动中,乡村社会逐渐形成一些特有的俗信,这从当时文献记载中可窥其一二。如宋代村落,有送门神、钟馗像、竹竿等节物之礼俗。庄绰《鸡肋编》记载,岁终之日要"送节物,必以大竹两竿随之"②。陆游《岁首书事》二诗和范成大《腊月村田乐府十首》中对村中年末驱鬼避疫之俗做了描写。

陆游《岁首书事》二诗云:

> 东风入律寒犹剧,多稼占祥雪欲成。
> 郁垒自书夸腕力,屠苏不至叹人情。
> 呼卢院落哗新岁,卖困儿童起五更。
> 白发满头能且健,剩随邻曲乐升平。
>
> 扶持又度改年时,耄齿侵寻敢自期。
> 中夕祭余分饙饪,犁明人起换钟馗。

---

① [唐]孟郊:《弦歌行》,载[清]彭定求等编:《全唐诗》卷三七二,第4182页。
② [宋]庄绰撰,萧鲁阳点校:《鸡肋编》卷上《各地岁时习俗》,第20页。

春盘未抹青丝菜,寿斚先酬白发儿。

闻道城中灯绝好,出门无日叹吾衰。①

诗中道出了村落年终的一些节俗,除了请打鬼驱邪的郁垒、钟馗,喝避疫祛病的屠苏酒外,还有吃馎饦之俗。陆游在"中夕祭余分馎饦"句自注云:

> 乡俗以夜分毕祭享,长幼共饭其余。又岁日必用汤饼,谓之冬馄饨、年馎饦。②

另外,乡村在年末岁终驱傩之际还要做"试年庚""打灰堆"之类的活动。对于"试年庚",陆游在《岁首书事》诗"呼卢院落哗新岁"自注云:"乡俗,岁夕聚博,谓之试年庚。"③乡间百姓以岁终的赌博输赢来占卜预测来年人生命运以及年景收成等。

对于"打灰堆",其实是由南朝《荆楚岁时记》引《录异记》所记欧明于彭蠡清洪君庙中祈福如愿故事演变而来的习俗。范成大在《腊月村田乐府十首序》中写道:

> 其十《打灰堆词》:除夜将晓,鸡且鸣,婢获持杖击粪壤致词,以祈利市,谓之打灰堆。此本彭蠡清洪君庙中如愿故事,惟吴下至今不废云。

范成大《打灰堆词》对"打灰堆"这一习俗描述得更为详细:

> 除夜将阑晓星烂,粪扫堆头打如愿。

① 〔宋〕陆游著,钱仲联校注:《剑南诗稿校注》卷三八《岁首书事》,上海古籍出版社 2005 年版,第 2468 页。
② 〔宋〕陆游著,钱仲联校注:《剑南诗稿校注》卷三八《岁首书事》,第 2468 页。
③ 〔宋〕陆游著,钱仲联校注:《剑南诗稿校注》卷三八《岁首书事》,第 2468 页。

　　　　　　　　杖敲灰起飞扑篱，不嫌灰浣新节衣。

　　　　　　　　老媪当前再三祝，只要我家常富足。

　　　　　　　　轻舟作商重船归，大牸引犊鸡哺儿。

　　　　　　　　野茧可缲麦两岐，短祸换着长衫衣。

　　　　　　　　当年婢子挽不住，有耳犹能闻我语。

　　　　　　　　但如吾愿不汝呼，一任汝归彭蠡湖！①

诗中描述的是乡间村妇在腊日"打灰堆"求如愿的场面：一群妇女用木杖奋力敲打用粪土堆成的土堆，乞求来年如愿。一位老妇在灰堆前祷告，希望"家常富足"。具体的愿望是：出海经商多盈利，大母牛下牛犊，母鸡多养小鸡，野蚕茧也可缲丝，麦子长出双穗，短衣换成长衫等。这些其实是在乡村土壤中生成的特有的年末驱鬼避疫、辞旧迎新的俗信。

　　驱傩活动还伴生了村落文化的另一事象——傩戏。唐宋以来，随着傩事活动的广泛流传，在驱鬼逐疫的鬼神信仰中融入了大量的儒、道、佛等文化元素，同时也借用吸纳了许多神话和民间传说、历史故事，充分吸取了民间歌舞、戏曲的表达方式，逐渐演变为傩戏，显示出浓厚的村落文化特色，在中国古代村落信仰中一直延续。尤其在康熙年间，傩戏迅速发展，形成了不同的流派和艺术风格，且逐渐发展成一种娱乐性的民间舞蹈。傩戏在不同地区有不同的名称，如有称"鬼舞""跳傩"的，也有称"跳神"的，主要流行于四川，贵州，安徽贵池、青阳一带以及湖北西部山区，特别是巫术气氛较浓的边远村落，经过当地村落百姓的吸收和利用，最后固定成俗，成为中国许多地区的村落文化。傩戏内容多与鬼神有关，表演方式在基本承袭先秦秦汉时期的傩祭仪式的基础上被加以改造，使之更加丰富、专业和规范，其表演角色一般分列为一末、二

----

　　① ［宋］范成大著，富寿荪标校：《范石湖集》卷三〇：《腊月村田乐府十首》，上海古籍出版社 2006 年版，第409—410、413 页。

净、三生、四旦、五丑、六外、七贴旦、八小生；表演时往往根据不同角色佩戴不同的彩绘面具，称"脸子"。傩戏深深地影响着村落民众的精神世界与社会生活，有些傩戏剧目如《兰陵王》《目连救母》等一直延传至今。

（2）降神：驱鬼治病

请神的另一方式是降神，须由专门的巫施行。其方法是巫觋通过一定的仪式，如歌舞仪式、咒语等，使想象中的神灵附于施术的巫身上，即神灵附体，或使神灵直接降临，以驱动鬼神，实现自己的目的。例如，东汉人栾巴"有道术，能役鬼神"①；麴圣卿"善为丹书符劾，压杀鬼神而使命之"②；寿光侯"能劾百鬼众魅，令自缚见形"③。葛洪《抱朴子》亦云："《神仙集》中有召神劾鬼之法，又有使人见鬼之术。"④当然，神灵降临之时，凡人是无法察觉的。

战国秦汉时代流行的降神之舞被称为"禹步"。《周礼·春官·司巫》有"巫降之礼"，郑玄注曰："降，下也，巫下神之礼。"⑤

所谓禹步，相传源于大禹。《尸子》云：

> 禹于是疏河决江，十年未阚其家，手不爪，胫不毛，生偏枯之疾，步不相过，人曰"禹步"。⑥

"步不相过"，实际是跛足行为，这种步法被巫祝们所沿用，成为巫师作法降神时的舞蹈形式或步法。扬雄《法言·重黎》曰：

---

① 《后汉书》卷五七《栾巴传》，第 1841 页。
② 《后汉书》卷八二下《方术下·麴圣卿传》，第 2749 页。
③ 《后汉书》卷八二下《方术下·寿光侯传》，第 2749 页。
④ ［晋］葛洪撰，王明校释：《抱朴子内篇校释》卷二《论仙》，《新编诸子集成》本，中华书局 1985 年版，第 20 页。
⑤ ［汉］郑玄注，［唐］贾公彦疏：《周礼注疏》卷二六《春官·司巫》，第 816 页。
⑥ ［战国］尸佼著，李守奎、李轶译注：《尸子译注》，黑龙江人民出版社 2003 年版，第 76—77 页。

巫步多禹。李轨注:"(禹)治水土,涉山川,病足,故行跛也……而俗巫多效禹步。"①

晋葛洪《抱朴子·登涉》曾具体描述道:

禹步法:正立,右足在前,左足在后,次复前右足,以左足从右足并,是一步也。次复前右足,次前左足,以右足从左足并,是二步也。次复前右足,以左足从右足并,是三步也。如此,禹步之道毕矣。②

降神术与其他信仰方式的最大区别是巫觋的主导——其他各种信仰方式多可由村民自行进行,而降神术须由巫觋行之。这种以禹步为标志的降神术一直延续至近代社会。在落后乡村中,跳大神的巫婆与神汉均为其裔续。③

秦汉以来,村落中已流行降神术,村民们往往用来驱鬼治病。马王堆汉墓帛书《五十二病方》中有:

瘅,以月十六日始毁,禹步三,曰:"月与日相当,日与月当。"

令頯(癞)者北首卧北乡(向)庑中,禹步三,步嘑(呼)曰:"吁!狐麂。"三;若智(知)某病狐☐。④

湮汲一音(杯)入奚蠡中,左承之,北乡(向),乡(向)人禹步三,问其名,即曰:"某某年☐今☐。"饮半音(杯),曰:"病☐☐已,徐去徐已。"即复

---

① [汉]扬雄撰,汪荣宝义疏,陈仲夫点校:《法言义疏》卷一〇《重黎》,《新编诸子集成》本,中华书局 1987 年版,第 317 页。

② [晋]葛洪撰,王明校释:《抱朴子内篇校释》卷一七《登涉》,第 302—303 页。

③ 详见马新:《论两汉民间的巫与巫术》,《文史哲》2001 年第 3 期。

④ 马王堆汉墓帛书整理小组编:《五十二病方》,文物出版社 1979 年版,第 77、79 页。

（覆）奚蠹，去之。①

《南史·陈显达传》记载陈显达作战时不慎被敌镞射入左眼，善于降神的地黄村潘妪以"禹步作气"，将陈显达眼中镞拔出。其传曰：

> 矢中左目而镞不出。地黄村潘妪善禁，先以钉钉柱，妪禹步作气，钉即出，乃禁显达目中镞出之。②

成都老官山西汉简牍第 206 号木牍记有请巫医以禹步作法降神，祈使女子生男孩之巫术：

> □□□□□□□□□冶，饮之。女子视欲得男者，禹步三，□□□取□。③

上述三例以禹步行降神术者，应当都是职业化或半职业化的巫觋。由记载可知，巫觋行降神术时要询问受术者姓名，要以特定咒语呼叫，还需借助法器。

不过，从有关资料看，巫觋降神之法多种多样，不一而足。如唐人诗歌中所描述乡间女巫降神术便是翩翩起舞。王维《祠渔山神女歌》有《迎神》和《送神》两部分，其《迎神》写道：

> 坎坎击鼓，渔山之下。

---

① 马王堆汉墓帛书整理小组编：《五十二病方》，第 53—54 页。
② 《南史》卷四五《陈显达传》，第 1133 页。
③ 成都文物考古研究所等：《成都天回镇老官山汉墓发掘简报》，载四川大学博物馆等编：《南方民族考古》第 12 辑，科学出版社 2016 年版，第 222 页。

　　　　　　　　吹洞箫,望极浦,女巫进,纷屡舞。

　　　　　　　　陈瑶席,湛清酤,风凄凄,又夜雨。

　　　　　　　　不知神之来兮不来,使我心兮苦复苦。①

其《送神》写道:

　　　　　　　　纷进舞兮堂前,日眷眷兮琼筵。

　　　　　　　　来不言兮意不传,作暮雨兮愁空山。

　　　　　　　　悲急管兮思繁弦,神之驾兮俨欲旋。

　　　　　　　　倏云收兮雨歇,山青青兮水潺潺。②

　　《太平广记》曾记载唐代一村落百姓请神疗魅之事,其方式颇恐怖,似恩威并重,请神降临。所记如下:

　　　　村民有沈某者,其女患魅发狂,或毁坏形体,蹈火赴水,而腹渐大,若人之妊者。父母患之,迎薛巫以辨之。既至,设坛于室,卧患者于坛内,旁置大火坑,烧铁釜赫然。巫遂盛服奏乐,鼓舞请神。须臾神下,观者再拜。

　　"旁置大火坑,烧铁釜赫然",应是恫吓;"盛服奏乐,鼓舞请神",则是娱乐以求之。经过巫者的降神,"患者昏睡,翌日乃释然",魅病得以痊愈。③

(3)请神:迎神像献祭

　　请神的第三种方式是请迎神之偶像,以其偶像代表神灵本尊,这是佛教传入之后形成的方式。成书于清代前期的村落日用类书《目录十六条》(抄本),

---

① ［唐］王维:《迎神》,载［清］彭定求等编:《全唐诗》卷二一,第269页。
② ［唐］王维:《送神》,载［清］彭定求等编:《全唐诗》卷二一,第269页。
③ ［宋］李昉等编:《太平广记》卷四七〇《水族七·薛二娘》,第3196页。

所收录的《请佛帖》就是婺源县万安乡长城里庆源村村民所结佛社迎佛之通知。该帖云：

> 谨订十月初六日竖橹搭棚，合社斋戒，至十九日良吉早晨，迎接阆峰古佛。各户预办旗锣事件，齐集坛所点名。张职列队，随次而行。各宜虔戒，昭格圣神。续启：二十日之良辰旦之初，各户整口，鸾驾明洁，旗帖崇雅，老少咸集于坛舍，序以所司，即此祗候。迎佛辇而观境，迓圣驭以偕游。陈列鸾仪，仍循古例，遵行神次，依所分宜。旌幢飘映，惟致精而致洁；金鼓奏音，尽克敬以克忱。遨游周遍，返旗回宫。于时献醮，搬演戏文。凡属经为，必从法于旧典；众心诚一，感神福于将来矣。
>
> 每户办应于后：
>
> 搭棚树一百二十根，火条一百五十根，马点十介，捣子一百二十介（并索），鞔棚布每家一匹，桥板一方，旗二对，锣一对。
>
> 康熙三十四年九月二十二日上社众头首白。

另外，《目录十六条》还收录有《乙亥岁请佛帖》。乙亥为康熙三十四年（1695 年），此帖当与上帖为同一次请佛所用。帖云：

> 龙尾上社轮请阆山古佛以祈丰稔，欲期刈获之盈，须赖神天之佑。迎神演戏，恪遵上年办供；田亩敷掠，悉照旧日成规。兹值秋天收成之际，旱禾将获之时，是以特帖通知：凡属社内亩角，无论田骨、田皮，各照上例敷斗，其田骨所出之谷，定系作田之家称出，庶事件有绪，而经理不烦，毋致临期推诿，谨帖。①

---

① 两帖均转引自陈锋主编：《明清以来长江流域社会发展史论》，武汉大学出版社 2006 年版，第 711 页。

根据上引两帖,我们可以大致还原此次婺源乡村的请佛仪式。此次请佛时间为康熙三十四年秋,该村佛社先发一帖,告知社众在秋收之前要请阆山古佛祈求丰收,并约定如上年旧例,按田亩分担有关费用。九月二十二日,又发一帖,告知具体时间、事项以及每户应交备的物品。其中规定,十月初六,要竖橧搭棚,全社斋戒;十九日晨,各户迎佛人等,要带预置之锣鼓物品,汇集坛所点名,张旗列队,前往迎佛;二十日清晨,全社老少汇集坛所,迎候古佛。届时,迎佛队伍携锣鼓旗帜迎佛而至,要依旧规巡游、献戏,然后,返旗回宫。

以上是较为隆重的请神活动。其实,在古代村落社会,村庙中供奉的各式神像,往往会被村民径自请回家中,献祭后再送回庙中,程式十分简单。清代江苏吴江县三白荡滨的庄家圩村有庄家圩神庙,"求嗣者、求利者、求医药者,甚有士人而往求科名者,香火牲帛之盛,无日无之"。村民们"得一效则酬神之家或迎神以归,侈陈鼓乐酒食而祀之,尽日乃毕"。因迎神者颇多,庙中原有一座神像,难以支应,遂增加了六七座神像,以便村民迎神。尽管如此,庙中仍"时有无神之日"。①

5. 朝神

所谓朝神,即崇拜者前往神祇所在地进行祭拜,如封禅泰山,祭岳渎之神,但此属帝王与官方之朝神。乡村民众之朝神,规模宏大,分布广泛,远远超出了村落以及州县之范围。如明清北方村落以碧霞元君和东岳大帝为朝拜对象,"香火自邹、鲁、齐、秦,以至晋、冀"②。当然,就全国范围而言,村民们朝神的目的地并未仅限于泰山,九华山、武当山、普陀山、峨眉山等,都是重要的目的地,他们"裹赢粮,走泰山、武当,渡海谒普陀,祈请无虚"③。

---

① [清]陶煦纂修:《周庄镇志》卷六《杂记》,清光绪八年元和陶氏仪一堂刻本,第15页。

② [明]刘侗、于奕正著,孙小力校注:《帝京景物略》卷三《城南内外》"弘仁桥"条,上海古籍出版社2001年版,第193页。

③ [清]陈梦雷编:《古今图书集成·方舆汇编·职方典》卷二五四《东昌府部汇考六·东昌府风俗考》,中华书局1934年版,第13/b页。

以赴泰山朝神活动为例。自秦汉以来，作为五岳之首的泰山便是官民朝拜神灵的圣地，尤其到明清时期，泰山朝神活动达到鼎盛。万历二十一年（1593 年）在岱顶所立《东岳碧霞宫碑》即称：

> 自碧霞宫兴，而世之香火东岳者咸奔走元君，近数百里，远即数千里，每岁办香岳顶，数十万众，施舍金钱币亦数十万。[1]

而且朝神活动的主体是村落民众，其以祈年禳灾为诉求："祈风调求雨顺惟神是赖，绥万邦屡丰年惟神是依。"[2]

朝山进香者往往以本村或近邻数村朝神者组成"香社"。香社一般成员有"香客""社众""会人"等称呼；组织发起人称"香首""香头"或"社头"等，由三五人组成，负责联系会员、收敛会费、筹备进香事宜、置办祭品等事项。每一香社成员人数不等，规模大小不一，往往"百十为群"或"一社数十人，或多至百余人"甚至千余人。大的香社往往由毗邻数个村庄组成。如泰山王母池道光十年香社石碑《合山会记》（W038）载，该香社成员来自 10 个村，共 116 人，即丘家店 42 人、吴家庄 5 人、孟家庄 5 人、小范庄 10 人、大范庄 11 人、孙家庄 9 人、徐家庄 7 人、高家庄 4 人、李家庄 10 人、省庄 13 人。[3] 有学者据明清以来的泰山香社碑刻内容进行统计，规模大者，如光绪十九年《合山会碑》（P047）载："兹郡城东诸地方历年结社，备物礼神九村庄人数已于遥参亭立碑题名矣。"其中会首男 11 人、女 7 人，香社人数达 1 400 人；位于遥参亭入口的《泰邑合山会姓氏石碑志序》（Y029 碑）亦载："邑东旧有合山会，在社者不下数千家。"该碑

---

① 葛延瑛、吴元录修，孟昭章、卢衍庆等纂：民国《重修泰安县志》卷一四《艺文志·金石》，《中国地方志集成·山东府县志辑》第 64 册，凤凰出版社 2004 年版，第 687 页。

② 泰山香社石碑 008，转引自李伟峰：《泰山香社民俗文化研究——以泰山现存香社石碑为例》，山东大学 2003 年硕士学位论文，第 14 页。

③ 参见李伟峰：《泰山香社民俗文化研究——以泰山现存香社石碑为例》，第 47 页。

共 4 通,上刻载香社成员有 1 600 人,包含 70 多个村庄。① 又如,清代有《北斗永善香社碑》载山东历城北斗香社,"进香礼斗,自明朝至今,传百余年",香社签名者 1 200 余人,社首 4 人,承办人员 13 人。②

香客进香时,一般由香首率领,携带已准备的匾额、供品等,结队前往朝神。如万历二十四年《兖州府志》载,当地"小民群聚为会,东祠泰山,南祠武当,岁晚务闲,百十为群,结队而往,谓之香社"③;康熙《章丘县志》亦载,章丘一带村民"农勤耕作,岁时伏腊则多随香社徼福于泰山,名曰上顶"④。

香客朝山进香活动主要有春香、秋香两种:秋香一般在农历七月十五的"鬼节"进行。这可能缘于自古以来即有泰山"治鬼"之说。春香的具体日期一般在农历三四月份。因为传说东岳大帝的生日是农历三月二十八日,碧霞元君的生日为农历四月十八日(清乾隆时改为三月十八日)。据乾隆《泰安县志》载:

> 每见村墟往往联会烧香,岁以为常,春夏之交,男妇杂沓,骈肩累迹,络绎于道。⑤

村民们组织香社,结队而往,正是他们个体能力有限的反映。作为个体农民而言,无论是其经济力量还是其出行能力都有限,走出县域甚或府州之界,对他们而言已视作畏途。即便有了互助性的香社,也难以满足更多贫穷村民的需求,这样,就产生了变通的朝神活动。

1872 年来到中国的美国传教士明恩溥在《中国乡村生活》一书中,曾细致

---

① 参见李伟峰:《泰山香社民俗文化研究——以泰山现存香社石碑为例》,第 46 页。
② 参见叶涛:《泰山香社研究》,上海古籍出版社 2009 年版,第 268 页。
③ [明]于慎行纂修:《兖州府志》卷四《风土志》,齐鲁书社 1985 年影印明万历二十四年刻本,第 7/b 页。
④ [清]钟运泰修,[清]高崇岩纂:康熙《章丘县志》卷一《地舆志·风土》,清康熙三十年(1691 年)刻本,第 32/b—33a 页。
⑤ [清]黄钤修,[清]萧儒林纂:乾隆《泰安县志》卷二《方域志·风俗》,清乾隆四十七年(1782 年)刻本。

地描述了朝泰山及其变通方式。他叙述道:就中国的朝圣者而言,五岳中最著名、被光顾最多的就是山东的泰山。每年阴历二月,来自全国各地的香客蜂拥而至。对于住所远离这个朝圣之地的人来说,他们来此的旅途花费无疑是一个严重的障碍。为了克服这个困难,人们就以交纳会费的形式组成团体,即山会。山会分为"行山会"与"坐山会":行山会要真正前去朝拜,组织者负责以会费支付客栈的住宿费和雇佣马车的费用,其他费用则要每个成员自行开支。坐山会则无需远行,而是以纸扎制泰山,将泰山娘娘的像安置其上,聘请剧团演出三到四天,人们宴饮朝拜,完成朝泰山的仪式。[①] 也有些香客则捐资在当地修建"泰山行宫",以行朝拜之事。

在明清徽州一带的九华山朝拜中,也有类似的情况。距九华山路途较远的婺源一带民众便将当地的莲华山称作"小九华",用以替代九华山前往朝拜;绩溪县也有小九华,明清时代香火颇盛。这与泰山朝拜的坐山会有异曲同工之妙。

以上就村落信仰的基本方式做了简单介绍,这里还有两点需要说明:

一是以上所述村落五种基本信仰方式中,其中祭神、赛神、朝神又可归纳为献祭。就一般宗教而言,信仰者向所信仰神祇的献祭与祈祷是最为基本的方式,其中,祈祷的意义更为关键,西方宗教学界往往将其视为宗教的核心。在中国古代村落信仰中,献祭与祈祷同样都是最为基本的信仰方式,但献祭的地位与作用更为突出。

二是无论是祭神、赛神还是朝神,多非单一方式,往往兼而有之。如朝神之时,不仅仅是膜拜与礼敬,还要奉上祭品,献上声乐歌舞;祭神之时,在奉上祭品的同时,也往往要歌之、娱之。由这种祭神方式不难看出,村落民众把各种神灵视为现实存在,即"祭如在,祭神如神在"[②]。神灵们可以自如地接受人

---

① 参见〔美〕明思溥著,午晴、唐军译:《中国乡村生活》,时事出版社 1998 年版,第 137—139 页。
② 程树德撰,程俊英、蒋见元点校:《论语集释》卷五《八佾上》,第 175 页。

们的祭品、歌娱以及其他供奉，他们不是高高在上、不食人间烟火的神仙，而是可以与信仰者同享同乐的邻家父兄或邻村友朋。这与西方历史上的宗教献祭有明显区别。费尔巴哈曾精辟分析了西方宗教之献祭，认为"献祭的根源就是依赖感——恐惧、怀疑、对后果对未来的无把握、对于所犯罪行的良心上的咎责，而献祭的结果，目的则是自我感——自信、满意、对后果的有把握、自由和幸福"①。这种献祭所体现的是人神关系的高度不平等，是高高在上的神赐予与施舍向其祈求的人。

四、古代村落崇拜与信仰的特点

中国古代村落崇拜与信仰起自原始崇拜与信仰，在城乡区界形成、早期权力扩展的过程中，原始崇拜与信仰中的主体部分逐渐被王朝政权和上层社会垄断。名山大川、日月星辰、上天诸神等，已不能留在村落之中；村落中能够拥有的崇拜与信仰客体多是与自身息息相关的自然、祖先与鬼怪。随着佛教的传入、道教的形成，儒、释、道成为社会信仰的主流。就官方和上层社会而言，除了国家祭祀以及正统佛、道信仰之外，其他种种的村落信仰与崇拜多被打入"淫祀"的范围，甚至被割裂和边缘化。但是，认真梳理与研究之后，我们却又发现，村落中的芸芸众生，不仅未被儒家教化所改变，也未被棋布于乡村的寺庙宫观所征服，反倒将众多的佛教神灵与道教神灵纷纷俘获，纳入自身固有的信仰与崇拜体系内，形成了中国古代村落特有的信仰与崇拜体系。

1. 至上神的间接化

中国古代村落信仰的一个重要表象是至上神的缺失，未能构建自上而下

---

① 〔德〕路德维希·费尔巴哈著，荣震华等译：《费尔巴哈哲学著作选集》下卷，生活·读书·新知三联书店1962 年版，第 462 页。

的信仰体系。从西方各大宗教的发展历程看,至上神的出现及其地位的确立是宗教演进的重要标志,人们往往由此判定宗教信仰的进程与性质。从中国古代信仰的发生与发展看,至上之神始终存在,亦即"皇天上帝"或"昊天上帝"。《诗经·小雅·雨无正》即言:

> 浩浩昊天,不骏其德。降丧饥馑,斩伐四国。旻天疾威,弗虑弗图。舍彼有罪,既伏其辜。……凡百君子,各敬尔身。胡不相畏,不畏于天?①

《尚书·伊训》亦言:

> 惟上帝不常。作善降之百祥,作不善降之百殃。②

《诗经·大雅·皇矣》又言:

> 皇矣上帝,临下有赫。监观四方,求民之莫。维此二国,其政不获。维彼四国,爰究爰度。上帝者之,憎其式廓。乃眷西顾,此维与宅。③

"昊天上帝"之至上至尊地位一目了然。但是,它为何未成为村落信仰的至上神? 其根源在于中国古代村落信仰起自原始崇拜与信仰,在城乡分离、早期权力扩展的过程中,原始崇拜与信仰中的主体部分被上层社会垄断,村落中能够拥有的崇拜与信仰客体多是与自身息息相关的自然与鬼怪。被上层社会垄断的至上神,成为中国古代宗法性传统宗教的核心组成。依牟钟鉴先生所言,中

---

① ［汉］毛苌传,［汉］郑玄笺,［唐］孔颖达等正义:《毛诗正义》卷一二《小雅·雨无正》,第447—448页。
② ［汉］孔安国传,［唐］孔颖达等正义:《尚书正义》卷八《伊训》,《十三经注疏》本,中华书局1980年影印版,第163页。
③ ［汉］毛苌传,郑玄笺,(唐)孔颖达等正义:《毛诗正义》卷一六《大雅·皇矣》,第519页。

国古代"宗法性传统宗教"就是各王朝的国家宗教。他认为：

> 中国宗法性传统宗教以天神崇拜和祖先崇拜为核心，以社稷、日月、山川等自然崇拜为翼羽，以其他多种鬼神崇拜为补充，形成相对稳固的郊社制度、宗庙制度以及其他祭祀制度，成为中国宗法等级社会礼俗的重要组成部分，是维系社会秩序和家族体系的精神力量，是慰藉中国人心灵的精神源泉。①

对于牟钟鉴先生所言"宗法性传统宗教"的范畴与功能我们完全同意，但是有一点需要补充的是，作为中国古代各王朝的国家宗教，其核心功能是维系国本，并非能提供充足的慰藉人们心灵的精神源泉，它不仅未能实现对村落社会的全面覆盖，而且还把村落社会中能够慰藉村落居民心灵的神灵信仰斥之为"淫祀"。这实际上阻隔了上层的宗法性宗教与村落民众的关系，使得神灵信仰在村落中大行其道。当然，由于宗法性宗教对昊天上帝的垄断，村落中的神灵信仰便自然缺少了至上神。但是，我们还要看到，在宗法性传统宗教的辐射下，至上神并未离开村落民众，而是以另一种形式，通过其使者间接地存在着。这个使者就是宗法性宗教的教主兼帝王，亦即历代王朝的"天子"。他们作为上天之子，代天立言，通过教化与政令，向村落居民昭示着昊天上帝的存在。

因此，中国古代宗法性宗教满足了王权与国家政治的需要，中国古代村落的神灵信仰则满足了村落百姓的精神需求，两者互为补充，构成了中国古代社会独具特色的信仰体系。

2. 人性的神格化

关于神灵的存在问题，是宗教信仰中的首要问题。就西方主导性的宗教

---

① 牟钟鉴：《中国宗法性传统宗教试探》，《世界宗教研究》1990 年第 1 期。

体系而言,上帝或神是一种精神存在,是不附着于任何自然物的精神实体;而且,这种存在是绝对且唯一的,除了全知全能的上帝之外,再无他神。当然,这是一个长期历史进程的结果,各个一神教信仰都经历了拜物崇拜、多神崇拜,也都曾经有过自己的家神、偶像、城池神等等。人们往往以此判断:拥有独立的、唯一的以精神实体而存在的神的宗教,是高级的宗教;其他则只是宗教信仰的初级阶段或低级阶段。其实,这一判断方式过于注重神的外在形式与信仰体系,从而忽略了神灵的本质。

从宗教与信仰的发展史看,神灵的本质始终没有大的变化,人们所信仰、崇拜的神灵始终是一种人格化的存在。如吕大吉先生所言:

把宗教崇拜的神灵理解为人格化的超自然存在,还是妥当的。不过,这里所说的"人格化",可能与人同形,也可能与人不同形,但无论如何与人同性。人格化的神,实际上是人性的神格化。①

各宗教崇拜的神灵所呈现的人性的神格化,在中国古代村落信仰的神祇身上同样可以得到验证,这样神祇们始终活灵活现地存在于古代村落居民的精神世界中,借用费尔巴哈对神灵的人格化的描述:"它有感情,它有一颗心,而且有一颗能感知人类事务的人心。"即如上帝,也是如此。"上帝乃是纯粹的、绝对的、摆脱了一切自然界限的人格性:他原本就是属人的个体所仅仅应当是的、将要是的。所以,对上帝的信仰,就是人对他自己的本质之无限性及真理性的信仰。属神的本质就是属人的本质,并且,是处于其绝对的自由与无限性之中的主观地属人的本质。"②

吕大吉先生还提出人性的神格化有两种方式:"一是把人的本性附加到一个

① 吕大吉:《宗教学通论新编》,中国社会科学出版社 2010 年版,第 123 页。
② [德]路德维希·费尔巴哈著,荣震华等译:《费尔巴哈哲学著作选集》下卷,第 680、221—222 页。

本来不具人性的对象之上，使之变成人格化的神；一是把人的本性抽象出来，变成为独立的实体。第一种方式在自然宗教和古代宗教中表现得非常明显。第二种方式以基督教神学最为典型。但两种方式都表现为人性的对象化或‘异化’。”[①]核之中国古代村落信仰，其信仰神祇人性神格化显然属于第一种形式。当然，把人的本性附加到本来不具人性的所谓对象，有若干不同的类型：

一是人为制造的偶像，为所信仰的神祇雕像、塑像、画像，再加以崇祀。这是古代村落最为常见的现象。如前述凌家滩遗址出土的3件玉人，既可以悬挂，也可以随身携带，可视为中国先民自制的祖先神。又如，应劭《风俗通义》卷八《祀典》所记民间造司命神之事，也是十分典型的人为制造的偶像。

随着佛教的传入和道教的兴起，为各路神灵制造的偶像也充斥于村落之中。如江南乡村普遍崇拜的五通神（又称“五圣”“五显灵公”“五郎神”“木下三郎”“木客”等），便以偶像形式在江南广受庙祀。如宋人洪迈《夷坚丁志》卷一九《江南木客》载：

> 大江以南地多山，而俗禨鬼，其神怪甚佹异，多依岩石树木为丛祠，村村有之。二浙江东曰“五通”，江西闽中曰“木下三郎”，又曰“木客”，一足者曰“独脚五通”，名虽不同，其实则一。考之传记，所谓木石之怪夔罔两及山獠是也。[②]

看来其仍为原始自然崇拜的流变，即便如此，仍风行不衰。至明清时代的江南乡村更为流行。陆粲在《庚巳编》卷五中记道：

> 吴俗所奉妖神，号曰五圣，又曰五显灵公，乡村中呼为五郎神，盖深山

---

① 吕大吉：《宗教学通论新编》，第123页。

② ［宋］洪迈撰，何卓点校：《夷坚志·夷坚丁志》卷一九《江南木客》，中华书局1981年版，第695页。

老魅、山萧木客之类也。五魅皆称侯王,其牝称夫人,母称太夫人,又曰太妈。民畏之甚,家家置庙庄严,设五人冠服如王者,夫人为后妃饰。贫者绘像于板事之,曰"圣板"。祭则杂以观音、城隍、土地之神,别祭马下,谓是其从官。每一举则击牲设乐,巫者叹歌,辞皆道神之出处,云神听之则乐,谓之"茶筵",尤盛者曰"烧纸"。虽士大夫家皆然,小民竭产以从事,至称贷为之。一切事必祷,祷则许茶筵,以祈阴祐,偶获祐则归功于神,祸则自咎不诚,竟死不敢出一言怨讪。[①]

由上记载可见,五通庙中,供有"五人冠服如王者",还有其夫人,又"杂以观音、城隍、土地之神",可谓济济一堂。

再如,我们在前节所统计的河北定县东亭乡62村中所存清代435所庙宇中(见表2-5"清末定县62村祠庙统计表"),就有68座五道庙、22座奶奶庙、18座药王庙、17座马王庙;其余各庙宇也多供奉各路神祇或贤人名流,如老张、虫王、八蜡、瘟神、五圣老母、刘秀、韩祖、李靖、苍姑、齐天大圣等等,也都是人为制造的偶像。

二是以自然存在为对象进行附加,山、水、林、木、草、虫、鱼、兽等都可以成为这种对象。如汉代应劭《风俗通义》卷九就曾记录了一株李树如何附加人性成为神树的事例:

> 汝南南顿张助,于田中种禾,见李核,意欲持去,顾见空桑中有土,因殖种,以余浆溉灌,后人见桑中反复生李,转相告语,有病目痛者,息阴下,言李君令我目愈,谢以一豚。目痛小疾,亦行自愈。众犬吠声,因盲者得视,远近翕赫,其下车骑常数千百,酒肉滂沱。[②]

---

① [明]陆粲撰,谭棣华等点校:《庚巳编》卷五《说妖》,中华书局1987年版,第51页。
② [汉]应劭撰,王利器校注:《风俗通义校注》卷九《怪神·李君神》,第405页。

唐代诗人王建的《神树词》也描述了一株老海棠树如何成为神树之事：

> 我家家西老棠树，须晴即晴雨即雨。
>
> 四时八节上杯盘，愿神莫离神处所。
>
> 男不着丁女在舍，官事上下无言语。
>
> 老身长健树婆娑，万岁千年作神主。①

这首诗描述的是村中农家院中有一棵老海棠树，主人认定是神树，定时供祭，请神长驻。主人认为，此神既可求晴即晴，又可求雨即雨；既可保佑平安，官事无扰，又可让人延年益寿，等等。所以，祈求其千年万岁在此为神。

三是将某种特定象征物附加人性，作为人们所信仰的神祇的化身。如初期的社神便是以特定的化身接受人们的膜拜，有以土丘或一石块为社者，如甲骨文中"社"字均作"∩"；也有以树木（多为松、柏、栗、桑）或丛林作为社神所在，被人称之为"社树""社丛""神丛""丛位"，或简称为"社""丛"；有的则进一步封土立坛，称之为"社坛"，坛上有树、石之类的东西，或建成祠庙，称为"社祠"。就一般普通村落而言，未必都有像样的社坛、社祠，大多以村中大树作为社神的象征，这在许多古代文献及诗赋中都有所体现。

要之，中国古代村落信仰中，虽然未能出现不附着于任何自然物的精神实体，但神灵存在的上述三种方式都充分体现着其人格化的本质。在考察这一历史现象时，不必机械地与西方宗教信仰相比较，区分高低上下，应当从不同的历史环境与发展道路出发，探讨其存在的特定价值与意义。

3. 人神关系的平等化

人神关系首先是人与神的时空关系，也就是现世与来世问题。在基督教、佛

---

① ［唐］王建：《神树词》，载［清］彭定求等编：《全唐诗》卷二九八，第3382页。

教、伊斯兰教等宗教体系中,现世与来世是截然分开的,天堂与地狱的信仰至关重要。在这一信仰中,信仰主体与客体分处不同的时空,原罪的主体要通过信仰与崇拜追求来世的幸福。在中国古代村落信仰中,则是信仰主体与信仰客体处于同一时空,人们对来世幸福的追求远不及对现世生活的祈求。在这一信仰中,神祇无所不在,无时不在,时时陪伴着信仰者。如孔子所言:"祭如在,祭神如神在。"①郑玄注《礼记·祭法》亦云:"小神居人之间,司察小过,作谴告者耳。"②以汉代之乡村为例,村民们对身边诸物都赋予灵性,不仅有门神、灶神、土地神,还有井神、箕帚神、臼杵神等等。正如《淮南子·氾论训》所言:

> 今世之祭井灶门户箕帚白杵者,非以其神为能飨之也;恃赖其德,烦苦之无已也。是故以时见其德,所以不忘其功也。③

这样,百物皆可成精成怪,与神灵无异。汉时人即认为:"鬼者,老物精也。夫物之老者,其精为人;亦有未老,性能变化,象人之形。"④这一思维模式一直延续至整个中国古代。

在同一时空中,人与神灵可以直接对话。如晋代关于蚕神的传说云:

> 吴县张成,夜起,忽见一妇人立于宅南角,举手招成曰:"此是君家之蚕室,我即此地之神。明年正月十五,宜作白粥,泛膏于上。"此后年年大得蚕。今之作膏糜像此。⑤

又如,宋代关于泰山神的传说云:

---

① 程树德撰,程俊英、蒋见元点校:《论语集释》卷五《八佾上》,第175页。
② [汉]郑玄注,[唐]孔颖达等正义:《礼记正义》卷四六《祭法》,第1590页。
③ [汉]刘安编,何宁集释:《淮南子集释》卷一三《氾论训》,第984页。
④ [汉]王充撰,黄晖校释,刘盼遂集解:《论衡校释》卷二二《订鬼》,第934—935页。
⑤ [晋]干宝撰,汪绍楹校注:《搜神记》卷四《蚕神》,第55页。

　　临淄蔡支者,为县吏,曾奉书谒太守。忽迷路,至岱宗山下,见如城郭,遂入致书。见一官,仪卫甚严,具如太守。乃盛设酒肴,毕付一书,谓曰:"掾为我致此书与外孙也。"吏答曰:"明府外孙为谁?"答曰:"吾太山神也,外孙天帝也。"吏方惊,乃知所至非人间耳。①

人甚至可以直接驱使神灵。如东汉费长房"能医疗众病,鞭笞百鬼,及驱使社公。或在它坐,独自恚怒,人问其故,曰'吾责鬼魅之犯法者耳'"②。

　　既然同处同一时空,人神关系相对平等,相对于有些宗教,中国古代村落信仰中的人神关系,便少了敬畏与依赖,多了交换与选择。

　　在村民们看来,神灵的意义就在于为人所用。他们不问其来历,不问其为何教派,只要能为他们排忧解难,禳灾祈福,就一概加以礼拜。东汉应劭在《风俗通义》卷九中所记石贤士神就十分典型:

　　　　汝南汝阳彭氏墓路头立一石人,在石兽后。田家老母,到市买数片饵,暑热行疲,顿息石人下小瞑,遗一片饵去,忽不自觉。行道人有见者。时客适会,问何有是饵?客聊调之:"石人能治病,愈者来谢之。"转语:"头痛者摩石人头,腹痛者摩其腹……"凡人病自愈者,因言得其福力,号曰贤士。辎䡓毂击,帷帐绛天,丝竹之音,闻数十里……③

一普通石人,一夜之间成为石贤士神,根源就是人们认定其具有的特别效用,一旦这种效用被证明失去,百姓们往往会另择他神,甚至采用更为极端的方式。应劭在记石贤士神成神后的盛况后还记道,此神"数年亦自歇沫,复其故矣"。"歇沫",即停息。据《魏书·奚康生传》记载,北魏时,相州百姓往往到

---

① ［宋］李昉等编:《太平广记》卷三七五《再生一·蔡支妻》,第2480页。
② 《后汉书》卷八二下《方术下·费长房传》,第2744页。
③ ［汉］应劭撰,王利器校注:《风俗通义校注》卷九《怪神·石贤士神》,第406—407页。

西门豹祠求雨。一次,求雨未应,仍然大旱,百姓们便把祠中西门豹塑像的舌头拔了出来。①

即使在其他宗教信仰与崇拜中,村民们所追求的也不是教义、教理,而是神祇的交换价值。如前引敦煌文书斯六一一四为《三长邑义设斋文》,村民们设斋礼佛所祈求的是"尊亲长宿,万寿无疆;妻室子孙,千秋永茂"②;北图六八五五号文书为礼佛社文,所祈求的是"家家快乐,室室欢误(娱)"③;前所引伯四九九五号文书《社邑修功德记》,其中祈求内容则是"夫人仙颜恒茂,似莲出水舒光,宠荫日新日厚,恩荣月盛月昌"④;等等。这些与佛教教义已相去天渊。

李景汉先生曾对河北定县东亭乡62村中的435所清代庙宇进行了分析。就其功能,李先生指出:

> 为祈福免祸而敬奉者占113座,包括老母、观音、七神、五神、三皇、三清、城隍、罗汉、土地、五圣、老母等庙及各寺庵。为招魂追悼而敬奉者为68座五道庙。为祈求降雨者有玉皇、龙王、五龙圣母、老张等50座庙。为镇邪祟者有真武、二郎、齐天大圣、太公等48座庙。为祈祐子嗣者有23座奶奶庙。为祈免疾病者有18座药王庙。为祈免畜病者有17座马王庙。为祈免虫灾者有虫王、八蜡等10座庙。为祈免瘟疫者有2座瘟神庙。为求财者有1座财神庙。此外则为普通的崇敬,包括关帝、三官、三义、老君、文庙、周公、刘秀、韩祖、北岳、李靖、苍姑等85座庙。⑤

由此看来,村落中所建各种庙宇,都有着极强的实用性,几乎没有一座庙宇是直接为宗教信仰与追求而兴建。

---

① 《魏书》卷七十三《奚康生传》,第1632页。
② 宁可、郝春文辑校:《敦煌社邑文书辑校》,江苏古籍出版社1997年版,第570页。
③ 宁可、郝春文辑校:《敦煌社邑文书辑校》,第576页。
④ 宁可、郝春文辑校:《敦煌社邑文书辑校》,第675页。
⑤ 李景汉编著:《定县社会概况调查》,第417页。

中国古代村落信仰中现世与来世关系的表现并非特例,在其他宗教中也间有存在。比如,"《圣经》犹太教基本不主张来世论,没有明确的来世概念,它倡导的是按照律法行事,以过好现世的生活"[1]。

4. 信仰体系的开放化

西方一神教宗教体系无不具有鲜明的排外性,而中国古代村落信仰体系则恰恰相反,开放与兼容是其鲜明特性。以佛教的传入为例,佛教传入中土不久,便迅速扩展,大有兼并诸派之势。但在其扩展的同时,村落信仰的功能与特色又不断消解着其宗教特性,把佛教中的佛与菩萨转化为村落信仰中的诸路神灵。此后传入的其他宗教之所以未在中土繁盛,与之也不无关系。道教亦是如此。所以,在中国古代,村落文化并未被正统的佛教、道教所征服,而是将众多的佛、道诸神俘获,纳入到自己固有的信仰与崇拜体系中,宗教式的一神崇拜在村落信仰中一直未占据主导地位。

以唐宋之际的敦煌为例,此地唐宋时期的主要信仰是佛教,乡村社会亦然,因而,村落中多有崇佛之结社、邑义,从他们的佛事活动中,我们便可发现普遍存在的兼容性。如敦煌文书中有《金山国时期修文坊巷社再缉上祖兰若,标画两廊大圣功德赞并序》,其中写道:

> 盖闻渡生定死,须要法船;火宅之车,唯凭惠智。大不过于阳名阴兔之精,圣不过于佛长。[2]

所谓"阳名阴兔之精",均为民间传统之神灵;所画"两廊大圣",也并不都是佛

---

[1]　傅有德:《灵与肉——一个宗教哲学问题的比较研究》,《哲学研究》2000 年第 6 期。

[2]　唐耕耦、陆宏基编:《敦煌社会经济文献真迹释录》第 1 辑(伯四○四○),书目文献出版社 1986 年版,第 385 页。

教人物,而是"大霸稷兴,降寿彭祖""仙人驾鹤,降瑞气于阶庭"①等中土民间之神灵。另一份敦煌文书《社邑修功德记》则写到其礼佛的要求是要"庆千年庆吉,城隍万载无殃""社众道芽引蔓,菩提枝机抽芳";礼佛之时,还要"先看良辰吉日,然后占卜相当",等等。② 以佛保佑城隍,实在是敦煌村民们的一大创举,足以反映中国古代村落信仰中的兼容性。

明清时代盛行泰山进香,香客们主要是向碧霞元君进香,但也不排斥对其他神灵的崇礼。灵岩寺大雄宝殿北墙上存有一通万历四十三年(1615 年)东昌府聊城县求子还愿记事题名碑,其文曰:

> 山东东昌府聊城县六里八甲人氏,见在李大夫营居住,奉佛还愿,保安信女郭门李氏,同男郭一兰、男妇陈氏,因为乏嗣□,今于圣母位前祈讨一子,以得,平安。无神可报,今举虔心,不昧前愿,施舍僧帽一百顶并鞋一百双,敬诣灵岩寺钟楼云房,散施僧众。祈保儿男,长命百岁,永受安泰。
>
> 万历四十三年四月□日立③

由碑文可知,此郭姓村民一家曾到泰山向碧霞元君进香求子,得子之后,来到灵岩寺还愿,并祈保儿男长命百岁。在村民眼中,碧霞元君与佛祖都是天上的神,他们分不清什么教派,认定诸神一家,因此,才有了在碧霞元君处许愿,到灵岩寺佛前还愿之事。

各路神灵汇聚于村落之中,并无高低贵贱之分,诸神共存,诸神平等。吴真先生曾对浙江西南山区民俗信仰进行了系统调查,此地村落中所存清代《请神榜》所请神灵,与唐代敦煌地区异曲同工。如遂昌县流传之《请神榜》,即是遍请各路神灵,无一遗漏。其中,涉及东乡神庙146 处,南乡神庙28 处,西乡神

---

① 唐耕耦、陆宏基编:《敦煌社会经济文献真迹释录》第 1 辑(伯四〇四〇),第 386 页。
② 宁可、郝春文辑校:《敦煌社邑文书辑校》(伯四〇四四),第 666—668 页。
③ 张昭森主编:《长清碑刻》,济南出版社 2020 年版,第 948 页。

庙 272 处,北乡神庙 106 处。仅南乡神庙就包括"东泉寺等 2 处诸佛圣贤;平水大王庙 2 处;三洞天师叶真人庙 3 处;胡公大帝庙 1 处;白鹤仙圣殿 1 处;四相公庙 3 处;观音堂 3 处;潘圹等 12 处社殿社令正神;三井溥济庙行雨龙王"等等。①

道光十七年(1837 年)所修《时村记》卷五记,该村有一处土地祠,两处关帝神位(一在静业庵,一在安旅堂);两处文昌神位,一在静业庵,一在义学;两处金龙四大王神位,一在静业庵,一在务本堂;另还有火神位、八蜡神位、酾种大王、刘猛将军神位各一,均在静业庵。② 又如,河北省顺义县沙井村观音寺,其前殿供奉老爷即关羽、药王,中殿供奉二郎、土地、虫王、青苗、普贤、观音、文殊、财神、龙王、老爷等八位,后殿供奉普贤、释迦、文殊三位。冷水沟村的三圣堂,供奉的是老子、孔子、如来佛、财神、牛王、土地神。③

朱玉湘先生曾论述道,清代乡村社会中的农民,并不在乎各种宗教之间存在什么异歧,甚至弄不清崇拜的神、佛属于什么教门。有的教派把信仰推向多元化,形成众多的佛祖、神仙、儒家圣哲或历史人物的"全神图"。山东、河北等省农村有悬挂"全神图"的习俗。"全神图"包括三世佛、金刚、罗汉、玉皇大帝、无生老母、老老太母、二十八宿等佛教、道教偶像乃至历史名人像,没有什么区分与宗教界定。④

各路神祇,济济一堂,接受村民们的膜拜与祈求。在村民眼里(信仰世界中),诸神平等,各路神灵同处一个时空,并无一尊,充分反映了中国古代村落信仰中的诸神关系。这是中国古代村落信仰体系开放与兼容性的集中体现。

---

① 参见吴真:《遂昌庙祀神考析》,载上海民间文艺家协会、上海民俗学会编:《中国民间文化:地方神信仰》,学林出版社 1995 年版,第 9—13 页。

② [清]冯道立:道光《时村记》卷五《祠祀》,《中国地方志集成·乡镇志专辑》第 17 册,江苏古籍出版社 1992 年版,第 102—103 页。

③ 参见丛翰香主编:《近代冀鲁豫乡村》之"村庙与神庙"(表),中国社会科学出版社 1995 年版,第 75 页。

④ 参见朱玉湘:《中国近代农民问题与农村社会》,山东大学出版社 1997 年版,第 505—506 页。

关于中国古代村落信仰的基本状况与特性已述于上,最后我们要阐明的是,中国古代村落的信仰模式与其他各大宗教有所不同,它是由中国古代特定的信仰发展道路所决定的。中国文明起源时便是"民神杂糅,不可方物。夫人作享,家为巫史"①;在文明形成与发展的过程中,出现了宗法性传统宗教,"它没有独立的教团,其宗教组织即是国家政权系统和宗族组织系统,天子主祭天,族长家长主祭祖,祭政合一,祭族合一"②。这是中国历史上独有的国家民族宗教,具有很强的政治性与教化性,但它却无法满足村落百姓的日常精神寄托与精神需求。因而,尽管在其形成过程中,通过"绝地天通"③,切断了村落百姓与至上神及其他重要神灵的联系,然而村落中"民神杂糅""夫人作享"的信仰传统却被传承下来,并在长期的发展中充实、光大,形成了独特的神灵信仰体系。也正因为有统治者的"绝地天通"以及宗法性传统宗教的垄断与压制,村落之中难以形成完整的宗教组织与僧侣集团,只能是村落居民们"夫人作享",直接与神灵沟通。在这种沟通中,人不仅没有沦为神灵的奴仆,反而是实现了"民神同位",人的自主与自在一直绵延在中国古代社会,对中国古代历史与社会的发展具有重要的价值和意义。

值得注意的是,在西方发展史上,宗教改革后出现了一个重要倾向,即新教对上帝与人之间的中间人僧侣的否定。新教各派均主张,每个基督教徒都应因其对上帝和基督的虔诚而称义得救,无须僧侣做中介。也就是说,每个信仰者都可以与上帝沟通,都可以是"僧侣"。④ 这一倾向对近代西方哲学与文化的发展产生了重要影响,与中国古代村落信仰中的"夫人作享"颇有异曲同工之处。

我们还需要阐明的是,在以往的研究中,中国古代村落信仰乃至整个中国

---

①　上海师范大学古籍整理研究所校点:《国语》卷一八《楚语下》,第 562 页。

②　牟钟鉴:《关于中国宗教史的若干思考》,载上海中西哲学与文化交流研究中心编:《时代与思潮》第 5 辑《文化传统辨识》,学林出版社 1991 年版,第 15 页。

③　上海师范大学古籍整理研究所校点:《国语》卷一八《楚语下》,第 562 页。

④　参见吕大吉:《宗教学通论新编》,第 290—291 页。

古代民间信仰往往被定义为原始信仰与原始崇拜,认为其仍处于宗教发生之前的历史阶段。其实,中国古代村落信仰始终遵循着一条不同于其他文明的信仰之路,其核心要义是人神的共生共存,信仰主体与信仰客体的合而为一,即如孔子所言:"祭如在,祭神如神在。"①在中国古代村落信仰发展中同样解决了宗教发展进程中人类自我意识由间接向直接的转化。费尔巴哈曾提出:

> 宗教是人之最初的并且间接的自我意识。所以,无论在什么地方,宗教总是走在哲学前面;在人类历史中是这样,在个人历史中也是这样。人先把自己的本质移到自身之外,然后再在自身之中找到它。最初,他自己的本质是作为另外的本质而成为他的对象的。宗教是人类童年时的本质;儿童是在自身之外看到自己的本质——人——的;在童年时,人是作为另外一个人而成为自己的对象的。所以,各种宗教的历史进展,就在于逐渐懂得以前被当做是某种客观物的东西其实乃是主观物,在于逐渐认识到以前被当做上帝来仰望和敬拜的东西其实乃是某种属人的东西。②

这一过程,经由中国村落信仰之路同样得以实现。

不仅如此,西方宗教式信仰中那些固有的、难以解决的问题,在中国古代村落信仰中或不曾存在,或迎刃而解。如黑格尔所忧心忡忡的"客体性相"的异化问题,是宗教式信仰难以解决的难题。他曾指出:

> 虔诚态度是教众崇拜的最纯粹最内在最主体的形式,在这种崇拜里客体性相好像被吞食消化了,客体性相的内容脱离了客体性相本身而变成了心胸情绪所特有的东西。③

---

① 程树德撰,程俊英、蒋见元点校:《论语集释》卷五《八佾上》,第175页。
② 〔德〕路德维希·费尔巴哈著,荣震华译:《基督教的本质》,商务印书馆1979年版,第43页。
③ 〔德〕黑格尔著,朱光潜译:《美学》第1卷,商务印书馆1996年版,第132页。

在中国古代村落信仰中,人神合一、同处一个时空的特性,可以有效地避免在宗教体系中无法克服的"客体性相"之内容与"客体性相"本身的背离,保障信仰发展中的连续性与完整性。

又如,教会组织及教职人员与世俗社会之间存在的利益之争一直延续于整个历史时期,以致有了"救赎宗教"论的出现,但其结果如马克斯·韦伯所言:

> 宗教共同体本身为了传道和维持生计而不得不依赖于经济手段,同时为了适用于大众的文化需求及日常的利益,这一切迫使它们作出种种妥协:禁止索取利息的历史只是其中一个例子。不过究极而言,没有一个真正的救赎宗教,消除了其宗教意识与理性经济之间的紧张关系。[1]

中国古代村落信仰中缺少宗教组织与神职人员,信仰过程基本都是由信仰者共同完成,不存在"为了传道和维持生计而不得不依赖于经济手段"的宗教,自然也不存在"宗教意识与理性经济之间的紧张关系"。

总之,中国古代村落信仰并非前宗教时代的原始信仰与崇拜,而是由中国文明发生与发展的独特道路所决定的富有自身特色的信仰体系。对于这一体系的深入研究与把握,可以加深对中国文明发展道路与中国文化精神的认识,加深对中国历史与传统的认识。

---

[1]　郑乐平编译:《经济·社会·宗教——马克斯·韦伯文选》,上海社会科学院出版社 1997 年版,第 73—74 页。

第三章　中国古代王朝教化与村落文化

秦汉以来,每一个王朝都在着力推行教化,力图把代表君主意志与王朝需求的正统文化向乡村社会浸透,引导与改造村落文化,以实现其传之万世的根本目标。就各王朝的教化实践看,教化对村落文化的影响不容小觑,但两者之间的对立与反制也始终存在,村落文化的固有特性与发展方向并未因此而改变。

一、君主意志对村落文化的制导

历代君主对乡村社会的思想与意识十分关注,对乡村社会中的文化环境与文化走向也颇为重视,往往通过各种直接或间接的途径,运用多种手段进行干预与规范。大略言之,主要有诏令法规规范、旌表劝导、制度引领三个基本方式。

1. 诏令法规规范

就诏令法规规范而言,自战国秦汉到宋元明清,各王朝帝王诏令与法律中涉及教化与村落文化者比比皆是。如秦始皇统一全国之后,巡行各地的目的之一就是移风易俗。秦始皇三十七年会稽刻石云:

> 饰省宣义,有子而嫁,倍死不贞。防隔内外,禁止淫泆,男女洁诚。夫为寄豭,杀之无罪,男秉义程。妻为逃嫁,子不得母,咸化廉清。

秦始皇二十八年泰山刻石亦云：

> 贵贱分明，男女礼顺，慎遵职事。昭隔内外，靡不清净，施于后嗣。

这二则刻石铭文明确昭示，秦始皇巡行会稽，就是要"宣省习俗"，要使刚刚并入秦王朝的各个地区"黔首改化，远迩同度"，"大治濯俗，天下承风，蒙被休经"。①

其实早在统一之前，秦国就不断颁布法律条文，规范乡村伦理与文化。如《岳麓书院藏秦简》（伍）云：

> 律曰：黔首不田作，市贩出入不时，不听父母笱，若与父母言，父母、典、伍弗忍告，令乡啬夫数，谦（廉）问，捕毄（系）。
>
> 黔首或事父母孝，事兄姊忠敬，亲弟（悌）兹（慈）爱，居邑里长老率黔首为善，有如此者，牒书⊠。②

由上引秦律可见，对于乡里之民有不事田作、对父母不敬顺者，要予以惩处；对于事父母孝顺、兄弟姊妹互相忠敬慈爱以及里中父老能够引导村民向善者，则予以表彰。

云梦秦简中的《语书》是秦王政二十年（前 227 年）南郡太守腾下达给属县官员的文告，其中写道：

> 古者，民各有乡俗，其所利及好恶不同，或不便于民，害于邦。是以圣王作为法度，以矫端民心，去其邪避（僻），除其恶俗。法律未足，民多诈

---

① 《史记》卷六《秦始皇本纪》，第 262、243、250 页。
② 陈松长主编：《岳麓书院藏秦简》（伍），上海辞书出版社 2017 年版，第 133—134 页。

巧,故后有间令下者。凡法律令者,以教道(导)民,去其淫避(僻),除其恶俗,而使之之于为善殹(也)。今法律令已具矣,而吏民莫用,乡俗淫失(泆)之民不止,是即法(废)主之明法殹(也),而长邪避(僻)淫失(泆)之民,甚害于邦,不便于民。故腾为是而修法律令、田令及为间私方而下之,令吏明布,令吏民皆明智(知)之,毋巨(距)于罪。今法律令已布,闻吏民犯法为间私者不止,私好、乡俗之心不变,自从令、丞以下智(知)而弗举论,是即明避主之明法殹(也),而养匿邪避(僻)之民。如此,则为人臣亦不忠矣。[①]

从这通文告所强调的要求可以清楚地看到,当时的秦国已很自觉地以法律规范去"矫端民心","以教道(导)民,去其淫避(僻),除其恶俗",引领民众向善。而且,严格要求地方长吏明布法令,"令吏民皆明智(知)之,毋巨(距)于罪"。若令行不禁,"私好、乡俗之心不变",则追究有关官员之过。

　　秦国及后来的秦王朝的这些做法被后代各王朝所继承,而且愈加细致和具体。如两汉时代的有关诏令多着力倡导孝行,自西汉初期一直到西汉中后期,几乎每位皇帝都发布过以鼓励孝子顺孙为目的的优复政策。甘肃武威出土的《王杖十简》载:

　　　　高皇帝以来,至本始二年……高年受王杖,上有鸠……市卖,复毋所与。如山东复。有旁人养谨者,常养扶持,复除之。[②]

上引简文表明,汉王朝不仅复除老人,还优复长期照顾老人的人。汉文帝将优

---

　　① 睡虎地秦墓竹简整理小组:《睡虎地秦墓竹简》,文物出版社 1978 年版,第 15—16 页。
　　② 中国简牍集成编辑委员会编:《中国简牍集成》第 4 册《武威汉简·王杖诏书令册》,敦煌文艺出版社 2005 年版,第 199 页。

复内容进一步具体化:"九十者一子不事,八十者二算不事。"①惠及耄耋老人的家人,勉励子孙孝养老人。武帝建元元年(前 140 年),诏令为 90 岁老人"复子若孙,令得身帅妻妾遂其供养之事"②。显然,对老人的优复范围又有所扩大,内容已不仅限于徭役或算赋。针对百姓因为服徭役无暇送葬过世老人的状况,宣帝于地节四年(前 66 年)下诏曰:

> 导民以孝,则天下顺。今百姓或遭衰绖凶灾,而吏繇事,使不得葬,伤孝子之心……自今诸有大父母、父母丧者勿繇事,使得收敛送终,尽其子道。③

汉代规定,民年满 70 岁后可享受优复;又补充规定,无子女赡养的孤寡老人可以更早地享有免税特权。据《王杖诏书令册》载:

> 年六十以上毋子男为鳏。女子年六十以上,毋子男为寡。贾市毋租,比山东复。复人有养谨者扶持,明著令。④

汉成帝建始元年(前 32 年),又发布了更优惠的政策:

> 夫妻俱毋子男为独寡,田毋租,市毋赋,与归义同;沽酒醪列肆。⑤

种田不用交纳田租,从商不用交纳市赋,还可以开店卖酒,这就从经济上为孤寡老人的生存提供了基本条件。

---

① 《汉书》卷五一《贾山传》,第 2335 页。
② 《汉书》卷六《武帝纪》,第 156 页。
③ 《汉书》卷八《宣帝纪》,第 250—251 页。
④ 中国简牍集成编辑委员会编:《中国简牍集成》第 4 册《武威汉简·王杖诏书令册》,第 203 页。
⑤ 中国简牍集成编辑委员会编:《中国简牍集成》第 4 册《武威汉简·王杖诏书令册》,第 204 页。

总之,汉王朝想通过免除赋役等一系列优复政策,激励人们孝敬老人,助成"兄友弟恭""父慈子孝"直至"亲亲尊尊"的社会风尚,促使家庭养老进入良性循环的轨道。①

至唐王朝的诏令中,则常可看到十分具体的规定和约束。如唐太宗时即有《令州县行乡饮酒礼诏》。该诏云:

> 比年丰稔,闾里无事。乃有嗜业之人,不顾家产,朋游无度,酣宴是耽。危身败德,咸由于此。每览法司所奏,因此致罪,实繁有徒。静言思之,良增轸叹。自非澄源正本,何以革兹弊俗?可先录《乡饮酒礼》一卷,颁示天下。每年令州县长官,亲率长幼,依礼行之。庶乎时识廉耻,人知礼节。②

这是针对乡村百姓在连年丰收之后游乐宴饮无度而补发的诏令,核心内容是颁布《乡饮酒礼》,目的是革除弊俗,造就识廉耻、知礼节的乡村氛围。

唐高宗时代,曾下《禁僭服色立私社诏》。诏云:

> 采章服饰,本明贵贱,升降有殊,用崇劝奖。如闻在外官人百姓,有不依令式,遂于袍衫之内,著朱紫青绿等色短小袄子,或于闾野,公然露服,贵贱莫辨,有蠹彝伦。自今已后,衣服上下,各依品秩。上得通下,下不得僭上。仍令所司,严加禁断,勿使更然。又,春、秋二社,本以祈农。比闻除此之外,别立当宗及邑义诸色等社。远集人众,别有聚敛,递相绳纠,浪有征求。虽于吉凶之家,小有裨助,在于百姓,非无劳扰。自今已后,宜令官司,严加禁断。③

---

① 参见马新:《论孝在中国传统社会中的异化》,《孔子研究》2004 年第 4 期。
② [清]董诰等编:《全唐文》卷五,唐太宗《令州县行乡饮酒礼诏》,中华书局 1983 年版,第 63 页。
③ [清]董诰等编:《全唐文》卷一三,唐高宗《禁僭服色立私社诏》,第 159 页。

从此诏内容也可看到,诏令对民风规范之具体。对于服饰的规范,当兼及城乡居民;对于结社的规范则主要针对乡村农民。虽然诏令也承认乡村民间之结社,"于吉凶之家,小有裨助",但又强调"在于百姓,非无劳扰",因而要"严加禁断"。其内在用意已超出了对民风的匡正,而是要严格禁止乡村的民间社会组织,维护政治安定。

明王朝建立后,起自乡里的明太祖朱元璋对乡村文化尤为重视,深知乡村思想与文化对社会安定的重要意义。所以,在统一之后,不断颁发规范民风民俗的诏令。以乡村结社之俗为例,洪武二十八年(1395年),有官吏鉴于民间互助结社之传统,主张鼓励乡村民众互助结社,上奏称:

> 请命乡里小民或二十家或四五十家团为一社,每遇农急之时,有疾病则一社协力助其耕耘,庶田不荒芜,民无饥窘,百姓亲睦,而风俗厚矣。

朱元璋接到此奏议后,即谕户部:

> 古者风俗淳厚,民相亲睦,贫穷患难,亲戚相救;婚姻死丧,邻保相助。近世教化不明,风俗颓弊,乡邻亲戚不相周恤,甚者强凌弱,众暴寡,富吞贫,大失忠厚之道。朕即位以来,恒申明教化,于今未臻其效。岂习俗之固未易变耶?朕置民百户为里,一里之间有贫有富,凡遇婚姻、死丧、疾病、患难,富者助财,贫者助力,民岂有穷苦急迫之忧?又如春秋耕获之时,一家无力,百家代之,推此以往,百姓宁有不亲睦者乎?尔户部其谕以此意,使民知之。[1]

---

① 《明太祖实录》卷二三六,洪武二十八年二月乙丑,台北"中研院"历史语言研究所1968年校印,第3456—3457页。

若深入分析一下,不难发现,此上奏所言与朱元璋所谕并不相同。上奏主张乡村之民可自由结社,或二十家或四五十家均可结为一社,朱元璋则是要求以里为单位,倡导互助之风。

不久,明王朝又对这一上谕加以细化,制定了较为规范的里社制度,明确规定:

> 凡各处乡村人民,每里一百户内立坛一所,祀五土五谷之神,专为祈祷雨旸时若、五谷丰登。每岁一户轮当会首,常川洁净台坛,遇春秋二祭,预期率办祭物,至日约聚祭祀。其祭用一羊一豕,酒果香烛纸随用,祭毕,就行会饮。会中先令一人读善强扶弱之誓,其词曰:"凡我同里之人,各遵守礼法,毋恃力凌弱,违者先共制之,然后经官。或贫无可赡,周给其家,三年不入,不使与会,其婚姻、丧祭有乏,随力相助。如不从众,及犯奸盗诈伪一切非为之人,并不许入会。"读誓词毕,长幼以次就坐,尽欢而退。务在恭敬神明,和睦乡里,以厚风俗。祝文(略)。乡厉:凡各乡村,每里一百户内立坛一所,祭无祀鬼神,专祈祷民庶安康,孳畜蕃盛。每岁三祭:春清明日,秋七月十五日,冬十月一日。祭物牲酒,随风俗置办,其轮流会首及祭毕会饮、读誓等仪,与祭里社同。[①]

洪武三十一年(1398年),朱元璋向全国颁行了《教民榜文》。《教民榜文》实际上是乡村教化总纲,对乡村教化的方方面面都做出了明确的规范。比如,该榜文赋予了里老、老人乡村教化之权,要求其宣讲"圣谕六条",要求每村置一鼓召集村人,要求乡里互助,要求兴办社学,要求乡村少年读《大诰》三遍,等等。

---

① [明]熊鸣岐辑:《昭代王章》卷四《仪注·里社》,《玄览堂丛书初辑》本,台湾正中书局1981年版,第300—303页。

从历代诏令法规规范的实施范围可以看出,唐以前有关的诏令法规多是面向全国,不分城乡;唐以后则多是分别规范,专门面向乡村的有关诏令法规已较为常见。这既是城乡关系发展的结果,又表明王朝教化针对性与指向性的增加,表明王朝政府对于乡村教化的日益重视。

2. 旌表劝导

旌表劝导主要是指王朝政府通过对乡村孝义人物的表彰以导引社会风习。如两汉时代,均在乡村设置"孝弟""力田"等名号,以引导、教化农民勤力耕种。据《汉书》载,西汉惠帝四年(前191年),"举民孝弟、力田者复其身"[1],首开汉政府奖励力田之先河。不久之后的高后元年(前187年),又"初置孝弟、力田二千石者一人"[2],正式将力田设为一项察举科目。对此,西汉文帝特下诏称:

> 孝弟,天下之大顺也;力田,为生之举也。……朕甚嘉此二三大夫之行。[3]

东汉章帝也下诏称:

> 三老,尊年也。孝弟,淑行也。力田,勤劳也。国家甚休之。其赐帛人一匹,勉率农功。[4]

《后汉书·百官志五》记东汉制度曰:

---

① 《汉书》卷二《惠帝纪》,第90页。
② 《汉书》卷三《高后纪》,第96页。
③ 《汉书》卷四《文帝纪》,第124页。
④ 《后汉书》卷三《章帝纪》,第149页。

　　凡有孝子顺孙,贞女义妇,让财救患,及学士为民法式者,皆扁表其门,以兴善行。①

　　这样,自西汉惠帝始,两汉时代的每一位在位时间较长的皇帝都曾下诏奖励"孝弟""力田"。据有关统计,两汉皇帝发布的奖励"孝弟""力田"的诏令,竟多达37条。② 事实证明,这是一项颇有成效的教化政策。到了唐代,"孝弟力田"合而为一,进一步成为科举之一项。这对于农民阶层来说无疑是很大的鞭策,是激励农民安于畎亩、积极耕作的另一个有效途径,反映了选举制度对"以农为本"国策的积极配合。③

　　两汉时代的这种旌表方式一直被后世所沿袭。唐高祖曾专门下诏旌表两位乡民,其《旌表孝友诏》云:

　　　　民禀五常,仁义斯重。士有百行,孝敬为先。自古哲王,经邦致治,设教垂范,莫尚于兹。叔世浇讹,民多伪薄,修身克己,事资诱劝。朕恭应灵命,临驭遐荒。悯兹弊俗,方思迁导。雍州万年县乐游乡民王世贵,孝性自天,力行无怠。丧其所怙,哀毁绝伦。负土成坟,结庐墓侧。盐酪之味,在口不尝。哭泣之声,感于行路。安福乡民宋兴贵,立操雍和,主情友睦。同居合爨,累世积年。务本力农,崇让履顺。宏长民教,敦睦风俗。宜加褒显,以劝将来。可并旌表门闾,蠲免课役。布告天下,使明知之。④

唐高祖所旌表的第一位乡民是孝行代表,其家贫乏财,亲老死后,自己负土成坟,且认真守丧;旌表的第二位乡民是同居共财大家庭的代表,体现的也是孝

---

① 《后汉书》志二八《百官志五》,第3624页。
② 参见李学娟:《两汉教化研究》,山东大学2009年博士学位论文,第24页。
③ 详见马新:《论孝在中国传统社会中的异化》,《孔子研究》2004年第4辑。
④ [清]董诰等编:《全唐文》卷一,唐高祖《旌表孝友诏》,第24—25页。

悌伦理。

这一传统至明清时代仍然存续。如明洪武二十一年（1388 年）即榜示天下：

> 本乡本里有孝子顺孙、义夫节妇及但有一善可称者，里老人等以其所善实迹，一闻朝廷，一申有司，转闻于朝。①

较之前代，更是推而广之。

3. 制度引领

制度引领主要指王朝政府通过制度设计实施乡村教化。

秦汉时期，王朝政府十分重视教化的制度化建设，汉王朝在选官制度的察举制中，既设有"孝廉"之常科，又设有"孝弟力田"之特科，专门选用孝悌、力田、廉正之人，这是典型的制度设置。这种选任的基点是乡村社会中邻里的评价，亦即"乡举里选"，对乡村教化的推动还是具有一定功效的。

在行政制度方面，秦汉王朝还在县、乡、里之内分设三老，掌管教化。刘邦在建汉伊始即在县、乡级设三老，掌管教化。《汉书·高帝纪》记西汉高祖诏云：

> 举民年五十以上，有修行，能帅众为善，置以为三老，乡一人。择乡三老一人为县三老，与县令丞尉以事相教，复勿徭戍，以十月赐酒肉。②

西汉文帝时又下诏曰：

---

① ［明］李东阳等撰，［明］申时行等重修：《大明会典》卷七九《礼部三十七》，广陵书社 2007 年影印本，第 1254 页。
② 《汉书》卷一上《高帝纪上》，第 33—34 页。

三老,众民之师也……其遣谒者劳赐三老、孝者帛人五匹,弟者、力田二匹……而以户口率置三老、孝悌、力田常员,令各率其意以道民焉。①

县、乡三老人选的条件是年老"有修行",其职责是"帅众为善""各率其意以道民",亦即直接对乡村百姓施行教化。《汉书·百官公卿表》则直接明确三老的教化之职:

乡有三老、有秩、啬夫、游徼。三老掌教化。②

《后汉书·百官志五》对三老的职掌说得更具体明了:

乡置有秩、三老、游徼。本注曰:……三老掌教化。凡有孝子顺孙,贞女义妇,让财救患,及学士为民法式者,皆扁表其门,以兴善行。……③

除县、乡设三老外,秦、汉王朝还在基层村落组织"里"中设有"里老""里师",掌一里之教化。如岳麓书院所藏秦简记载:

尉卒律曰:里自卅户以上置典、老各一人,不盈卅户以下,便利,令与其旁里共典、老,其不便者,予之典而勿予老。公大夫以上擅启门者附其旁里,旁里典、老坐之。置典、老,必里相谁(推),以其里公卒、士五(伍)年长而毋(无)害者为典、老。毋(无)长者令它里年长者。为它里典、老,毋以公士及毋敢以丁者,丁者为典、老,赀尉、尉史、士吏主者各一甲,丞、令、令史各一盾。毋(无)爵者不足,以公士,县毋命为典、老者,以不更以下,

① 《汉书》卷四《文帝纪》,第124页。
② 《汉书》卷一九上《百官公卿表上》,第742页。
③ 《后汉书》志二八《百官志五》,第3624页。

先以下爵。其或复,未当事戍,不复而不能自给者,令不更以下无复不复,更为典、老。①

从该律文可看出,每村三十户以上者需设里典、里老各一人;若村户不足三十户者,可与邻村合设里典、里老。

三老制度在秦汉时期得到很好的贯彻实施。江苏尹湾六号汉墓出土的木牍就完整地记有东海郡下辖各县(侯国、邑)乡吏员的设置情况,其中乡级既有"乡啬夫""乡有秩""乡佐"等,也有"乡三老",其《集簿》明确记载:

县邑侯国卅八……乡百七十……县三老卅八人,乡三老百七十人,孝、弟、力田各百廿人,凡五百六十八人。②

县、乡三老的设置与刘邦诏书所规定的相一致。这在出土汉代简牍中多有记载,如在山东青岛土山屯汉墓出土的木牍"堂邑元寿二年要具簿"中也记有"三老官属员五十三人"(M147:25-1背面)③。《后汉书·秦彭传》载有东汉时的规定:"有遵奉教化者,擢为乡三老。"④这与《汉书·百官公卿表》及《后汉书·百官志》等文献记载也大致吻合。又如,江苏仪征胥浦101号汉墓出土竹简文书《先令券书》云:

元始五年九月壬辰朔辛丑[亥],高都里朱凌庐居新安里,甚疾,其死。

---

① 陈松长主编:《岳麓书院藏秦简》(肆),上海辞书出版社2015年版,第115—116页。

② 连云港市博物馆等编:《尹湾汉墓简牍》,中华书局1997年版,第77页。按,据《集簿》中"县三老卅十八人,乡三老百七十人,孝、弟、力田各百廿人,凡五百六十八人"记载,高敏先生认为西汉时"孝""弟"人数是分别计算的,"孝"与"弟"是两项察举科目,至东汉时期遂合而为一,成为一项察举科目。(参见高敏:《〈集簿〉的释读、质疑与意义探讨——读尹湾汉简札记之二》,《史学月刊》1997年第5期)

③ 青岛市文物保护考古研究所、黄岛区博物馆:《山东青岛土山屯墓群四号封土与墓葬的发掘》,《考古学报》2019年第3期。

④ 《后汉书》卷七六《循吏·秦彭传》,第2467页。

故请县、乡三老,都乡有秩、佐,里师、田谭等,为先令券书。①

券文中的"里师、田谭"就是最基层的乡村教化人员。《白虎通》卷六《辟雍》
又言:

> 古之教民者,里皆有师,里中之老有道德者为里右师,其次为左师,教
> 里中之子弟以道义孝悌仁义。②

如此可见,里中之里师与县、乡三老的选用标准一致,所担负的教化职责也完
全相同。③

六朝及唐代依然如此。杜佑《通典》载:

> 宋五家为伍……十里为亭……十亭为乡,乡有乡佐、三老、有秩、啬
> 夫、游徼各一人,所职与秦汉同。

> 大唐凡百户为一里,里置正一人;五里为一乡,乡置耆老一人。以耆
> 年平谨者,县补之,亦曰父老。贞观九年,每乡置长一人,佐二人,至十五
> 年省。④

至明代,仍于村中设里老,掌教化。朱元璋曾命户部下令:

> 每乡里各置木铎一,内选年老或瞽者,每月六次持铎徇于道路,曰:
> "孝顺父母,尊敬长上,和睦乡里,教训子孙,各安生理,毋作非为。"又令民

---

①　王勤今等:《江苏仪征胥浦 101 号西汉墓》,《文物》1987 年第 1 期。
②　[清]陈立撰,吴则虞点校:《白虎通疏证》卷六《辟雍》,《新编诸子集成》本,中华书局 1994 年版,第 262 页。
③　详见马新:《里父老与汉代乡村社会秩序略论》,《东岳论丛》2005 年第 6 期。
④　[唐]杜佑撰,王文锦等点校:《通典》卷三三《职官十五·乡官》,第 924 页。

每村置一鼓,凡遇农种时月,清晨鸣鼓集众,鼓鸣皆会田所,及时力田。其怠惰者里老人督责之,里老纵其怠惰不劝,督者有罚。又令民凡遇婚姻、死丧、吉凶等事,一里之内互相赒给,不限贫富,随其力以资助之,庶使人相亲爱,风俗厚矣。①

此令要求十分具体,对里老的选用、职责、教化方式以及惩戒方式等都有详细规定。

二、地方官员对乡村教化的倡导

在中国古代社会,不仅君主与中央王朝致力于乡村教化,各级地方官员也负有教化推行之责。在基层乡村治理中,他们不仅依诏令、政令而行,也充分发挥个人对教化的理解与热情,积极推行辖区内的乡村教化。

1. 地方官员推行乡村教化的职责

教化是历代封建王朝自上而下的政治行为,也是各级地方官员的职责所在。两汉时代即规定:各县、邑、道之令长,"皆掌治民,显善劝义,禁奸罚恶,理讼平贼,恤民时务,秋冬集课,上计于所属郡国"②,其中的"显善劝义,禁奸罚恶"都属教化内容。唐代的规定更为明确。根据规定,地方大员的职责是:

考核官吏,宣布德化,抚和齐人,劝课农桑,敦谕五教。每岁一巡属县,观风俗,问百姓,录囚徒,恤鳏寡,阅丁口,务知百姓之疾苦。部内有笃学异能闻于乡闾者,举而进之;有不孝悌,悖礼乱常,不率法令者,纠而绳

① 《明太祖实录》卷二五,洪武三十年九月辛亥,第3677—3678页。
② 《后汉书》志二八《百官五》,第3622—3623页。

之。……若孝子顺孙,义夫节妇,志行闻于乡闾者,亦随时申奏,表其门闾;若精诚感通,则加优赏。其孝悌力田者,考使集日,具以名闻。①

可以看出,"宣布德化"是地方大员的重要职责,为此,一方面,要正面教化劝导,"敦谕五教",彰表孝子顺孙、义夫节妇以及孝悌力田者;另一方面,则是严加约束,对于"不孝悌,悖礼乱常,不率法令"者,要"纠而绳之"。

在县令的职责中,教化的份量更重。如唐代规定:

> 京畿及天下诸县令之职,皆掌导扬风化,抚字黎氓,敦四人之业,崇五土之利。善鳏寡,恤孤穷,审察冤屈,躬亲狱讼,务知百姓之疾苦。②

在历代王朝的政治实践中,有相当一批地方长吏恪尽职守,致力于乡村教化,并取得一定成效。西汉韩延寿即是典型代表。《汉书·韩延寿传》载:

> 延寿为吏,上礼仪,好古教化,所至必聘其贤士,以礼待用。广谋议,纳谏诤;举行丧让财,表孝弟有行,修治学官(师古注:"学官谓庠序之舍也。"),春秋乡〔射〕,陈钟鼓管弦,盛升降揖让,及都试讲武,设斧钺旌旗,习射御之事。

韩延寿为颍川太守后,首先着手的就是劝导教化。《汉书·韩延寿传》记道:

> 教以礼让,恐百姓不从,乃历召郡中长老为乡里所信向者数十人,设酒具食,亲与相对,接以礼意,人人问以谣俗,民所疾苦,为陈和睦亲爱消

---

① 〔唐〕李林甫等撰,陈仲夫点校:《唐六典》卷三〇《三府督护州县官吏》,中华书局 1992 年版,第 747 页。
② 〔唐〕李林甫等撰,陈仲夫点校:《唐六典》卷三〇《三府督护州县官吏》,第 753 页。

除怨咎之路。长老皆以为便,可施行。……百姓尊用其教。

韩延寿改任左冯翊太守后,仍视教化地方为首要职责。史载其行县至高陵时实行教化事例:

> 民有昆弟相与讼田自言,延寿大伤之,曰:"幸得备位,为郡表率,不能宣明教化,至令民有骨肉争讼,既伤风化,重使贤长吏、啬夫、三老、孝弟受其耻,咎在冯翊,当先退。"……于是讼者宗族传相责让,此两昆弟深自悔,皆自髡肉袒谢,愿以田相移,终死不敢复争。①

值得注意的是,除了地方长吏外,一些乡里小吏也在劝导乡里教化。特别是在隋唐之前,士子居于乡里者颇多,要通过乡举里选走上仕途,也每每有充任乡里小吏者。他们具有劝导乡里教化的条件与主动性,往往躬自践行。如《后汉书·循吏·仇览传》记东汉蒲亭长仇览曰:

> (仇览)年四十,县召为补吏,选为蒲亭长。劝人生业,为制科令,至于果菜为限,鸡豕有数,农事既毕,乃令子弟群居,还就黉学。其剽轻游恣者,皆役以田桑,严设科罚。躬助丧事,赈恤穷寡。期年称大化。

该传李贤注引谢承《后汉书》亦载:

> (仇)览为县阳遂亭长,好行教化。人羊元凶恶不孝,其母诣览言元。览呼元,诮责元以子道,与一卷《孝经》,使诵读之。元深改悔……于是元

---

① 《汉书》卷七六《韩延寿传》,第3210—3213页。

遂修孝道,后成佳士也。[1]

作为一个乡村亭长,能够"好行教化",充分反映了王朝教化意识之普及。[2]

2. 地方长吏推行乡村教化的方式

综合考察地方长吏对乡村教化的劝导,大致可分为两种方式:一种是奉旨行事,将朝廷并上司有关教化的旨意推行到乡村;另一种是创造性劝导,即结合自身学养以及教化理论与实际,在教化方式、教化内容等方面都有所创造。

奉旨行事式的教化是多数官员的选择,若能落到实处,也着实不易。前已述及,明王朝建立后,为推行教化,要求"各处乡村人民,每里一百户内立坛一所"。社坛是乡村教化的主要载体。在各地地方官的推动下,里社之社坛制度基本建立。乾隆《橙杨散志》中收有《建立社坛示碑》碑文,全文如下:

直隶徽州府歙县孟为申明乡约以敦风化事。抄蒙巡差总理粮储兼巡按应天等处地方、都察院右都御史陈案验,备仰县遵照洪武礼制,每里建立里社坛场一所,就查本处淫祠寺观毁改为之,不必劳民伤财,仍行令各乡图遵行。嘉靖五年二月起,每遇春秋二社,出力办猪羊祭品,依式书写祭文,率领一里人户致祭,五行五献。设礼生冠带几人,务在诚敬,丰洁用,谦祈报。祭毕就行会饮,并读抑强扶弱之词,成礼而退。仍于本里内推选年高矜式者一人为约正,有德行兼优者二人副之,照依乡约事宜,置立簿二扇,或善或恶者,各书一籍。每月一会,务在劝善惩恶,兴礼恤患,以厚风俗。乡社既定,然后立社学,设教读,以训童蒙;建社仓,积粟谷,以备凶荒。而古人教养之良法美意,率于此乎寓焉。果能行之,则雨旸时

---

① 《后汉书》卷七六《循吏·仇览传》,第2479—2480页。

② 参见马新:《两汉乡村管理体系述论》,《山东大学学报(哲学社会科学版)》1997年第1期。

若,五谷丰登,而赋税自充;礼让兴行,风俗淳美,而词讼自简,何待于催科,何劳于听断,而水旱、盗贼亦何足虑乎!此敦本尚实之政,良由此者自当加意举行,不劳催督,各将领过乡约本数,建立过里社处所,选过约正、约副姓名,备造文册,各令径自申报,以凭查核。其兴之有迟速,行之有勤惰,而有司之贤否于此见焉。定于分别劝惩,决不虚示等因。奉此。除遵奉外,今将备蒙案验事理刻石,立于本社,示为遵守施行。

　　　嘉靖五年四月日歙县知县孟镇,县丞刘逊,主簿梁永昌,典史沈云,耆旧江乾助、江思绍、江廷珍、江璀、江璨、程克文等立。①

从以上碑文可以看到,嘉靖五年(1526年),歙县知县孟镇切实按照洪武礼制的要求,每里设立里社坛场一所,而且对如何在里社之中推行教化,也都依制一一落实。

创意式的教化形式多样,难以备述。有的在任上立"条教",规范或引导百姓向善,推广教化。比如,西汉宣帝时颍川太守黄霸的做法是:

　　　为条教,置父老师帅伍长,班行之于民间,劝以为善防奸之意,及务耕桑,节用殖财,种树畜养,去食谷马。米盐靡密,初若烦碎,然霸精力能推行之。②

东汉时期,王景为庐江太守的做法是:一方面大力修缮芍陂,推广牛耕技术,提高乡村百姓的生产与生活水平;另一方面,他又不遗余力地大力推行教化:

　　　遂铭石刻誓,令民知常禁。又训令蚕织,为作法制,皆著于乡亭,庐江

　　① 〔清〕江登云纂:乾隆《橙杨散志》卷一〇《艺文·碑》,《中国地方志集成·乡镇志专辑》第27册,江苏古籍出版社1992年版,第660—661页。
　　② 《汉书》卷八九《循吏·黄霸传》,第3629—3630页。

传其文辞。①

汉元帝末年,冯立为上郡太守时,"多知有恩贷,好为条教"②,也是采用立"条教"的办法推广教化。

有的地方官则利用行政手段和立"条教"双管齐下推行教化,改变乡村风俗。以汉代禁"淫祀"为例。汉代各地乡村有"多淫祀,好卜筮"③之俗,为改变这一习俗,官吏们使用各种方式教化民众。如《后汉书·宋均传》载:

> 浚道县有唐、后二山,民共祠之,众巫遂取百姓男女以为公妪,岁岁改易,既而不敢嫁娶,前后守令莫敢禁。均乃下书曰:"自今以后,为山娶者皆娶巫家,勿扰良民。"于是遂绝。④

再如《后汉书·张禹传》记扬州刺史张禹针对当地百姓崇拜伍子胥以致不敢涉水之俗,遂以身试教:

> 当过江行部,中土人皆以江有子胥之神,难于济涉。禹将度,吏固请不听。禹厉言曰:"子胥如有灵,知吾志在理察枉讼,岂危我哉?"遂鼓楫而过。历行郡邑,深幽之处莫不毕到,亲录囚徒,多所明举。吏民希见使者,人怀喜悦,怨德美恶,莫不自归焉。⑤

《三国志·魏书·徐邈传》亦记徐邈为凉州刺史期间大力推行教化,禁止淫祀之举。史载:

---

① 《后汉书》卷七六《循吏·王景传》,第 2466 页。
② 《汉书》卷七九《冯立传》,第 3305 页。
③ 《后汉书》卷四一《第五伦传》,第 1397 页。
④ 《后汉书》卷四一《宋均传》,第 1413 页。
⑤ 《后汉书》卷四四《张禹传》,第 1497 页。

（徐邈）率以仁义,立学明训,禁厚葬,断淫祀,进善黜恶,风化大行,百姓归心焉。①

有些地方官则秉承儒家的治民思想,以宽严相济的方式督促百姓执行儒家伦理道德。如汝南太守何敞,在每年立春日,即派精通儒术之官吏到各县推行教化。《后汉书·何敞传》云:

（敞为汝南太守）立春日,常召督邮还府,分遣儒术大吏案行属县,显孝悌有义行者。……百姓化其恩礼。其出居者,皆归养其父母,追行丧服,推财相让者二百许人。②

如史载属实,这一方式当取得了较好效果。

有的地方官开办学校,以学校作为阵地向乡里传播儒家伦理道德。如东汉丹阳太守李忠的做法是:

以丹阳越俗不好学,嫁娶礼仪,衰于中国,乃为起学校,习礼容,春秋乡饮,选用明经,郡中向慕之。垦田增多,三岁间流民占著者五万余口……③

通过学校讲习礼仪影响乡里百姓、推进教化,这类做法一直得以延续。如唐玄宗天宝三年(744年)诏令:

自今已后,宜令天下家藏《孝经》一本,精勤教习。学校之中,倍加传

---

① 《三国志》卷二七《魏书·徐邈传》,第 740 页。
② 《后汉书》卷四三《何敞传》,第 1487 页。
③ 《后汉书》卷二一《李忠传》,第 756 页。

授。州县官长,明申劝课焉。①

于是地方官兴学重教,使地方学校在社会教化中发挥出越来越大的作用,"州县之教达于乡党,乡党之教达于众庶矣"②。元明清时期更是在乡村大力兴办社学和义学,将其视为教化的重要工具,如,万历《宿迁县志》即明确提出:

> 社学为教之之地,葆自然之和,禁未萌之欲,日就月将以训致乎……然则社学之建在今日,所以治人心、正风俗、扶世教之第一义也,胡可少哉!③

有的将行为规范融于富民政策中,在发展地方经济的同时淳化民风。例如,渤海太守龚遂"躬率以俭约,劝民务农桑",要求农户每家必须"口种一树榆,百本薤、五十本葱、一畦韭,家二母彘、五鸡";灵活地实施税收政策,规定可以用当地的果实菱芡补充租赋;并针对渤海郡的"奢侈,好末技,不田作"等不良习俗,严令劳动力在农耕时节必须从事田作,禁止他们带刀持剑、游手好闲。上述措施不仅使百姓过上了富足的生活,而且达到了"狱讼止息"的效果。④

在创意式教化中,乡约是最有特色且系行之久远者。自陕西"蓝田四吕"(即吕大忠、吕大钧、吕大临、吕大防)于北宋神宗年间制定《吕氏乡约》,乡约便很快风行于社会,很多地方官员纷纷仿效,推行乡约,旨在将乡村百姓的日常生活完全纳入儒家伦理道德的框架之中。宋代理学家朱熹在任地方长吏

---

① [宋]王溥:《唐会要》卷三五《经籍》,第645页。
② [唐]独孤及撰,刘鹏、李桃校注:《毗陵集校注》卷九《福州都督府新学碑铭》,辽海出版社2006年版,第210页。
③ [明]喻文伟修,[明]刘筹等纂:万历《宿迁县志》卷二《建置志·学校》,《天一阁藏明代方志选刊续编》第8册,上海书店出版社1990年影印版,第894页。
④ 《汉书》卷八九《循吏·龚遂传》,第3640页。

时,十分重视"乡约"这一新生事物,注重对乡里民众的日常劝导。他任知漳州时,曾拟定劝谕榜,包括孝顺父母,尊敬长上,和睦乡里,教训子孙,各安生理,毋作非为。这些内容被朱元璋全盘接受,成为"圣谕六条"。朱熹还强调,乡里每月初一都要行读约之礼,由专人诵读乡约,专人解说其意,不明者可以质问。集令之时,还要评判众人所为:

> 有善者众推之,有过者直月纠之。约正询其实状于众,无异辞,乃命直月出之。[①]

这一做法被明王朝推而广之。如明嘉靖初年,黄怿为福建泉州府安溪县知县时,将读约之内容大大扩展,既有太祖圣谕,又有北宋的《蓝田吕氏乡约》,还有《古灵陈氏教辞》以及本县自行制定的《禁约》。

《古灵陈氏教辞》内容为:

> 为吾民者:父义,母慈,兄友,弟恭,子孝;夫妇有恩,男女有别,子弟有学,乡闾有礼;贫穷患难亲戚相救,婚姻死丧邻保相助;无堕农业,无作盗贼,无举赌博,无好争讼,无以恶凌善,无以富吞贫;行者让路,耕者让畔,斑白者不负戴于道路,则为礼义之俗矣。[②]

《禁约》内容为:

> 一禁火葬,二禁赌博,三禁教唆词讼,四禁投献田地,五禁男女混杂,六禁僧道娶妻,七禁私开炉冶,八禁盗宰耕牛,九禁伪造假银,十禁般演杂

---

① [宋]朱熹著,郭齐、尹波校点:《朱熹集》卷七四《增损吕氏乡约》,四川教育出版社1996年版,第3912页。
② [明]汪瑀修,[明]林有年纂:嘉靖《安溪县志》卷一《地舆类·乡里》,《天一阁藏明代方志选刊》第33册,上海古籍书店1981年影印版,第14/b—15/a页。

剧,十一禁社保受状,十二禁教读乡谈,十三禁元宵观灯,十四禁端午竞渡。①

《古灵陈氏教辞》简约易记,与朱熹的劝谕榜异曲同工,而本县自行制定的《禁约》则含有颇为浓厚的黄怿个人色彩。十四项禁条中,直接涉及乡村教化者九条;禁止正常文化活动者又有三条,即禁演杂剧,禁元宵观灯,禁端午竞渡。这种对乡村正常文化活动的粗暴干预,反映了官方教化与乡村文化矛盾与冲突的一面。

还有的地方官员自己动手,编排谕俗文,以布告、榜文、小册子等形式发布给百姓。这种官方谕俗文文体不一,既有通俗诗歌式的,也有短文式的,但语言浅显朴实,通俗易懂,内容贴近农村生活,意在便于乡村百姓接受。如宋代郑至道的《琴堂谕俗篇》即是:

> 采摭经史故事关于伦常日用者,旁引曲喻,以开导下愚,故其词惟主于通俗,而其说亦多诫以利害。②

又,吴雄于绍圣年间知靖安县时,"行劝民五事,作《谕俗》十诗,自注《孝经》,皆有关风化者"③。明代邵武府同知陆勉的《谕俗辞》也是一则颇具特色的教化之作。该辞这样写道:

> 邵武人,听我嘱。我名勉,我姓陆。

---

① [明]汪瑀修,[明]林有年纂:嘉靖《安溪县志》卷一《地舆类·乡里》,《天一阁藏明代方志选刊》第33册,第15/a页。

② [清]永瑢等:《四库全书简明目录》卷一三《子部十·杂家类》,上海科学技术文献出版社2016年版,第353页。

③ [明]谢旻等监修:《江西通志》卷五九《名宦》,《景印文渊阁四库全书》第515册,台湾商务印书馆1986年版,第82页。

自到任，访民俗。山场多，土产薄。

女绩麻，男种粟。俭些用，积些谷。

当煮饭，只煮粥。宁吃菜，莫吃肉。

粗器皿，布衣服。日积升，月积斛。

多置田，少起屋。养鱼苗，喂猪畜。

有功夫，书尽读。孝父母，爱伯叔。

教子孙，惜奴仆。敬邻里，睦宗族。

早办官，免勾促。莫做债，省羞辱。

好非为，坐牢狱。宜守分，要知足。

地方安，禾稻熟。吏不贪，官不酷。

当武人，听我嘱。①

这种《三字经》式的文风，朴实简明，朗朗上口，利于向乡村百姓灌输礼教纲常、劝农耕桑以及推行政府法令规范等。此类谕俗文自宋代以来便是地方官员推广教化、加强对乡村社会治理的比较常见的手段。

要之，地方长吏致力于教化者不乏其人，手段方式也多种多样，但无论是雷厉风行的"条教"和禁敕，还是循循善诱的劝诫和劝谕，其实都是以纲常礼教为主题的居高临下的"教化"。这些教化内容必然对乡村百姓产生较大影响，但是，究竟有多少内容被乡村百姓接受和认可并成为其行为规范，还需要我们认真研究。

三、士绅对乡村教化的影响

中国古代的士绅主要指各类读书人。具体说来，士是尚未入仕的读书人，

---

① ［明］陆勉：《谕俗辞》，载［明］邢址、陈让纂修：嘉靖《邵武府志》卷二《地理·风俗》，《天一阁藏明代方志选刊》第 30 册，第 46/b—47/a 页。

绅是曾在仕途的读书人。这些人中的相当一部分都居于村落,他们对引领民众、教化民众有着较强的使命感,并具有明确的角色意识和自觉的付出,对乡村教化及乡土秩序产生着重要作用和影响。

1. 士子在乡村社会的沉淀与文化引领

中国古代的官僚选用制度以选士为主,无论是汉代的察举征辟制,还是魏晋南北朝时期的九品中正制,抑或隋唐宋元明清时期的科举制,其主要对象都是读书的士子。因而,乡村社会中的读书之风一直盛行不衰,耕读传家是乡村社会的理想追求。乡村社会中,读书士子成为农民中的一个特殊群体,他们一方面仍是地道的农民,生活于村落,生产于村落;另一方面,他们又是官僚队伍的后备力量,随时可能"朝为布衣,暮致卿相",推动着国家官僚机构的新陈代谢。

西汉时代的朱买臣就是其中一位代表。从《汉书·朱买臣传》所记可知,朱买臣为乡村贫下之户,无田地,卖柴为生,但好读书,最后成为会稽太守。该传记道:

> (买臣)家贫,好读书,不治产业,常艾薪樵,卖以给食。担束薪,行且诵书。其妻亦负戴相随,数止买臣毋歌讴道中,买臣愈益疾歌,妻羞之,求去。买臣笑曰:"我年五十当富贵,今已四十余矣。女苦日久,待我富贵报女功。"妻恚怒曰:"如公等,终饿死沟中耳,何能富贵?"买臣不能留,即听去。其后,买臣独行歌道中,负薪墓间。故妻与夫家俱上冢,见买臣饥寒,呼饭饮之。……
>
> (后买臣为会稽太守)入吴界,见其故妻、妻夫治道,买臣驻车,呼令后车载其夫妻,到太守舍,置园中,给食之。①

---

① 《汉书》卷六四上《朱买臣传》,第2791、2793页。

当时的乡村士子多种多样。朱买臣属于个人修习者,还有自太学学成回到乡村者。如史载东汉之范式:

> 范式,字巨卿,山阳金乡人也,一名氾。少游太学,为诸生,与汝南张劭为友。劭字元伯,二人并告归乡里。①

也有已负盛名的学问家居于乡村者。如《隋书》记北齐之崔廓:

> 崔廓字士玄,博陵安平人也。父子元,齐燕州司马。廓少贫而母贱,由是不为邦族所齿。初为里佐,屡逢屈辱,于是感激,逃入山中。遂博览书籍,多所通涉,山东学者皆宗之。既还乡里,不应辟命。

崔廓乃博陵崔氏,望族之后,其学问已令"山东学者皆宗之",但他仍回乡里定居,而且"终于家,时年八十"。②

魏晋南北朝时期,士族望姓子弟未出仕居于乡村者较为普遍。如渤海大姓高氏子弟高昂,"字敖曹,其母张氏,始生一男二岁,令婢为汤,将浴之。婢置而去,养猿系解,以儿投鼎中,焖而死。张使积薪于村外,缚婢及猿焚杀之,扬其灰于漳水,然后哭之"③。高昂在乡中属于横行霸道者,"少与兄乾数为劫掠,乡间畏之,无敢违忤。兄乾求博陵崔圣念女为婚,崔氏不许。昂与兄往劫之,置女村外,谓兄曰:'何不行礼?'于是,野合而归"④。谷川道雄先生认为,就高氏而言,"婢和猿是在村外焚杀的,则暗示其居所是在村内";就崔氏而言,"其女既被带出村外,则显示崔圣念的家是在村内。以上两宗记事,都可以作为渤

---

① 《后汉书》卷八一《独行·范式传》,第 2676 页。
② 《隋书》卷七七《隐逸·崔廓传》,第 1755 页。
③ 《北史》卷三一《高允传》,第 1144 页。
④ 《北史》卷三一《高允传》,第 1145 页。

海高氏、博陵崔氏居住于村内的例子来进行解释"。①

像高氏兄弟这样的士族子弟当然不在少数,但士族子弟几乎都是读书人也是事实,他们居于乡村之中,对于乡村教化的影响也是应当认真研究的。

曾经为官的读书人又回归乡村者也时而可见。如西汉末致仕归家的王丹:

　　家累千金,隐居养志,好施周急。每岁农时,辄载酒肴于田间,候勤者而劳之。其堕懒者,耻不致丹,皆兼功自厉。邑聚相率,以致殷富。其轻黠游荡废业为患者,辄晓其父兄,使黜责之。没者则赙给,亲自将护。其有遭丧忧者,辄待丹为办,乡邻以为常。行之十余年,其化大洽,风俗以笃。②

作为乡里长者,王丹以各种方式督促乡里村民致力于农耕,并联合家长"黜责"不事生产者,起到了很好的教化效果。

东晋之陶渊明从彭泽县令任上辞官乡居,是一个富有特色的代表人物。他在《归园田居》诗中写道:

　　　　少无适俗韵,性本爱丘山。

　　　　误落尘网中,一去三十年。

　　　　羁鸟恋旧林,池鱼思故渊。

　　　　开荒南野际,守拙归园田。

　　　　方宅十余亩,草屋八九间。

　　　　榆柳荫后檐,桃李罗堂前。

---

① 〔日〕谷川道雄著,马彪译:《中国中世社会与共同体》,中华书局2002年版,第300页。
② 《后汉书》卷二七《王丹传》,第930页。

暧暧远人村,依依墟里烟。

狗吠深巷中,鸡鸣桑树颠。

户庭无尘杂,虚室有余闲。

久在樊笼里,复得返自然。①

诗中对其村居状况有很详尽的描述。

对于其乡村生活,陶渊明还作有《移居》诗二首,诗写道:

昔欲居南村,非为卜其宅。

闻多素心人,乐与数晨夕。

怀此颇有年,今日从兹役。

敝庐何必广,取足蔽床席。

邻曲时时来,抗言谈在昔。

奇文共欣赏,疑义相与析。

春秋多佳日,登高赋新诗。

过门更相呼,有酒斟酌之。

农务各自归,闲暇辄相思。

相思则披衣,言笑无厌时。

此理将不胜? 无为忽去兹。

衣食当须纪,力耕不吾欺。②

从诗中不难看出,陶渊明居于乡村,仍有许多文化活动,"邻曲时时来,抗言谈

---

① 古直笺,李剑锋评:《重定陶渊明诗笺》卷二《归园田居》,山东大学出版社 2016 年版,第 43 页。
② 古直笺,李剑锋评:《重定陶渊明诗笺》卷二《移居》,第 66—67 页。

在昔。奇文共欣赏,疑义相与析""春秋多佳日,登高赋新诗"等等,都是具体写照。

在中国古代乡村士绅的变迁中,隋唐是一个较为特殊的时代。这一时期,科举制取代了九品中正制,中央王朝的统一策试取代了以往的乡举里选。士子们仅在乡村读书修身已无入仕机会,必须奔走于城市上层,四处投谒,激扬名声,结果使乡村社会的士子不断流失。对此,杜佑《通典》评论道:

> 隋氏罢中正,举选不本乡曲,故里间无豪族,井邑无衣冠,人不土著,萃处京畿,士不饰行,人弱而愚。①

杜佑此言虽不无偏激之处,但也反映了当时乡村士子流失的大趋势。

至宋明时代,随着科举取士数量的大幅度增加,分级选士制度的完备,沉淀于乡村耕读的士子又得以增加;与之同时,随着赋役豁免政策的扩大,特别是市镇的发展,乡村生活条件不断改善,返乡居住的退休官员也开始增加。这样,士绅对村落文化的影响力也必然有所加强。

以明代的生员为例。明代国子监监生与府州县学之学生均称"生员",俗称"秀才",他们均享有终身特权。依顾炎武所言,他们"免于编氓之役,不受侵于里胥,齿于衣冠得于礼见官长,而无笞捶之辱"②。生员们在便服服饰上可与职官大僚相同。叶梦珠曾记道:

> 俱戴四角方巾,服各色花素绸纱绫缎道袍。其华而雅重者,冬用大绒茧绸,夏用细葛,庶民莫敢效也。其朴素者,冬用紫花细布或白布为袍,隶人不敢拟也。其后巾式时改,或高或低,或方或扁,或仿晋、唐,或从时制,

---

① [唐]杜佑撰,王文锦等点校:《通典》卷一七《选举五》,第417页。

② [明]顾炎武撰,华忱之点校:《顾亭林诗文集·亭林文集》卷一《生员论上》,中华书局1983年版,第21页。

总非士林,莫敢服矣。其非绅士而巾服或拟于绅士者,必缙绅子弟也。①

　　根据韩国学者吴金成的研究,明后期沉淀于乡村的监生当在 12 500—22 500 人之间;生员总数在正德年间已达 31 万,明末更有 50 万之多。② 沉淀于乡村者不下数十万,是乡村社会中一个重要群体。

　　中国古代的士子始终以"修身、齐家、治国、平天下"为人生理想,"穷则独善其身,达则兼济天下"③是其普遍的价值取向。因而,他们中的相当一部分都热心于乡村公益。自秦汉到明清,有关事例不胜枚举。杨国安曾列举清代长江中游地区的一些典型事例说:

　　　　在各地区日常公益性活动如修路架桥、捐资办学、赡族恤贫、调节纠纷等事务中,我们都能看到以生员为主体的中下层士绅活动的身影。在道光年间湖北襄阳府所建的 19 座义学中,16 座为士绅捐资创办,而这批士绅中,除了 1 名武进士外,其余 27 名全属生员,从童生、贡生、廪生到监生不等。在长江中游各省地方志中,关于士绅施粥、舍药、栖流、救生、赡族、恤嫠、施棺等义举的记载不胜枚举,其中也以生员为最多。如同治《浏阳县志》载:"曹应奎,字亮斋,县西纱帽港人,监生。生平广行善事,置公渡,捐义山。又独施汤药、棺木,救生恤死,每行事必载之书,曰《正心录》。"④

　　如此,乡村社会中士子的影响力不容忽视。他们是乡村社会的基石,处在国家与乡村社会之间,可以起到沟通国家执政者与村落民众的桥梁作用。因

---

　　① 〔明〕叶梦珠撰,来新夏点校:《阅世编》卷八《冠服》,上海古籍出版社 1981 年版,第 174 页。
　　② 参见〔韩〕吴金成著,〔日〕渡昌弘译:《明代社会经济史研究——绅士层の形成とその社会经济の役割》,日本汲古书院 1990 年版,第 51—62 页。
　　③ 〔清〕焦循撰,沈文倬点校:《孟子正义》卷二六《尽心上》,第 891 页。
　　④ 陈锋主编:《明清以来长江流域社会发展史论》,第 420 页。

而,他们既可被村民们信赖,又可被王朝官方倚重。如清人汪辉祖言:

> 官与民疏,士与民近,民之信官,不若信士。朝廷之法纪不能尽喻于民,而士易解析,谕之于士,使转谕于民,则道易明,而较易行。境有良士,所以辅官宣化也。且各乡树艺异宜,旱潦异势,淳漓异习。某乡有无地匪,某乡有无盗贼,吏役之言,不足为据,博采周谘,唯士是赖。[①]

在这一基点上,乡村士绅凭借地缘、血缘的关系以及自身特殊的社会角色,对于乡村教化的劝导和乡村文化的引领,对于实现皇权对乡村的有效统治,对于乡村民众愿望和诉求的上达,都发挥着不可替代的重要作用。

但是,自光绪三十一年(1905年)科举制被废除,给当时的乡村教育尤其是对沉淀于乡村的士子产生了很大的影响。一方面,新学制促使乡村办学主体由私向公的转变,减弱了民间办学和就学的积极性;而且对贫寒而向学之家的子弟有所排斥,导致乡村读书人数量日益减少;同时,新学生在乡村中不受重视,流向城市寻求发展。另一方面,士子逐渐流向城市,而与乡村日益疏远。最后导致乡村中士与绅的疏离,"乡绅"的来源逐渐改变,不再主要由读书人组成,特别是下层乡绅中读书人的比例明显下降。[②]与之相应,士绅在乡村基层社会的核心地位日渐下降,其对乡村的教化和乡村文化的引领作用也随之大为减弱。

2. 士绅对乡村教化的基本方式

乡村士绅推行教化的方式多种多样,因时因地而异,或劝导,或引领,不一而论。其基本方式主要有三个,即人格影响、教化贯彻、文化引领。

---

① [清]汪辉祖:《学治臆学》卷上《礼士》,载陈生玺辑:《政书集成》第10辑,中州古籍出版社1996年版,第290页。

② 参见罗志田:《科举制废除在乡村中的社会后果》,《中国社会科学》2006年第1期。

（1）人格影响

人格影响形式多样,均是通过士子之言行对乡里村民潜移默化,有所影响。比如《后汉书》记载:

> 孙期字仲彧,济阴成武人也。少为诸生,习《京氏易》《古文尚书》。家贫,事母至孝,牧豕于大泽中,以奉养焉。远人从其学者,皆执经垄畔以追之,里落化其仁让。①

> 楼望字次子,陈留雍丘人也。少习《严氏春秋》,节操清白,有称乡闾。②

> 淳于恭……家有山田果树,人或侵盗,辄助为收采。又见偷刈禾者,恭念其愧,因伏草中,盗去乃起,里落化之。③

所谓"里落化其仁让""里落化之",就是乡里村落之人,被其仁爱谦让之行所感化。"有称乡闾",即谓其清白之节操被乡里村民称誉。

更多的士绅是以自身所接受的儒家礼治思想和伦理意识而自觉践行教化,以其人格魅力和行为影响身边的村民或家人。比如,东汉时期,汝南缪肜面对家庭内部的姒娌纷争,就自我慨叹,自责曰:"缪肜,汝修身谨行,学圣人之法,将以齐整风俗,奈何不能正其家乎!"结果,"弟及诸妇闻之,悉叩头谢罪,遂更为敦睦之行"。④ 名士蔡衍则以"明经讲授,以礼让化乡里。乡里有争讼者,

---

① 《后汉书》卷七九《儒林上·孙期传》,第2554页。
② 《后汉书》卷七九《儒林上·楼望传》,第2580页。
③ 《后汉书》卷三九《淳于恭传》,第1301页。
④ 《后汉书》卷八一《独行·缪肜传》,第2686页。

辄诣衍决之,其所平处,皆曰无怨"①;等等。

为掌握完整个案,我们可以以北朝后期赵郡李氏子弟李士谦为例。李士谦少即丧父,事母至孝,博览群籍,研精不倦。除年轻时一度为东魏广平王开府参军事外,一直居于乡村。《隋书·隐逸·李士谦传》记道:

> 自以少孤,未尝饮酒食肉,口无杀害之言。至于亲宾来萃,辄陈樽俎,对之危坐,终日不倦。李氏宗党豪盛,每至春、秋二社,必高会极欢,无不沉醉喧乱。尝集士谦所,盛馔盈前,而先为设黍,谓群从曰:"孔子称黍为五谷之长,荀卿亦云食先黍稷,古人所尚,容可违乎?"少长肃然,不敢弛惰,退而相谓曰:"既见君子,方觉吾徒之不德也。"士谦闻而自责曰:"何乃为人所疏,顿至于此!"家富于财,躬处节俭,每以振施为务。州里有丧事不办者,士谦辄奔走赴之,随乏供济。有兄弟分财不均,至相阋讼,士谦闻而出财,补其少者,令与多者相埒。兄弟愧惧,更相推让,卒为善事。有牛犯其田者,士谦牵至凉处饲之,过于本主。望见盗刈其禾黍者,默而避之。其家僮尝执盗粟者,士谦慰谕之曰:"穷困所致,义无相责。"遽令放之。其奴尝与乡人董震因醉角力,震扼其喉,毙于手下。震惶惧请罪,士谦谓之曰:"卿本无杀心,何为相谢!然可远去,无为吏之所拘。"性宽厚,皆此类也。

> 其后出粟数千石,以贷乡人,值年谷不登,债家无以偿,皆来致谢。士谦曰:"吾家余粟,本图振赡,岂求利哉?"于是悉召债家,为设酒食,对之燔契,曰:"债了矣,幸勿为念也。"各令罢去。明年大熟,债家争来偿谦,谦拒之,一无所受。他年又大饥,多有死者,士谦罄竭家资,为之糜粥,赖以全活者将万计。收埋骸骨,所见无遗。至春,又出粮种,分给贫乏。赵郡农民德之,抚其子孙曰:"此乃李参军遗惠也。"或谓士谦曰:"子多阴德。"士

---

① 《后汉书》卷六七《党锢·蔡衍传》,第 2208 页。

谦曰:"所谓阴德者何? 犹耳鸣,已独闻之,人无知者。今吾所为,吾子皆知,何阴德之有?"

士谦善谈玄理,尝有一客在座,不信佛家应报之义,以为外典无闻焉。士谦喻之曰:"积善余庆,积恶余殃,高门待封,扫墓望丧,岂非休咎之应邪? 佛经云轮转五道,无复穷已,此则贾谊所言,千变万化,未始有极,忽然为人之谓也。佛道未东,而贤者已知其然矣。……客又问三教优劣,士谦曰:"佛,日也;道,月也;儒,五星也。"客亦不能难而止。①

以上记录了李士谦在乡里的主要行事。将诸事分类归纳,可列出李士谦在五个方面对乡里民众产生着重要影响:

其一是君子风范。在宾客宴集之时,春、秋二社之际,他都能恪守礼仪,致使少长肃然,但士谦却深深自责,这是十分典型的君子风范。

其二是节俭之风。尽管家富于财,但能躬行节俭,未尝饮酒食肉。

其三是宽厚待人。有牛践踏其田地时,士谦不仅不驱赶追究,反而牵牛饲养;有盗割其庄稼者,他也是默而避之。尤其是对两兄弟分财的劝导,更体现了其人格影响。

其四是仁爱之风。赈施贫乏,焚烧债契,灾年施粥,收埋骸骨等等,尤其是负债者因无力偿还前来谢罪时,李士谦言:"吾家余粟,本图振赡,岂求利哉!"更使此风深入人心。

其五是好学之风。士谦博览典籍,切磋学问,居于乡里,对乡村人文之潜移默化的影响也是不能忽视的。

当然,李士谦之例应当是乡村士绅中的少数,但以其中一项之长嘉惠乡里,却是乡村士绅中的多数表现。这样,他们也就自然对乡村文化施加着多少不等的影响。

---

① 《隋书》卷七七《隐逸·李士谦传》,第1752—1754页。

（2）教化贯彻

教化贯彻是指乡村士绅配合王朝教化而进行的种种作为。他们或主动请官方授权,施行教化;或接受官方指令,根据官方要求施行教化。如《吕氏乡约》即积极倡导邻里乡人能"德业相劝,过失相规,礼俗相交,患难相恤",而且吕氏兄弟在乡村中身体力行,"广教化,厚民风",结果使蓝田一带乡里民风淳厚,夜不闭户。

再如南宋徽州士绅邱龙友主动上奏度宗,请求在所居之乡里建社坛,敦乡约,推行教化。其上奏全文如下:

> 徽州提刑节度同知致仕臣邱龙友、临安府钱塘县知县致仕臣王英杰谨奏为请地立社以便祈报以敦乡约事。臣谨按祀典:其上下得以通行者,惟社为然。自三代立社以降,汉高帝二年诏御史,具令天下立灵星祠,谓之农祥,岁时祀以太牢,春二月及腊祀以羊、彘,民间里社各令自裁以祀。唐高祖武德初,定令仲春、仲秋二戊日大社、大稷,配以勾龙、后土,诏州县祀社稷,士民里闬亦许相从,各伸祈报,用洽乡党之情。此民社之所由昉也。我国家重祠致祭,其于社稷之祀,因之加谨。臣先本贯河南,承乏徽州,占籍官前,遂为歙民,编户岩镇,与王英杰同里。相念既居其乡,群其人,尝立乡社,规以乡约。窃见镇东旧有崇善亭基,鞠为草莽久矣。臣等冒死上言,乞为社坛,集众同祀。庶春祈秋报有所因得,于时申明乡约,劝沮臧否,以保年谷丰登,以笃枌榆谊契,下期风俗之淳,上乐圣明之治。臣等幸甚,乡民幸甚。谨具本,令男立肃,诣阙奏请,干犯天威,伏候宸断。咸淳六年正月日具奏,臣邱龙友、王英杰。

此奏很快有了回音,南宋朝廷批复道:

奉旨:看得职官邱龙友、王英杰所奏,事理有协于义,准予立社,着本州官给帖付照,地税免征。钦此。钦遵。本部抄奉,仰徽州使秦纪勘行。①

明王朝时代,中央王朝着力推进乡约。在乡约的实施过程中,居于乡村之士绅是基本力量。如嘉靖年间的许州知州张良知在推进乡约中便依托士子。史载:

同学(举)致政敦德者一员为约正,以帅约士;闲礼者二员为约副,以掌约仪;才识公正者一员为约史,以监约事;乡间耆民六行克敦者三十人为耆老,免其杂泛差徭,以见优崇之意;仍举生员年长熟于礼仪者八人为礼生;年少生员十人者肆诗歌焉。每月朔望赴乡约所,听约正副宣圣训,并示以四礼条式,举善纠过,又申之告戒,明之宪章,凡入约人家冠婚丧祭悉自约所举行。②

也有许多士绅主动响应王朝旨令,积极推动乡约。如嘉靖年间,退官回乡的开州乡绅王崇庆便亲自率同里之人组建乡约。嘉靖《开州志》卷一〇《杂志·乡约》记道:

(乡约首以皇祖《教民榜》为主。)岁壬辰冬十月辛亥之望,王崇庆率里人凡百五十人格于郡庙,矢于众曰:“呜呼!凡我里中父老豪杰,敢有背圣训,爽誓约,是谓效乱民;敢有沉酗于酒,竞斗于讼,陷身于奸慝,是谓效凶民;敢有略昏丧,攘鸡豚,纵男妇肆毁詈侮善良,是谓效顽民。惟兹诸

① [清]余华瑞纂:《岩镇志草·艺文上·题请建立镇东祖社奏疏》,《中国地方志集成·乡镇志专辑》第27册,江苏古籍出版社1992年版,第213—214页。
② [明]张良知纂修:嘉靖《许州志》卷四《学校·乡约》,《天一阁藏明代方志选刊》第47册,第14/b—15/a页。

恶,士农有一于身业必败,工商有一于身家必亡。约长或纠而不改,则理于官,其或能善,则众共奖之。呜呼! 凡我有邻既誓之后,言归于好,所有条约其审行之。"①

从上述事例不难发现,宋明时代的乡约具有很强的官方色彩,是王朝教化体系的重要一环,尤其是乡约组织已成为半官方的乡村治理组织,以官方为依托,对乡村社会具有相当的控制力,这也可见各王朝推行教化的本质所在。乡绅借官方力量,积极推动乡约,对于教化民众起到了不可小觑的作用。

(3) 文化引领

文化引领是指乡村士绅通过面向乡里村民的文化创造或文化活动,引领或服务于村民所需。汉代一些大儒教授于乡村,被乡村百姓认同,便起到了文化引领作用。如《后汉书·召驯传》载:

> 驯少习《韩诗》,博通《书》、《传》,以志义闻,乡里号之曰"德行恂恂召伯春"。②

《后汉书·冯豹传》亦载:

> (冯豹)长好儒学,以《诗》、《春秋》教于丽山下,乡里语之曰"道德彬彬冯仲文"。③

当然,中国古代乡村中活跃着的更多是普通乡村文人,他们对村落文化的引领

---

① [明]孙巨鲸修,[明]王崇庆纂:嘉靖《开州志》卷一〇《杂志·乡约》,《天一阁藏明代方志选刊》第46册,第10/a页。
② 《后汉书》卷七九下《儒林下·召驯传》,第2573页。
③ 《后汉书》卷二八下《冯衍传附冯豹传》,第1004页。

或服务更为重要。我们可以以唐朝之王梵志、清朝之蒲松龄为例加以分析。

王梵志,唐初黎阳乡村文人,以俚俗之语入诗,其诗通俗易懂,充满人文情怀。他曾生动描述乡村富者与贫者之生活。其《富饶田舍儿》诗写道:

> 富饶田舍儿,论情实好事。
> 广种如屯田,宅舍青烟起。
> 槽上饲好马,仍更买奴婢。
> 牛羊共成群,满圈养豚子。
> 窖内多埋谷,寻常愿米贵。
> 里正追役来,坐著南厅里。
> 广设好饮食,多酒劝遣醉。
> 追车即与车,须马即与马。
> 须钱便与钱,和市亦不避。
> 索面驴驮送,续后更有雉。
> 官人应须物,当家皆具备。
> 县官与恩泽,曹司一家事。
> 纵有重差科,有钱不怕你。①

其《贫穷田舍汉》诗写道:

> 贫穷田舍汉,庵子极孤恓。
> 两共前生种,今世作夫妻。
> 妇即客春捣,夫即客扶犁。
> 黄昏到家里,无米复无柴。
> 男女空饿肚,状似一食斋。

---

① [唐]王梵志著,项楚校注:《王梵志诗校注》卷五,上海古籍出版社1991年版,第645页。

里正追庸调,村头共相催。

幞头巾子露,衫破肚皮开。

体上无裈裤,足下复无鞋。

丑妇来恶骂,啾唧搦头灰。

里正被脚蹴,村头被拳搓。

驱将见明府,打脊趁回来。

租调无处出,还须里正倍。

门前见债主,入户见贫妻。

舍漏儿啼哭,重重逢苦灾。

如此硬穷汉,村村一两枚。①

以上两首诗看似直叙其事,平实无华,但从字里行间可以读出王梵志对富饶田舍儿的不屑,也可以读出对贫穷田舍儿的同情。

在王梵志诗作中,有关教化的劝导诗所占比例最多,大致而言,有五个方面的内容。

其一是倡导家庭伦理。如《你若是好儿》诗云:

你若是好儿,孝心看父母。

五更床前立,即问安稳不。

天明汝好心,钱财横入户。

王祥敬母恩,冬竹抽笋与。

孝是韩伯瑜,董永孤养母。

你孝我亦孝,不绝孝门户。②

---

①　[唐]王梵志著,项楚校注:《王梵志诗校注》卷五,第651页。

②　[唐]王梵志著,项楚校注:《王梵志诗校注》卷二,第168页。

《兄弟须和顺》诗云：

> 兄弟须和顺，叔侄莫轻欺。
> 财物同箱柜，房中莫畜私。①

《世间何物重》诗云：

> 世间何物重，夫妻最是好。
> 一个厥磨师，眼看绝行道。
> 熏熏莫恨天，业是前身报。
> 妻儿嫁与鬼，你向谁边告？
> 教你别娶妻，不须苦烦恼。②

其二是张扬邻里友爱。诗中主张邻里相亲，邻里互助，邻里相敬。《邻并须来往》诗云：

> 邻并须来往，借取共交通。
> 急缓相凭仗，人生莫不从。③

《借物索不得》诗云：

> 借物索不得，贷钱不肯还。
> 频来论即斗，过在阿谁边？④

---

① 陈尚君辑校：《全唐诗补编》（上）卷之二，中华书局1992年版，第99页。
② ［唐］王梵志著，项楚校注：《王梵志诗校注》卷五，第704页。
③ ［唐］王梵志著，项楚校注：《王梵志诗校注》卷四，第497页。
④ 陈尚君辑校：《全唐诗补编》（上）卷之二，第103页。

与之同时,王梵志又强调要守信讲义,知恩报恩。如《负恩必须酬》诗云:

> 负恩必须酬,施恩慎勿索。
> 得他一石面,还他拾斗麦。
> 得他半匹练,还他二丈帛。
> 瓠芦作杓车,棒莫作出客。①

《长幼同钦敬》诗亦云:

> 长幼同钦敬,知尊莫不遵。
> 但能行礼乐,乡里自称仁。②

其三是普及人际交往之礼仪,涉及方方面面,细致实用。如《敬他还自敬》诗云:

> 敬他还自敬,轻他还自轻。
> 骂他一两口,他骂几千声。
> 触他父母讳,他触祖公名。
> 欲觅无嗔报,少语最为精。③

《主人相屈至》诗云:

> 主人相屈至,客莫先入门。
> 若是尊人处,临时自打门。

---

① ［唐］王梵志著,项楚校注:《王梵志诗校注》卷三,第371页。
② ［唐］王梵志著,项楚校注:《王梵志诗校注》卷四,第498页。
③ ［唐］王梵志著,项楚校注:《王梵志诗校注》卷三,第366页。

《亲家会宾客》诗云：

> 亲家会宾客，在席有尊卑。
> 诸人未下箸，不得在前椅。

《停客勿叱狗》诗云：

> 停客勿叱狗，对客莫频眉。
> 供给千余日，临时请不饥。

《亲客号不疏》诗云：

> 亲客号不疏，建唤则须唤。
> 食食宁且休，只可待他散。①

其四是如何教子有方，主要内容是读书与严加管束。如《养子莫徒使》诗云：

> 养子莫徒使，先教勤读书。
> 一朝乘驷马，还得似相如。

《欲得儿孙孝》诗云：

> 欲得儿孙孝，无过教及身。
> 一朝千度打，有罪更须嗔。

---

① 陈尚君辑校：《全唐诗补编》（上）卷之二，第101、104页。

《养儿从少打》诗云：

> 养儿从少打，莫道怜不笞。
> 长大欺父母，后悔定无疑。①

其五是各种劝诫，告诫人们不要沾染邪淫恶习，内容颇多。如劝诫婚丧奢靡者，有《天下恶风俗》诗云：

> 天下恶风俗，临丧命犊车。
> 男婚傅香粉，女嫁著钗花。
> 尸栘阴地卧，知堵是谁家？②

还有劝诫好吃懒作者。《世间慵懒人》诗云：

> 世间慵懒人，五分向有二。
> 例著一草衫，两膊成山字。
> 出语嘴头高，诈作达官子。
> 草舍元无床，无毡复无被。
> 他家人定卧，日西展脚睡。
> 诸人五更走，日高未肯起。
> 朝庭数十人，平章共博戏。
> 菜粥吃一椀，街头阔立地。
> 逢人若共语，荒说天下事。
> 唤女作家生，将儿作奴使。

---

① 陈尚君辑校：《全唐诗补编》（上）卷之二，第102页。
② ［唐］王梵志著，项楚校注：《王梵志诗校注》卷三，第357页。

妻即赤体行,寻常饥欲死。

一群病癞贼,却搦父母耻。

日月甚宽恩,不照五逆鬼。①

又有戒饮酒赌博之诗。《饮酒妨生计》诗云:

饮酒妨生计,摴蒲必破家。

但看此等色,不久作穷查。②

有劝禁行盗之诗。《偷盗须无命》诗云:

偷盗须无命,侵欺罪更多。

将他物己用,思量得夜魔。③

又有劝诫邪妄之行者。《邪淫及妄语》诗云:

邪淫及妄语,知非惣勿作。

但知依道行,万里无迷错。④

王梵志作为一个乡村文人,以弘扬教化为己任,其教化诗实际上正是乡村民众的文化教科书。王梵志自己诗中也道出了其诗作本意。如《家有梵志诗》云:

---

① 〔唐〕王梵志著,项楚校注:《王梵志诗校注》卷二,第149页。
② 〔唐〕王梵志著,项楚校注:《王梵志诗校注》卷四,第493页。
③ 陈尚君辑校:《全唐诗补编》(上)卷之二,第108页。
④ 陈尚君辑校:《全唐诗补编》(上)卷之二,第108页。

家有梵志诗,生死免入狱。

不论有益事,且得耳根熟。

白纸书屏风,客来即与读。

空饭手捻盐,亦胜设酒肉。①

正因为此,王梵志诗在乡村社会之流传并不亚于唐代的知名诗人,敦煌文书中时而可见的王梵志诗残卷,足以说明之。这也表明,乡村文人中的此类教化担当者,对乡村教化与乡村文化的引领作用是王朝与官方力量所无法替代的。

清代乡村士子蒲松龄也属于这样一类人物。蒲松龄(1640—1715),为清代山东淄川满井庄人,科场失意,家境贫寒,除短期做过宝应县令孙蕙的幕僚外,一生中大部分时间都是在家乡为塾师。蒲松龄一生中,除了写就《聊斋志异》这部文学巨著外,对乡村文化也极为关注,专门为村民们编成《日用俗字》一书,用歌谣方式将乡村日用俗字及相关知识汇为一编,成为乡村百姓百科式教科书。蒲松龄在该书《自序》中写道:

> 旧有《庄农杂字》,村童多诵之。无论其脱漏甚多,而即其所有者,考其点画,率皆杜撰。故立意详查《字汇》,编为此书。

从其《自序》可以看到,此类书籍在乡村很受欢迎,"村童多诵之"。②

蒲松龄之《日用俗字》是在原本流行的《农庄杂字》基础上编订而成,当流行更广。全书共分31章,计有身体、庄农、养蚕、饮食、菜蔬、器皿、杂货、果实、兵器、丹青、木匠、泥匠、铁匠、石匠、裁缝、皮匠、银匠、毡匠、疾病、堪舆、纸扎、僧道、争讼、赌博、行院、花草、树木、走兽、禽鸟、鳞介、昆虫。

---

① 陈尚君辑校:《全唐诗补编》(上)卷之二,第111页。

② 张树铮:《蒲松龄〈日用俗字〉注》,山东大学出版社2015年版,第1页。

　　每章若干句,每句七言,既是日用俗字大全,又是相关知识汇编,更为重要的是,在相关内容中都含有明确的是非导向判断,使此书既可益智,又可励志修身,对于乡村文化的传承与发展,功莫大焉。

　　比如在农业生产知识方面,《日用俗字·庄农章》写道:

　　　　煮了信石需谨慎,鸡饭(参)狗舔染黄泉。

"信石",即砒霜。当时农家多用于肥料或种子中,以防病虫害,"饭",即啄食,所以,鸡啄狗舔之后会一命呜呼。又写道:

　　　　畝上豆角地不闲,开手先撒绵花种。芝麻又种霸王鞭,黍子稷子一齐种。

"畝",今一般写作"埯"。"埯上",即挖坑点种;"霸王鞭"是一种秆壮荚多的优良芝麻品种。还写道:"起掠三回堆聚起,顺风筛扬簸箕搧。"①这是传授晒粮与扬场技术。

　　在医学知识方面,蒲松龄《日用俗字·疾病章》写道:

　　　　倒食噎膈命由天,咽疼消渴为伤热。头痛肚热谓伤寒,淋沥白浊小便闭。脱肛痔漏大恭干,鹤膝风先求杜仲。寸白虫须用雷丸,疝气五般疗不愈。心疼九种猝难安,酒疸食黄或下痢。

这里所述的各知识点较为准确。如"倒食噎膈"即食道癌的主要病症,"鹤膝风"即结核性关节炎,中药"杜仲"是对症之药,"寸白虫"即条虫,"雷丸"则是

---

　　①　张树铮:《蒲松龄〈日用俗字〉注》,第47、36—37、41—42页。

民间驱虫之特效药。该章还写道：

> 腰闪只吹一笑散，天行必用五瘟丹。伏梁气块横腹内，奔㹠直上篆心
> 间。咯嗽吐红为大病，怔忡惊悸不能眠。霍乱吐食兼溏泻，遗精盗汗梦巫
> 山。脚气增寒如感冒，臁疮痒发似虫钻。[1]

这里对一些常见病的诊断认识很是到位。如"霍乱"症状为上吐下泻，"脚气增寒"时表现为全身发冷如感冒，等等。

蒲松龄在书中对陋风弊俗进行了充分揭示，借以启发村民。比如，对于堪舆术，他在《堪舆章》中写道：

> 止见公卿来看地，上坟何曾见公卿？善人偶得儿孙贵，术士尽夸地脉
> 灵。葬后死绝无后代，当年也说旺人丁。二番再来无的说，强词归罪老
> 坟茔。[2]

又如，对于当时乡村丧葬之陋俗，他在《纸扎章》中写道：

> 纸草荒唐混世人，苇为筋骨纸为身。不敢㧾㧾已破碎，如何轿马可驮
> 魂？双红双青为上彩，蒲纸刚连更不论。笺印蜡花为绣缎，铂粘连七作
> 金银。

又写道：

---

① 张树铮：《蒲松龄〈日用俗字〉注》，第212—213、214—215页。
② 张树铮：《蒲松龄〈日用俗字〉注》，第222—223页。

纸扎只待一声哭,费尽千金一火焚。不能如此便羞耻,傍柩坐待雨黄金。奉劝世人量家当,不必典卖作虚文。①

蒲松龄在书中还特别提示,乡邻相处要以和为贵。《争讼章》中写道:

劝君软弱莫强梁,忍气真为省事方。或因酒色生闲气,南园争枣北园桑。只为一钱耻了脸,攥拳搌手毁爷娘。

他告诫村民们不要为一点小事争吵不休,也不要因一时之愤对簿公堂。在该章中,他还着重描述了诉讼之害处。他写道:

又有小忿不忍耐,怒起轻投状一张。谁知九牛拔不出,朝朝伺候发三梆。衙门不论情合理,个个衙蠹赛虎狼。须用银钱求押役,还将包面请该房。十官九混情难料,有理无钱未必强。脖上开枷惟钞买,班中打板使钱央。着急拆翻屋上瓦,忍疼卖去稻池秧。②

他还极力描述最终结果,写道:

一湾死水滴溇(陆)尽,饥寒难忍卖田庄。富家虽有钱和势,却也心下不清凉。况是贫人尤不可,只要安分作工商。唆讼述人尤不好,死了难以见阎王。家中无事真清福,鼾睡直到大天光。③

蒲松龄的这些面向村民的著述,实际上是乡村文化百科,既有生产知识、

---

① 张树铮:《蒲松龄〈日用俗字〉注》,第229—230、233页。
② 张树铮:《蒲松龄〈日用俗字〉注》,第242—243、249—250页。
③ 张树铮:《蒲松龄〈日用俗字〉注》,第251—252页。

生活知识，又富含社会知识与伦理教化；加之其运用乡土方言俗语，采用歌谣体形式，浅显易懂，深入人心，因而对乡村文化的影响可以说是全方位的。

四、官方教化与村落"野性"的冲突

在纲常礼教启始之后的汉代，教化与"野性"之争便全面展开，从王朝政府到地方长吏，总是试图以纲常礼教教化百姓，但其效果又总是那么不如人意。西汉昭帝时代，曾召开著名的"盐铁会议"，就武帝以来的经济、社会政策进行论辩。在论辩中，代表儒家纲常礼教的贤良文学们对乡村社会中有违礼教的社会现象进行了充分的揭示。

譬如贤良指出，依乡饮酒礼，"庶人粝食藜藿，非乡饮酒膢腊祭祀无酒肉。故诸侯无故不杀牛羊，大夫士无故不杀犬豕。今闾巷县佰，阡陌屠沽无故烹杀，相聚野外。负粟而往，挈肉而归。夫一豕之肉，得中年之收，十五斗粟，当丁男半月之食"。

又如，贤良还指出，依祭礼，"庶人鱼菽之祭，春秋修其祖祠。……今富者祈名岳，望山川，椎牛击鼓，戏倡舞像。中者南居当路，水上云台，屠羊杀狗，鼓瑟吹笙。贫者鸡豕五芳，卫保散腊，倾盖社场"。

再如，贤良指出，依丧葬之礼，"邻有丧，春不相杵，巷不歌谣。孔子食于有丧者之侧，未尝饱也，子于是日哭，则不歌。今俗因人之丧以求酒肉，幸与小坐而责辨，歌舞俳优，连笑伎戏"。[①]

两汉以后直到明代，历代王朝的教化方式不断增加，规范力度也不断加大，但教化与"野性"之争仍有增无减。

比如，对于兴起于城市的戏乐表演，正统教化一直认为有违礼教，属于"淫乐"，并再三禁断，尤其严防其下乡入村。唐玄宗曾严禁"散乐巡村"，规定如有

---

① ［汉］桓宽撰，王利器校注：《盐铁论校注》卷六《散不足》，第351—353页。

违犯,有关村落的村正及容留者要予以惩罚,杖三十。[①] 但实际上并无多大效果,恰恰自此以后,各类散乐优伶到乡村者不断增多。宋代陈淳曾描述漳州一带的情况:

> 当秋收之后,优人互凑诸乡保作淫戏,号"乞冬"。……今秋自七八月以来,乡下诸村,正当其时,此风在在滋炽,其名若曰"戏乐"。[②]

对此现象,陈淳恳请漳州地方官加以禁断,结果是禁不胜禁。

又如,中国古代村落中盛行多神崇拜,各种祭祀名目繁多,凡超出官方认可范围或有悖官方许可的祭祀方式者,均被视为"淫祠""淫祀",或严加禁止,或从严制约,但往往都是有始无终,无法规范或制止各种祭祀。

明清江南地区村落流行的各种"淫祀"中,以五通神最为著名。五通神一直被官方视为妖神,认为是深山老魅、山萧木客之类。如光绪《奉贤县志》卷一九《风土志》记道:

> 俗多淫祀,五通神、顾先锋之类,乡村争严事之,病不务医,专事祈禳。里巫视鬼,矢口妄语,闻者惑溺,小户之家尤甚。[③]

光绪《青浦县志》卷三《建置志》也记道:

> 邑中淫祀,其在所必斥者,如唐王、五圣、陈三姑之类。[④]

---

① [宋]王溥:《唐会要》卷三四《杂录》,第629页。
② [宋]陈淳:《又上傅寺丞书》,载[清]吴宜燮修,[清]黄惠等纂:乾隆《龙溪县志》卷一〇《风俗》,清光绪五年(1879年)增补重刻本,第11/b页。
③ [清]韩佩金修,[清]张文虎等纂:光绪《重修奉贤县志》卷一九《风土志》,清光绪四年(1878年)刻本,第2/a页。
④ [清]汪祖绶等修,[清]熊其英等纂:光绪《青浦县志》卷三《建置志》,清光绪五年(1879年)刻本,第18/a页。

清康熙年间,江苏巡抚汤斌也致力于整饬"淫祀":

> 严禁五圣庙,立毁其像,民间如有私藏容隐,则十家连坐;禁除太保,着令改业;巫祝、卜店不许判断,违者以逆旨论罪。

他还下令封闭苏州上方山的五圣庙,将五通神沉入太湖。但为时不久,嘉兴、秀水两县,"哄传五圣作祟,日日做戏宴侍,酌献者每日数十家"①。汤斌不久也调任京官,此举不了了之。

光绪《周庄镇志》卷六《杂记》对当地的陈三姑、杨爷等"淫祀"的流行记载道:

> 我吴自汤文正公毁除上方山五通神像,淫祀遂绝。乾嘉以来,此风渐炽,乡里奸巫往往托为妖言以惑众。有陈三姑娘者,镇南之乡人,因犯淫,其父怒而沉诸宗家荡。未期年,所狎十七人皆死,同为厉鬼。人病诣卜,辄云三姑为祟。三四十里间谨事之,且绘其像以鬻于市,金泽、张堰等处并有其庙。每岁三、四月,庙中香火如繁星,舣舟者至不能容,人趾相错于途,而平时以牲帛酬神者尤无算。金泽三姑庙旁又有杨爷庙,与三姑相若,亦为世俗所崇奉。同治壬申夏五月,应方伯宝时命,青浦令毁其像,封其庙,并及三姑。然居民逐什一者因庙祀以为利,故未几即复振。②

这条记载反馈给我们三条重要信息:其一,汤斌整饬淫祀后,曾有短期效果,但乾嘉以来,此风复盛。其二,陈三姑本为村姑,因犯淫被沉潭,如此违逆教化者,却被百姓奉为神灵。可见,王朝教化在作祟之厉鬼面前,多么苍白无

---

① [清]姚廷遴:《历年记》,载上海人民出版社编:《清代日记汇抄》,上海人民出版社1982年版,第122页。
② [清]陶煦纂:《周庄镇志》卷六《杂记》,清光绪八年(1882年)刻本,第14/b—15/a页。

力。其三,杨爷庙也曾被官方封闭,但与五通神类似,未几即复振。这些足以说明教化与"野性"之争的特性——官方的教化代代倡导,影响着村民的精神文化生活;但村落间的"野性"也一直未被驯服,民间百姓的"淫戏""淫祀"层出不穷,同样是村民精神文化世界最为重要的构成。两者有冲突,但更多的是并行不悖的兼容。

从上述部分可以看到,自秦汉以来,每一王朝的统治者都试图以官方教化规范乡野文化,以纲常伦理统一村落"陋俗",从君王、地方官员到各色士绅乡贤,对这种以礼化俗、以礼节俗的做法都乐此不疲。

但我们还要看到,村落中许多原生的文化,是教化所难以覆盖的;村民们所喜闻乐见的下里巴人娱乐,也不是一纸诏令或一番劝导所能制止的。在整个中国古代社会,官方教化与村落"野性"之争一直存续,两者既有方方面面的冲突和斗争,又有许许多多的融合和兼容,从而形成了独特的村落二元文化景观。这种教化与"野性"的纷争与交融,在中国古代文化的发展中起到了重要作用。

第四章　中国古代村落教育

中国古代社会各历史时期都比较重视教育,注重倡办学校。早在西周、春秋时代就有庠、序之设。如《礼记·学记》郑注云:

> 古之教者,家有塾,党有庠,术有序,国有学。[1]

东汉《白虎通》记述道:

> 古者教民者,里皆有师,里中之老有道德者为里右师,其次为左师,教里中之子弟以道艺、孝悌、仁义。立春而就事,朝则坐于里之门,余子皆出就农而后罢。……若既收藏,皆入教学。[2]

何休《春秋公羊经传解诂》亦云:

> 在田曰庐,在邑曰里。一里八十户,八家共一巷。中里为校室,选其耆老有高德者名曰父老……十月事讫,父老教于校室,八岁者学小学,十五者学大学。[3]

---

① [汉]郑玄注,[唐]孔颖达等正义:《礼记正义》卷六一《乡饮酒义》,第1682页。
② [清]陈立撰,吴则虞点校:《白虎通疏证》卷六《辟雍》,第262—263页。
③ [汉]何休撰,[唐]陆德明音义:《春秋公羊经传解诂》卷七《宣公》,《古逸丛书三编》本,中华书局1988年版,第18页。

由上可知,在中国古代社会早期,乡村便设有学校,其教师名曰"师",一般由里中"老有道德者"担任,主要进行"道艺、孝悌、仁义"诸方面的道德教育。但在春秋之前,"学在官府",政教不分,官师合一。这种学校数量颇少,且多集中在诸侯国中,西周官学即以城邑为中心,以贵族子弟为教育对象。虽曾经有乡举选士、司徒举俊士等规定,但最后得入国学者是"王大子,王子,群后之大子,卿大夫元士之适子,国之俊选,皆造焉"①,平民得入者凤毛麟角;郊野村落基本没有什么教育设施。野鄙之人更是基本丧失了受教育的机会。在宗法血缘体系影响下,礼乐文教被牢牢掌控在城邑贵族手中。

春秋战国以来,随着政治与社会结构的变革,原来垄断于城邑贵族的教育文化功能被城乡地缘组织分割和继承,村落文化得以发展,私学勃兴,"学在官府"的局面被打破,教育呈现出官、私二元化办学的新格局,村落教育得以发展。此后,在整个中国古代社会,官、私二元化办学格局一直延续不断。官办教育自太学至府州县学均有分布,但其重心在太学系统,无法满足乡村社会中教育的基本要求。私学重心则在地方社会与民间社会之中,尤其是村落中的族学和村学,植根于乡村社会,对村落文化与教育的普及起着十分重要的作用。

一、古代村落教育的类型

中国古代村落教育大致可划分为族学与村学两种基本类型:族学是由宗族兴办,主要接收本宗族子弟就学;村学是由官方或村落其他人员兴办,面向村落全体民众子弟的学校。两者有同有异,各具特色,又相互影响与交叉。

1. 族学

族学既由宗族兴办,其兴衰发展与乡村宗族之兴衰发展息息相关。汉唐

---

① ［汉］郑玄注,［唐］孔颖达等正义:《礼记正义》卷一三《王制》,第114页。

时期的族学与中古乡村宗族相关联,多为同居共财之宗族或强宗大姓置办,其普及性远不及后世;宋元明清时期的族学与近古宗族相关联,多为宗族共同兴办,其普及性与正规性大为增强。

(1) 汉唐乡村中的族学

有关汉唐乡村中族学的史料较为匮乏,现有资料中的乡村族学多为同居共财之宗族或强宗大姓所办。如崔寔《四民月令》中有多处记载了东汉村落族学的情况:

> 正月……农事未起,命成童以上(谓年十五以上至二十)入大学,学五经;师法求备,勿读书传。研冻释,命幼童(谓九岁以上至十四)入小学,学书篇章(谓六甲、九九、《急就》、《三苍》之属)。
>
> 八月……暑小退,命幼童入小学,如正月焉。
>
> 十月……农事毕,命成童以上入大学,如正月焉。
>
> 十一月……研水冻,命幼童读《孝经》、《论语》、篇章、小学。[1]

众所周知,《四民月令》所针对的是一个同居共财的乡村宗族,这个宗族中的族学或分为小学与大学,或不加区分,统称"宗塾",但学习活动都是在农闲时节进行,具有较大的灵活性和随意性,受教育者应该是全体宗族子弟。元代王祯《农书》中也有类似记述:

> 古者,田有井,党有庠,遂有序,家有塾。新谷既入,子弟始入塾,距冬至四十五日而出。聚则行射饮,正齿位,读教法;散则从事于耕,故天下无不学之农。[2]

---

[1]　[汉]崔寔撰,缪启愉辑释:《四民月令辑释》,第 2、84、98、104 页。

[2]　[元]王祯撰,缪启愉译注:《东鲁王氏农书译注·农桑通诀》卷一《孝弟力田篇》,上海古籍出版社 1994 年版,第 462 页。

北齐杨愔四世同居,大致相当于一个小宗宗法的同居共财宗族,族中也办有族学。史称:

> 愔一门四世同居,家甚隆盛,昆季就学者三十余人。学庭前有柰树,实落地,群儿咸争之,愔颓然独坐。其季父昕适入学馆,见之大用嗟异。①

看来,杨愔就读的学馆系一独立庭院,庭前有柰果树,30 余名族内昆季一同就读,是一所较为完整的族学。

再如,唐代后期的江州陈氏家族,也是乡村中的同居共财宗族,有典型的族学设置。《江州陈氏义门家法》即规定:

> 立书堂一所于东佳庄,弟侄子姓有赋性聪敏者,令修学。稍有学成应举者,除现置书籍外,须令添置。于书生中立一人掌书籍出入,须令照管,不得遗失。

该家法还规定:

> 每年正月,择吉日起馆,至冬月解散。童子年七岁,令入学,至十五岁出学。有能者,令入东佳。逐年于书堂内次第抽二人归训,一人为先生,一人为副。其纸笔墨砚,并出宅库,管事收买应付。②

陈氏之“书堂”大致相当于《四民月令》所言之“大学”,其书馆则相当于《四民月令》所言之“小学”。陈氏家法中对于族学之管理规定得十分清楚,也

---

① 《北齐书》卷三四《杨愔传》,中华书局 1972 年版,第 453 页。
② 《江州陈氏义门家法》,转引自费成康主编:《中国的家法族规·附录》,第 240 页。

很具体。比如,就学者包括族内弟侄子姓,学习用品及书籍"并出宅库",均由族内统一采买置办,小学书屋之教师由大学书堂的学生轮流充任,等等。

唐代还有一些累世大族的族学往往立学几十年甚至上百年不衰,达到了相当的规模。如江西奉新胡氏是奉新一大宗族,全族聚族而居,800余口同居共爨。唐代末年,曾做过饶州判官的胡清献回到华林,创办了培养胡氏子弟的家族私塾。胡氏累世同居,培养了一种共有的风尚,他们置办家族教育,讲经史、诵诗书、习礼义,目的就是为了把累世聚居、数代传经的家风传下去,以博取"孝义声华辉北阙,门闾显赫耀南方"①的名声。南唐时,胡清献之孙胡珰将私塾发展成具有一定规模的学舍。到北宋雍熙元年(984年),胡珰曾孙胡仲尧又在学舍基础上,创建华林书院,其盛时"集书万卷,延四方名士,讲学其间;供衣食,给资斧,一时云游者尝数千人"②,出现了"纷纷游客豫章回,俱道华林就学来"③的景象。到北宋中叶,书院发展成为当时首屈一指的家族化大书院。当然,书院已超出了乡村基础教育的范畴,上升为族学的高级阶段,是为了满足家族子弟应试科举的需要,即以入仕为目的的教育。

汉唐时期,普通宗族所办族学也时而可见。如汉代陈留考城(今河南民权)蒲亭长仇览,"农事既毕,乃令子弟群居,还就黉学"④。东汉末年,为避战乱,许多宗族辗转迁徙,但对本族后代的教育却一直没有中断。如《三国志·魏书·田畴传》载:

> 畴得北归,率举宗族他附从数百人……遂入徐无山中,营深险平敞地而居,躬耕以养父母。百姓归之,数年间至五千余家……又制为婚姻嫁娶

① 〔宋〕张孝隆:《题义门胡氏华林书院》,载北京大学古文献研究所编:《全宋诗》第1册,北京大学出版社1991年版,第248页。该诗文如下:"烟霞缥缈锁仙乡,万卷诗书一草堂。孝义声华辉北阙,门闾显赫耀南方。千寻瀑布侵肌冷,四季闲花扑鼻香。胜事人间无敌处,王公诗版砌虹梁。"

② 《豫章世系详类》,载徐冰云、黎松竹等:《奉新古代书院》,奉新县志编委会、奉新县教育局1985年印行,第190页。

③ 〔宋〕张孝隆:《题义门胡氏华林书院》,载北京大学古文献研究所编:《全宋诗》第1册,第596页。

④ 《后汉书》卷七六《循吏·仇览传》,第2479—2480页。

之礼,兴举学校讲授之业,班行其众,众皆便之,至道不拾遗。①

田畴在徐无山所"兴举学校",应是一所以本族子弟为主、兼顾归附百姓子弟的族学。

需要说明的是,在汉唐时期,私学有所发展,许多族学是与一般私学交织在一起的,亦即族学在为本族子弟提供教育的同时,也招收族外子弟。如曹魏正始年间,河东人乐详"以年老罢归于舍,本国宗族归之,门徒数千人"②。这数千人的门徒中,本族子弟的教育应包含在其中。

另外这一时期,村落中的族学学校规模大小不一,当因家族规模及其实力而异,像上引胡氏家族私塾学舍规模要稍大些,但多数应在十余人至数十人之间。

总之,汉唐时期有关族学的实例尚较为少见,且多系累世同居式家族所兴办,其他家族由于族产与家族共同体职能的不够完备,其族学的兴办当受到较大制约。自北宋始,这一局面得到较大改观。

(2)宋元明清乡村中的族学

北宋范仲淹倡导族内设立义田,且躬自践行,"建义宅,置义田、义庄,以收其宗族,又设义学以教,教养咸备"③。从范仲淹的义学开始,中国古代族学逐渐发展成为宗族制度的组成部分。它的出现扩大了宗族的功能,体现了宗族的扶助价值。这样,宋元以来,随着家族共同体的实体化,族学之兴办已较为普遍,有关事例随处可见。

比如,元末浙江处州人季谦兴办季氏湖山义塾,收族中所有子弟入学。其自述云:

① 《三国志》卷一一《魏书·田畴传》,第341页。
② 《三国志》卷一六《魏书·杜畿传》裴松之注引《魏略》,第507页。
③ [元]牟巘:《义学记》,载李勇先等点校:《范仲淹全集》附录七,中华书局2020年版,第1046页。

　　今予幸藉先人余业,以自免于冻馁,未尚不惴惴于吾身,况能保于其子孙。故愿制产以建读书之所,延名儒为师,以训子弟,以及族姻之人,咸知所学。大则修身齐家,以用于时,小亦不失为乡里之善士,不亦可乎?乃筑于其居之侧,以为堂,中设孔子像,旁列斋舍,翼以廊庑,缭以周垣,买田若干亩,以给师、弟子之食,萃其族之子弟,悉入学。①

又如,明代思想家何心隐将分散的族学集于宗祠兴办。他这样告谕族人:

　　本族乡学之教,虽世有之,但各聚于私馆,栋宇卑隘,五六相聚则寥寥,数十相聚则扰扰,为师者不得舒畅精神以施教,为徒者不得舒畅精神以乐学。故今总聚于祠者,正欲师徒之舒畅也。……私馆之聚,私念之所由起,故总聚于祠者,正以除子弟之私念也。②

　　另外,明代一些致仕官员、文人士子也纷纷在各地乡村办学。如:浙江秀水县人吕原,“贫不能补弟子员学官,致家塾教诸子”③;福建龙溪人李诚之“开义学以淑乡子弟”④;河南黎阳王越“里无私塾,先生为立学,延师教亲疏子弟,随其材器,各有造就”⑤;河南的杨敬“开家塾,以授生徒”⑥;福建的郭惠“立义学,重义轻财,为乡邦推重”⑦;等等。

　　清代族学得到进一步发展,尤其是江南地区的宗族特别重视文化教育,极

　　① [明]刘基著,林家骊点校:《刘基集》卷三《季氏湖山义塾记》,浙江古籍出版社1999年版,第99页。
　　② [明]何心隐著,容肇祖整理:《何心隐集》卷三《聚和率教谕族俚语》,中华书局1960年版,第68页。
　　③ [明]过庭训:《本朝分省人物考》卷四四《浙江嘉兴府一》,《续修四库全书》第534册,上海古籍出版社2002年版,第172页。
　　④ [明]黄仲昭修纂:弘治《八闽通志》卷六八《人物》,福建人民出版社2006年版,第878页。
　　⑤ [明]王越:《黎阳王太傅诗文集》卷下,《四库全书存目丛书·集部》第36册,齐鲁书社1996年版,第515页。
　　⑥ [清]孙灏、[清]顾栋高等编纂:《河南通志》卷六四《孝义》,《景印文渊阁四库全书》第538册,台湾商务印书馆1986年影印版,第86页。
　　⑦ [明]黄仲昭修纂:弘治《八闽通志》卷六八《人物》,第871页。

力倡导和鼓励本宗本族子弟奋发读书，以求学业有成，参加科举考试，光宗耀祖，使得宗族兴旺发达。宗族借族田之力普设族学，从经济上为宗族子弟教育提供支持。如光绪《浦江县志》载：

> 贤田之立，历世而递增，所以教育子孙读书上达也。每庄多者百余亩或数十亩，少亦不下十余亩。①

"贤田"，即族田。这是说拿出宗族义田的一部分用于族学。用于助学的族田往往占据族田的较大比例。以江苏彭氏义庄为例，有学者统计，其助学支出占族田田租收入总支出的30%。②

这一时期族学的兴办，除上述方式外，还有一种新的方式值得注意，即族人在外经商者出资兴办族学。如，清初福建晋江人蔡维坤经商有成，临终遗命是设立族学。其《墓志铭》载：

> 余族子赠奉直大夫讳维坤，字星六，别号载园。生则五世同居，没则遗命建立义田。余所亟欲表之以风世者也。将以某年月日葬于某山……后将有北行，道经建宁之浦城，民淳朴，地肥美，居上流势，心悦之，遂徙焉，故今为浦城人。当甲寅之变，人皆窜息，星六外思戢祸，内作生计，迎其父母及二弟以居。次第谋婚娶……而星六以是年殁矣，享年七十。遗命建祠堂以妥先人，祠之东设家塾课子弟。建义田，岁入五百二十石，规条明备，可贻久远。③

---

① ［清］善广修，［清］张景青纂：光绪《浦江县志》卷三《舆地志·四民》，《中国地方志集成·浙江府县志辑》第54册，上海书店出版社1993年版，第123页。
② 参见张研：《清代族田与基层社会结构》，中国人民大学出版社1991年版，第158页。
③ ［清］蔡世远：《二希堂文集》卷九《族子载园墓志铭》，《故宫珍本丛刊》本，海南出版社2000年版，第179—180页。

此类族学在明清江南地区尤为常见,是村落教育的一个新气象。

族学的教育经费以田产为主。田产是乡村族学维持正常教育活动的经济来源。纵观中国古代族学,其对教育经费的投入形式多种多样,但最为常见、最为稳固的是学田。由以上所举诸例也可看出,元明清时期族学的兴立往往与义田的置办密切相连,故有的文献将义田径称为"书田"。有的是"立家塾,置书田,俾族中子弟诵读其中"①;有的是"增款构学舍,延师课族中子弟。置义田,为膏火资"②。如浙江武义俞源村的培英书屋,是由宗祠举办的义塾,村人称之为"家训阁",其经费由义田中划拨出若干"学田"提供。校舍是一所长长的院落,大门在西端;院内有两排学舍:北边一排给低班学童用,南边一排给大班学童用;东段台阶有几间居舍,是教师的卧房、厨房和书斋。(见图4-1)③

需要说明的是,除了建立族学堂教授子弟外,家族内的转相教授也是中国古代乡村家族教育的一种常见类型。这种类型灵活实用,不受场所及其他条件的限制,有着良好的教育效果。在汉代,尤其是东汉时期,主要实行的是通经入仕的选官制度,为了保持本家族的繁荣昌盛和世代高官,宗族十分重视族中子弟的文化教育,故当时如天文、历法、医卜、术士家等多采用的是世传家学,亦即《两汉书》记载中不绝于缕的"家世传业"。如《汉书·路舒温传》载:

> 路舒温,字长君,钜鹿东里人也。父为里监门,使温舒牧羊,温舒取泽中蒲,截以为牒,编用写书。……从祖父受历数天文。④

---

① [清]周凯等纂修:道光《厦门志》卷一三《列传五·义行》,清道光十九年(1839年)刻本,第5/b页。
② [清]朱景星修,[清]郑祖庚纂,福州市地方志编纂委员会整理:《闽县乡土志·耆旧录一·德行》,海风出版社2001年版,第74页。
③ 图及文见李秋香主编:《文教建筑》,生活·读书·新知三联书店2007年版,第30、95页。
④ 《汉书》卷五一《路温舒传》,第2367—2372页。

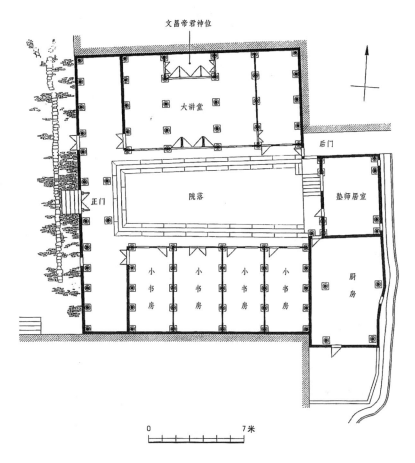

图4-1　浙江武义俞源村培英书屋平面图

又,《后汉书·耿弇传》记耿弇"少好学,习父业"[1];《后汉书·邓禹传》也记载邓禹家族,"有子十三人,各使守一艺。修整闺门,教养子孙,皆可以为后世法"[2]。像耿弇、邓禹这种家学往往以一经或数经父子相传,代代相袭,形成各具特色的家族文化,也因此使该族在社会上拥有了文化优势和干禄的资本,从而确保了家族的政治地位。因此,汉代社会流行这样一句谚语:"遗子黄金满

---

① 《后汉书》卷一九《耿弇传》,第703页。
② 《后汉书》卷一六《邓禹传》,第605页。

籯,不如一经。"①也就是说,留给子孙的财产再多,也终有挥霍干净的一天,倒不如传授给他们一门经术,可以因此受用无穷。所以,在汉代家世传习的现象比比皆是。

特别是随着隋唐时代科举制的实施,读书已是"立身之美者也",于是"父教其子,兄教其弟,无所易业。大者登台阁,小者任郡县,资身奉家,各得其足。五尺童子,耻不言文墨焉"②。如贞元四年(788年),工部员外郎胡珦以刚直不阿违忤权贵,被贬为献陵令,其"居陵下七年,市置田宅,务种树为业以自给,教授子弟"③。

元稹所接受的早期教育则是这一教育方式的典型案例。据他本人的追述:

> 幼学之年,不蒙师训,因感邻里儿稚,有父兄为开学校,涕咽发愤,愿知诗书。慈母哀臣,亲为教授。④

此外,元稹所言"有父兄为开学校"当为族学,他本人无此条件,只能随母读书。元稹还由姨兄胡灵之教授诗赋,姊夫陆翰经教授经书。对此,他也曾回忆道:

> 吾幼乏岐嶷,十岁知方,严毅之训不闻,师友之资尽废。忆得初读书时,感慈旨一言之叹,遂志于学。是时尚在凤翔,每借书于齐仓曹家,徒步执卷,就陆姊夫师授,栖栖勤勤其始也。⑤

---

① 《汉书》卷七三《韦贤传》,第3107页。
② [清]董诰等编:《全唐文》卷四七六,沈既济《词科论并序》,第4868页。
③ [唐]韩愈撰,马其昶校注,马茂元整理:《韩昌黎文集校注》卷七《唐故中散大夫少府监胡良公墓神道碑》,上海古籍出版社1986年版,第467页。
④ [唐]元稹撰,冀勤点校:《元稹集》卷三三《同州刺史谢上表》,第383页。
⑤ [唐]元稹撰,冀勤点校:《元稹集》卷三〇《海侄等书》,第355页。

需要说明的是,宋元明清时期,一些名师硕儒也往往在乡村开讲授业,扩大族学规模和影响,将乡村族学发展为学院,或将书院设于乡村。其规模大者名师会聚,生徒众多,如前所引东林学院等。但其孤傲清高,与乡村社会本身联系较少,且未能施加多少影响。故而我们未将其纳入村落教育的范畴。

2. 村学

中国古代村学一般是指面向所有村民子弟开办的学校。根据兴办者与办学性质的不同,村学可以分为普通村学、社学与义学三类。

(1) 普通村学

普通村学是指在王朝政府倡导或要求下,地方政府与民间所兴办的村学。西汉以来,随着儒家学说地位的提高和文教治国的流布,教育渐向乡村普及,各种村学出现在普通村落中。西汉武帝时"乃令天下郡国皆立学校官"[1],以推动地方教育。西汉平帝时,汉王朝则进一步规定在全国范围内于郡、县、乡、聚建立各级学校:

> (元始三年)夏,安汉公奏车服制度,吏民养生、送终、嫁娶、奴婢、田宅、器械之品。立官稷及学官。郡国曰学,县、道、邑、侯国曰校。校、学置经师一人。乡曰庠,聚曰序。序、庠置孝经师一人。[2]

这样,汉王朝从中央到地方建立起覆盖中央和地方、城市与乡村的全方位官学教育体系网络,尤其是乡聚庠序的建立对于乡村文化教育的发展起到很大的助推作用。

东汉时期,随着乡村社会的发展及城乡教育文化交流的活跃,加之东汉以

---

① 《汉书》卷八九《循吏·文翁传》,第3626页。
② 《汉书》卷一二《平帝纪》,第355页。

来乡村私学、族学的推动,乡村社会的官办学校得到进一步延展。史载:

> 光武即位,征通为卫尉。建武二年,封固始侯,拜大司农。帝每征讨四方,常令通居守京师,镇抚百姓,修宫室,起学官。①

> (寇)恂素好学,乃修乡校,教生徒,聘能为《左氏春秋》者,亲受学焉。②

> (尹珍)乃从汝南许慎、应奉受经书图纬,学成,还乡里教授,于是南域始有学焉。③

这样,至东汉时期,村落文化气息越来越浓,形成了尊学、崇学的气氛,以致出现"不修学行,不为乡里所推举"④的现象。

汉代乡里所设学校,又称为"书馆",亦即"小童习字之馆"⑤。王充《论衡·自纪》中记载了他幼时的求学经历:

> 建武三年,充生。为小儿,与侪伦遨戏,不好狎侮。侪伦好掩雀、捕蝉、戏钱、林熙,充独不肯。诵(充父)奇之。六岁教书……八岁出于书馆,书馆小僮百人以上,皆以过失袒谪,或以书丑得鞭。充书日进,又无过失。手书既成,辞师受《论语》、《尚书》,日讽千字。经明德就,谢师而专门,援笔而众奇。⑥

---

① 《后汉书》卷一五《李通传》,第 575 页。
② 《后汉书》卷一六《寇恂传》,第 624 页。
③ 《后汉书》卷八六《南蛮西南夷列传》,第 2845 页。
④ 《后汉书》卷三八《度尚传》,第 1284 页。
⑤ [清]桂馥撰,赵智海点校:《札朴》卷六《览古·书馆》,中华书局 1992 年版,第 215 页。
⑥ [汉]王充撰,黄晖校释,刘盼遂集解:《论衡校释》卷三〇《自纪》,第 1188 页。

由上可知,王充六岁时由其父王诵先教他习字,八岁后进书馆学习。由"以书丑得鞭"可知,书馆教学主要以习字、识字为主,而且教师对学童十分严厉,经常体罚学生。而"书馆小僮百人以上"的记载则反映出书馆的规模并不小。《东观汉记·王阜传》称,王阜先学经,后返乡里教授,"童子传授业,声闻乡里"①。既然受学者为"童子",王阜应当也是在乡里进行蒙学的传授。

魏晋南北朝时期,战争频仍,社会板荡,人们生活不定,流离失所,教育尤其是乡村教育更是大受影响,许多村学荒废不立。但也有个别时期或个别官员在坚持兴办村学。如北魏孝文帝时,高祐为西兖州刺史,"以郡国虽有太学,县党宜有黉序,乃县立讲学,党立教学,村立小学"②。《陈书》卷三三《顾越传》:"所居新坡黄冈,世有乡校,由是顾氏多儒学焉。"③《南史·顾欢传》也记:"乡中有学舍,(顾)欢贫无以受业,于舍壁后倚听。"④以上所述之"村立小学""乡校""学舍"或应是官办村学。

隋唐以来,科举制的实施促进了乡村教育的发展,学校成为村落中的基本要素,是村落地位与影响的重要标志。尤其是唐王朝格外重视乡里的教育,曾三令五申,督促各地乡里办学。比如武德七年(624年)下诏,令州县及乡设置学校。开元二十六年(738年)正月又下诏曰:

> 古者乡有序,党有塾,将以宏长儒教,诱进学徒,化民成俗,率由于是。其天下州县,每乡之内,各里置一学,仍择师资,令其教授。⑤

天宝三年(744年)又下诏令:

---

① [汉]刘珍等撰,吴树平校注:《东观汉记校注》卷一三《王阜传》,第512页。
② 《北史》卷三一《高祐传》,第1136页。
③ 《陈书》卷三三《顾越传》,第445页。
④ 《南齐书》卷五四《高逸·顾欢传》,中华书局1972年版,第928页。
⑤ [宋]王溥:《唐会要》卷三五《学校》,第635页。

乡学之中,倍增教授,郡县官长,明申劝课。①

在官方的支持和督促下,"乡校大起"②,各地村学纷纷出现。如史所载:

自长安抵江西三四千里,凡乡校、佛寺、逆旅、行舟之中,往往有题仆诗者。③

(窦易直)幼时名秘。家贫,受业村学,教授叟有道术。……一日近暮,风雨暴至。学童悉归家不得,而宿于漏屋之下。④

苗晋卿,上党壶关人……天宝三载闰二月……上表请归乡里……又出俸钱三万为乡学本,以教授子弟。⑤

(陈)子昂十八未知书,以富家子,尚气决,弋博自如。它日入乡学,感悔,即痛脩饬。⑥

建中初,杨炎辅政,(常衮)起为福建观察使。始,闽人未知学,衮至,为设乡校,使作为文章,亲加讲导,与为客主钧礼,观游燕飨与焉,由是俗一变,岁贡士与内州等。⑦

①　[宋]宋敏求编,洪丕谟等点校:《唐大诏令集》卷七四《典礼·九宫贵神·亲祭九宫坛大赦天下制》,学林出版社 1992 年版,第 277 页。
②　[宋]李昉等编:《文苑英华》卷五〇九《师学门·坐于左塾判》,中华书局 1966 年版,第 2606 页。
③　《旧唐书》卷一六六《白居易传》,第 4349 页。
④　[唐]赵璘:《因话录》卷六《羽部》,《丛书集成初编》本,中华书局 1985 年版,第 40 页。
⑤　《旧唐书》卷一一三《苗晋卿传》,第 3350 页。
⑥　《新唐书》卷一〇七《陈子昂传》,第 4067 页。
⑦　《新唐书》卷一五〇《常衮传》,第 4810 页。

　　（王庆）上党黎城人也。……七岁能自致于乡校,乃心专经,笃意儒业,过则不二,善其莫遗,操行厉节,遂究诗礼。[1]

　　由上可见,唐朝是村学发展的重要时期。村学的发展对文化的普及与下移以及村民文化素质的提高起到较大的推动作用,唐代所谓"五尺童子,耻不言文墨",以及"搢绅之徒,用文章为耕耘;登高不能赋者,童子大笑"[2]景象的出现,与村学的广泛设立不无关系。(见图4-2)

图4-2　宋代《村童闹学图》摹本(明代仇英绘,上海博物馆收藏)

① 《唐故处士王君之碣》,载周绍良主编:《唐代墓志汇编》(下),第1226页。
② ［清］董诰等编:《全唐文》卷三九〇《唐故朝议大夫高平郡别驾权公神道碑铭》,第3972页。

宋明以来,普通村学一直是乡村教育的重要方面,其数量众多,分布广泛,直到科举制被废止之时,"乡间书塾,每省辄盈千万"①。

需要说明的是,中国古代乡村社会中的普通村学,虽为历代王朝所倡导,但真正官办者为数甚少,至清末,"官所经营仅书院数十区,脩脯膏奖,率多地方自筹;少而易集,集即可以持久,无劳岁岁经营"②。所谓"地方自筹",其实是民间自筹。中国古代乡村中的普通村学,虽然也有达官富商之资助,但基本办学来源还是束脩之资。村学一般要向入学者收取费用,以供办学之需。如《三国志·魏书·邴原传》记载:

> (邴原)十一而丧父,家贫,早孤。邻有书舍,原过其旁而泣。师问曰:"童子何悲?"原曰:"孤者易伤,贫者易感。夫书者,必皆具有父兄者,一则羡其不孤,二则羡其得学,心中恻然而为涕零也。"师亦哀原之言而为之泣曰:"欲书可耳!"答曰:"无钱资。"师曰:"童子苟有志,我徒相教,不求资也。"于是遂就书。一冬之间,诵《孝经》《论语》。③

从上文"邻有书舍",可知"书舍"是普通村学;从其"无钱资"而无法读书,可知就读该"书舍"需收取钱资。又如《南齐书·高逸·顾欢传》记道:

> (顾欢)家贫,父使驱田中雀,欢作《黄雀赋》而归,雀食过半,父怒,欲挞之,见赋乃止。乡中有学舍,欢贫无以受业,于舍壁后倚听,无遗忘者。④

---

① [清]栗毓美:《牧令书》卷一六《义学条规》,载官箴书集成编纂委员会编:《官箴书集成》第7册,黄山书社1997年版,第367页。
② 《候补内阁中书黄运藩请变通学务、科举与科学并行、中学与西才分造呈》,载故宫博物院明清档案部编:《清末筹备立宪档案史料》下册,中华书局1979年版,第982页。
③ 《三国志》卷一一《魏书·邴原传》裴松之注引《原别传》,第351页。
④ 《南齐书》卷五四《高逸·顾欢传》,第928页。

顾欢因家贫无法入学,只能站在后墙旁听,可见此学舍要收取费用。《北史·冯伟传》亦载:

> 门徒束脩,一毫不受。蚕而衣,耕而饭,箪食瓢饮,不改其乐。①

所谓"门徒束脩"也从另一方面反映出受学者要交纳一定的学费。

在乡村背景下,那些家境贫寒的学生在村学中读书,多靠为人佣作来筹措学费。如《后汉书·承宫传》载:

> 承宫,字少子,琅邪姑幕人也。少孤,年八岁为人牧豕。乡里徐子盛者,以《春秋经》授诸生数百人,宫过息庐下,乐其业,因就听经,遂请留门下,为诸生拾薪。执苦数年,勤学不倦。②

由此看来,徐子盛可能也是要收取一定的学费。而承宫家境贫寒,无法交付学费,只能通过为诸生拾薪,留在徐子盛门下学习。这种情况不在少数。《后汉书·文苑·侯瑾传》载:

> (侯瑾)少孤贫,依宗人居。性笃学,恒佣作为资,暮还辄焚柴以读书。③

又,《北史·刘兰传》云:

> 刘兰,武邑人也。年三十余,始入小学书《急就篇》。……家贫,无以

---

① 《北史》卷八一《儒林上·冯伟传》,第 2728 页。
② 《后汉书》卷二七《承宫传》,第 944 页。
③ 《后汉书》卷八〇下《文苑下·侯瑾传》,第 2649 页。

自资,且耕且学。①

　　当然,仅靠学生之学费,难以满足办学之需。宋代以来,随着村学的发展,为村学捐置学田成为办学的重要依托,但村学与族学最大的不同是没有稳定可靠的办学者,所以村学一直在极其困难的情景下生存,相当一部分村学没有校舍,要依托寺庙或祠堂办学,这些村学或在寺庙、祠堂中,或依托寺庙、祠堂而建。如清代山西省临县孙家沟村的村学就设在观音庙中,进庙后,左为学堂,右为观音殿,长辈礼佛与子辈求学同在一个空间,是中国古代村落文化的典型写照。(见图4-3)②

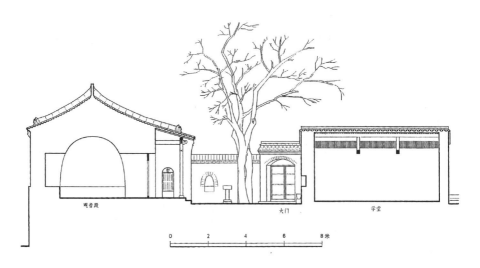

观音殿　　　　　　　　　　　　大门　　　　　学堂

0　2　4　6　8米

图4-3　清代山西省临县孙家沟村观音庙及学堂横剖图

　　总之,就多数情况而言,乡村中的族学,从教学条件、教学秩序与质量方面均优于村学。正因为此,中唐诗人卢全才会对其子孙说:

---

① 《北史》卷八一《刘兰传》,第2715页。
② 图及文见李秋香主编:《庙宇》,第88页。

喽罗儿读书，何异摧枯朽。

寻义低作声，便可养年寿。

莫学村学生，粗气强叫吼。

下学偷功夫，新宅锄藜莠。[①]

（2）社学

社学系依托乡村社会所立之社而设置的学校。社学由王朝官方倡办，属官办民助式教育。

元代，在大力推行乡村立社的同时，积极倡办社学。至元二十三年（1286年）朝廷规定：

> 诸县所属村疃，凡伍拾家立为壹社，不以是何诸色人等，并行入社……今后每社设立学校壹所，择通晓经书者为学师，于农隙时月，各令子弟入学。先读《孝经》、《小学》，次及《大学》、《论》、《孟》、经、史，务要各知孝悌忠信，敦本抑末。依乡原例，出办束脩。如自愿立长学者，听。若积久学问有成者，申覆上司照验。[②]

但官方所办村学限于政治与经济条件，难以存续。朱元璋建立明朝后，曾极力在乡村推广社学，以使村民可以学习明代所规定的礼法知识，规定每五十家设社学一所，但不仅未能真正普及，而且弊端丛生。为此，朱元璋曾申斥道：

> 好事难成。且如社学之设，本以导民为善，乐天之乐。奈何府、州、县

---

① ［唐］卢仝：《卢仝集》卷一《寄男抱孙》，《丛书集成初编》本，中华书局1985年版，第6页。

② 方龄贵校注：《通制条格校注》卷一六《田令·农桑》，中华书局2001年版，第457—461页。

官不才,酷吏害民无厌。社学一设,官吏以为营生。有愿读书者,无钱不许入学。有三丁四丁不愿读书者,受财卖放,纵其愚顽,不令读书。有父子二人,或农或商,本无读书之暇,却乃逼令入学。有钱者,又纵之;无钱者,虽不暇读书,亦不肯放,将此凑生员之数,欺诳朝廷。①

这样,由于各地官吏借举办社学为由扰民害民,因而下令停止。确实,社学兴办之初,曾在一些地区被落实,但不久即废。如嘉靖《上海县志》记道:

社学,洪武八年奉部符开设,每五十家为一所……寻革去。②

正德《姑苏志》也载:

洪武八年,诏府州县每五十家设社学一,本府城市乡村共建七百三十七所。岁久,渐废。③

但洪武十八年(1385 年),朝廷再次下诏令各地复建社学,并且规定有司官吏不得干预社学的实施:

今后民间子弟,许令有德之人,不拘所在,亦不拘子弟名数,每年十月初开学,至腊月终罢,如丁多有暇之家,常读常教者,听其有司官吏里甲人等,敢有干与搅扰者,治以重罪。④

---

① 张德信、毛佩琦主编:《洪武御制全书·御制大诰》"社学"条,黄山书社 1995 年版,第 768—769 页。
② [明]郑洛书修,[明]高企瀛纂:嘉靖《上海县志》卷三《建置·社学》,民国二十一年影印明嘉靖刻本,第 2/b 本。
③ [明]王鏊等纂:正德《姑苏志》卷二四《学校·社学》,明正德元年(1506 年)刻本,第 27/b 页。
④ [明]张卤:《皇明制书》卷九《教民榜文》,《续修四库全书》第 788 册,第 359 页。

在朱元璋一再要求下,明代社学得到了较快发展,几乎遍布全国各地乡村。

由上可知,社学是设置于社会最基层的乡、村、里、社,介于学校教育与社会教育之间、官学与私学之间的一种乡学村校。其对私学进行一定的规范,可以被视为官学教育的延伸。这种社学往往利用农闲时期举办,社与学合一,其教育对象是普通农家子弟,教师不再由官方所委派,而是由民间推荐产生。

明代社学大部分是由地方官员建设的,据王兰荫先生统计,"在 1438 所社学中,由知县创办的占百分之六十强,由知州创办的占百分之四弱,由知府创办的占百分之十一强,由提学官令监导建立的占百分之二十一强,其余极少数由民间设立"①。尽管社学多由地方官员创建,但是社学的日常经费则大部分由地方自理。清代黄六鸿就曾指出:

> 然州县城乡四方,欲使民子弟尽攻学业。即一乡论之,按里置学,多则百处,少亦数十处,虽悉捐官俸,不过置一二处止耳,何能遍及哉?②

由上可见,社学的经费大部分来自民间,这就为地方热心教化事业的士绅提供了便利。

总之,社学为百姓提供初等教育,是中国古代社会重要的蒙学形式,又具有基础教育特征。正因为如此,这一形式更有利于文化教育的普及,也有利于统治阶级进行政治社会伦理教育。

(3) 义学

义学系由捐资人出资所办,面向村落子弟,不收取费用。最初的义学多属族学,只收取族中子弟,亦有向村落子弟开放者,即可视为村落义学。如元初

---

① 参见王兰荫:《明代之社学》(下),《师大月刊》第 25 期,1935 年。
② [清]黄六鸿:《福惠全书》卷二五《教养部・立义学》,清康熙三十三年刻本,第 12/a 页。

由浙江浦江郑氏家族兴办的家族塾学东明精舍,为元初郑德璋创办。其初衷是让本族子弟接受较好的教育。此后,郑德璋之子郑大和又对精舍加以修葺、扩建,使学舍增至 21 间。精舍由此走向隆盛。东明精舍由郑氏出资创办,学生也以郑氏家族子孙为主,但它不同于当时的一般乡村族学,它不仅允许同邑的异姓子弟就读,也欢迎各地的学子前来,成为一所名副其实的村落义学。当然,也有直接捐资兴办村落义学者。如山西省阳泉市大阳泉村的义学堂就是清同治年间由村中富商郗家捐建的,同时他还捐地 94.5 亩地作为学田,田租收入用于办学。[①]

　　明清时期,相当一部分地方官员积极倡办乡村义学。如清道光年间,襄阳知府周凯发布《劝谕襄阳士民设立义学告示》,在当地创办义学 80 余处[②];太谷知县孙衔重修义学,颁布《义学学规》[③];唐鉴则是每到一地赴任,便发布《兴立义学示》倡设义学;同治年间,戴杰出任山东陵县县令后,即发布《劝办义学章程》,并创办赵王寺义学等义学多处。[④] 在倡办义学过程中,官方并无专门投入,因此,各个章程、告示都强调因地制宜,以百姓捐助为主。如清代后期,历任河南多处地方官的栗毓美在《义学条规》中便详细说明了义学兴办的原则:

　　　　或一家捐一学,或数家公捐一学,或一村立一学,或数村公立一学。馆舍不必择地,修金不拘成数,大以成大,小以成小,各就地方情形变通办理。[⑤]

---

　　① 参见薛林平等:《大阳泉古村》,中国建筑工业出版社 2010 年版,第 96—98 页。

　　② 璩鑫圭编:《中国近代教育史资料汇编·鸦片战争时期教育》,上海教育出版社 2007 年版,第 320 页。

　　③ 参见吴秀峰、梁才主编:《太谷教育志》,山西人民出版社 1993 年版,第 16 页。

　　④ [清]戴杰:《敬简堂学治杂录》卷四《劝办义学章程》,载官箴书集成编纂委员会编:《官箴书集成》第 9 册,黄山书社 1997 年版,第 88 页。

　　⑤ [清]徐栋辑:《牧令书》卷一六《义学条规》,载官箴书集成编纂委员会编:《官箴书集成》第 7 册,第 367 页。

在地方官员的倡导和民间社会的积极响应下,明清义学得到了一定的发展。

晚清山东的武训办学,可以说是义学的绝响。武训自 20 岁起,就以行乞、扛活、玩杂耍方式积攒钱财,后又加之放贷、出租土地,经过 30 年的努力,到光绪十四年(1888 年),积得 230 余亩地,2 800 余串钱,开始建设他的第一所乡村学校——崇贤义塾,共用钱 4 378 串,不足部分全由当地乡绅捐助。武训每年地租收入 368 串,除交纳 70 串钱的漕粮外,全用作学校经费,其中,教师束脩 100 串,薪水 30 串,其余供添置器具之用。此学聘了一位教师,收有 50 名学生。[①] 由此可见,在没有官府或家族支持下,普通村学之兴办何其难也。

总之,村落中学校的数量多少不一,规模大小不等,这与村落的大小、经济状况、宗族力量、文化传统等都有直接关系。如经济发达的江西省乐安县流坑村在明万历年间竟有学堂 26 座;皖南徽州六邑,村村有很多家的"学堂屋",尤其在只有 43 座住宅的黟县关麓村,便有 17 座学堂。[②] 在北方一些普通乡村,村学也较为常见。据清末河北深州村图,西午村有 176 户人家,村中有义学、乡塾各 1 处;杏园村有 230 户人家,村中有义学 1 处,乡塾 2 处;穆村有 217 户人家,村中有义学 1 处,乡塾 3 处(见图 4-4);唐凤村人户不详,有乡塾 2 处。[③] 当然,在一些偏僻贫穷的村落中未有一所学堂的情况也不在少数,但从总体情况看,稍具条件的村落都有村学之设。

① 参见邢培华等:《武训生平及其研究系年》,载张明、李增珠主编:《武训研究论集:第一、二次全国武训研讨会》,山东大学出版社 1996 年版,第 343 页。
② 参见李秋香主编:《文教建筑》,第 29—30 页。
③ 参见王庆成:《晚清华北村落》,《近代史研究》2002 年第 3 期。

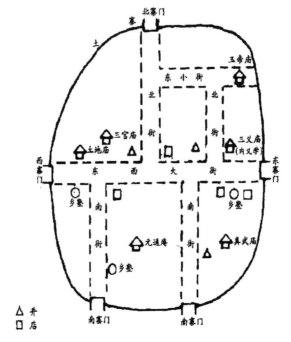

图 4-4　清末河北深州西北路穆村村图①

二、古代乡村教师

自乡村教育出现,便有了乡村教师。中国古代乡村社会中的教师是一个多元复合的特殊群体,或由乡里名望兼之,或以乡村士子充之,或由返乡致仕官员任之,在乡村教育与乡村社会发展中发挥着重要作用。

1. 乡村教师来源

早在先秦时期,乡里教师即有"左师""右师"之称。《白虎通》云:

---

①　采自王庆成:《晚清华北村落》,《近代史研究》2002 年第 3 期。

古之教民,百里皆有师,里中之老有道德者为里右师,其次为左师,教里中之子弟以道义、孝悌、仁义。①

当时乡村教师又被称为"乡先生"。如《仪礼·士冠礼》记载:"遂以挚见于乡大夫、乡先生。"郑玄注:"乡先生,乡中老人为卿大夫致仕者。"②又,《仪礼·乡射礼》亦载:"以告于乡先生君子可也。"贾公彦疏:"先生,谓老人教学者。"③后世又称乡村教师为"里先生""先生"者,概出于此。

李商隐《樊南文集》卷八《杂记·齐鲁二生》"程骧"条云:

(程骧)字蟠之。其父少良,本郓盗人也。……骧甚苦贫,就里中举负,给薪水洒扫之事,读书日数千言,里先生贤之,时与饘糗布帛,使供养其母。……乌重胤为郓帅,喜闻骧,与之钱数十万,令市书籍。骧复以其余赍诸生。④

《文苑英华》卷五〇九《师学门·请益不退判》云:

戊待先生视日,早暮不请退。乡大夫责之,词云:方及请益。⑤

上文中"里先生"与"先生"应同指乡村教师。

汉代乡村学校中,人们还称乡村教师为"书师"。如《汉书·艺文志》曰:

①　[清]陈立撰,吴则虞点校:《白虎通疏证》卷六《辟雍》,第 262 页。
②　[汉]郑玄注,[唐]贾公彦疏:《仪礼注疏》卷二《士冠礼》,《十三经注疏》本,中华书局 1980 年影印版,第 9 页。
③　[汉]郑玄注,[唐]贾公彦疏:《仪礼注疏》卷一三《乡射礼》,第 65 页。
④　[唐]李商隐著,钱振伦等笺注:《樊南文集》卷八《杂记·齐鲁二生》"程骧"条,上海古籍出版社 1988 年版,第 486—488 页。
⑤　[宋]李昉等编:《文苑英华》卷五〇九《师学门·请益不退判》,第 2609 页。

> 汉兴,闾里书师合《苍颉》《爰历》《博学》三篇,断六十字以为一章,凡五十五章,并为《苍颉篇》。①

这里的"闾里书师"应该指的是广泛存在于社会基层的民间村落教师。之所以称为"书师",大概是因为其教学内容以识字和书法为主。

因其散布于民间村落,故又被称为"俗师"。如上引《汉书·艺文志》称,西汉宣帝时,"《苍颉》多古字,俗师失其读"。这里所说的"俗师"应该和"闾里书师"一样,是在民间村落教授一般人识字、写字的教师。有时也简称为"学师"或"师"。如前引《汉书·平帝纪》:

> 郡国曰学,县、道、邑、侯国曰校。校、学置经师一人。乡曰庠,聚曰序。序、庠置孝经师一人。②

建安七年(202 年),曹操也曾下令:

> 其举义兵已来,将士绝无后者,求其亲戚以后之,授土田,官给耕牛,置学师以教之。③

村落学校的教师主要有三个来源:

其一,在族内或村内选用。如陈氏家法中所言书屋,即"逐年于书堂内次第抽二人归训,一人为先生,一人为副"④。元明清时期的社学也是在乡村中"择通晓经书者为学师"。

---

① 《汉书》卷三〇《艺文志》,第 1721 页。
② 《汉书》卷一二《平帝纪》,第 355 页。
③ 《三国志》卷一《魏书·武帝纪》,第 22 页。
④ 《江州陈氏义门家法》,转引自费成康主编:《中国的家法族规·附录》,第 240 页。

其二，一些回归故里的致仕官员或免职的官员设学教授。如东汉时期，延笃"以病免归，教授家巷"①；任安，"少游太学……学终，还家教授"②；程曾，"受业长安，习《严氏春秋》，积十余年，还家讲授"③；杜抚，"后归乡里教授。……弟子千余人"④；唐檀"少游太学……后还乡里，教授常百余人"⑤。北朝时期，高允"府解，还家教授，受业者千余人"⑥；杜台卿"及周武平齐，归乡里。以《礼记》《春秋》讲授子弟"⑦；张伟"学通诸经，乡里受业者，常数百人"⑧；等等。

其三是正式延聘。这种方式应当是村学教师的主要来源。被延聘者可以是村内或乡里之读书人，也可以是外来的读书人。如邴原邻家书舍及陈氏家法中所言书堂之教师，当是延聘而来。另外，又如隋朝李密在逃亡中，就曾"舍于村中，变姓名称刘智远，聚徒教授"⑨。李密在村中聚徒教授，应当也是被村学延聘。

延聘教师多有合约，或书面，或口头，以约定束脩及其他条件。如唐鉴《兴立义学示》即言，所办义学教师由"本乡村中生监及童生之有品者，公为聘延，每年束修薪水以二三十金为约"⑩。教师束脩往往因地因时各有不同，教授的学生层次不同、数量不同、功效不同也会影响束脩水准。如浙江嘉兴姚氏族学分为东塾与西塾，东塾就学者为"十岁以外、资质聪颖可能造就者"；西塾就学者为"十岁以内及十岁外愚钝者"。东塾任教者每年八十千文，西塾任教者每年六十千文。⑪ 一些社学条规也规定，社学教师的束脩"多寡之数，以学问与功

① 《后汉书》卷六四《延笃传》，第 2104 页。
② 《后汉书》卷七九上《儒林上·任安传》，第 2551 页。
③ 《后汉书》卷七九下《儒林下·程曾传》，第 2581 页。
④ 《后汉书》卷七九下《儒林下·杜抚传》，第 2573 页。
⑤ 《后汉书》卷八二下《方术下·唐檀传》，第 2729 页。
⑥ 《北史》卷三一《高允传》，第 1118 页。
⑦ 《北史》卷五五《杜台卿传》，第 1991 页。
⑧ 《北史》卷八一《儒林·张伟传》，第 2710 页。
⑨ 《隋书》卷七〇《李密传》，第 1626 页。
⑩ ［清］唐鉴：《唐确慎公集》卷五《兴立义学示》，清光绪元年（1875 年）刻本，第 16/b 页。
⑪ ［清］姚澍纂修：《秀水姚氏家乘》第五本《义庄赡族规条》，清光绪三十四年（1908 年）刻本，第 59/a—59/b 页。

效为差"①。

既是合约延聘,延聘对于教师的条件也有明确要求,主要是学问与品行。比如,明代曾任督学使者的蒋丹林在其所修《义学规条》中,就对教师提出了严格标准,要求:

> 塾师有关人才风化,必须敦品砥行之士。正心术,修孝弟,尚廉节,肃威仪,以为立教之本;正学业,分句读,明训迪,考勤惰,以尽立教之方。轻浮佻达之必戒,举动言论之必端,师道立则善人多。首士等延请塾师,有不若是者,随时辞退,勿徇面情。②

又如,嘉靖时内黄知县张文凤在创建社学后,就要求"择端庄有德、教训有法者作教读,选良家可进童生,群聚而时诲之"③。

2. 乡村教师状况

就中国古代乡村社会教育中的教师结构而言,由乡里名望兼任者与返乡官员充任者占比较少;村学中的常任教师主要是乡村中的读书士子,他们在村落中颇受尊敬。《四民月令》中便有拜谒师长的规定。如:

> 正月……谒贺君、师、故将、宗人父兄、父友、友亲、乡党耆老。
>
> 十一月……冬至之日……进酒尊长,及修刺谒贺君、师、耆老,如
>
> 正日。

---

① ［明］吕坤:《新吾吕先生实政录》卷三《兴复社学》,载官箴书集成编纂委员会编:《官箴书集成》第 1 册,第470 页。

② ［清］何庆恩等修,［清］李朝栋等纂:同治《彰明县志》卷一五《学校志》,清同治十三年(1874 年)刻本,第17/b、18/a 页。

③ ［明］董弦等纂修:嘉靖《内黄县志》卷四《建置·社学》,《天一阁藏明代方志选刊》本,上海古籍书店 1963年影印版,第 38/a 页。

十二月……是谓小新岁,进酒降神。其进酒尊长,及修刺贺君、师、耆老,如正日。[①]

在宗法制度下,"天、地、君、亲、师"五位一体,为中国古代人所普遍敬奉。其中,对天地之神,一般采取"敬而远之"的态度;对君的崇敬,则是从对父家长的崇敬中延伸、借代而来;对师的崇敬,也可视为对父亲的尊崇,况且,师还是宗法伦理观念的灌输者。所以,在《四民月令》拜谒宗亲耆老的活动中屡屡表现出拜师的活动,且将师的位置列于君之下,仅次于君,由此可见师在乡村社会中的地位。

不过,从整体情况来看,中国古代的乡村教师中虽不乏才俊,但收入微薄,生活清苦。如唐代往往将族学教师或村学教师称之为"佣教生"[②];白居易声称自己曾做过"乡校竖儒"[③]。又如唐代江南道的"雪人蒋琛,精熟二经,常教授于乡里。每秋冬,于雪溪太湖中流,设网罟以给食,常获巨龟"[④]。这位蒋琛"精熟二经,常教授于乡里",仍要捕鱼以补充生计,可见其生活来源之贫乏。再如,牛僧孺《玄怪录》曾记载,饶州有一田先生,"领村童教授",生活清贫,有时需"求食于牧竖"。[⑤]

关于乡村教师的束脩及其生活状况,缺少系统统计,难以进行定量分析。清人石平士曾在《童蒙急务》一书中进行过评判。他说:

近见蒙馆中,富者学钱止一二千,贫者学钱止七八百,甚至有二三百文者,殊属不成事体。屈指一堂学生,已有二十余人,统计一年学赀,不过

---

① ［汉］崔寔撰,缪启愉辑释:《四民月令辑释》,第1、98、109页。
② 《旧唐书》卷一二四《令狐彰传附子建传》,第3530页。
③ 《旧唐书》卷一六六《白居易传》,第4341页。
④ ［宋］李昉等编:《太平广记》卷三〇九《神十九·蒋琛》,第2034页。
⑤ ［唐］牛僧孺撰,姜云、宋平校注:《玄怪录》卷三《齐饶州》,上海古籍出版社1985年版,第94—95页。

十三四千。比之人家雇工，虽见有余，较之有等匠师，则大不足。①

这应当是较为客观的评判，即收入好于雇工，但不如上等工匠。因此，就整体状况而言，乡村教师中的多数生活还是十分清苦的。

宋元之际丘葵的《村学》诗曾描述乡村教师的苦楚：

矛头淅米末途难，活计僧梳刖屦间。

老去欢惊如泼水，向来愚见欲移山。

身穿犊鼻朝朝冷，眼见蝇头字字艰。

扶病来为村学究，始知穷乏累清闲。②

曾长期为塾师的蒲松龄对此更是有切身感受。他曾作有《塾师四苦》诗，道尽乡村教师的心酸苦楚。如第一苦便是教学之辛苦，诗中写道：

今日村庄家，礼体全不顾。

东村及西村，不止二三五。

清晨便教书，口舌都干苦。

方才教写字，又要教读古。

先生偶出门，小子满堂舞。

开学不回家，清明到端午。

临期候修金，看看日将晡。

若还不至诚，留待后人补。

此际好凄凉，问君苦不苦？

---

① ［清］石平士：《童蒙急务》卷一《劝尊师》，转引自徐梓：《明清时期塾师的收入》，《中国社会经济史研究》2006 年第 2 期。

② ［元］丘葵：《村学》，载杨镰主编：《全元诗》第 12 册，中华书局 2013 年版，第 278 页。

第二苦是教学环境之苦,诗中写道:

今日村庄家,礼体全不顾。

塾堂两三间,东穿又西破。

上漏并下湿,常在泥涂坐。

炎天气郁蒸,难学羲皇卧。

一朝朔风起,林端发吼怒。

窗破不能遮,飕然入庭户。

一吹寒彻骨,再吹指欲堕。

爆日无阳乌,拨炉又绝火。

此际好凄凉,问君苦不苦?

第三苦是居住之苦,诗中写道:

今日村庄家,礼体全不顾。

两捆乱稻柴,一条粗衾步。

虽有青麻帐,又被鼠穿破。

夏间灯烬时,便受蚊虻蠹。

倏忽秋冬至,霜雪纷纷堕。

枕席凉如冰,四体难蹭磋。

三更足不温,四更难捱过。

才闻鸡喔声,不寐而常寤。

此际好凄凉,问君苦不苦?

第四苦是饮食之苦,诗中写道:

今日村庄家，礼体全不顾。

粥饭只寻常，酒肴亦粗鲁。

鱼肉不周全，时常吃豆腐。

非淡即是咸，有酱又没醋。

烹调总不精，如何下得肚？

勉强吃些饭，腹中常带饿。

渴来自煎茶，主翁若不睬。

不说管待疏，还说受用过。

此际好凄凉，问君苦不苦？①

他在《学究自嘲》中也有对饮食的自嘲：

　　馆谷渐渐衰，馆谷渐渐衰，早饭东南晌午歪，粗面饼卷着曲曲菜。吃的是长斋，吃的是长斋，今年更比去年赛。南无佛从今受了戒。鱼肉谁买，鱼肉谁买？也无葱韭共蒜薹，老师傅休把谗癖害。②

　　值得注意的是，中国古代乡村教师尽管收入如此菲薄，生活如此清苦，但总是有相当一部分读书人乐于为之。究其原因，除了前述教师的社会地位外，对于谋求科举的士子而言，受聘教师又是一个较为体面的生计之路。另外，他们在乡村社会是文化的代言人——他们除了教授学生之外，往往还会帮村民看文字，书写招帖、春联、家书、契约文书，还会帮办红白喜事，居间调节，等等，是村民们依托或信赖的文化象征，是村落文化的推动者。③

---

　　① ［清］蒲松龄：《塾师四苦》，载杨海儒辑录标点：《蒲松龄遗文〈塾师四苦〉〈训蒙诀〉〈卷堂文〉》，《文献》1988年第4期。

　　② ［清］蒲松龄：《学究自嘲》，载［清］蒲松龄著，路大荒整理：《蒲松龄集》，上海古籍出版社1986年版，第1749页。

　　③ 参见蒋威：《论清代的塾师与乡村杂事》，《历史教学》2011年第14期。

三、古代村落教育的功能

村落教育的主体功能与其他类型的教育基本一致,因其教育客体之不同,其功能分域又自有其特点。

1. 求仕功能

中国古代教育的主体功能是习得知识,求名干禄,亦即"学而优则仕"。自秦汉以来,各式教育概莫能外,而且,教育的这一功能也被社会各阶层广泛地接受。汉代已有"遗子黄金满籝,不如一经"的谚语。北朝颜之推曾谆谆教诲其子弟云:

> 自荒乱已来,诸见俘虏。虽百世小人,知读《论语》《孝经》者,尚为人师;虽千载冠冕,不晓书记者,莫不耕田养马。以此观之,安可不自勉耶?若能常保数百卷书,千载终不为小人也。①

在这里,颜氏教育子弟:有些人虽然世世代代都是平民百姓,但由于懂得《孝经》《论语》,还能做人师;而有些人,即便是祖祖辈辈皆为高官大族,但若自己不读书学习,也就会沦落到"耕田养马"的境地。所以,只有刻苦读书,才能"千载终不为小人也"。

唐初民间诗人王梵志有《养子莫徒使》诗写道:

> 养子莫徒使,先教勤读书。
> 一朝乘驷马,还得似相如。②

---

① [北齐]颜之推撰,王利器集解:《颜氏家训集解》(增订本)卷三《勉学》,第148页。
② [唐]王梵志著,项楚校注:《王梵志诗校注》卷四,第484页。

　　韩愈写给其子韩符的《符读书城南》一诗实际上就是一首劝学诗,也可见他对教育功能的认识与王梵志完全一致。其诗写道:

> 欲知学之力,贤愚同一初。
> 由其不能学,所入遂异间。
> 两家各生子,提孩巧相如。
> 少长聚嬉戏,不殊同队鱼。
> 年至十二三,头角稍相疏。
> 二十渐乖张,清沟映污渠。
> 三十骨骼成,乃一龙一猪。
> 飞黄腾踏去,不能顾蟾蜍。
> 一为马前卒,鞭背生虫蛆。
> 一为公与相,潭潭府中居。
> 问之何因尔,学与不学欤。
> 金璧虽重宝,费用难贮储。
> 学问藏之身,身在则有余。
> 君子与小人,不系父母且。①

　　唐时人甚至认为,科举及第与否关切到整个宗族的延续与发展:

> 草泽望之起家,簪绂望之继世。孤寒失之,其族馁矣;世禄失之,其族绝矣。②

---

① ［唐］韩愈:《符读书城南》,载［清］彭定求等编:《全唐诗》卷三四一,第3822页。
② ［五代］王定保:《唐摭言》卷九《好及第恶登科》,上海古籍出版社1978年版,第97页。

可见,在中国古代社会,无论是民间社会,还是贵族上层,都视教育为博取功名、安身立命的根本,村落教育的首要功能当然也在于此。尤其是在整个教育体系完全被纳入科举轨道的明清时期,"读书做官"的观念根深蒂固,乡村教育自然也把科举入仕、读书与做官紧紧地连在了一起,将其作为重要目标。

2. 启蒙功能

与各类官学、书院相比,村落教育又有着自己的特色功能——启蒙教育。在中国古代教育体系中,启蒙教育一直在乡村教育中占极大比重。汉唐时代,官学系统较为完备,自国子监、太学到州县之学校均以补充各类官员、参加功名荐试为目的。而开办于村落的各式学校则以启蒙为基本功能。当然,村落学校中也不乏含有求仕功能者,抑或有专注于求仕的书院、学馆。如《四民月令》所记东汉之族学便分作小学与大学:小学面向幼童,"学书篇章(谓六甲、九九、《急就》、《三苍》之属)","幼童读《孝经》、《论语》、篇章、小学";"成童以上入大学,学五经"。[①] 其功能自然是启蒙与追求功名。又如,前所引江州陈氏之族学也是分为书屋与书堂两处:书屋训教童蒙,受业者为7—10岁者;书堂则为应举而设,受业者为弟侄子姓中"有赋性聪敏者"。

必须指出的是,上述兼具启蒙与追求功名两项功能的学校只能在一些实力雄厚的大族兴办的族学中出现;另外,那些专注于求仕且办学于乡村的书院、学馆,数量很少,其性质并非乡村教育。因而,多数情况下,村落教育还是以启蒙教育为主。如前引北齐杨愔一族的族学有30余人就读,均为"争食落李"之群儿,其族学就是启蒙教育。

村落教育中的启蒙教育首先是教育启蒙。如蒲松龄《训蒙诀》所云:

---

① ［汉］崔寔撰,缪启愉辑释:《四民月令辑释》,第2、84、98、104页。

牢记牢记牢牢记,莫把蒙师看容易。

教他书,须识字,不要慌张直念去。

声声字音念清真,不论遍数教会驻。

教完书,看写字,撇捺钩画要端详,

不许胡涂写草字。字写完,教对句,

见景生情不必奇,只要说来有意趣。

除了读书识字,还要养成良好读书习惯:

时常两眼看着他,怕他手里做把戏。

非吃饭,莫放去,放他悄悄到家中,

不依迟延久留住。出了恭,急忙至,

端坐位上只读书,不许环顾四下视。

清晨就要来,日落放他去。

还要教其基本礼仪:

深深一揖走出门,彬彬有礼寻规矩。

若能如此教书生,主人心里方欢喜。①

乡村教育中的启蒙教育又是综合教育,既有生活启蒙、生产启蒙,又有人伦人际关系启蒙,还有科举功名的启蒙。

---

① ［清］蒲松龄:《训蒙诀》,载杨海儒辑录标点:《蒲松龄遗文〈塾师四苦〉〈训蒙诀〉〈卷堂文〉》,《文献》1988年第4期。

3. 教化功能

《礼记·学记》云:"君子如欲化民成俗,其必由学","古之王者,建国君民,教学为先"。[1] 意即如果要教化人民养好良好的风俗习惯,一定要从教育入手。也就是说,教育担负的最大责任不是传承知识,而是移风易俗,通过学校教育来完成民间的教化。春秋时期的著名政治家、思想家郑国大夫子产实行改革时即极力主张"不毁乡校,使人游处其中,闻谤我知政者,而即改焉,以为我药石也。"[2]自汉代以来,历代王朝举行乡饮酒礼都是在乡校进行,即"使天下郡国行乡饮酒礼于学校"[3]。另外,宣传儒家礼教,推进教化也是在乡里学校进行。《隋书·梁彦光传》云:

> (梁彦光)复为相州刺史。……初,齐亡后,衣冠士人多迁关内,唯技巧、商贩及乐户之家移实州郭。由是人情险诐,妄起风谣,诉讼官人,万端千变。彦光欲革其弊,乃用秩俸之物,招致山东大儒,每乡立学,非圣哲之书不得教授。常以季月召集之,亲临策试。有勤学异等,聪令有闻者,升常设馔,其余并坐廊下。有好诤讼,惰业无成者,坐之庭中,设以草具。及大成,当举行宾贡之礼,又于郊外祖道,并以财物资之。于是人皆克励,风俗大改。[4]

相州(治今河南安阳)之地多"技巧、商贩及乐户之家",形成"人情险诐,妄起风谣,诉讼官人,万端千变"之弊俗。梁彦光在相州设立乡学,利用乡学进行教化,结果使本地"人皆克励,风俗大改",乡学的教化作用不容小觑。

---

① ［汉］郑玄注,［唐］孔颖达等正义:《礼记正义》卷三六《学记》,第 1521 页。
② ［晋］杜预注,［唐］孔颖达等正义:《春秋左传正义》卷四〇《襄公三十一年》,《十三经注疏》本,中华书局1980 年影印版,第 314 页。
③ ［汉］荀悦、［晋］袁宏撰,张烈点校:《两汉纪·后汉纪》卷九《孝明皇帝纪上》,中华书局 2002 年版,第 167 页。
④ 《隋书》卷七三《循吏·梁彦光传》,第 1675—1676 页。

《唐会要》载开元二十六年(738 年)唐玄宗敕：

> 古者乡有序,党有塾,将以宏长儒教,诱进学徒,化民成俗,率由于是。其天下州县,每乡之内,各里置一学,仍择师资,令其教授。①

看来在乡村设立学校的目的,是为了"诱进学徒,化民成俗"。在官方的引领和倡导下,唐代的"国学宏建,东序西序;乡校大起,右塾左塾"②,教化作用十分明显。如《新唐书·常衮传》载：

> 建中初,杨炎辅政,起为福建观察使。始,闽人未知学,衮至,为设乡校,使作为文章,亲加讲导,与为客主钧礼,观游燕飨与焉,由是俗一变,岁贡士与内州等。③

常衮通过办乡校,使得闽地"由是俗一变",由"闽人未知学"一跃变成为"岁贡士与内州等"的文化之乡。

明代朱元璋极力主张在乡村办社学,目的也是"导民善俗"：

> 昔成周之世,家有塾,党有庠,故民无不知学,是以教化行而风俗美。今京师及郡县皆有学,而乡社之民乐睹教化。宜令有司更置社学,延师儒以教民间子弟,庶可导民善俗也。④

元明清时期,社学处于官学体系的最底端,是王朝政府"导民为善"、实施

---

①　[宋]王溥:《唐会要》卷三五《学校》,第 635 页。
②　[宋]李昉等编:《文苑英华》卷五〇九《师学门·坐于左塾判》,第 2606 页。
③　《新唐书》卷一五〇《常衮传》,第 4810 页。
④　[明]丘濬编,金良年整理:《大学衍义补》卷六九《崇教化·设学校以立教》(中),上海书店出版社 2012 年版,第 513 页。

教化乡里的重要场所和主要方式。

四、古代村落教育的内容

教育功能决定着教育内容,应试或其他博取功名的内容因时而异,主要以经学为基本内容,前人已多有研究,此不赘述。启蒙教育之内容可以分为知识启蒙、道德启蒙与科举启蒙三类。在这三类教育内容中,虽然也都贯穿着经学内容,特别是一些适于童蒙训读的经书,但主要的教学内容还是根据童蒙特点编就的各类蒙学教材。

1. 知识启蒙

知识启蒙既是启蒙教育,又是综合教育,以识字、书写以及简单的生活、生产知识为主要内容。《四民月令》所言"篇章"——"六甲""九九"《急就》"《三苍》"①等都属于这类教材。以《急就篇》为例,该文相传由西汉元帝时的黄门令史游所编,东汉时又有人加以增补,现存 34 章,2144 字,其中最后二章系东汉人增补。全书以三言、四言、七言韵文构成。第 1—6 章为姓名,各种姓氏、名讳罗列备至;第 7—24 章,为各类名物,包括农作物、纺织品、车马器、礼乐器、植物、禽兽、疾病医药等等;第 25 章以后为制度与人文,包括官职、典籍、为人等等。如第 9 章全系农、林、食三类:

---

① 篇章,是先秦秦汉时期小学启蒙教材。《汉书·艺文志》载:"汉兴,闾里书师合《苍颉》《爰历》《博学》三篇,断六十字以为一章,凡五十五章,并为《苍颉篇》。"《四民月令》"正月"条载:"命幼童入小学,学书篇章。""十一月"条载:"(十一月)研冰冻,命幼童读《孝经》《论语》、篇章,入小学。"对于"篇章",原书本注云:"谓六甲、九九、《急就》、《三苍》之属。"石声汉先生亦云:"依'本注'的说明,篇章是六甲、九九、《急就》《三苍》之属;其中,《急就》、《三苍》等字书,应当学会书写,九九是算学初步,仅仅书写不够,必须领会、熟练。"([汉]崔寔著,石声汉校注:《四民月令校注》,《新编诸子集成续编》本,中华书局 1965 年版,第 10 页)

> 稻黍秫稷粟麻秔,饼饵麦饭甘豆羹。
>
> 葵韭葱薤蓼苏姜,芜荑盐豉醯酢酱。
>
> 芸蒜荠芥茱萸香,老菁襄荷冬日藏。
>
> 梨柿柰桃待露霜,枣杏瓜棣馓饴饧。
>
> 园菜果蓏助米粮。①

第 25 章系制度文化一类的用字:

> 春秋尚书律令文,治礼掌故砥厉身。
>
> 智能通达多见闻,名显绝殊异等伦。
>
> 抽擢推举白黑分,迹行上究为贵人。
>
> 丞相御史郎中君,进近公卿傅仆勋。
>
> 前后常侍诸将军。②

这样编排内容易于记诵,且赋予其一定的内涵,贯穿了丰富的常识,很适于童蒙初学,所以备受欢迎。如北齐勃海南皮人李铉,"九岁入学,书《急就篇》,月余便通。家素贫苦,常春夏务农,冬乃入学"③,说明了该教材的实用性及灵活性。明代顾炎武曾说:

> 汉、魏以后,童子皆读史游《急就篇》。晋夏侯湛:"抵疑乡曲之徒,一介之士,曾讽《急就》,习甲子。"《魏书》崔浩表言:"太宗即位元年,敕臣解《急就章》。"刘芳撰《急就篇续注音义证》三卷,陆暐拟《急就篇》为

---

① [汉]史游撰,管振邦译注,宙浩审校:《颜注急就篇译释》卷二第九章,南京大学出版社 2009 年版,第 112—119 页。

② [汉]史游撰,管振邦译注,宙浩审校:《颜注急就篇译释》卷四第二十五章,第 243—249 页。

③ 《北齐书》卷四四《儒林·李铉传》,第 584 页。

《悟蒙章》。①

《急就篇》之后,又有梁武帝时编写的《千字文》,亦师法其精要,且更为畅通易诵,成为历代蒙学教材。《千字文》之后,综合性的童蒙教材逐渐增多,较有代表性的是唐人李翰所编《蒙求》。《蒙求》是以介绍历代掌故和各科知识为主要内容的识字课本。全书共 596 句,2384 字,运用典故 592 个,内容涉及广泛,皆用四言韵文,上、下两句对偶,各讲一个掌故。如:

> 王乔双凫,华佗五禽。程邈隶书,史籀大篆。……蒙恬制笔,蔡伦造纸。……仲宣独步,子建八斗。广汉钩距,弘羊心计。卫青拜幕,去病辞第。……葛亮顾庐,韩信升坛。王褒柏惨,闵损衣单。……廉颇负荆,须贾擢发。孔翊绝书,申嘉私谒。渊明把菊,真长望月。子房取履,释之结袜。郭丹约关,祖逖誓江。……周勃织薄,灌婴贩缯。马良白眉,阮籍青眼。黥布开关,张良烧栈。陈遗饭感,陶侃酒限。楚昭萍实,束晰竹简。曼倩三冬,陈思七步。②

这样编排,整齐押韵,读起来朗朗上口,既能达到识文断字的目的,又能从中学到各类知识。

由于《蒙求》教学效果好,影响甚广,后人多有模仿者,出现诸如《广蒙求》《叙古蒙求》《春秋蒙求》《左氏蒙求》《十七史蒙求》《南北史蒙求》《三国蒙求》《唐蒙求》《宋蒙求》等大批蒙书,且都采用《蒙求》的编法和名称,遂发展成为一种蒙学读物的体裁。

还有一些自然常识教材,主要有《四民月令》所言"六甲""九九"等。"六

---

① ［明］顾炎武著,黄汝成集释,栾保群、吕宗力校点:《日知录集释》卷二一《急就篇》,上海古籍出版社 2014 年版,第 479 页。

② ［唐］李瀚:《蒙求》,载［清］彭定求等编:《全唐诗》卷八八一,第 9961—9964 页。

甲"，即六十甲子，因为古代用天干地支相配计算时日，其中起头是"甲"字的有六组：甲子、甲戌、甲申、甲午、甲辰、甲寅，故称"六甲"。该类教材主要教授计算时令岁时方面的基本常识。如《汉书·食货志上》称："八岁入小学，学六甲五方书计之事，始知室家长幼之节。"王先谦《汉书补注》引顾炎武曰："六甲者，四时六十甲子之类。"又引周寿昌曰："犹言学数干支也。"①《汉书·律历志上》云："故日有六甲，辰有五子，十一而天地之道毕，言终而复始。"②《南史·隐逸上·顾欢传》亦云："年六七岁，知推六甲。"③

"九九"即"九九乘法歌诀"，又称"小九九"，因古代乘法口诀是从"九九八十一"起，与今世的口诀相反，故以"九九"作为乘法歌诀的简称。"九九"是小学算术的基本功，其节奏明快，便于记忆，是启蒙儿童必须背诵的数字运算基本工具。其早在春秋战国时期即已开始流行。《管子》中即有"作九九之数以合天道"④之语。在《荀子》《战国策》《淮南子》等书中也有"三九二十七""六八四十八""四八三十二""六六三十六"等语句。值得一提的是，在湖南龙山县里耶镇 2200 多年前的战国秦代古城遗址一号井出土秦简中，发现了我国最早、最完整的乘法口诀表。⑤ 到汉代以后，"九九"乃是小学必学内容，"汉之小学，兼重书算"⑥。

2. 道德启蒙

道德启蒙立足于正统道德伦理观念，将儒家经典纳入蒙学教育，在蒙学通俗教材中充分吸纳正统道德伦理观念。汉代村学中，"幼童读《孝经》、《论语》、篇章、小学"；"成童以上入大学，学五经"。⑦ 其主要是传授儒家的道德伦

---

① ［清］王先谦：《汉书补注》卷二四上《食货志上》，中华书局 1983 年版，第 489 页。
② 《汉书》卷二一上《律历志上》，第 981 页。
③ 《南史》卷七五上《隐逸上·顾欢传》，第 1874 页。
④ 黎翔凤撰，梁运华整理：《管子校注》卷八四《轻重戊》，第 1507 页。
⑤ 陈伟主编：《里耶秦简牍校释》第 1 卷，武汉大学出版社 2012 年版，第 17 页。
⑥ 柳诒徵：《中国文化史》，中国文史出版社 2015 年版，第 385 页。
⑦ ［汉］崔寔撰，缪启愉辑释：《四民月令辑释》，第 2、84、98、104 页。

理思想。史载邴原在"一冬之间,诵《孝经》、《论语》,自在童龀之中,嶷然有异"①,与《四民月令》所记一致。尤其是终汉一代以孝治天下,《孝经》备受重视。《汉书·平帝纪》元始三年(3年)诏曰:"乡曰庠,聚曰序,庠、序置《孝经》师一人。"在乡里学校中专门设教师教授《孝经》,对《孝经》的重视由此可见一斑。以《孝经》《论语》作为村学启蒙基本读本的这一传统一直得以传承。如《南齐书·顾欢传》载:

> 顾欢,字景怡,吴郡盐官人也。……乡中有学舍,欢贫无以受业,于舍壁后倚听,无遗忘者。八岁,诵《孝经》、《诗》、《论》。及长,笃志好学。②

中国古代的蒙学通俗教材中对正统道德伦理观念的吸纳十分普遍,从《急就篇》《千字文》,到《三字经》《百家姓》都是如此。

另外,中国古代还有专门的道德启蒙教材。如唐代流行的《太公家教》,系唐代村落间的教书先生所编。作者自叙云:

> 才轻德薄,不堪人师;徒消人食,浪费人衣……以讨论坟典,简择诗书,依经傍史,约礼时宜,为书一卷,助诱童儿,流传万代,幸愿思之。

其内容则包括了道德礼教、日常规范、个人修养、励志勉学等。如在道德礼教方面这样写道:

> 事君尽忠,事父尽孝。礼闻来学,不闻往教。舍父事师,必望功效。先慎口言,却整容貌。善事须贪,恶事莫乐。直实在心,莫作诈巧。孝子

---

① 《三国志》卷一一《魏书·邴原传》裴松之注引《原别传》,第351页。
② 《南齐书》卷五四《高逸·顾欢传》,第928页。

事亲,晨省暮参,知饥知渴,知暖知寒。忧则同戚,乐则同欢。父母有疾,甘美不餐……一日为君,终日为主;一日为师,终生为父。

在日常规范方面这样写道:

　　财能害己,必须远之;酒能败身,必须戒之;色能致乱,必须弃之;忿能积恶,必须忍之;心能造恶,必须裁之;口能招祸,必须慎之;见人善事,必须赞之;见人恶事,必须掩之;邻有灾难,必须救之;见人打斗,必须谏之;见人不是,即须语之。美言善述,必须学之;意欲去处,必须审之;不如己者,必须教之;非是时流,必须弃之;恶人欲染,必须避之。罗网之鸟,悔不高飞;吞钩之鱼,恨不忍饥;人生误计,恨不三思。

　　尊者赐酒,必须拜受;尊者赐肉,骨不与狗;尊者赐果,怀核在手,勿得弃之,违礼大丑。对客之前,不得叱狗;对食之前,不得唾地,亦不得漱口。忆而莫忘,终身无咎。

在励志勉学方面这样写道:

　　小而学者,如日出之光;长而学者,如日中之光;老而学者,如日暮之光;人生不学,冥冥如夜行。

　　勤是无价之宝,学是明月神珠。积财千万,不如明解一经;良田千顷,不如薄艺随躯。慎是护身之符,谦是百行之本。香饵之下,必有悬鱼;重赏之下,必有勇夫。①

---

　　① [唐]佚名:《太公家教》,载楼含松主编:《中国历代家训集成》第1册,浙江古籍出版社2017年版,第113—116页。

又如,宋代吕本中的《童蒙训》、朱熹的《小学》都是"其家塾训课之本"①,是"受之童蒙,资其讲习"②的道德启蒙教材。

朱熹所作《蒙童须知》明确要求:

> 夫童蒙之学,始于衣服冠履,次及语言步趋,次及洒扫涓洁,次及读书写文,及有杂细事宜,皆所当知。……衣服冠履第一……语言步趋第二……洒扫涓洁第三……读书写文字第四……杂细事宜第五。③

由上述要求可见,前三项要求都是礼仪规范,读书写字只列为第四项,足见道德启蒙的地位之高。

3. 科举启蒙

科举制的创立,将读书做官制度化,使"学而优则仕"的儒家学说得以具体实现,无论是达官贵人,还是村野农夫,都可以通过自己的苦读,改变自己的境遇。所以,乡村教育也自然以科举入仕为重要目的。

科举启蒙是面向科举应试的启蒙教育,此内容应兴起于唐代,代表性教材当数《兔园册》。

《兔园册》,又称之为《兔园册府》,已佚失,敦煌遗书仅保留其序文即第一卷的部分内容。该书模仿科举策问,引用经史,提供答案,相当于模拟试卷,在唐五代民间社会及村学中广为流行。《旧五代史·周书·冯道传》注引"欧阳史"云:

---

① [清]永瑢等:《四库全书总目》卷九二《子部二·儒家类二》,中华书局1965年版,第779页。
② [宋]朱熹著,郭齐、尹波点校:《朱熹集》卷七六《题小学》,四川教育出版社1996年版,第3991页。
③ [宋]朱熹著,郭齐、尹波点校:《朱熹集·遗集》卷三《训学斋规》,第5674—5677页。

《兔园册》者,乡村俚儒较田夫牧子之所诵也。①

宋人晁公武《鸣沙石室佚书》也记载:

《兔园册》十卷。唐虞世南撰。奉王命纂古今事四十八门,皆偶俪之语。至五代时,行于民间村野,以授学童。②

《北梦琐言》曾记有这样一件轶事:

刘岳与任赞偶语,见(冯)道行而复顾,赞曰:"新相回顾何也?"岳曰:"定是忘持《兔园册》来。"道之乡人在朝者,闻之告道,道因授岳秘书监,任赞授散骑常侍。北中村墅多以《兔园册》教童蒙,以是讥之。然《兔园册》乃徐庾文体,非鄙朴之谈,但家藏一本,人多贱之。③

从上可见《兔园册》是唐五代时期村学中广为所用的科举蒙学教材。

当然,仅靠《兔园册》之类的启蒙教育是无法应试科举的,科举应试还需要大量的经学、诗赋与对策能力,因而,经学诗赋方面的教学越来越成为村学的主要内容。如后梁太祖朱温之父朱诚即"以《五经》教授乡里"④。元稹也说:

予于平水市中,见村校诸童竞习诗,召而问之,皆对曰:"先生教我乐天、微之诗。"⑤

---

① 《旧五代史》卷一二六《周书·冯道传》,中华书局 1976 年版,第 1657 页。
② [宋]晁公武撰,孙猛校证:《郡斋读书志校证》卷一四《类书类》,上海古籍出版社 1990 年版,第 650 页。
③ [五代]孙光宪撰,贾二强点校:《北梦琐言》卷一九,中华书局 2002 年版,第 349 页。
④ 《新五代史》卷一《梁太祖本纪》,中华书局 1974 年版,第 1 页。
⑤ [唐]元稹撰,冀勤点校:《元稹集》卷五一《白氏长庆集序》,第 555 页。

需要注意的是,在有些时期,一些地方大员教谕也会关心过问村落教育的内容,按照正统原则加以训导。如清代婺源县教谕夏炘就规定:

> 为乡村之师者,须自敦品行,不可干预外事。四书五经,要求先辈点定善本,细心看明句读,其字画声音有未晓处,查阅《康熙字典》(《字汇》粗浅,不可凭信)及《经典释文》,方可授读。朱子所辑《小学》,尤童子必读之书,北乡洪造深中翰刻本最精。此外又有《小四书》《小儿语》《续小儿语》,皆有益蒙养之书,板在金陵,可以购买。至《百家姓》《杂事类》等书,庸俗肤浅,无裨初学,可不必读。[①]

总之,村学教学的上述三类内容并不是截然分开的,每一类内容的教材中都同时包含着其他内容,只不过各有侧重而已。村落教育内容的最大特色还是综合性,尤其是启蒙教育,既要为科举启蒙,又要为生产与生活启蒙,还要为伦理教化启蒙。

如清代郭臣尧的《村学诗》形象生动地描述了村学儿童的读书情景:

> 一阵乌鸦噪晚风,诸徒齐逞好喉咙。
>
> 赵钱孙李周吴郑,天地玄黄宇宙洪。
>
> 《千字文》完翻《鉴略》,《百家姓》毕理《神童》。
>
> 就中有个超群者,一日三行读《大》《中》。[②]

从《千字文》《百家姓》,到《鉴略》《神童诗》,再到《大学》《中庸》,应有尽有。正因为此,村落教育才有如此强大的生命力与影响力。

---

① [清]夏炘:《景紫堂文集》卷六《讲约余说》,清咸丰五年(1855年)刻本,第18/a页。
② [清]梁绍壬撰,庄葳点校:《两般秋雨庵随笔》卷四《村学诗》,上海古籍出版社1982年版,第214页。

　　要之,村落教育是中国古代村落文化的一大特色。它们生存在村落的土壤中,与小农经济相互依存,与村落百姓的生活状况紧密相连,在中国古代历史进程中,一直顽强地散发着强大的生命力,对于培养和启蒙村落儿童,对于中国传统礼俗及文化的传承和发扬,对于调节、规范古代乡村社会秩序,对于乡村的生产与生活都起着不可小觑的作用。当然,对于中国古代农耕文明的发展乃至中国古代社会的发展也同样起到了重要作用。

第五章　中国古代村落的节庆与婚丧之俗

就民俗的发展演化而言,城乡居民所流行的风俗均可称之为"民俗",城乡民俗有着较强的共通性、交融性,基本框架与精神表现较为一致,如泛泛地叙述村落民俗的基本状况,难以与城市民俗相区分,更无法掌握村落民俗的独有特色。因此,我们必须要在与城市民俗的比较中去发掘村落民俗与城市民俗各自不同的特点,由村落民俗之特色,进而探寻村落文化更为深层的内涵。

一、古代城乡节俗的错位发展
——以明代王鏊《姑苏志》为切入点

在中国古代,城乡节日风俗同大于异,但在长期的历史演进中,村落与城市节俗的相异之处渐渐增多,出现了明显的错位发展趋势。

明代士人王鏊所修《姑苏志》卷一三《风俗》①曾对当时的姑苏风俗进行了系统简要的记录,我们据此制出"明代姑苏节日风俗表"(见表5-1)。

---

① ［明］王鏊等纂:正德《姑苏志》卷一三《风俗》,第3/a—6/a页。

表 5 - 1　明代姑苏节日风俗表

节　日	风　俗
迎春日	啖春饼、春糕，竞看土牛，集于卧龙街，老稚走空里
元　日	饮屠苏酒，做生菜春盘、节糕，士女集佛宫道观，烧香答愿
正月八日	昏时看参星，占岁水旱
正月十三日	以糯粒投焦釜，老幼各占一投，以卜终岁之吉凶，谓之"爆孛娄"亦曰"米花"，又曰"卜流"
上　元	作灯市，采松竹叶结棚于通衢，下缀华灯，灯有楮练、罗帛、琉璃、鱼鲊、麦丝、竹缕诸品，皆彩绘、刻饰人物故事，或为花果虫鱼、动植之像。其悬剪纸人马，于傍以火运之，曰"走马灯"。藏谜者曰"弹壁灯"。其夕会饮，以米粉做丸子、油䭔之属。行游五日而罢
寒　食	戴麦扫墓
清　明	插柳
四月八日	浮屠氏浴佛，遍走闾巷
端　午	饷角黍，作雄黄阳饮，儿女辈彩索缠臂，长者簪艾叶、榴花以辟邪
夏　至	复作角黍，食李以鲜注夏之疾
七月七	为乞巧会，以青竹戴绿荷系于庭，做承露盘，男女罗拜月下，谓之小儿节
七月十五	僧舍多营斋供，举村荐云作盂兰盆会，亦谓之"鬼节"
九月九	饮鞠酒，用面裹肉炊之，曰"重阳糕"
十月初一	再谒墓，谓之烧衣节。是日不问寒燠，炽炭开炉
冬　至	三日罢市，驰贺等一如元旦
腊月十六	妇祭厕，男子不至
腊月二十五	男祀灶，女子不至。祀用糖饼，以为灶神言人过于天帝，取胶牙之意。祀灶之明日，用赤豆杂米为粥以辟瘟，家之大小皆遍餐，家人或出外者亦覆贮待之，名曰"口数粥"。是夕，爆竹观傩，各燃火炉于门外，焰高者善，古谓之"粝盆"。田间燃长炬，名"照田蚕"
腊月二十七	扫屋坐，曰"除残"
除　夕	夜，复爆竹，焚苍术及辟瘟丹，饮曰"守岁酒"，饧曰"胶牙饧"。夜分，祀瘟，易门神、桃符，更春帖，画灰于道，象弓矢以射祟，其祝词为"打灰堆"

从上表所列内容可以看出明代姑苏节俗之完备，节俗活动之丰富。我们也注意到，志中所收录的节俗立足于姑苏城中，主要是对姑苏城内居民节俗的记录，对于乡村中独有的节俗记载极少，但从似有似无的记载中，我们仍可看到乡村节俗与城邑节俗之错位。

1. 腊月二十五:城邑之烧火盆与乡村之照田蚕

腊月二十五是中国古代跨越城乡不同空间的同一节日,古人多把此日作为祭祀火神之节日,但城市与乡村两个不同空间之节俗各不相同:城邑流行"烧火盆",乡村则流行"照田蚕"。

正德《姑苏志》对姑苏城腊月二十五节庆记载道:

> 用赤豆杂米为粥以辟瘟,家之大小皆遍餐,家人或出外者亦覆贮待之,名曰"口数粥"。是夕,爆竹观傩,各燃火炉于门外,焰高者善,古谓之"粝盆"。

由此可以看到,是日白天,人们要阖家聚餐,吃赤豆米粥;到夜晚,人们则倾城而出,要点爆竹,观傩戏,还要"各燃火炉于门外",即所谓"烧火盆"或"粝盆",可谓热闹非凡。

而该志中单记乡村节俗者,仅腊月二十五一条,即"田间燃长炬,名'照田蚕'"[①],且仅有九字。同一节庆在同一区域的城、乡两个空间出现不同的民俗事象。

其实,这一城乡节俗的分野至迟在宋代即已出现。如范成大的《烧火盆行》和《照田蚕行》两首诗就说明了这一点。其《烧火盆行》写道:

> 春前五日初更后,排门然火如晴昼。
> 大家薪干胜豆秸,小家带叶烧生柴。
> 青烟满城天半白,栖鸟惊啼飞格磔。
> 儿孙围坐犬鸡忙,邻曲欢笑遥相望。

---

① 　[明]王鏊等纂:正德《姑苏志》卷一三《风俗》,第5/a—5/b页。

> 黄宫气应才两月,岁阴犹骄风栗烈。
>
> 将迎阳艳作好春,政要火盆坐暖热。①

此诗生动描述了腊月二十五日夜城邑之中"排门然火""青烟满城"的盛况,以及家家"儿孙围坐""火盆坐暖"的场景。

范成大的《照田蚕行》诗则描述了同一时间村落的节日情形,其诗序描述道:

> 与烧火盆同日,村落则以秃帚若麻秸点竹枝辈燃火炬,缚长竿之杪以照田,烂然遍野,以祈丝谷。

其《照田蚕行》诗曰:

> 乡村腊月二十五,长竿然炬照南亩。
>
> 近似云开森列星,远如风起飘流萤。
>
> 今春雨雹茧丝少,秋日雷鸣稻堆小。
>
> 侬家今夜火最明,的知新岁田蚕好。
>
> 夜阑风焰西复东,此占最吉余难同。
>
> 不惟桑贱谷芃芃,仍更苎麻无节菜无虫!②

从上诗可以看到,与腊月二十五日城市居民"烧火盆"同时,村落百姓"以秃帚若麻秸点竹枝辈燃火炬,缚长竿之杪以照田,烂然遍野,以祈丝谷","长竿然炬照南亩",以祈求来年谷桑丰收,"的知新岁田蚕好"。

---

① ［宋］范成大著,富寿荪标校:《范石湖集》卷三〇《腊月村田乐府十首·烧火盆行》,第412页。
② ［宋］范成大著,富寿荪标校:《范石湖集》卷三〇《腊月村田乐府十首·照田蚕行》,第412页。

村落的这种"照田蚕"习俗一直被后代所沿袭。如元代娄元礼《田家五行》描写太湖流域农家照田蚕时的情形：

> 田夫牧竖俟昏时，争立竿燎火于野，名曰"照田蚕"。看火色占来年水旱。白主水，红主旱，猛烈主丰，萎衰主歉。风亦取东北为上。[①]

明清时期，在南方乡村仍然盛行这一习俗。如乾隆《吴江县志》云：

> 乡村又就田中立长竿，用蒿箕夹爆竹缚其上，四旁金鼓声不绝，起自初更，至夜半乃举火焚之，名"烧田财"。黎里屯村为盛。盖类昔"照田蚕"之俗云。[②]

又如道光《永州府志》卷五《风俗志》也记湖南乡村"照田蚕"的习俗：

> 村落燃火炬照田亩，烂然遍野，以祀丝谷，谓之"照田蚕"。[③]

城邑之"烧火盆"与乡村之"照田蚕"，体现了不同空间的民俗表达，但无论是城市的烧火盆还是乡村的照田蚕，均源自远古时期对火的自然崇拜，都是祭灶风俗的衍生习俗。[④]

火神演化为灶神，是较为常见的说法。《淮南子·氾论训》即言："炎帝作

---

① [元]娄元礼:《田家五行》卷上《十二月类》，《续修四库全书》第 975 册，第 335 页。
② [清]丁正元等修，[清]倪师孟等纂:乾隆《吴江县志》，清乾隆十二年(1747 年)刻本，第 2/b—3/a 页。
③ [清]吕恩湛修，[清]宗绩辰纂:道光《永州府志》卷五《风俗志》，《中国地方志集成·湖南府县志辑》第 43 册，江苏古籍出版社 2002 年版，第 373 页。
④ 也有学者认为，该习俗源自早期稻作农业中的"火耕水耨"的生产习俗，是宋以来江南稻作与蚕桑并驾发展的经济结构对江南农民的心理意识产生的深刻影响。此可作一说。(参见王利华:《"照田蚕"试探》，《中国农史》1997 年第 3 期；周晴:《岁时习俗的生态民俗学考察——以江南"照田蚕"为中心》，《民俗研究》2013 年第 2 期)

火而死为灶。"高诱注曰:"炎帝神农,以火德王天下,死托祀于灶神。"①《论衡·祭意》也说:"炎帝作火,死而为灶。"②灶神祭祀至迟起于春秋时代,至东汉时代渐定于腊月二十四左右。如晋周处《风土记》云:"腊月二十四日夜祀灶,谓灶神翌日上天,白一岁事,故先一日祀之。"③

初时祭灶,只是祭享而已,后衍生出扎纸马焚烧,送灶君回天。如《月令广义》云:

> 刻马印为灶马,士民竞鬻,焚之灶前,为送灶君上天。④

《清嘉录》详尽记载了这一习俗:

> 俗呼腊月二十四夜为"念四夜"。是夜送灶……先期,僧尼分贻檀越灶经,至是填写姓氏,焚化禳灾。籇灯载灶马,穿竹箸作扛为灶神之籇,异神上天,焚送门外,火光如昼。拨灰中籇盘未烬者,还纳灶中,谓之"接元宝"。稻草寸断和青豆为神秣马,具撒屋顶,俗呼"马料豆"。以其余食之,眼亮。⑤

由灶君回府之火,又衍生出以火势高低卜年求财的功能。如清人《海虞风俗竹枝词》所云:

> 焚香置酒送神情,大小肩舆削竹檠。
> 红纸为帘芦作杠,豆其数束架纵横。

---

① [汉]刘安编,何宁集释:《淮南子集释》卷一三《氾论训》,第985页。
② [汉]王充撰,黄晖校释,刘盼遂集解:《论衡校释》卷二五《祭意》,第1060页。
③ [清]顾禄撰,来新夏点校:《清嘉录》卷一二《十二月·念四夜送灶》,第173页。
④ [明]冯应京辑,戴任增释:《月令广义》卷二〇《十二月令》,《四库全书存目丛书·史部》第164册,齐鲁书社1996年版,第867页。
⑤ [清]顾禄撰,来新夏点校:《清嘉录》卷一二《十二月·念四夜送灶》,第172页。

一声爆竹送神回,顷刻行装尽属灰。

火势高低丰歉卜,燎红元宝定通财。①

腊月二十五日之"烧火盆"与"照田蚕"均由此而来,可以视为送灶神的一部分,也可以视为伴生节俗。这一习俗在长期的历史传承中,逐渐分化为城、乡不同的习俗:城市在门外燃火炉,焰高者善,这是人们泛泛地祈占年景与年运;乡村则是具体化为祈求农事诸业,既包括新岁田蚕好,还可以通过火烧田埂沟起到烧草作灰肥和消杀过冬虫害的作用,使得"不惟桑贱谷芃芃,仍更苎麻无节菜无虫"等。两者祭火祈年的功能是完全一致的,腊月二十五在不同空间的同一性显而易见。

2. 正月十五:城邑中的元宵节与村落中的占岁习俗

明王鏊《姑苏志》中对元宵节节俗有较为充分的记载,此节有灯市、会饮、行游等活动,未见乡村元宵节节俗的痕迹,这表明城乡元宵节还缺少共同节俗,两者分行殊途。

初春正月的十五,正是万木复苏,江河融冻,春耕春播前夕。在这样一个月圆之夜,面对主掌旱、涝、风、雹的月神,芸芸众生自然要用种种仪式虔诚地祈祷今年风调雨顺。年年如此,岁岁如斯,元宵节便由此诞生了。当然,这种看似愚昧的祈求也不能真的斥之为完全的愚昧与迷信,在它的背后,还包蕴着我们千百代祖先对自然的认识与思索。从现代气象学的观点看,我国黄淮、关中等地有一个周期性的气候变化规律,初春至仲秋为一周期,仲秋至次年初春又为一周期。由初春的气候特征能大致推导未来七个月的气候趋势,由仲秋的气候特征能大致推导未来五个月的气候趋势。我们的先民在祈祷之外,一个最重要的仪式就是卜测年内的气候状况与农业收成的好坏,这种卜测有占

---

① 钱仲联主编:《清诗纪事·光绪宣统朝卷》,凤凰出版社 2004 年版,第 3880 页。

阴阳与占气候两种。

北魏著名农学家贾思勰在《齐民要术·杂说》中引《物理论》记述了正月十五日如何占阴阳的古法：

> 正月望夜占阴阳，阳长即旱，阴长即水。立表以测其长短，审其水旱，表长丈二尺：月影长二尺者以下，大旱；二尺五寸至三尺，小旱；三尺五寸至四尺，调适，高下皆熟；四尺五寸至五尺，小水；五尺五寸至六尺，大水。[①]

对于如何占气候，明代卢翰的《月令通考》中记有一些具体方法：

> 正月上元日雾，主水。
>
> 上元日晴，主一春少水，诗括云："上元无雨多春旱，清明无雨少黄梅。夏至无云三伏热。"
>
> 十六日谓之落灯，夜晴主旱。春东南风，谓之入门风，主低田大热。
>
> 上元，竖一丈竿候月，午影至七尺，大稔；六尺，小稔；九尺、一丈，有水；五尺，岁旱；三尺，大旱。
>
> （上元日）东风，夏米平。南风，米贵主旱。西风，春夏米贵，桑叶贵。北风，水涝。东北风，水旱调，大熟。东南风，禾麦小熟。西北风，有水，桑叶贱。西南风，春夏米贵，蚕不利。[②]

既然正月十五可以占测来年收成丰歉和雨水多寡，那么在占测的同时，对主管丰歉雨水之神祇进行祭祀是必不可少的。如汉武帝时代，每年元宵都十分隆重地以灯火祭祀掌阴阳变化的太乙神，往往是通宵达旦。此日以灯火祀

---

① ［北朝］贾思勰著，缪启愉、缪桂龙译注：《齐民要术译注》卷三《杂说》，上海古籍出版社2009年版，第212页。

② ［明］卢翰辑：《月令通考》卷二《正月下》，《四库全书存目丛书·史部》第164册，齐鲁书社1996年版，第93—94页。

太乙神之俗,当是元宵节之本源。徐坚《初学记》卷四云:

> 《史记·乐书》曰:汉家祀太乙,以昏时祠到明。今人正月望日夜游观灯,是其遗事。[①]

"祀太乙"应当是官方所为。

在稍后的乡村社会,元宵节日的主要活动除了占卜年景丰歉、降水旱涝外,还有祭蚕与逐祭蚕神活动(亦称"茧卜"),其活动方式十分独特:以白粥上覆肉奉祭,南、北方均有此俗。对于祀蚕之俗的来源只是一个传说。晋代干宝《搜神记》记载:

> 吴县张成,夜起,忽见一妇人立于宅南角。举手招成曰:"此是君家之蚕室,我即此地之神。明年正月十五,宜作白粥,泛膏于上。"以后年年大得蚕。今之作膏糜像此。[②]

南朝宋东阳无疑《齐谐记》记云:

> 正月半有神降陈氏之宅,云是蚕室,若能见祭,当令蚕桑百倍。[③]

南朝梁吴均在《续齐谐记》也有详细描述:

> 吴县张成夜起,忽见一妇人立于宅上南角,举手招成,成即就之。妇人曰:"此地是君家蚕室,我即是此地之神,明年正月半宜作白粥,泛膏于

---

① [唐]徐坚等:《初学记》卷四《岁时部下·正月十五日》,中华书局 1962 年版,第 66 页。
② [晋]干宝撰,汪绍楹校注:《搜神记》卷四《蚕神》,第 55 页。
③ [宋]李昉等编纂:《太平御览》卷三〇《时序部十五》引《齐谐记》,第 140 页。

上,祭我也,必当令君蚕桑百倍。"言绝失之。成如言作膏粥,自此后大得蚕。今正月半作白膏粥自此始也。①

在荆楚一带,村民们是日还将白膏粥用作逐鼠之物。南朝梁宗懔《荆楚岁时记》记其方式为:将粥带到房顶,口中念道"登高糜,挟鼠脑,欲来不来,待我三蚕老"②。这一茧卜习俗,宋明以后仍有存续。

在此后的历史演化中,官方的祀太乙与乡村的祀蚕神并未融汇;相反,两者一直沿着不同的方向演进。

祀太乙的灯火渐渐成为人们的观赏之物,正月十五外出赏灯成为城邑居民的风俗,在此基础上,形成了极具特色的元宵户外节娱。至隋朝时,这一习俗规模宏大,遍及全国各地。柳彧曾上书隋文帝,要求禁绝此俗。他说:

> 窃见京邑,爰及外州,每以正月望夜,充街塞陌,聚戏朋游。鸣鼓聒天,燎炬照地,人戴兽面,男为女服,倡优杂技,诡状异形。以秽嫚为欢娱,用鄙亵为笑乐,内外共观,曾不相避。高棚跨路,广幕凌云,袨服靓妆,车马填噎。肴醑肆陈,丝竹繁会,竭资破产,竞此一时。尽室并孥,无问贵贱,男女混杂,缁素不分。……③

隋文帝虽下令禁绝,但自炀帝之后,此风复炽,成为中国古代最大规模的全民性户外娱乐性节日。明人张岱曾生动描述绍兴城的元宵盛况。他写道:

> 绍兴灯景为海内所夸者无他,竹贱、灯贱、烛贱。贱,故家家可为之;贱,故家家以不能灯为耻。故自庄逵以至穷檐曲巷,无不灯、无不棚者。

①　[南朝梁]吴均:《续齐谐记》,《元明善本丛书》本,商务印书馆1937年版,第7页。
②　[南朝梁]宗懔著,姜彦稚辑校:《荆楚岁时记》,第16页。
③　《隋书》卷六二《柳彧传》,第1483—1484页。

棚以二竿竹搭过桥,中横一竹,挂雪灯一、灯球六。大街以百计,小巷以十计。从巷口回视巷内,复叠堆垛,鲜妍飘洒,亦足动人。十字街搭木棚,挂大灯一,俗曰"呆灯",画《四书》《千家诗》故事,或写灯谜,环立猜射之。庵堂寺观以木架作柱灯及门额,写"庆赏元宵""与民同乐"等字。佛前红纸荷花琉璃百盏,以佛图灯带间之,熊熊煜煜。庙门前高台鼓吹。五夜市廛,如横街轩亭、会稽县西桥,闾里相约,故盛其灯,更于其地斗狮子灯,鼓吹弹唱,施放烟火,挤挤杂杂。小街曲巷有空地,则跳大头和尚。锣鼓声错,处处有人团簇看之。城中妇女,多相率步行,往闹处看灯;否则大家小户杂坐门前,吃瓜子糖豆,看往来士女,午夜方散。乡村夫妇,多在白日进城,乔乔画画,东穿西走,曰"钻灯棚",曰"走灯桥",天晴无日无之。①

由以上描述可以看到,元宵游乐的主要地点是城邑。城邑中元宵节有着丰富的表达内容,其节庆活动已成为城市居民的重要生活构成,成为城市社会空间的重要标志。村落之中,虽也受其影响,有张灯游乐之举动,但无论是普及程度还是游乐方式,都与城邑有明显差别,他们中的一些人要"白日进城,乔乔画画,东穿西走"。而且,即便那些传播到村中的灯笼,又往往未被赋予元宵节的本义。

乡村空间的元宵节与城市具有明显的不同。首先,在城邑元宵走向狂欢的同时,村落中仍保留着古老的元宵习俗。宋代杨万里《上元夜里俗,粉米为茧丝,书吉语置其中,以占一岁之福祸,谓之茧卜,因戏作长句》诗云:

去年上元客三衢,冲雨看灯强作娱。
今年上元家里住,村落无灯惟有雨。

---

① [明]张岱撰,马兴荣点校:《陶庵梦忆》卷六《绍兴灯景》,《元明史料笔记丛刊》本,中华书局2007年版,第73—74页。

隔溪丛祠稍箫鼓,不知还有游人否?

儿女炊玉作茧丝,中藏吉语默有祈。

小儿祝身取官早,小女只求蚕事好。

先生平生笑儿痴,逢场亦复作儿嬉。

不愿著脚金华殿,不愿增巢上林苑。

只哦少陵七字诗,但得长年饱吃饭。

心知茧卜未必然,醉中得卜喜欲癫。①

上诗题"上元夜里俗,粉米为茧丝,书吉语置其中,以占一岁之祸福,谓之茧卜"寥寥一句,道出了村落元宵节俗的主要内容:上元夜要做粉米粥,书吉语,以占来岁丰歉祸福;从诗内容可以看到,南宋时代,三衢城中元宵可看灯,其故乡则是"村落无灯惟有雨",但村民们有自己的元宵之俗,诗中便记录了其小女"只求蚕事好"等茧卜之俗。直到明清时期,在一些村落中仍保留着这种古老的元宵祀蚕之俗。如徐献忠《吴兴掌故集》卷一二《风土》便记道,每到正月十五,村民们"常以膏泛粥事神"②。光绪《临朐县志》卷八《风土》也记载:

> 正月(十)五日祀蚕姑神,十六日浴蚕种,是日,小儿女以五色米杂七孔针炊糜作巧饭食之,曰益智。③

其次,中国古代村落中的元宵节,其节庆的主要媒介也是灯火,也承袭了祀太乙之灯火,有张灯游乐之举动,但与城市有很大差别。村落元宵灯火的主题并非赏灯与娱乐,而是占卜丰歉,其活动内容更具多样性,不同地域空间甚

---

① [宋]杨万里撰,辛更儒笺校:《杨万里集笺校》卷五《江湖集》,中华书局 2007 年版,第 267 页。
② [明]徐献忠:《吴兴掌故集》卷一二《风土》,《中国方志丛书》本,台湾成文出版社 1983 年版,第 752 页。
③ [清]姚延福修,[清]邓嘉缉、蒋师辙纂:光绪《临朐县志》卷八《风土》,《中国地方志集成·山东府县志辑》第 36 册,凤凰出版社 2004 年版,第 67 页。

至不同村落的节俗表达各具特色。以清代山东为例。在这一地区的很多村落流行在元宵节上灯的习俗,所挂灯笼叫"占岁灯",主要用来占卜来年收成。如乾隆《乐陵县志》载:

> 元宵张灯火,放花炬,酒筵乐歌,竞为欢会,凡三夜。十四日主麦,十五日主谷,十六日主豆,月明风恬者,为收灯也。有风为歉,无风为丰,名曰"占岁灯"。①

道光《济南府志》载:

> (元夕)试灯,十四日主麦,十五日主谷,十六日主豆。月明风恬为收灯,主丰年。②

光绪《惠民县志》载:

> 元宵张灯火……前后凡三夜,三日内有风为歉,无风为丰,名曰"占岁灯"。③

由上记载可见,村落民众在元宵节前后三日皆张灯,一般在正月十四即开始掌灯,连续三天,直到正月十六晚才结束,主要用于占卜来年丰歉,占卜依据是风,即"有风为歉,无风为丰","月明风恬为收灯,主丰年"。

---

① [清]王谦益修,[清]郑成中纂:乾隆《乐陵县志》卷三《经制下·风俗》,《中国地方志集成·山东府县志辑》第 16 册,凤凰出版社 2004 年版,第 459 页。
② [清]王赠芳修,[清]成瓘纂:道光《济南府志》卷一三《风俗》,《中国地方志集成·山东府县志辑》第 1 册,凤凰出版社 2004 年版,第 282 页。
③ [清]沈世铨修,[清]李勋纂:光绪《惠民县志》卷一六《风俗》,《中国地方志集成·山东府县志辑》第 22 册,凤凰出版社 2004 年版,第 363 页。

也有的地方的村民在元宵节利用身边的萝卜、灯草、棉籽油等自制油灯；或用杂面蒸制灯窝,用草梗缠上棉花作灯芯,往往按照月序一次蒸制 12 个,代表一年的 12 个月份,故又称"面灯""月灯"或"岁灯",主要也是用以预测来年禾稼丰歉及雨水旱涝情况。文献中对此多有记载。如嘉庆《平阴县志》载:

> 元夜,食元宵,捏面为灯,注香油,各处散之,按月捏者曰月灯,按家长岁捏者曰岁灯。[①]

顺治《招远县志》载:

> 尝以三夜风色候早晚田丰歉。又作面灯十二,各照月序蒸之,以卜水旱,颇验。[②]

乾隆《威海卫志》载:

> 上元,以面作盏,蒸作灯,边捏月分,按其干湿卜旱涝,即灯花占五谷丰歉。[③]

乾隆《海阳县志》载:

①　[清]喻春林修,[清]朱续孜纂:嘉庆《平阴县志》卷二《时令》,《中国地方志集成·山东府县志辑》第 65 册,凤凰出版社 2004 年版,第 212 页。

②　[清]张作砺修,[清]张凤羽纂:顺治《招远县志》卷四《风俗》,《中国地方志集成·山东府县志辑》第 47 册,凤凰出版社 2004 年版,第 359 页。

③　[清]毕懋第纂修,[清]郭文大续纂修,[清]王兆鹏增订:乾隆《威海卫志》卷一《疆域志·风俗》,《中国地方志集成·山东府县志辑》第 44 册,凤凰出版社 2004 年版,第 437 页。

> 上元，以面作笺（盏），蒸为灯，即灯花卜五谷丰歉。①

光绪《增修登州府志》亦载：

> 上元……又作面盏十二，照月序蒸之，以卜水旱，十三日为试灯，十七日为残灯，其中三日为正灯……夜灯时候风色卜菽麦丰凶，颇验。②

看来，他们往往依据每一个面灯内遗留的油量以卜来年水旱，或以上锅蒸制十二个面灯熟透后面窝中所积水来判断来年的雨水量，或以灯花大小强弱占卜来年五谷丰歉。③

一些村落在元宵之日，从大门到每个屋包括灶台、农具屋、厕所等都要上灯。如道光《博平县志》记载：

> 元宵……然灯以祭。巳（已）乃取灯布置门、栏、窗、灶上，谓之"散灯"。④

这种做法，与上条"或以面作蛇形埋于谷仓，或置窗台，谓之'神虫'"，应是同样道理，它们赋予上元日的灯光以巫术力量，认为灯光可以辟邪，可以驱赶蝎子等虫害。

----

① ［清］包桂纂修：乾隆《海阳县志》卷三《风俗》，《中国地方志集成·山东府县志辑》第56册，凤凰出版社2004年版，第38页。

② ［清］方汝翼、贾瑚修，［清］周悦让、慕荣幹纂：光绪《增修登州府志》卷六《风俗》，《中国地方志集成·山东府县志辑》第48册，凤凰出版社2004年版，第71页。

③ 如顺治《招远县志》卷四《风俗》记载："尝以三夜风色候早晚田丰歉。又作面灯十二，各照月序蒸之，以卜水旱，颇验。"民国《莱阳县志》卷三之二《人事志·风俗》亦载："又依月序作面盏十二蒸之，验其干湿以卜水旱。或以面作蛇形埋于谷仓，或置窗台，谓之'神虫'。"

④ ［清］杨祖宪修，［清］乌竹芳纂：道光《博平县志》卷五《土俗记》，清道光十一年（1835年）刻本，第1/b—2/a页。

正月十五占测丰歉、祭祀神祇习俗,直到清代仍是村落元宵节日的一项重要内容。如河北新城县在这一天有用黄豆卜水旱的习俗;山西潞安在这一节日盛行"蒸面茧以祀蚕姑,作粘穗以祀谷神"等。① 这些习俗都可以说是元宵本义的余绪。

总之,元宵节俗在城市社会以及村落社会有着各具特色的表达方式,乡村社会内部又有着丰富多元的特色表达。但是,无论哪个空间,也无论表达方式多么不同,它们都有着同一来源,所要表达的都是同一时间节点的同一节日,是在同一岁时空间背景下跨越具体空间的时空交错。②

3. 春秋社日:盛行乡村的节俗

以上所述是城乡节俗之错位发展,除此之外,城乡在节日本身的传承上也存在明显的错位倾向。

不难发现,王鏊之《姑苏志》中有一个重要的节日缺项,即社日。不独此志,还有一些类似著述也都不约而同地忽略了社日。比如,明万历年间宛平知县沈榜所编撰的《宛署杂记》,对明代宛平之岁时民俗记录颇周,然而却无社日之记载。又如,明末刘侗、于奕正所撰《帝京景物略》对北京节俗也进行了系统的记述,但同样也没有社日之记述。

众所周知,战国以来,祭社是官方至平民百姓全体参加的活动,举国祭社,社日活动分布于各社会空间。(详见第二章)但前列明清时期诸书均无记载,城市中几乎不见社日活动,城市居民鲜有参加社祭活动的记载。难道汉唐以来红火风行的社日至此消失了? 我们检核宋元明清时期的有关资料,发现并非如此。这一时期,社日活动被局限于乡村空间,成为乡村的专有活动;而且乡村中的社日活动依然十分热烈,丰富多彩。例如:宋代高承《事物纪原》卷八

---

① 参见张士闪:《艺术民俗学》,泰山出版社 2000 年版,第 131 页。
② 以上参见马新:《论中国古代节日所构建的岁时空间》,《东岳论丛》2021 年第 10 期。

《赛神》云：

> 今人以岁十月农功毕，里社致酒食以报田神，因相与饮乐。①

姜特立的《歌丰年》诗云：

> 稔岁非常岁，时时雾雨并。陂塘留夜月，涧欲泻秋声。
> 卧袯惊宵冷，披纱怯晓清。水泉俱自足，阡陌更无争。
> 荷锸疏余浸，腰镰候小晴。秋材寒眼富，酒兴老涎生。
> 便觉糟床注，还欣庾粟盈。新君钟瑞庆，旧俗迓升平。
> 赛社鸡豚具，迎神筇鼓鸣。支离徒受粟，一饱愧斯氓。②

陆游的《赛神曲》更是写尽宋代乡村社日赛神的欢乐气氛：

> 击鼓坎坎，吹笙呜呜，绿袍槐简立老巫，红衫绣裙舞小姑。乌白烛明
> 蜡不如，鲤鱼糁美出神厨。老巫前致词，小姑抱酒壶。愿神来享常欢娱，
> 使我嘉谷收连车………神归人散醉相扶，夜深歌舞官道隅。③

可见唐宋以来的乡村社日活动仍本古义，以报田神、祈丰年为主旨，这样的社
日活动在城市社会难有存在余地。就城市社会而言，自唐宋以来，随着市镇经
济的发展，市民阶层的兴起，以春祈秋报为主要内容的社日活动已不能满足城
市居民的诉求，城隍祭祀在各地蔚然成风，在市民中的影响日益显著，道教也
将城隍神纳入自己的神灵体系。但是，城市中的城隍并非凭空而来，其实也是

---

① ［宋］高承撰，金圆等点校：《事物纪原》卷八《赛神》，中华书局1989年版，第439页。
② ［宋］姜特立：《梅山续稿》卷一一，《景印文渊阁四库全书》第1170册，台湾商务印书馆1986年版，第78页。
③ ［宋］陆游《赛神曲》，载北京大学古文献研究所编：《全宋诗》卷二一八二，第24848页。

源自土地崇拜,是土地崇拜的城市版本而已。

明清以降,社日仍是乡村的专有。虽然明代几部重要的城市志书诸如《姑苏志》《宛署杂记》《帝京景物略论》等均不见社日之记载,但在明代村落中,社日的各种活动仍盛行不衰。历代王朝对乡村社会之社祭也一直加以引导与支持。如朱元璋建立明朝后,即对乡村之社做出具体规定,要求"每里一百户立坛一所,祀五土五谷之神"①。社主要用于春祈秋报,即春社与秋社活动。《大明会典》又具体规定:"遇春、秋二社,预期率办祭物,至日,约聚祭祀。""祭毕,就行会饮。"②明清时期的村落中,社日的各种活动仍较为丰富。如江西婺源之乡村:

> 社之日,击鼓迎神,祭而舞以乐之,祭必颁肉群饮,语曰:"社鼓鸣,春草生。"至秋而祭亦如之。闾里之欢,此为近古。③

凌濛初的《二刻拍案惊奇》对山东兖州府巨野县秾芳亭的乡村百姓一同观看社火的状况描写得有声有色:

> 凡一应吹箫、打鼓、踢球、放弹、拘拦、傀儡、五花爨弄,诸般戏具,尽皆施呈,却象献来与神道观玩的意思,其实只是人扶人兴,大家笑要取乐而已。所以王孙公子尽有携酒挟伎,特来观看的。直待诸戏尽完,赛神礼毕,大众齐散,止留下主会几个父老,亭中同分神福,享其祭余,尽醉方休。此是历年故事。④

---

① 《明史》卷四九《礼志三》,中华书局 1974 年版,第 1269 页。
② [明]李东阳等撰,[明]申时行等重修:《大明会典》卷九四《里社》,第 1476 页。
③ [清]蒋灿纂修:康熙《婺源县志》卷二《风俗》,清康熙三十三年(1694 年)刻本,第 28/b—29/a 页。
④ [明]凌濛初著,章培恒整理:《二刻拍案惊奇》卷二,上海古籍出版社 1983 年版,第 20—21 页。

乡村社会中社日之活动依然如故,而前列诸种志书之空缺,原因当在于上述志书均以城市节俗活动为基本,兼及乡村节俗,城乡均流行者应当是无明显漏失;城市流行而乡村并不流行者也应当无明显漏失;唯乡村流行而城市已稀见者,则多有漏失。这也可见村落节俗与城市节俗之错位。[①]

4. 打春牛:盛行城邑的劝耕节俗

王鏊所修《姑苏志》记明代姑苏节俗中的第一项有"竞看土牛,集于卧龙街,老稚走空里"。这就是民俗史上著名的"鞭春"。其实,这一习俗源于先秦以来的迎春之俗,是为了祭祀主管农事的春神句芒(亦称"芒神")。它自形成之时便是官方所为,目的在于通过这一仪式来劝耕天下,提醒人们开始耕作。但令人遗憾的是,这一习俗在长期的传承中一直未能成为村落的节俗。

迎春之俗的官方化、仪式化在汉代已较完备。如《后汉书·祭祀志中》记道:

> 立春之日,迎春于东郊,祭青帝句芒。车旗服饰皆青。歌《青阳》,八佾舞《云翘》之舞。[②]

以上所记是祭祀仪式为朝廷所为,规模较大,规格较高。而各县的迎春仪式较为简单。如《后汉书·祭祀志下》记道:

> 立春之日,皆青幡帻,迎春于东郊外。令一童男冒青巾,衣青衣,先在东郭外野中。迎春至者,自野中出,则迎者拜之而还,弗祭。[③]

---

① 以上参见马新:《论中国古代节日所构建的岁时空间》,《东岳论丛》2021 年第 10 期。
② 《后汉书》志八《祭祀志中》,第 3181 页。
③ 《后汉书》志九《祭祀志下》,第 3204—3205 页。

可见其做法是:事先令一男童着青色衣巾,扮作芒神,立于东郊外田野中;县中官吏是日迎拜即可。

在东汉时期已出现了"土牛",但只是做一土牛立之城府南门而已,后世鞭牛(或称"鞭春""打春")之俗还未出现。王充《论衡·乱龙》记当时之俗:

> 立春东耕,为土象人,男女各二人,秉耒把锄,或立土牛(象人、土牛),未必能耕也。顺气应时,示率下也。①

这是说,以土制成农夫与土牛,并非以之耕作,只是表达春耕始启,以上彰下之意。

河南南阳出土的东汉延熹二年《张景碑》(又称《汉张景造土牛碑》)碑文中对这一风俗做了记载:

> [府告宛:男]子张景记言,府南门外劝[农]土牛,□□□□,调发十四乡正,相赋敛作治,并土人、犁、耒、卝、蓎、屋,功费六七十万,重劳人功,吏正患苦,愿以家钱,义作土牛,上瓦屋、栏楯什物,岁岁作治。乞不为县吏、列长、伍长,征发小繇。审如景[言],施行复除,传后子孙。明检匠所作,务令严事。毕成,言。会廿四,府君教。太守丞印。延熹二年,八月十七日甲申起□。八月十九日丙戌,宛令右丞愔告追鼓贼曹掾石梁写移,遣景作治五驾瓦屋二间,周栏楯拾尺,于匠务令功坚。奉□毕成,言。会月廿五日。他如府记律令。
>
> 掾赵述□□府告宛:言男子张景,以家钱义于府南门外守□□□瓦屋,以省赋敛,乞不为县吏、列长、伍长、小繇□□。②

---

① [汉]王充撰,黄晖、刘盼遂校释:《论衡校释》卷一六《乱龙》,第702—703页。

② 高文:《汉碑集释》(修订本),河南大学出版社1997年版,第227—228页。

该碑文内容由三部分组成:第一部分为南阳郡太守丞"告宛"人的公文,意思是说,每年于府南门外举行的劝农耕作所需的土牛等制作费用巨大,"重劳人功,吏正患苦"。张景"愿以家钱"包作官府举行立春仪式时所需的土牛、瓦屋、栏楯等设施及梨、耒、艹(草)、席(竹席)等一切用具,并为此请求免除他家的世代劳役。对此,郡府表示同意张景包作土牛等设施,以免其家世代劳役之事。第二部分为宛令右丞指使追鼓贼曹掾写移文书,遣张景作治"五驾瓦屋二间,周栏楯拾尺"的公文。第三部分文字残缺过多,大意为掾赵述"告宛"人的文告,将张景以家资承作立春仪式所需物以及免除其赋役之事昭告于众。从简文可以看出,制造立春仪式时所需的土牛之类也是官方所为。

唐宋以来,自皇帝到各级官府都有宏大的迎春仪式,也有了鞭春之俗。在宋人的记载中,鞭春之俗已十分流行。鞭春牛是迎春活动的高潮。周密《武林旧事》记道:

> (立春)前一日,临安府造进大春牛,设之福宁殿庭。……预造小春牛数十,饰彩幡、雪柳,分送殿阁巨珰,各随以金银线彩段为酬。是日赐百官春幡胜,宰执亲王以金,余以金裹银及罗帛为之,系文思院造进,各垂于幞头之左入谢。①

孟元老《东京梦华录》亦载:

> 立春前一日,开封府进春牛,入禁中鞭春。开封、祥符二县置春牛于府前。至日绝早,府僚打春,如方州仪。府前左右百姓卖小春牛,往往花装栏坐,上列百戏人物,春幡雪柳,各相献遗。②

---

① 　[宋]周密著,李小龙、赵锐注:《武林旧事》卷二《立春》,中华书局 2007 年版,第 48 页。
② 　[宋]孟元老撰,邓之诚注:《东京梦华录》卷之六《立春》,中华书局 1982 年版,第 163 页。

各州县鞭春之方式与之类似。张世南《游宦纪闻》卷八载：

> 三山之俗，立春前一日，出土牛于鼓门之前。若晴明，自晡后达旦，倾城出观，巨室或乘轿旋绕。相传云："看牛则一岁利市。"①

由上所记可以看出，鞭春牛的程式为：立春前一日，先把土牛直放在府门外，市民倾城而出，围观土牛，以求"利市"；次日即立春日晨，由府僚鞭打春牛。
至于如何鞭春，乾隆《乐陵县志》记载得较为详细：

> 迎芒神，土牛入至县衙大门外，土牛南向，芒神西向。立春日清晨，备牲醴果品，芒神位前行三献礼，至土牛前击鼓三，击土牛者三，名鞭春，向芒神揖退。②

陈元靓《岁时广记》对鞭春之后的活动有生动叙述：

> 立春，鞭牛讫，庶民杂遝如堵，顷刻间分裂都尽。又相攘夺，以至毁伤身体者，岁岁有之。得牛肉者，其家宜蚕，亦治病。《本草》云："春牛角上土，置户上，令人宜田。"③

此处所鞭牛为土牛，打碎之后，碎块被一哄而抢。所谓"牛肉"，即土碎块。之后人们把捡得的土牛土块带回家，既象征收成好，亦能治病。光绪《临朐县志》

---

　①　[宋]张世南撰，张茂鹏点校：《游宦纪闻》卷八，《唐宋史料笔记丛刊》本，中华书局1981年版，第71—72页。
　②　[清]王谦益修，[清]郑成中纂：乾隆《乐陵县志》卷三《经制下》，《中国地方志集成·山东府县志辑》第16册，凤凰出版社2004年版，第455页。
　③　[宋]陈元靓撰，许逸民点校：《岁时广记》卷八《立春·争春牛》引《皇朝岁时杂记》，中华书局2020年版，第163页。

卷八《风土》也有类似记载:"立春日,裂土牛体置蚕房,曰宜蚕。"①

　　在中国古代社会,鞭牛仪式一直为官府所为。在观看州、府、县活动仪式之后,市民们开展一系列游春(探春)活动,其中最有特色者是送春。民间艺人制作许多小泥牛,称为"春牛"。人们将春牛送往亲戚朋友各家,谓之"送春",亦即孟元老所说"百姓卖小春牛,往往花装栏,上列百戏人物,春幡雪柳,各相献遗"。

　　此后直到清末,土牛鞭春之俗一直在城邑中流行。因而,鞭春又可视为城市春日风俗的一个组成部分。(见图5-1)

图5-1　打牛图(〔日〕宗川宗英编纂《清俗纪闻》插图)

　　由此可见,中国古代立春之俗中的"土牛"与"鞭春"是仪式,但又不仅仅局限于仪式,它实际上又是立春节俗的主导,尤其是城市空间的各种立春活动

────────────

　　① 〔清〕姚延福修,〔清〕邓嘉辑、蒋师辙纂:光绪《临朐县志》卷八《风土》,《中国地方志集成·山东府县志辑》第36册,第67页。

多基于这一仪式而展开。①

值得注意的是,该节俗历经几千年一直由官方主持且盛行于城市,并未渗染于村落。究其原因,就是它一开始就具有过强的官方性与仪式性,与村落节俗之实用性、生产性格格不入。一方面,这种以官方主持的劝农仪式,其费用直接摊派给乡村百姓,令人苦不堪言。前引《张景碑》中即言:"府南门外劝[农]土牛,□□□□,调发十四乡正,相赋敛作治,并土人、犁、耒、卄、蓸、屋,功费六七十万,重劳人功,吏正患苦。"另一方面,其并未给村落百姓带来应有的实惠。宋代诗人利登有《野农谣》一诗。其诗写道:

> 去年阳春二月中,守令出郊亲劝农。
>
> 红云一道拥归骑,村村镂榜粘春风。
>
> 行行蛇蚓字相续,野农不识何由读?
>
> 唯闻是年秋,粒颗民不收。
>
> 上堂对妻子,炊多粂少饥号啾。
>
> 下堂见官吏,税多输少喧征求。
>
> 呼官视田吏视釜,官去掉头吏不顾。
>
> 内煎外迫两无计,更以饥躯受笞箠。
>
> 古来邱垅几多人,此日孱生岂难弃!
>
> 今年二月春,重见劝农文。
>
> 我勤自钟惰自釜,何用官司劝我氓?
>
> 农亦不必劝,文亦不必述。
>
> 但愿官民通有无,莫令租吏打门叫呼疾。
>
> 或言州家一年三百六十日,念及我农惟此日。②

---

① 参见马新:《论中国古代节日所构建的岁时空间》,《东岳论丛》2021年第10期。

② 〔宋〕陈起编:《江湖小集》卷八二《利登翠稿·野农谣》,《景印文渊阁四库全书》第1357册,第629—630页。

全诗大意是说:每年二月,太守、县令都要浩浩荡荡地到乡间"劝农",每个村落都贴出劝农告示。但这对百姓无任何益处,地里依然颗粒不收。所以,"农亦不必劝,文亦不必述",只要轻徭薄赋,"莫令租吏打门叫呼疾",百姓自会勤奋耕作。此诗可作为"鞭春"之俗未入村落的注脚。

二、古代城乡婚丧之俗的不同走向

婚俗与丧俗历代备受关注,在长期的文化传承中,形成了丰富、完备的婚丧仪礼,为城乡民众所遵循。但是,自秦汉以来,城乡之界限开始明确,尤其宋、明以来,在文化形态上的区分更是显见。不同的生活条件、生存环境以及文化生活,造就了城乡婚丧之俗的明显区别。

1. 城乡不同的婚俗

就婚俗而言,城市婚俗在古来六礼的基础上愈加奢华,乡村婚俗则是在"六礼"①基础上因陋就简,愈加便宜。当然,这是就城市中的富足人户与乡村中的普通民户而言,乡村中的极少数富有者在婚俗上往往也追逐城市婚俗之奢华,城市中的贫困市民也会在婚姻礼俗上如乡村婚俗之便宜为之。

城市婚俗以明代南京之婚俗为例。顾起元《客座赘语》卷九记道:

> 留都婚姻亦备六礼,差与古异。……今留都初缔姻具礼往拜女家,曰
> 谢允;次具仪曰小定;将娶,先期具纳币,亲迎之日往请,曰通信;纳币曰行

---

① 六礼,形成于先秦时代,按《仪礼·士昏礼》的表述,包括纳采、问名、纳吉、纳征、请期、亲迎,指从议婚至完婚过程中的六种礼节。纳彩,即男方家请媒人去女方家提亲,女方家答应议婚后,男方家备礼正式去求婚。问名,即请庚,男女双方正式交换年庚,表示定下婚约。纳吉,即卜吉,将女方姓氏、名字、生辰等带回男家,在宗庙"卜其吉凶",或请相士卜算是否与男方相合。后演变为"小聘",即男方送给女方家的订婚礼物。纳征,又称之为"纳币""下财""聘礼""过大礼",即男方向女方纳付聘财。请期,即男方择定婚日后,遣媒通知女方家。亲迎,是六礼中最后一个程序,是夫婿亲自到女家登门迎亲。至此,整个婚娶告一段落。三个月之后,新婚夫妇再到祖庙行庙见之礼,新妇成为夫家的正式成员。

大礼,将娶前数日具仪曰催妆;至日行亲迎。似以小定兼纳采、问名,通信即请期,第先后不同耳。古俗,亲迎有弄女婿、弄新妇、障车、婿坐鞍、青庐、下婿、却扇等礼,今并无之。惟妇下舆以马鞍令步,曰跨鞍,花烛前导曰迎花烛,仿佛旧事。婚礼古以不亲迎为讥,留都则婿之亲迎者绝少,惟姑自往迎之,女家稍款以茶果。妇登舆,则女之母随送至婿家,舅姑设宴款女之母。富贵家歌吹彻夜,至天明始归,婿随往谢妇之父母,亦款以酒。而妇之庙见与见舅姑,多在三日。按《家礼》,妇于第三日庙见、见舅姑,第四日婿乃往谒妇之父母。盖谓妇未庙见与见舅姑,而婿无先见女父母之礼也。此礼宜复,但俗沿已久,四日往谢,众论骇然。议于第二日晨起,子率妇先庙见、拜父母舅姑,而后婿往妇家拜其父母,庶几得礼俗之中矣。[1]

江南各地城邑则在此基础上,对婚俗的各个环节又多有增益,以彰奢华。如松江婚礼之隆重,与他地略同。叶梦珠《阅世编》载:

> 独迎新彩轿日异。当崇祯之初,舆服止用蓝色绸,四角悬桃红彩球而已。其后用刺绣。未几而纯用红绸刺绣。又未几而用大红织绵或大红纱绸满绣。舆上装缀用大镜一面当后,或左右各一,后用数小镜缀于顶上,更觉轻便饰观。今俱用西洋圆镜,大如橘柚,杂于五彩球中,如明星煌煌,缀彩云间,华丽极矣![2]

崇祯《松江府志》也记录当地婚礼之奢华,称:

> 婚前一日送奁于男家,今为迎妆,以奁饰帏帐,卧具、枕席迎于通衢,鼓

---

① [明]顾起元撰,谭棣华等点校:《客座赘语》卷九《礼制七则》,中华书局1987年版,第287—288页。
② [明]叶梦珠撰,来新夏点校:《阅世编》卷二《礼乐》,第37页。

乐拥导,妇女乘舆杂遝,曰"送嫁妆"。金珠璀璨,士大夫家亦然,以夸奁具之盛。又,新妇将合卺,首戴花髻,剪彩纸为之,男家所预送者,用亲人,以竹箩覆而挑去之,为"挑方巾",始饮酒,三行,此俗礼不知始于何日,沿不可废。[①]

崇祯《乌程县志》记潮州之婚礼:

> 婚时遇暮夜,知眷家助灯烛,此亦近厚。结花烛时,有相者率众乐工于洞房外,或花筵唱曲,此大不雅。[②]

崇祯《嘉兴县志》记述嘉兴一带之婚礼:

> 亲迎,不论士流,必骑而鼓吹导从,戚属咸助之,笼灯照耀通衢,即贫薄者亦强慕效为之,觉太侈矣。

对此,当时曾有《望桥上送婚灯炬》诗,描述嘉兴婚娶之时张灯结彩之盛况。诗云:

> 谁拥百枝行,沸天歌吹声。
> 人疑七夕嫁,灯学万星明。
> 真讶桥填鹊,宁云火聚萤。
> 映川环绛水,照堞亘霞城。
> 瑞想虹流渚,辉教月避晴。

---

① ［明］方越贡修,［明］陈继儒纂:崇祯《松江府志》卷七《风俗》,明崇祯三年(1630年)刻本,第23/b—24/a页。

② ［明］刘沂春修,［明］徐守刚纂:崇祯《乌程县志》卷四《风俗》,明崇祯十一年(1638年)刻本,第22/a页。

愿言新妇艳,不愧此光荣。①

关于村落之中普通百姓的婚姻礼俗,历来缺少记载。难得的是,明人顾彦夫《村落嫁娶图记》一文中对当时的一幅画作《村落嫁娶图》进行了清晰描述,兹转引如下:

某岁春二月,予从事京师锦衣。周君出所谓《村落图》示予,观其色,若甚爱者,请曰:"君必为我记之。"申请再三,遂置巾笥以归。

归之之岁尽矣,尚未知是图之委曲也。有华生者,世家江北,备谙村落者也。工丹青。造予,予以此图质之,曰:"子之知画,犹吾之知书。敢问妇女而跨牛,何也?"曰:"此农家所嫁女也,不能具肩舆,以牛代行也。一苍头牵牛而行,重其女,不使自控也,跨牛质矣。""乃复有一苍头持盖以护之,何也?"曰:"昏礼宜昏。于昏矣,农家苦灯烛之费,送迎以旦昼,用盖以蔽日也,亦重之也。一妪逼牛耳以行,一翁于牛后徐徐随之,父母送其女者也。一老翁杖而立,一老妪门而望,置幼儿于地,肘其裳。一童子稍长,携其幼,指而语之。凡容色皆若歔欷洒泣者,伤离别也。牛之前四人以鼓吹,从事迎而导之者也。道傍二驴,次第行,骑之者,村妓也。尾其驴以掀筝琶者,村妓之二仆也。又其股坐于小车之傍者,车人也。一皆邂逅而回眄者也。去其林少许,将复经一林,二童子踊跃以报。一妇人自篱而出,臂一儿,又一儿牵其裳以行,一老妪抵其乎招之。畎亩间有二农夫,既锄且止。是皆见其事而谈笑者也。""去既远,又有林郁然。竹篱茆茨,亦仿佛如女家。门之外有男子,衣冠而须,馨折而立,谁也?"曰:"此其婿也。古者三十而娶,近世唯农家或然,故壮而须也。立而俟者,将导妇入门也。

① ［明］罗炌修,［明］黄承昊纂:崇祯《嘉兴县志》卷一五《政事志·里俗》,明崇祯十年(1637年)刻本,第17/a页。按,此部分参见陈江:《明代中后期的江南社会与社会生活》,上海社会科学院出版社2006年版,第195—196页。

二妇人咨诹向前,姒娣辈也。将劳其女之父母且迎之也。二人挈榼,一人持壶,迎劳之需也。一女仆继之,备使令也。二童子参差以从,其大者指而语之,若曰新人近矣。一老妪门立以望,察风声以为礼之缓急者也。"予闻之,戏曰:"子真村落人也,知村落之状为真。予不饱文,遂以子之言为图为记,以偿我久逋之文债可乎?"生笑曰:"此所谓一茎草化丈六金身者也,何不可之有?"时天寒,语从游者呵笔书之。[①]

从顾彦夫的描述中我们可以清楚地看到:明代乡村普通人家对婚姻礼俗的因陋就简与便宜变通。如"妇女而跨牛"的图景,其实情是农民嫁女,无轿可坐,"以牛代行也",这与前述松江之迎新彩轿相比,实在是天渊之别。又如,图中有此女在牛上,"复有一苍头持盖以护之",其实情是,依礼俗,婚娶大礼当在黄昏后举行,但"农家苦灯烛之费",只好白日迎娶;"苍头持盖以护之"是为遮蔽日光,取黄昏之义。这与前述湖州迎娶之张灯结彩又是两重天地。

图中所绘婚礼的其他环节也是如此。如新妇到村之后,新婿"衣冠而须",年岁颇大,站立竹篱外迎候;已过门的二位姒娣向前迎接送亲的新妇父母;还有一位老妇人站立在门口张望,似要通知房内准备行礼。户内行礼之环节当亦十分简单,画中无法绘出。

明代程敏政的《题田家娶妇图》所描写村落嫁女情景与之相类:

> 径草如烟柳如幕,日上茅檐鼓声作。
>
> 田翁遣女不出村,东舍西邻隔墟落。
>
> 新妇驾牛儿跨驴,家人后拥翁前驱。
>
> 儿家举酒拦道劝,舅甥几世同桑榆。

①　[明]顾彦夫:《村落嫁娶图记》,载[明]黄宗羲编:《明文海》卷三四四《记十八·纪事》,中华书局1987年版,第3523—3524页。

耳边阿嬰私属父,肩上骄婴肯离祖。

欢声一路到柴关,野伶山歌《柘枝》舞。

两门仿佛朱与陈,乡仪简古民风淳。

华筵肆设竞珠翠,想见纷纷京洛尘。

妇饁男耕罢征戍,安得移家个中住。

长因击节颂年丰,不作催租打门句。[1]

该诗所描绘内容应与明代顾彦夫《村落嫁娶图记》中所记述为同源之作。

　　中国国家博物馆现藏有一幅题为《谢时臣朱陈嫁娶图》的画作。国博目前鉴定其为清人仿作,并将其定名为《清人仿谢时臣嫁女图》(见图5-2),图中出现"新妇驾牛"、亲迎队伍、众人相贺、鼓吹乐舞等场面,与明代程敏政、顾彦夫笔下的"嫁娶图"十分接近,应是"嫁娶图"这一母题在明时的大致面貌。

图5-2　中国国家博物馆藏《清人仿谢时臣嫁女图》(局部)

---

① ［明］程敏政:《题田家娶妇图》,载［清］钱谦益撰集,许逸民、林淑敏点校:《列朝诗集·丙集六》,中华书局2007年版,第3107页。

2. 渐行渐远的城乡葬俗

就葬俗而言,城乡之丧俗有颇多的共通之处,但这种共通在秦汉及其以后历史的发展中,越来越局限于形式上的共通;城乡各自的具体内容已渐行渐远,体现了不同的走向与特色。

以汉代为例。当时社会盛行厚葬之风,"厚葬重币者,则称以为孝"①,因而人们十分重视吊丧会葬之礼。如东汉王符所云城市上层人家:

> 今京师贵戚,郡县豪家,生不极养,死乃崇丧。或至刻金镂玉,襦梓楩柟,良田造茔,黄壤致藏,多埋珍宝偶人车马,造起大冢,广种松柏,庐舍祠堂,崇侈上僭。②

即使一般百姓,也不等闲视之,纷纷效仿,不惜竭尽家资。如史所载:"黎民相慕效,至于发屋卖业。"③他们"重死不顾生,竭财以事神,空家以送终"④;"无而为有,贫而强夸,文表无里,纨绔枲装,生不养,死厚送,葬死殚家,遣女满车,富者欲过,贫者欲及,富者空减,贫者称贷"⑤。刘向《孝子图》中记载董永贷钱葬父之事:

> 前汉董永,千乘人。少失母,独养父。父亡,无以葬,乃从人贷钱一万。永谓钱主曰:"后若无钱还君,当以身作奴。"主甚憨之,永得钱葬父。⑥

① [汉]桓宽撰,王利器校注:《盐铁论校注》卷六《散不足》,第354页。
② [汉]王符撰,[清]汪继培笺,彭铎校正:《潜夫论笺校正》卷三《浮侈》,《新编诸子集成》本,中华书局1985年版,第137页。
③ [汉]桓宽撰,王利器校注:《盐铁论校注》卷六《散不足》,第354页。
④ [汉]王充撰,黄晖、刘盼遂校释:《论衡校释》卷二三《薄葬》,第962页。
⑤ [汉]桓宽撰,王利器校注:《盐铁论校注》卷五《国疾》,第234—235页。
⑥ [宋]李昉编纂:《太平御览》卷四一一《人事部五十二》引刘向《孝子图》,第1899页。

在汉代，上层人家的会葬、吊丧活动往往规模宏大，动辄"会葬者千人，咸为挥涕"①。对此，东汉王符也曾言：

> 宠臣贵戚，州郡世家，每有丧葬，都官属县，各当遣吏赍奉，车马帷帐，贷假待客之具，竞为华观。②

乡村百姓遇有丧葬，也有吊丧、会葬之举。在一些汉画像石中即有反映当时民间会葬情形的画面。如南阳唐河发现的汉画像石，图右画有一人执畚，立于道旁；其侧有一柏树，象征坟墓所在；又有一人骑马，肩扛一旐，概为殡仪者；后有六辆车，当为会葬队伍，其中一车上有一御者，一尊者。图左只刻出一车的一半，似有未尽之意。③ 微山县微山岛乡发现的画像石也有类似的图像。④从南阳汉画像石上可以看到，乡村农民之会葬较之城市上层人家，要简单许多，一人执畚，是做填埋之准备；一人骑马，为殡仪引领者；其余六七辆车，人数并不多，只能解释为乡邻之助葬者。因而，与城中相比，此会葬非彼会葬，实质是互助性的助葬。

汉代社会还流行对丧家的赙赗之礼。何为赙赗？《公羊传·隐公元年》曰："赗者何？丧事有赗。赗者，盖以马，以乘马束帛。车马曰赗，货财曰赙。"⑤即送给丧家的布帛、车马、钱财等。对于死者的赙赗之赠早已有之。如《左传·隐公元年》："天王使宰咺来归惠公仲子之赗。"⑥这一习俗在汉代已十分普遍，上至天子、贵戚下至乡间百姓，无论贫穷还是富有，均行赙赗之礼。不过，在城市上层社会之赙赗数额巨大，名目繁多，属于锦上添花，带有颇强的功

---

① 《后汉书》卷八一《独行·范式传》，第 2677 页。

② ［汉］王符撰，［清］汪继培笺，彭铎校正：《潜夫论笺校正》卷三《浮侈》，第 137 页。

③ 参见南阳汉画像石编委会编：《南阳汉画像石》第 50 号，文物出版社 1985 年版。

④ 参见马汉国主编：《微山汉画像石选集》，文物出版社 2003 年版，第 244 页。

⑤ ［汉］何休注，［唐］徐彦疏：《春秋公羊传注疏》卷一《隐公元年》，《十三经注疏》本，中华书局 1980 年影印版，第 2199 页。

⑥ 杨伯峻编著：《春秋左传注·隐公元年》，中华书局 1990 年版，第 8 页。

利性与社交性。乡村农民中的赙赠往往只有数十钱至百钱，但都属雪中送炭，是较为典型的丧葬互助。正如《汉书·食货志》中晁错所云："今农夫五口之家……又私自送往迎来，吊死问疾，养孤长幼在其中。"[1]这里将吊唁死者作为农民的一项经常性支出。江陵凤凰山10号汉墓出土编号为2的木牍，证实了晁错所言的真实性。此牍记载了西汉文景时期平里居民送给死者五大夫伥偃家属的礼钱情况。其牍文曰：

　　载翁仲七十　王翁季五十　杨公子卅　庄伯五十　胡兄五十　靳悍卅　□小伯五十　袁兄五十　张父卅　□翁仲五十　氾氏五十　陶仲五十　姚季五十　王它五十　张母卅　张苍卅

　　不予者　陈黑　宋则齐[2]

从以上牍文来看，送礼钱之家和不送礼钱之家是分别记载的，所记民户应当包括该里所有人家。全里共计18户，加上死者伥偃本家，总计19户。其中送礼之家共16户，礼钱在40～70不等；不送之家仅2户。王充在《论衡·量知》中谈到东汉时期的赙礼情况时亦云："贫人与富人，俱赍钱百，并为赙礼死哀之家。"[3]看来王充所说与当时的社会现实完全吻合。

日益盛行的厚葬之风给社会带来十分不利的影响，也加重了人们的生活负担，以致东汉诸帝屡屡下诏劝止厚葬。如《后汉书·光武帝纪》建武七年（31年）诏曰：

世以厚葬为德，薄终为鄙。至于富者奢僭，贫者单财，法令不能禁，礼义不能止，仓卒乃知其咎。其布告天下，令知忠臣、孝子、慈兄、悌弟薄葬

----

① 《汉书》卷二四上《食货志上》，第1132页。
② 李均明、何双全：《散见简牍合辑》，文物出版社1990年版，第67页。
③ ［汉］王充撰，黄晖校释，刘盼遂集解：《论衡校释》卷一二《量知》，第546页。

送终之义。①

唐代社会的情况也是如此。就城市上层社会而言,丧葬之仪铺张奢靡。如王谠《唐语林》所言:

　　明皇朝,海内殷赡,送葬者或当冲设祭,张施帷幕。有假花、假果、粉人、粉帐之属,然大不过方丈,室高不逾数尺,识者犹或非之。丧乱以来,此风大扇,祭盘帐幕,高至九十尺,用床三、四百张,雕镂饰画,穷极技巧,馔具牲牢,复居其外。大历中,太原节度使辛云京葬日,诸道节度使使人修祭。范阳祭盘最为高大,刻木为尉迟鄂公与突厥斗将之戏,机关动作,不异于生。祭讫,灵车欲过,使者请曰:"对数未尽。"又停车,设项羽与汉祖会鸿门之象,良久乃毕。缞绖者皆手擘布幕,辍哭观戏。事毕,孝子传语与使人:"祭盘大好,赏马两匹。"滑州节度使令狐母亡,邻境致祭,昭义节度初于淇门载船梖以充幕柱,至时嫌短,特于卫州大河船上取长梖代之。及昭义节度薛公薨,归葬绛州,诸方并管内县涂阳城南设祭,每半里一祭,至漳河二十余里,连延相次。大者费千余贯,小者三、四百贯,互相窥觎,竞为新奇。枢车暂过,皆为弃物矣。盖自开辟至今,奠祭鬼神,未有如斯之盛者。②

城市普通人家遇有凶丧,少有吊丧送葬者,往往雇请相关人等协助营葬,完成葬仪。由此,许多城市在市中设有"凶肆",专门为人营办丧事,出售或租赁丧葬用物等。③中唐白行简所撰《李娃传》中生动描述了长安两个凶肆间相

---

① 《后汉书》卷一下《光武帝纪下》,第51页。
② 〔宋〕王谠撰,周勋初校证:《唐语林校证》卷八《补遗》,《唐宋史料笔记丛刊》本,中华书局2008年版,第705页。
③ 按,类似凶肆的行当早已有之。如《洛阳伽蓝记》云:"市北慈孝、奉终二里,里内置人以卖棺椁为业,赁辒车为事。"(见〔北魏〕杨衒之撰,周祖谟校释:《洛阳伽蓝记校释》卷四《法云寺》,中华书局2013年版,第139页)

互竞争的状况,可以管窥当时凶肆的基本面貌。《李娃传》记道:

> (常州刺史之子赴京应试)遘疾甚笃,旬余愈甚。邸主惧其不起,徙之
> 于凶肆之中。绵缀移时,合肆之人共伤叹而互饲之。后稍愈,杖而能起。
> 由是凶肆日假之,令执穗帷,获其直以自给。累月,渐复壮。每听其哀歌,
> 自叹不及逝者,辄呜咽流涕,不能自止。归则效之。生(著者按,指常州刺
> 史之子),聪敏者也。无何,曲尽其妙,虽长安无有伦比。
>
> 初,二肆之佣凶器者,互争胜负。其东肆车轝皆奇丽,殆不敌,唯哀挽
> 劣焉。其东肆长知生妙绝,乃酿钱二万索顾焉。其党者旧,共较其所能
> 者,阴教生新声,而相赞和。累旬,人莫知之。其二肆长相谓曰:“我欲各
> 阅所佣之器于天门街,以较优劣。不胜者罚直五万,以备酒馔之用,可
> 乎?”二肆许诺。乃邀立符契,署以保证,然后阅之。
>
> 士女大和会,聚至数万。于是里胥告于贼曹,贼曹闻于京尹。四方之
> 士,尽赴趋焉,巷无居人。自旦阅之,及亭午,历举辇轝威仪之具,西肆皆
> 不胜。师有渐色。乃置层榻于南隅,有长髯者拥铎而进,翊卫数人。于是
> 奋髯扬眉,扼腕顿颡而登,乃歌《白马》之词。恃其夙胜,顾眄左右,旁若无
> 人。齐声赞扬之,自以为独步一时,不可得而屈也。
>
> 有顷,东肆长于北隅上设连榻,有乌巾少年,左右五六人,秉翣而至,
> 即生也。整衣服,俯仰甚徐,申喉发调,容若不胜。乃歌《薤露》之章。举
> 声清越,响振林木,曲度未终,闻者歔欷掩泣。西肆长为众所消,益渐耻。
> 密置所输之直于前,乃潜遁焉。[1]

由上述描述可知:长安城中存在不少凶肆,东、西两凶肆为城中较大者,从
凶肆的内部结构来看,皆设有肆长,称“东肆长”“西肆长”或称其为“师”;肆内

---

[1]　[宋]李昉等编:《太平广记》卷四八四《杂传记一·李娃传》,第3288—3289页。

成员互称"党"。《独异志》载李佐之父在长安沦落于"鬻凶器家",自称"吾三十年在此党中"①可证。又可知：凶肆主要经营外租丧葬器物，提供丧仪服务，诸如"辇轝威仪之具"。凶肆备有丧车、丧葬仪具被人租赁或购买；还有声伎艺人以及专门唱挽歌的"挽歌郎"，文中"常州刺史之子"，亦即文中的"生"，即曾充当凶肆中为丧者执穗帷、唱挽歌的"挽歌郎"；还可停放尸体，这从常州刺史之子生身患重病，被邸店主人徙之于凶肆之中可以看出。还可知：凶肆之收入当较为可观，这从两肆间竞争激烈，东肆能以 2 万钱的价格延揽此生意，以及两肆相竞，约定"不胜者，罚值五万"可管窥一斑。

这些都说明长安居民丧葬活动中对凶肆有较多的需求。《旧五代史·郑阮传》还记道，后唐时代，赵州刺史郑阮贪浊刻剥，想尽方法盘剥百姓。史载：

> （郑阮）尝以郡符取部内凶肆中人隶其籍者，遣于青州，舁丧至洺，郡人惮其远，愿输直百缗以免其行。阮本无丧，即受直放还。②

这段记载告诉我们，赵州城中也有凶肆，而且从业者要入籍管理；表明城市中凶肆普遍，且是市民营办丧葬的主要依托。当然，普通市民不可能如达官贵人那样广有吊丧会葬者或前后营办者。

再看村落中农民之丧葬，虽然没有浩浩荡荡的会葬，也没有凶肆可供雇用，但宗族乡邻间仍如汉代，普遍流行丧葬互助。从敦煌社邑文书中，可以清楚地看到村落中丧葬互帮互助的普遍性，也可看到村民们"居同乐，行同和，死同哀"③的文化传统。

敦煌结社社条中，多数都有丧葬互助的内容。如伯四五二五《社条》即规定：

---

① ［宋］李昉等编：《太平广记》卷二六〇《嗤鄙三·李佐》，第 1696 页。
② 《旧五代史》卷九六《郑阮传》，第 1275 页。
③ 上海师范大学古籍整理研究所校点：《国语》卷六《齐语》，第 232 页。

或若社众等尽是凡夫种子,生死各续,掩就黄泉,须则一朝死亡之间,便须心生亲恨,号叫大哭。或若荣葬之日,不得一推一后,须要荣勾。临去之日,尽须齐会,攀棺攀上此车,合有吊酒壹瓮,随车浇酹,就此坟墓,一齐号叫。若是生死及建福、然(燃)灯齐会之日,或有后到者,罚酒半瓮;全不来,罚酒一瓮。①

伯五五二〇《社条本》规定:

> 但有社内人身迁故,赠送营办葬义(仪)车辇,(一)仰社人助成,不德(得)临事疏遗,勿合乖叹,仍须社众改□送至墓所。②

斯六五三七背《社条》规定:

> 生死常流,若不逐告(吉)追凶,社更何处助佐。诸家若有凶祸,皆须匍匐向之。要车斋(齐)心成车,要轝赤(亦)须递轝。色物赠例,勒截(载)分明。奉帖如行,不令欠少。荣凶食饭,众意商量,不许专擅改移。③

从上述《社条》规定可以看到,当时村落居民之丧葬活动主要有五项内容:一是要同助,即丧葬事宜"一仰社人助成,不得临事疏遗"。二是要同哀,即大家遇有丧亡之事,"便须心生亲恨,号叫大哭"。三是要共赴丧葬活动,即"荣葬之日,不得一推一后,须要荣勾。临去之日,尽须齐会"。四是要丧器共用,"要车斋(齐)心成车,要轝赤(亦)须递轝";"赠送营办葬仪车辇"也是此意。五是要付赙赗,即赠物,"色物赠例,勒截分明",且有"转帖"通知,即"奉帖如行,不令欠少"。

---

① 宁可、郝春文辑校:《敦煌社邑文书辑校》,第34页。
② 宁可、郝春文辑校:《敦煌社邑文书辑校》,第47页。
③ 宁可、郝春文辑校:《敦煌社邑文书辑校》,第51页。

从敦煌文书的有关资料看,上述《社条》规定基本得以实行。如斯六五三七背《社条》规定之"色物赠例,勒截分明"及"奉帖如行,不令欠少",便完全得以落实。

如斯五六三二《丁卯年二月八日张憨儿母亡转帖》如下:

> 右缘张憨儿母亡,惟(准)条合有吊酒壹瓮,人各粟壹斗。幸请诸公等,帖至,限今月九日辰时并身及粟于显德寺门前取(齐)。捉二人后到,罚酒一角;全不来,罚酒半瓮。其帖立弟(递)相分付,不得停滞。如滞帖者,惟(准)条科罚。帖周却付本司,用凭告罚。
>
> 丁卯年二月八日录事法律应净(帖)
>
> 社官汜德子　汜清子　汜延受　汜恩信　汜定迁　汜盈达　汜骨子　汜胡僧　押衙阴定安　汜清儿　汜定子　汜盈子　汜王三　汜丑儿　唐再昌　令狐郎　少令狐郎　大石郎　小石郎　曹愿昌　阎子张郎　王郎大索郎　荆郎　大曹郎　小曹郎　唐粉子　兵马使半王三　张吉昌　水池小索郎　兵马使阴定奴　保元张郎①

宁可、郝春文先生在《敦煌社邑文书辑校·前言》中对此转帖分析道:

> 斯五六三二《丁卯年二月八日张憨儿母亡转帖》,一些社人姓名右上角有一勾划,右侧另有一圆圈、一墨点。疑墨点为社人自己所标,表示已知;圆圈和勾划为社司所加,表示到场及纳物与否。②

这实际上说明了《社条》与《转帖》的落实情况。

---

① 宁可、郝春文辑校:《敦煌社邑文书辑校》,第102—103页。
② 宁可、郝春文辑校:《敦煌社邑文书辑校》,前言第12页。

三、古代城乡节庆婚丧习俗的交互影响

村落中流行的节庆婚丧之俗固然有其自身的特点与发展路径,但它与城市中流行的节庆婚丧之俗又有着密不可分的联系。总体而言,村落中的婚丧节庆之俗是城市节庆婚丧之俗的基础与源头,城市中的节庆婚丧之俗植根于乡村,来自于乡村,在经历了城市社会的改造与递进后,反过来又对村落之节庆婚丧施加着种种影响,其中,许多影响还是导向性的。村落中的节庆婚丧之俗就是在与城市社会的交互影响下不断演进,成为传统村落文化的重要组成部分。

1. 城乡节庆之俗的交互影响——以七夕节为例

城乡节庆之俗的交互影响,可以以七夕节为例加以说明。七夕是中国古代城乡共同拥有的重要节日。其本源是官方的律历节点。如《汉书·律历志》所言:"织女之纪,指牵牛之初,以纪日月,故曰星纪。"①织女星即天琴座的 α 星,黄昏时出现于东方,便标志着秋季的到来。织女星初现于东方的时间是七月一日与六七日。

西周、春秋时期,人们已将织女与牵牛拟人化。如《诗经·小雅·大东》云:

> 维天有汉,监亦有光,跂彼织女,终日七襄。虽则七襄,不成报章。睆彼牵牛,不以服箱。②

由此可见,这一时期之织女与牵牛还未发生什么联系,人们只是感叹它们为何不织不耕。到秦汉时代,牵牛与织女方成为难得相见的一对有情人。《古诗十

---

① 《汉书》卷二一上《律历志上》,第984页。
② [汉]毛苌传,[汉]郑玄笺,[唐]孔颖达等正义:《毛诗正义》卷一三《小雅·大东》,第461页。

九首》中即有"迢迢牵牛星"一诗,诗云:

> 迢迢牵牛星,皎皎河汉女。
> 纤纤擢素手,札札弄机杼。
> 终日不成章,泣涕零如雨。
> 河汉清且浅,相去复几许?
> 盈盈一水间,脉脉不得语。①

　　四川郫县新胜乡出土的东汉晚期石棺盖上有一画像石图案,该图上部为青龙、白虎夹持一璧;下部为牛郎织女图,十分形象地刻画出牵牛之牛郎欲与织女相会的场景。(见图5-3)河南南阳白滩汉墓所出汉画像石上也有一幅牛郎织女图,图中右部刻有一男子扬鞭牵牛形象,牛上部有三星横列,星间有连线;中部刻有一虎,其上也有三星横列,星间有连线;左上部有七星环连,中间有一兔;左下部有一踞坐女子,有四星环连,应是织女,她与牵牛的牛郎向背而踞,表现的是两者分离的场景。②(见图5-4)

图5-3　牛郎织女图(四川郫县新胜乡出土汉画像石)③

---

① [南朝梁]萧统编,[唐]李善注:《文选》卷二九《杂诗》,第411页。
② 参见王煜:《汉代牵牛、织女图像研究》,《考古》2016年第5期。
③ 采自中国画像石全集编辑委员会编:《中国画像石全集》第7卷图129,第100页。

图5-4　牛郎织女图(河南南阳白滩汉墓出土汉画像石)①

这种进一步的拟人化以及由此衍生出的牛郎织女的传说,应当发生在男耕女织的村落之中,而且是当时村落社会生活的真实写照。

秦汉时代的七夕,乡村社会最初只流行若干简单的禁忌与巫术民俗。如云梦秦简中有两则相关禁忌,一则是《日出》甲种《取妻篇》:

取妻龙日,丁巳、癸丑、辛酉、辛亥、乙酉,及春之未、戌,秋丑、辰,冬戌、亥。丁丑、己丑取妻,不吉。戊申、己酉,牵牛以取织女,不果,三弃。

另一则见于《吏篇》:

戊申、己酉,牵牛以取织女而不果,不出三岁,弃若亡。②

将七夕列为婚娶之忌日,足见此时民间已流行悲剧式的牛郎织女传说。

与之相应,汉代民间还流行利用七夕之际施行留妻巫术的风俗。如《淮南万毕术》所记:

---

① 采自中国画像石全集编辑委员会编:《中国画像石全集》第6卷图116,第90页。
② 吴小强:《秦简日书集释》,岳麓书社2000年版,第315页。

　　　　赤布在户,妇人留连。取妇人月事布,七月七日烧为灰,置楣上,即不
　　复去。勿令妇人知。①

　　此类巫术对于乡村中的贫苦牛郎或有吸引力,富贵人家是没有这种需求的。
　　　　七夕进入汉代上层社会后,又被改造成良辰吉日,赋予了新的节俗内容。
　　如《西京杂记》卷三言,汉宫之中,"至七月七日,临百子池,作于阗乐。乐毕,以
　　五色缕相羁,谓为相连爱"②。除了求子、作乐外,"以五色缕相羁"以固相爱之
　　心,与民间之留妻巫术实则异曲同工。此时的汉宫中,也有了七夕乞巧之俗,
　　《西京杂记》卷一即有"汉彩女常以七月七日穿七孔针于开襟楼,俱以习之"③
　　的记载。
　　　　汉代也有了七夕鹊桥的说法。如《淮南子》记:"乌鹊填河成桥而渡织
　　女。"④应劭《风俗通义》亦载:"织女七夕当渡河,使鹊为桥。"⑤
　　　　至迟到魏晋时代,被上层社会改造的七夕节俗又向民间延伸,使民间七夕
　　也演化为乞巧、乞子甚至乞福、乞寿的良辰吉日。如晋周处《风土记》记录道:

　　　　　七月初七日,其夜洒扫于庭,露施几筵,设酒脯时果,散香粉于筵上,
　　以祈河鼓、织女,言此二星辰当会。守夜者咸怀私愿,咸云见天汉中有弈
　　弈白气,有光耀五色,以此为征应。见者便拜,而愿乞福乞寿,无子乞子。
　　唯得乞一,不得兼求。⑥

　　南朝梁宗懔《荆楚岁时记》也曾记荆楚地区七夕之俗云:

---

　　①　[宋]李昉等编纂:《太平御览》卷七三六《方术部十七》引《淮南万毕术》,第3265页。
　　②　[汉]刘歆等撰,王根林校点:《西京杂记》(外五种)卷三《戚夫人侍儿言宫中乐事》,上海古籍出版社2012
　　年版,第26页。
　　③　[汉]刘歆等撰,王根林校点:《西京杂记》(外五种)卷一《七夕穿针开襟楼》,第12页。
　　④　何宁:《淮南子集释》附录二《淮南子佚文》,第1495页。
　　⑤　[汉]应劭撰,王利器校注:《风俗通义校注·佚文》,第600页。
　　⑥　[宋]李昉等编纂:《太平御览》卷三一《时序部十六》引周处《风土记》,第149页。

七月七日,为牵牛织女聚会之夜。……是夕,人家妇女结彩缕,穿七孔针,或以金、银、鍮石为针,陈几筵、酒、脯、瓜果、菜于庭中以乞巧。①

宋代以来,七夕乞巧风俗很盛行,尤其在城市更是如此。孟元老《东京梦华录》卷八"七夕"条、吴自牧《梦粱录》卷四"七夕"条、陈元靓《岁时广记》卷二六引《岁时杂记》以及一些文人墨客对七夕多有描述。如陈元靓《岁时广记》卷二六引《岁时杂记》载:

> 京师人七夕,以竹或木或麻秸编而为棚,剪五色采为层楼,又为仙楼。刻牛、女像及仙从等于上,以乞巧。或只以一木,剪纸为仙桥,于其中为牛、女,仙从列两傍焉。
>
> 东京潘楼前有乞巧市,卖乞巧物。自七月初一日为始,车马喧阗。七夕前两三日,车马相次壅遏,不复得出,至夜方散。②

吴自牧《梦粱录》卷四"七夕"条:

> 七月七日谓之"七夕节"。其日晚晡时,倾城儿童女子,不问贫富,皆着新衣。富贵之家,于高楼危榭,安排筵会,以赏节序,又于广庭中设香案及酒果,遂令女郎望月瞻斗列拜,次乞巧于女、牛。或取小蜘蛛,以金银小盒儿盛之,次早观其网丝圆正,名曰"得巧"。③

该俗至明清仍延续不衰。清潘荣陛《帝京岁时纪胜》载:

---

① [南朝梁]宗懔撰,姜彦稚辑校:《荆楚岁时记》,第43—44页。
② [宋]陈元靓撰,许逸民点校:《岁时广记》卷二六《七夕上》引《岁时杂记》,第525—526页。
③ [宋]吴自牧撰,关海娟校注:《梦粱录新校注》卷四"七夕"条,巴蜀书社2015年版,第52页。

七夕前数日,种麦于小瓦器,为牵牛星之神,谓之"五生盆"。幼女以盂水曝日下,各投小针,浮之水面,徐视水底日影,或散如花,动如云,细如线,粗如椎,因以卜女之巧。街市卖巧果,人家设宴,儿女对银河拜,咸为乞巧。①

七夕节俗在此后的历史发展中,虽也有新的内容注入,但基本精神一直传承未变。近代乡村社会中,七夕之俗名目繁多,但基本都以乞巧、乞子、乞丰年为主题,不失古义。②

值得注意的是,历经近两千年之后,在近代乡村之中仍有一些地方保有秦汉乡村中最原初的七夕禁忌之俗。如山东枣庄乡村中,忌讳七夕嫁娶,而且认为这天出生的女婴不吉利,长大结婚后会像织女一样,每年只能与丈夫见一面。但若在起名时用一"巧"字,便可破解。③

从上述内容可以看到,城乡节俗可以互相影响,互相促进,但并不意味着可以相互替代或者覆盖,在相互影响中,仍保有着各自不同的特色,甚至还一直有一些地域或一些节庆习俗存在着对方影响尚未到达之处。

2. 城乡婚姻习俗的交互影响——以中古时代的"障车"之俗为例

城乡婚姻习俗的交互影响可以以中古时代的"障车"之俗为例。所谓障车,就是拦截夫家迎娶新妇之车,讨取财物、酒食。唐封演《封氏闻见记》卷五记载:

近代婚嫁,有障车、下婿、却扇及观花烛之事,及有卜地、安帐、并拜堂

---

① [清]潘荣陛:《帝京岁时纪胜·七夕》,北京古籍出版社1981年版,第27页。
② 以上参见马新:《论中国古代节日所构建的岁时空间》,《东岳论丛》2021年第10期。
③ 参见齐涛主编:《中国民俗通志·节日志》,山东教育出版社2007年版,第258页。

之礼,上至皇室,下至士庶,莫不皆然。①

此俗当起自唐初或者其前的乡村社会中,很快便传至城市,成为上至王公、下至普通民众的流行习俗,并引发了诸多社会问题。唐睿宗太极元年(712年),左司郎中唐绍上奏,痛陈此俗之危害,要求禁断。奏章写道:

> 又士庶亲迎之仪,备诸六礼,所以承宗庙,事舅姑,当须昏以为期,诘朝谒见。往者下俚庸鄙,时有障车,邀其酒食,以为戏乐。近日此风转盛,上及王公,乃广奏音乐,多集徒侣,遮拥道路,留滞淹时,邀致财物,动逾万计。遂使障车礼贶,过于聘财,歌舞喧哗,殊非助感。既亏名教,实蠹风献,违紊礼经,须加节制。望请婚姻家障车者,并须禁断。其有犯者,有荫家请准犯名教例附簿,无荫人决杖六十,仍各科本罪。

睿宗皇帝肯定此议,"制从之"②。

从上奏中可以看到,障车之俗,起自下俚庸鄙,传递至上层社会,本来是"邀其酒食,以为戏乐",后成为别有用心者索取财物的手段,有的甚至"邀至财物,动逾万计"。所以,唐绍主张一律禁断,违者治罪。

但是,乡村社会婚俗中的障车之俗并未因此而中断,依然十分流行。唐绍上奏近三十年后的开元二十九年(741年),河南道的修武县发生了一件因障车引发的血案,兹据《太平广记》卷四九四《修武县民》,引述如下:

> 开元二十九年二月,修武县人嫁女,婿家迎妇,车随之,女之父惧村人之障车也,借俊马,令乘之,女之弟乘驴从,在车后百步外行。忽有二人出

---

① [唐]封演撰,赵贞信校注:《封氏闻见记校注》卷五《花烛》,中华书局2005年版,第43页。
② 《旧唐书》卷四五《舆服志》,第1958页。

于草中,一人牵马,一人自后驱之走。其弟追之不及,遂白其父。父与亲眷寻之,一夕不能得。去女家一舍,村中有小学,时夜学,生徒多宿。凌晨启门,门外有妇人,裸形断舌,阴中血皆淋漓。生问之,女启齿流血,不能言,生告其师,师出户观之,集诸生谓曰:"吾闻夫子曰,木石之怪夔魍魉,水之怪龙罔象,土之怪坟羊。吾此居近太行,怪物所生也,将非山精野魅乎?盍击之!"于是,投以砖石,女既断舌,不能言,诸生击之,竟死。及明,乃非魅也。俄而女家寻求,至而见之,乃执儒及弟子诣县。县丞卢峰讯之,实杀焉,乃白于郡。笞儒生及弟子,死者三人。而劫竟不得。①

该故事大意是说,嫁女之家,为躲村人障车,让女儿骑马先行。遇劫匪,逃脱到一村学后,已是凌晨,被误作鬼怪砸死。此足见障车之盛行以及婚姻之家的无奈。

至唐德宗建中元年(780 年)十一月,礼仪使颜真卿上奏,奏请"并请停障车下婿及却扇诗等"②。但经由此次禁断,乡村社会中的障车之风仍未止息,至唐代后期,依然如故。敦煌文书中有《障车词》云:

> 有酒如江,有肉如山,百味饮食,罗列班班。自余杂物,并有君前。障车之法,今古流传。拦街兴酒,枕巷开筵。多招徒党,广集诸贤。杯筋落解,丝竹暂咽。故来遮障,觅君财钱。君须化道,能罢万端。③

这说明西北边地乡村中,也同样流行障车之俗。

北宋王朝建立后,北宋太祖开宝二年(969 年)又下诏禁断此俗。诏称:

---

① [宋]李昉等编:《太平广记》卷四九四《杂录二·修武县民》,第 3351 页。
② [宋]王溥:《唐会要》卷八三《嫁娶》,第 1530 页。
③ 党银平、段承校编著:《隋唐五代歌谣集》,南京师范大学出版社 2014 年版,第 490 页。

如闻两京士庶之家,婚姻丧葬,台府吏率伶人多诣门、遮道徼求财物,自今禁止之,违者重置其罪。①

但直到元代,一些无赖之徒,"但遇嫁娶,纠集人众,以障车为名,刁蹬婚主,取要酒食、财物,故将时刻阻误,又因而起斗,致伤人命"②。

从障车之俗的演进我们可以看到,虽然在民俗传承中有上行下效的一面,但在一些情况下,村落民俗又极其的顽固,官方屡屡禁断的障车之俗就是一例,这是节庆婚丧民俗中城乡关系的另一类体现。

3. 城乡丧葬之俗的交互影响

在丧葬民俗中,城乡之俗的互动表现得也很充分。一方面,城市上层社会的厚葬之俗对乡村社会产生了一定影响,这在两汉、唐代以及明清时期都表现得较为突出。另一方面,乡村丧仪中一些新生习俗也会影响到城市葬俗。以"凶门柏装"之俗为例。凶门在先秦时已出现,凡遇有丧事,丧主一般在庭院门外用白绢或白布结扎成门形,称"凶门"。柏树乃百木之长,素有正气、高尚、长寿、不朽的象征,尤其是俗信柏树有辟邪驱鬼的作用,故汉代人常在墓地立石虎、植柏树。大约在东汉后期,一些地方的村落中,遇有丧事,丧主往往砍取一些柏树枝叶在门外搭一简易的门户,表示遇有丧事,同时也以此使亡魂安宁。至魏晋时代,这一习俗流向城市,为上层社会所接受和奉行。南朝刘宋孔琳之曾言:

凶门柏装,不出礼典,起自末代,积习生常,遂成旧俗,爰自天子达于庶人。③

---

① ［宋］李焘,上海师范大学古籍整理研究所等点校:《续资治通鉴长编》卷一〇,开宝二年八月己卯,中华书局 2004 年版,第 230 页。

② 方龄贵校注:《通制条格校注》卷二七《杂令·障车害礼》,第 639 页。

③ 《南史》卷二七《孔琳之传》,第 733 页。

《晋书·琅邪悼王焕传》亦载,东晋琅邪悼王司马焕两岁时夭折,"帝悼念无已,将葬,以焕既封列国,加以成人之礼,诏立凶门柏历,备吉凶仪服,营起陵园,功役甚众"①。

但这一风俗在城市上层社会流传过程中,很快便转变成为花费巨大的奢靡之俗。如晋人孙霄上疏所言:

> 今天台所居,王公百僚聚在都辇,凡有丧事,皆当供给材木百数、竹薄千计,凶门两表,衣以细竹及材,价直既贵,又非表凶哀之宜。②

值得注意的是,这种由乡村传之城市,被城市上层社会改造后的"凶门柏装"之俗,反过来又向乡村社会传导和辐射。如孔琳之言:

> 凡人士丧仪,多出闾里,每有此须,动十数万,损人财力,而义无所取。至于寒庶,则人思自竭,虽复室如悬罄,莫不倾产单财,所谓"葬之以礼",其若此乎?③

乡村社会葬俗中对城市社会影响最大者,还是聚族而葬。居于村落者,死后都要葬于家族墓地之中,这一习俗自上古至近代,根深蒂固,既体现着家族对死者的认可,又体现着死者对家族的归宗,意义重大。因而城市上层社会中流行"归茔"之俗。所谓"归茔",就是归葬故土乡里之族墓。所以中国古代文献中有关"丧还旧茔""归葬旧茔""反旧茔""还旧墓"之类的记载比比皆是。例如,《后汉书》记载,廉范父客死蜀汉,范"迎父葬"④;名士温序死,"光武闻而

---

① 《晋书》卷六四《琅邪悼王焕传》,第 1729 页。
② 《晋书》卷六四《琅邪悼王焕传》,第 1730 页。
③ 《南史》卷二七《孔琳之传》,第 734 页。
④ 《后汉书》卷三一《廉范传》,第 1101 页。

怜之……赐城傍为冢地,赙谷千斛、缣五百匹",而温序子寿"上书乞骸骨归葬,帝许之,乃反旧茔焉"①;承宫死,"肃宗褒叹,赐以冢地,妻上书乞归葬乡里"②。

魏晋南北朝、隋唐时期的墓志中的此类记载比比皆是。例如,《三国志·魏书·武帝纪》载:"袁绍与弟术丧母,归葬汝南。"③《唐咨传》载,咨死后,"给其牛车,致葬旧墓"④。《吴志·虞翻传》载:"(虞翻)在南十余年,年七十卒。归葬旧墓,妻子得还。"⑤《马姜墓志》载:"延平元年……□□九月十日葬于芒门旧茔。"⑥《夫人讳修娥墓志》云其"卒于邺县之修人里舍,春秋卅七。以天统二年二月戊申朔十四日辛酉祔于常山旧茔"⑦。《吕众及妻曹氏合葬墓志》载:"隋大业十三年二月十日终于私室,春秋七十。以大唐垂拱四年二月十三日与夫人曹氏合葬于旧茔。"⑧《唐故折冲冯君墓志铭》载其死后"葬于州城西南七里先祖旧茔平原"⑨。《唐故陈府君墓志铭》载墓主陈环,世代"不求宦达",为"乡里所钦",死后"窆于苏州海盐县东二十八里齐景乡雅山南二里祖坟南旧茔"⑩。即使原来墓田已埋满,也要在其附近新置墓地。如《大唐故清河张府君墓志铭并序》载墓主死后,家人"欲居祔茔,阙内方隘,遂于旧茔南二百余步,别创新域,窆于夜台。至大和九年乙卯岁二月丙子九日甲申,葬于长安东浐川乡崇义里郑村北二里之地"⑪。

即便是晚辈子孙,死后也要祔葬旧茔。这一习俗大致成于汉代。⑫例如,

① 《后汉书》卷八一《独行·温序传》,第 2673 页。

② 《后汉书》卷二七《承宫传》,第 945 页。

③ 《三国志》卷一《魏书·武帝纪》裴松之注引卫恒《四体书势序》,第 31 页。

④ 《三国志》卷二八《魏书·唐咨传》,第 774 页。

⑤ 《三国志》卷五七《吴志·虞翻传》,第 1324 页。

⑥ 赵超:《汉魏南北朝墓志汇编》,天津古籍出版社 2008 年版,第 1 页。

⑦ 河北省博物馆、文物管理处:《河北平山北齐崔昂墓调查报告》,《文物》1973 年第 11 期。又见赵超:《汉魏南北朝墓志汇编》,第 432 页。

⑧ 孟繁峰、刘超英主编:《隋唐五代墓志汇编·河北卷》,天津古籍出版社 1991 年版,第 42 页。

⑨ 周绍良、赵超主编:《唐代墓志汇编续集》,上海古籍出版社 2001 年版,第 706 页。

⑩ [元]单庆修,[元]徐硕纂:《至元嘉禾志》卷二四《碑碣》,《宋元方志丛刊》本,第 4598 页。

⑪ 周绍良、赵超主编:《唐代墓志汇编续集》,第 919 页。

⑫ 参见李如森:《汉代丧葬礼俗》,沈阳出版社 2003 年版,第 220 页。

《汉书·韦玄成传》载玄成临死前要求"归葬父墓"。《后汉书·灵帝宋皇后传》载：

> （皇后）父酆……以忧死。……父及兄弟被诛。诸常侍、小黄门在省闼者，皆怜宋氏无辜，共合钱物，收葬废后及酆父子，归宋氏旧茔皋门亭。①

桓谭《新论·识通》也曰：

> 扬子云在长安，素贫约，比岁已甚，亡其两男，哀痛不已，皆归葬于蜀，遂至困乏。②

一些在外任职者，临终前也要向朝廷"乞骸骨"，去官归乡里，还葬族墓；或因父母死，要"乞骸骨"回乡里归葬。如"（韦）玄成为相七年……病且死，因使者自白曰，'不胜父子恩，愿乞骸骨，归葬父墓'"③。郑兴为求归葬父母，请乞骸骨，弃官回乡。④《北史·傅永传》载傅永为清河人，自幼随叔父洪钟自青州入魏，不久又南迁。其死后归葬清河，与父母埋葬一处。

死后无法魂归故里、归葬族墓被视为最不能容忍之事。如《汉书·贡禹传》载贡禹上书曰：

> 自痛去家三千里，凡有一子，年十二，非有在家为臣具棺椁者也。诚恐一日蹎仆气竭，不复自还，涝席荐于宫室，骸骨弃捐，孤魂不归。不胜私

① 《后汉书》卷一〇下《灵帝宋皇后传》，第448页。
② ［汉］桓谭撰，朱谦之校辑：《新辑本桓谭新论》卷一〇《识通篇》，《新编诸子集成续编》本，中华书局2009年版，第44页。
③ 《汉书》卷七三《韦玄成传》，第3115页。
④ 《后汉书》卷三六《郑兴传》，第1219页。

愿,愿乞骸骨,及身生归乡里,死亡所恨。①

　　这一现象充分说明村落习俗对于城市社会的强大影响,同时又充分反映了中国古代文化流动与文化影响的基本规律,即文化流动的前提是人员流动,更具体一点说,乡村人口向城市的流动一直是中国古代人口流动的主流,同样,乡村文化对城市社会的影响也是文化影响的主要方面;城市文化对乡村文化的影响当然也不容忽视,但城市本身生发的文化元素在城市文化中也不成其为主流,城市中的主流文化是由乡村传入而又经过城市社会整理与改造的文化,前述城市上层社会那些来自乡村者,最终都要归葬祖茔,具有主要的文化指向,表明城市文化可以丰富、调整村落文化,但无法完全改变之。从这个意义上说,村落文化是根文化或原生文化,而城市文化是次生文化。

　　要之,中国古代村落中的节庆与婚丧之俗是村落文化的重要标识,也是村落居民日常生活的精神外化。由以上所述可以看到,中国古代村落的节庆婚丧之俗具有自己的独特面貌和特有发展方向,与城市中的节庆婚丧之俗的区别与差异渐次扩展。由以上所述还可以看到,村落中的节庆婚丧之俗与城市中的节庆婚丧之俗互相联系与相互影响也一直是中国古代民俗文化的重要特征;更为重要的是,两者一直共处于中国传统文化的整体框架内,从不同方位共同丰富和发展着中国古代文明,构建起中国古代统一的岁时空间和民俗文化共同体。

---

　　① 《汉书》卷七二《贡禹传》,第 3073 页。

第六章　中国古代村落的娱乐活动

中国古代村落的娱乐活动丰富多彩,村民之文化生活也是多种多样,既有歌舞杂剧,又有娱神表演,还有各式各样的游艺活动,许多地区"凡百户之乡,有市之邑,歌谣舞蹈,触处成群"①。在此,我们不想罗列与介绍其具体内容,而是从村民娱乐的途径、娱乐活动的形式、娱乐活动的组织以及村落娱乐活动的特点着手,梳理与把握村落娱乐活动。

一、古代村落娱乐的方式

中国古代村落中村民的娱乐途径可以分为三种,即自娱自乐、进城求乐、请戏享乐。

1. 自娱自乐

所谓自娱自乐就是在村中自行进行娱乐活动,或娱神兼自娱,或单纯的自娱,或生产节庆中的娱乐。自娱自乐又分为以农家为单位的自娱自乐和集体性的自娱自乐两种方式:

以农家为单位的自娱自乐方式在各种村民家庭中都有存在,但娱乐之内容因经济条件因素相去悬殊。汉桓宽《盐铁论·散不足》曾记汉代乡村中三类人家之娱乐。

---

① 《南史》卷七〇《循吏传》,第 1696 页。

　　一类是一般农户。一般农民在农闲、节期或亲戚朋友聚会时,有属于自己的娱乐活动,但较之富家豪族,其方式十分简单。他们的娱乐,只是"各以党俗,弹筝鼓缶而已。无要妙之音,变羽之转"①,亦即《汉书·杨敞传附子恽传》所描述的"田家作苦,岁时伏腊,烹羊炰羔,斗酒自劳"②。《盐铁论·通有》中记载了汉代各地村落一般农户的乐舞娱乐活动情况:

　　　　荆、扬……虽白屋草庐,歌讴鼓琴,日给月单,朝歌暮戚。赵、中山……然民淫好末,侈靡而不务本;田畴不修,男女矜饰,家无斗筲,鸣琴在室。③

即便"白屋草庐""家无斗筲""日给月单",衣食不足,他们依然是"歌讴鼓琴""鸣琴在室",歌乐不断。

　　二类是中人之家。在汉代,人们对乡村社会中的人群每以"大家""中家""下户""贫家"称之,是当时村落社会的最基本的社会分层。目前,我们已知道中家的财产下限标准是"十金",亦即家产有 10 万钱。这等人户可视为富裕农民,包括相当一部分乡村地主。这部分人户在村落中的地位相对优越,他们家产相对富裕,可支配时间也较为富裕,所以他们的娱乐内容和方式较之一般农户要丰富很多。如《盐铁论·散不足》云:"中者鸣竽调瑟,郑舞赵讴。……屠羊杀狗,鼓瑟吹笙。"④《盐铁论·崇礼》亦云:"夫家人有客,尚有倡优奇变之乐。"⑤

　　三类是富人之家。《盐铁论·散不足》云:"富者钟鼓五乐,歌儿数曹。"⑥

---

① 〔汉〕桓宽著,王利器校注:《盐铁论校注》卷六《散不足》,第 353 页。
② 《汉书》卷六六《杨敞传附子恽传》,第 2896 页。
③ 〔汉〕桓宽著,王利器校注:《盐铁论校注》卷一《通有》,第 41—42 页。
④ 〔汉〕桓宽著,王利器校注:《盐铁论校注》卷六《散不足》,第 353 页。
⑤ 〔汉〕桓宽著,王利器校注:《盐铁论校注》卷七《崇礼》,第 437 页。
⑥ 〔汉〕桓宽著,王利器校注:《盐铁论校注》卷六《散不足》,第 353 页。

这种场面汉代画像石中比比皆是。如四川彭县汉墓出土的一块画像砖所刻图反映了较富裕家的夫妇自娱舞蹈的情景："舞者华服盛饰。男子一脚半蹲，一脚后抬，一手半举，一手前伸，似正在迎请女方起舞；女子正在款款而起，举袖欲舞。两旁还有执扇侍者为之搧风。"（见图6-1）[1]至于乡村中的豪族之家，更是铺张奢侈。如《汉书·杨敞传附子恽传》记载杨恽：

> 家本秦也，能为秦声。妇，赵女也，雅善鼓瑟。奴婢歌者数人，酒后耳热，仰天拊缶而呼乌乌。……是日也拂衣而喜，奋袖低卬，顿足起舞。[2]

《后汉书·仲长统传》记道：

> 豪人之室，连栋数百，膏田满野，奴婢千群……妖童美妾，填乎绮室，倡讴伎乐，列乎深堂。[3]

图6-1　汉代夫妇自娱舞蹈（四川彭县汉墓出土画像砖）

---

[1] 　图与文均见孙景琛、吴曼英：《中国历代舞姿》图一，上海文艺出版社1982年版，第32页。
[2] 　《汉书》卷六六《杨敞传附子恽传》，第2896页。
[3] 　《后汉书》卷四九《仲长统传》，第1648页。

　　集体性的自娱自乐也是村落娱乐活动的主体内容。这一类娱乐活动有三个基本类型：

　　一是村落男女老少无不毕赴的祭神、娱神活动。以连绵数千年的社日活动为例。祭社之日，往往就是村落民众集体娱乐之时。《淮南子·精神训》即言，汉代乡村社会中，"夫穷鄙之社，叩盆拊瓴，相和而歌，自以为乐矣"[①]。由此可见，早在汉代，社祭之后的歌舞宴饮娱乐便占据了重要的地位，几乎成了乡村社会中最盛大的集体娱乐活动。唐宋之社日更是如此。如范成大《乐神曲》写道：

> 豚蹄满盘酒满杯，清风萧萧神欲来。
> 愿神好来复好去，男儿拜迎女儿舞。
> 老翁翻香笑且言，今年田家胜去年。
> 去年解衣折租价，今年有衣著祭社。[②]

此俗至明清时代亦然。如明人王稌《社日醉书》诗写道：

> 无柳无花桑拓树，不寒不暖社公春。
> 四邻赛社相娱乐，分肉宁论均不均？
> 旧典祈农令不违，里中散社纸钱飞。
> 草堂帘卷春风坐，检点寻巢燕子归。[③]

清代乡村之社日也是热闹非凡，"社之日，击鼓迎神，祭而舞以乐之，祭必颁肉

---

　　① ［汉］刘安编，何宁集释：《淮南子集释》卷七《精神训》，第541页。
　　② ［宋］范成大著，富寿荪标校：《范石湖集》卷三《乐神庙》，第30页。
　　③ ［明］王稌：《瞨斋稿·社日醉书》，《续金华丛书·集部》，永康胡氏梦选楼民国十三年（1924年）刻本，第二/b页。

群饮"①。在这一类活动中，"自以为乐""四邻赛社相娱乐"同样是其突出特色。

在中国古代社会，并非仅社日如此，其他节日或祭祀之时，也往往伴以村落的集体娱乐活动。

二是农业生产活动中的集体性娱乐。古代乡村社会中颇为流行的山歌或田歌就是典型代表。刘禹锡所作《插田歌》，形象描绘了唐代南方农民在插秧时齐唱田中歌的情形。该诗写道：

> 冈头花草齐，燕子东西飞。
> 田塍望如线，白水光参差。
> 农妇白纻裙，农父绿蓑衣。
> 齐唱田中歌，嘤咛如竹枝。
> 但闻怨响音，不辨俚语词。
> 时时一大笑，此必相嘲嗤。②

陆游《农桑》诗则描述了宋代农民田中山歌之貌。其诗写道：

> 农事初兴未苦忙，且支漏屋补颓墙。
> 山歌高下皆成调，野水纵横自入塘。③

明代邝璠所撰《便民图纂》中的《牵砻竹枝词》也描写了农民在打稻场上齐声唱歌的场景：

---

① ［清］蒋灿纂修：康熙《婺源县志》卷二《风俗》，清康熙三十三年（1694 年）刻本，第 28/b—29/a 页。
② ［唐］刘禹锡：《插田歌》，载［清］彭定求等编：《全唐诗》卷三五四，第 3962 页。
③ ［宋］陆游著，钱仲联校注：《剑南诗稿》卷六六《农桑》，第 3712 页。

大小人家尽有收,盘工做米弗停留。

山歌唱起齐声和,快活方知在后头。[①]

三是纯娱乐性的集体活动。比如流行于古代村落的踏歌活动,即是一种典型的生发于乡野的村民集体娱乐形式,是自由灵动的草根歌舞。参加者往往围成圆圈或排列成行,互相牵手或搭肩,以脚踏地,边歌边舞。后来形式发生一些变化,也可以不受人数限制,即兴而舞,边走边唱。又如,古代村落中较为流行的一些游艺活动,特别是一些竞技性游艺活动,也属纯娱乐性的集体活动。如蹴鞠、竞渡等等,均为此类。

2. 进城求乐

进城求乐是指村民们到城镇参与或观看娱乐活动,此又可分为二种途径:一种是参与庙会、节庆、祭神、龙舟竞渡、蹴鞠、马球等集群式娱乐活动;另一种是村民个人进城看戏。

从乡村社会的角度来看,乡村百姓对城中进行的蹴鞠、端午节竞渡、马球、中秋节、重阳节、庙会等各种娱乐活动乐此不疲,积极参与其中。大致而言,在唐宋以前,蹴鞠、端午节竞渡、马球等活动几乎是全民为之狂欢的娱乐活动,村民对此也表现得十分狂热和主动,所以,每逢城中举办蹴鞠、竞渡、马球等比赛表演,乡村百姓会蜂拥而至,与城市居民一起欢呼雀跃,一起呐喊。

村落居民前去城邑参加的活动以庙会最为普遍。庙会又称"庙市"或"节场",是中国古代一种集祭祀、娱乐及商贸行为于一体的活动,其出现于唐,宋元以后趋于繁盛。庙会一般在农历新年、元宵节、二月二龙抬头及寺庙的节日或规定的日期举行,其形成与发展和地庙的宗教活动有关,多设在庙内及其附近,在庙会期间,人们进行祭神、娱神、会友及贸易等活动。庙会虽起于祀神,

---

① [明]邝璠著,石声汉、康成懿校注:《便民图纂》卷一《农务之图》,农业出版社1959年版,第13页。

但兴起后就成为综合性公众集会场所,兼有贸易、娱乐、娱神、社会交往等多种功能,其中的娱乐功能是中国古代社会娱乐的基本构成,地位十分重要。村民们为了满足物质生活和精神生活的需要,前往城镇参与庙会活动,也就成为其日常生活的重要组成部分。如唐宋之际的楚州龙兴寺,"寺前素为郡之戏场,每日中,聚观之徒通计不下三万人。……寺前负贩、戏弄,观看人数万众"①。每当举行庙会时,这里更是"先期货物果集,酒肆罗列,男女入庙烧香,以求福利"②,场面热闹非凡。

明初,庙会一度沉寂。至明中期,随着社会经济的发展,庙会又兴盛起来。明代的庙会还要举行众多的仪式,如台阁(又称"抬阁")、演戏等,尤其在南方乡村社会十分注重庙会期间的各种仪式。如浙江嘉兴府秀水县濮院镇的庙会,"为抬阁数十座。阁上率用民间娟秀幼稚妆扮故事人物,备极巧丽"。当抬阁在庙会上表演时,吸引了四面八方的乡村百姓前去观看,"远近士女走集,一国若狂"。③ 在松江府各乡镇,每年农历二三月间均举行迎神赛会,期间都要举行各种演戏活动。据史载,当时的演戏活动对扮演的场地、装扮十分讲究:

> 演剧者皆穿鲜明蟒衣、靴革,而幞头、纱帽满缀金珠翠花。如扮状元游街,用珠鞭三条,价值百金有余。又增妓女三四十人,扮为寡妇征西、昭君出塞,名色华丽尤甚。

且庙会期间,场面十分热闹,"郡中士庶争挈家往观,游船、马船拥塞河道"。④绍兴陶堰严助庙上元节灯会期间举办的演戏活动也相当精彩,以致"城中及村

---

① ［宋］李昉等编:《太平广记》卷三九四《雷二·徐智通》,第 2617 页。

② ［明］陈棐纂,［明］翁相修:嘉靖《广平府志》卷一六《风俗志》,《天一阁藏明代方志选刊》第 5 册,上海古籍书店 1981 年影印版,第 7/b 页。

③ ［明］李日华著,屠友祥校注:《味水轩日记》卷二,万历三十八年庚戌四月二日,上海远东出版社 1996 年版,第 98 页。

④ ［明］范濂:《云间据目抄》卷二《风俗》,奉贤褚氏民国十七年(1928)年重刊本,第 9/a 页。

落人,水逐陆奔"①。

至清代,乡镇间的庙会更是盛行。如河南祥符县的东岳庙会,"乡媪村姑,尘面蓬首,妖童冶女,艳服靓妆,结队而来"②。江苏苏州的东岳庙会则是"龙墩各村人赛会于庙,张灯演剧,百戏竞陈,游观若狂"③。(见图6-2)

图6-2　戏台图(明·仇英《南都繁会图》局部,中国国家博物馆藏)

至清末,这一娱乐方式仍兴盛不衰。如河北怀来之泰山庙会:

十八日,为泰山庙会。自十五日起,预制娘娘驾,作楼台五六层。殿宇廊榭,钟阁碑楼,神鬼形像,靡不穷工极巧,金碧辉煌。长丈余,宽六七尺,十二人舁之游街。又担大幡杆数十,高十余尺,五彩纷纶,璎珞披拂,上绘各神像,仙容圣号,不一而足。其人皆有力如虎,矫捷飞腾,此擎彼

①　[明]张岱撰,马兴荣点校:《陶庵梦忆》卷四《严助庙》,第50页。

②　[清]鲁曾煜修,[清]张淑载纂:乾隆《祥符县志》卷二《地理志·风俗》,清乾隆四年(1739年)刻本,第26/a页。

③　[清]顾禄撰,来新夏校点:《清嘉录》卷三《三月·东岳生日》,第65页。

舞,目不暇给。益以巨锣、大鼓数十具,铙钹铿锵,旌旗飞扬,僧道喧阗。其间男女纷纷随之,盈街溢巷,万头攒动,真盛观哉!至十八日,各堡村娘娘驾又来进香,从者数十、百人,其喧阗与前埒。与本城会相合,如锦增花,火增焰,视前数日,又倍蓰焉。至十九日,会完人散,人家檐瓦如齿豁,则皆幡杆所毁也。①

从文中描写来看,庙会场面非常生动热闹:会上锣鼓喧天,旌旗飞扬,"僧道喧阗","其间男女纷纷随之,盈街溢巷,万头攒动",尤其是"各堡村娘娘"前来进香,"从者数十、百人",她们"喧阗与前埒",情绪异常高亢。

当然,不仅泰山庙会如此,其他各类庙会也是乡民云集,热闹非凡。如山东荣成县的成山庙庙会:

　　年届阴历六月初五日,附近各村群趋赛会,名藤将军会。演戏五日,远近人士,咸来赶会。有拈香者,有售物者。愚夫愚妇,贩夫走卒,奔走喧扰,大有人山人海之观。②

在城镇的其他节庆活动中,也往往有村民的参与。如明代浙江绍兴之元宵节:

　　(正月十三)以大船二十艘载盘轳,以童崽扮故事,无甚文理,以多为胜。城中及村落人,水逐陆奔,随路兜截转折,谓之"看灯头"。五夜,夜在(严助)庙演剧,梨园必倩越中上三班,或雇自武林者,缠头日数万钱。③

　　① [清]朱乃恭修,[清]席之瓒纂:光绪《怀来县志》卷四《风俗志·岁时纪略》,清光绪八年(1882年)刻本,第10页。
　　② 胡朴安:《中华全国风俗志》下编卷二《荣成县之迷信》,中州古籍出版社1990年版,第24页。
　　③ [明]张岱撰,马兴荣点校:《陶庵梦忆》卷四《严助庙》,第50页。

农民进城求乐的第二种方式是进城看戏。

村民个人进城看戏,多为顺便为之,且不常为,所以,在一些元曲作品中专门有描述村人进城看戏时的窘状。比如,杜仁杰所作《庄家不识勾栏》,就是颇有代表性的作品,兹转录于下:

风调雨顺民安乐,都不似俺庄家快活。桑蚕五谷十分收,官司无甚差科。当村许下还心愿,来到城中买些纸火。正打街头过,见吊个花碌碌纸榜,不似那答儿闹穰穰人多。

[六煞]见一个人手撑着椽做的门,高声的叫"请,请",道"迟来的满了无处停坐"。说道"前截儿院本《调风月》,背后么末敷演《刘耍和》"。高声叫,"赶散易得,难得的妆哈"。

[五煞]要了二百钱放过咱,入得门上个木坡,见层层叠叠团圞坐。抬头觑是个钟楼模样,往下觑却是人旋窝。见几个妇女向台儿上坐,又不是迎神赛社,不住的擂鼓筛锣。

[四煞]一个女孩儿转了几遭,不多时引出一伙。中间里一个央人货,裹着枚皂头巾顶门上插一管笔,满脸石灰更着些黑道儿抹。知他待是如何过?浑身上下,则穿领花布直裰。

[三煞]念了会诗共词,说了会赋与歌,无差错。唇天口地无高下,巧语花言记许多。临绝末,道了低头撮脚,爨罢将么拔。

[二煞]一个妆做张太公,他改做小二哥,行行行说向城中过,见个年少的妇女向帘儿下立,那老子用意铺谋待取做老婆。教小二哥相说合,但要的豆谷米麦,问甚布绢纱罗。

[一煞]教太公往前那不敢往后那,抬左脚不敢抬右脚,翻来复去由他一个。太公心下实焦燥,把一个皮棒槌则一下打做两半个。我则道脑袋天灵破,则道兴词告状,划地大笑呵呵。

[尾]则被一泡尿,爆的我没奈何。刚捱刚忍更待看些儿个,枉被这驴

颓笑杀我。①

曲中写一位村人即庄家进城买香烛纸马之类,被剧场吸引,交上两百钱进场看剧的情景,生动逼真,形象地刻画出元代杂剧剧场的演出状况,其对村民在观剧时心态的描述,更是入木三分。

3. 请戏享乐

请戏享乐实际包括两个内容:一是主动约请戏班前来演出,二是戏班或其他人员主动下乡演出。其方式可谓灵活多样,有戏班或优人团体行动者;还有个体小贩兼事娱乐者;等等。

宋代陈淳曾致书漳州知州傅伯成,描述了当地秋收之后村民的娱乐情况:

> 当秋收之后,优人互凑诸乡保作淫戏,号"乞冬"。群不逞少年,遂结集浮浪无赖数十辈,共相唱率,号曰"戏头"。逐家哀敛钱物,豢优人作戏,或弄傀儡。筑棚于居民丛萃之地,四通八达之郊,以广会观者。至市廛近地,四门之外,亦争为之,不顾忌。今秋自七八月以来,乡下诸村,正当其时,此风在在滋炽,其名若曰"戏乐"。②

直到清末,这一方式仍相沿不改。如乾隆时代的顺德府,"遇春祈秋报时,乡人醵钱谷,具牲醴,盛张鼓乐,扮杂剧于神庙前"③;光绪时代的蔚州,"当春秋祈报日,里社备牲醴祀神,召优伶作乐娱之。各邀亲朋来观,裙屐毕集"④。

---

① [元]杜仁杰撰,孔繁信辑注:《重辑杜善夫集·散曲·庄家不识勾栏》,济南出版社 1994 年版,第 66—67 页。
② [宋]陈淳:《又上傅寺丞》,载[清]吴宜燮修,[清]黄惠纂:乾隆《龙溪县志》卷一〇《风俗》,清光绪五年(1879 年)增补重刻本,第 11/b 页。
③ [清]徐景曾纂修:乾隆《顺德府志》卷六《风俗》,《中国地方志集成·河北府县志辑》第 67 册,上海书店出版社 2006 年版,第 93 页。
④ [清]庆之金修,[清]杨笃纂:光绪《蔚州志》卷一八《风土记》,《中国地方志集成·河北府县志辑》第 13 册,上海书店出版社 2006 年版,第 253 页。

19 世纪末,美国学者明恩溥曾在中国旅行多时,据其见闻而成的《中国乡村生活》一书中比较详细地描述了这一娱乐方式,据其描述可以了解这一娱乐的基本环节。

一是请戏可以是有理由的,比如村中大事或赛神之需。也可以是无理由的,如明恩溥言:

> 有时,举办一次演出根本没有什么理由,只不过大家积累了一笔公共基金,除了举办演出,再没有其他更好的花费方式。

二是请戏要有中间组织者,亦即前引陈淳上书中所言"戏头"。明恩溥言:

> 戏班与乡村之间的沟通和聘请事宜,专门有一个人负责,他能从中获取收入,这种人叫"掮客"。戏班的人一般都不屑于做这种事情,自然也看不起掮客。戏班从一个地方转移到另外一个地方,需要转动各种装备的箱子,尤其是要运输舞台的脚手架,所有这些事情的安排都是掮客的工作。

三是戏班接送由请戏之村庄负责,主要是马车和牲口:

> 马车由聘请戏班的村庄提供,至于具体到哪家的马车,则经常以抽签的方式来挑选。不过,有时也通过收取村庄上的所有土地费,来雇用马车。

四是演出场地也由请戏之村庄负责筹备:

> 在戏班到达村庄的前期,村庄上一片繁忙。不但有大量的草席供应,

而且村庄周边荒芜的地方也在短短的时间内一下子变成了暂时的新拓居地。剧场旁边则搭起了许多草棚，作为饭店、茶馆、赌场等等。在这种日子里，即使这个村庄很小，其场面也像是一个很壮观的大集市。

五是观众。明恩溥描写道：

　　一旦某一个乡村要举办戏剧演出的事情被确定下来，附近整个的一片乡土都将为之兴奋得颤抖。由本村出嫁的年轻妇女总是为此早早地就安排回娘家，显然，这种机会对母女双方来说都是特别地重要。附近乡村的所有学堂也都期待着在这个演出期间放假。倘若教书先生是个死心眼而拒绝放假的话（这种情况通常不会发生，因为他自己同样想去看戏），那么情况也没有分别，因为他将发现自己被所有的学生抛弃在学堂里。

　　其实，还不只是出嫁外地的新娘会利用走访亲戚的机会回来观看演出，而且，许许多多外村的男男女女、大人小孩都会利用与本地村民的各种关系前来拜访。在中国，每个家庭都有一大群亲缘程度不等的亲戚，而且，戏剧演出也着实为人们看望朋友提供了极好的时机。不管这些亲戚朋友是否已经被邀请，其实都没有什么分别。……

　　在一个已经聘请了戏班的村子里，经常发生的一个现象是，几乎每家每户都是客人成灾。有时由于没有足够的地方提供客人躺下睡觉，以至于这些人只得坐着聊天过夜，就好像是准备第二天早上起来干杂活似的。由于一次演出持续的时间通常不少于三天，有时甚至超过四天，因此，对于一个已经人满为患的村庄来说，其压力之大，就可想而知了。

可见，村落之请戏是十分重大的事务，其影响力与感染力不容低估，如明恩溥所评价的：

中国乡村戏剧最有意思的方面是它给人们造成的一个总体感受。这种感受略微有点像即将来临时的圣诞节给西方小孩造成的那种感受,在美国,则是"七月四日"来临的感受。在中国观看戏剧的节日里,任何其他世俗的兴趣都得让道。①

从中国古代乡村文化的发展看,这一方式由来已久,而且常常被王朝政府所限制甚至禁止。如唐玄宗就曾颁布敕令,严禁此类表演方式。敕文规定:

散乐巡村,特宜禁断。如有犯者,并容止主人及村正,决三十。所由官附考奏,其散乐人仍递送本贯入重役。②

前引陈淳向漳州知州傅伯成致书,也是请其加以禁断。不过,官方如此禁而不断,一直延续发展至清末,足见其强大的生命力。

零散的入乡下村的人员种类颇多,较有特色和影响的应当是唱词货郎和杂耍艺人。唱词货郎兴起于唐宋之际,一般是摇着蛇皮鼓,挑着货郎担,走村串乡,边卖货,边说唱,亦商亦艺。元杂剧《风雨像生货郎旦》中,唱货郎的张三姑唱道:

我本是穷乡寡妇,没甚的艳色娇姿,又不会卖风流弄粉调脂,又不会按宫商品竹弹丝。无过是赶几处沸腾腾热闹场儿,摇几下桑琅琅蛇皮鼓儿,唱几句韵悠悠信口腔儿,一诗一词,都是些人间新近希奇事,扭捏来无诠次,倒也会动的人心谐的耳,都一般喜笑孜孜。③

① 以上所引均见〔美〕明恩溥著,午晴、唐军译:《中国乡村生活》,第60—63页。
② 〔宋〕王溥:《唐会要》卷三四《杂录》,第629页。
③ 〔明〕臧晋叔编:《元曲选》,中华书局1958年版,第1649—1650页。

这里的"都一般喜笑孜孜",就是对其在乡村广受欢迎的真实写照。

到村中卖艺的杂耍艺人主要是耍猴戏者。清蒲松龄所作俚曲《禳妒咒》中,写村中一对小夫妻的故事。一次,妻将丈夫锁在房中,恰有耍猴艺人到来,自己独自出门观看又遇到公婆,十分尴尬。剧中妻名叫江城,公婆称高公、高母。剧中写道:

> 耍猴人领老婆、老猴上:实不能招轻作重,老婆孩饿断腰筋。教给那猴子学作人,耍一耍为众爷们解闷。处处鸣锣玩耍,走遍了城市乡镇。无君子不养异人,费的那钱财有尽。众人挤看介。猴人说:"谁与俺做个牌官? 多是众爷的情,少是小人的运气。"拿着钱绳团围走。江城跑上云:"春香背着杌子,外边锣响,咱去看看。"跑出说:"放下杌子,待我上去。"猴人说:"来来来,就耍来,一翻斤斗到天台。"猴作斤斗介。"再来连十个始算乖,再来再来再来,再来把个跟头再打开。人人说你打的好,赏你一支大花鞋。"猴开带鬼脸穿衣裳,装李三娘上。
>
> [皂罗袍]刘智远一生放荡,去投军撇下三娘。哥嫂叫他受苦磨房,一推一个东放亮。天色明了,奔走慌忙,担筲打水,才把磨棍放。
>
> 众人指指画画,不看猴子,都看江城。高公上,仰面见江城,说:"呀! 儿媳在此!"反面疾趋下。猴装目莲母上。
>
> 目莲母良心尽丧,堕下孽去见阎王。刀山剑树受灾殃,地狱才把人磨障。目莲到狱,去救亲娘,用手一指,方把门开放。
>
> 猴装昭君,众看江城,作挤眼弄鼻介。
>
> 王昭君眉清目秀,模样儿异样风流。窈窕风韵百花羞,朝廷怒杀毛延寿。自背琵琶,两泪交流,独个荒庭,去把孤单受。
>
> 猴打跟头,并猴人下,众人下,江城亦下。高公、高母上云:"咱那儿被儿媳妇囚禁,虽是酷虐,也是自己作的。况且古人读书就有这等的,到还罢了。适才见他在外边看耍猴子,多少人指画,是什么道理! 羞死人也!"

哭介。①

这一出俚曲将村落中猴戏艺人的表演、村民的围观以及整个气氛都栩栩如生地展现了出来。

二、古代村落娱乐活动的形式

中国古代村落中,由于农耕经济的自身特点及村民的经济条件等因素,其娱乐形式简单多样,大多是简单易行、不受场地及经济条件限制的歌谣吟唱,以及带有自娱自乐、随时随地即兴歌唱性质的民间舞蹈,还有一些小型百戏等活动。

1. 歌舞吟唱

歌舞吟唱是中国古代村落中最为普遍的一种娱乐方式,且由来已久,贯穿于整个古代社会。如《诗经》中的很多著名作品都是采自村落的作歌吟唱;汉代乡村社会普遍存在着谣谚歌唱娱乐形式,在两汉史籍中,诸如"民有作歌""百姓歌之""闾里歌之"的记载比比皆是。另外,踏歌、自起舞、相和歌、徒歌等娱乐形式由于既不受场地所限,又可即兴演唱,故深受乡村百姓的喜爱。

比如踏歌,其在遥远的新石器时代即已出现,可资考察的最早的踏歌资料应是在 5 000 多年前的马家窑文化中。青海省大通县上孙家寨遗址中,出土了一件绘有舞蹈图案的彩陶盆。据发掘报告称,该盆口径 29 厘米,高 14 厘米,内壁绘有 3 组舞蹈图案,5 人一组,面向一致,头侧各有一斜道,似为发辫,摆向划一,连臂踏歌。人下肢三道,接地面的两竖道为两腿无疑,而下腹体侧的一道,

---

① ［清］蒲松龄著,蒲先明整理,邹宗良校注:《聊斋俚曲集》,国际文化出版公司 1999 年版,第 547 页。

似为饰物(见图6-3-1)①。后来,在这一文化区域内又发现不少类似的舞蹈盆,如在甘肃武威新华乡磨嘴子出土的舞蹈盆内有两组舞蹈人,每组9人;在青海同德宗日遗址也出土一件舞蹈盆,内有两组舞者,一组11人,另一组13人,腹部皆为球状,手拉手,能感受到很强的韵律节奏(见图6-3-2)。② 另外,在云南沧源、甘肃黑山、新疆康家石门子等地的原始岩画中也发现了不少类似的舞蹈图。③

图6-3-1 青海大通出土的舞蹈纹彩陶盆　　图6-3-2 青海宗日出土的舞蹈纹彩陶盆

图6-3 青海出土彩陶盆中的踏歌舞蹈图

踏歌盛行于汉代,人们"昼夜酒会,群聚歌舞,舞辄数十人相随,踏地为节"④,在一些汉画像石(砖)中也多有出现。至唐宋时代仍流行于乡村。唐代诗人顾况在《听山鹧鸪》诗中写道:

谁家无春酒,何处无春鸟。

夜宿桃花村,踏歌接天晓。⑤

村中踏歌活动往往通宵达旦,热闹非凡。还有的踏歌活动在村外进行,也

① 青海省文物管理处考古队:《青海大通县上孙家寨出土的舞蹈纹彩陶盆》,《文物》1978年第3期。
② 参见孙寿岭:《舞蹈纹彩陶盆》,《中国文物报》1993年5月30日。
③ 详见马新、齐涛:《中国远古社会史论》,科学出版社2003年版,第163—168页。
④ 《后汉书》卷八五《东夷列传》,第2819页。
⑤ [唐]顾况:《听山鹧鸪》,载[清]彭定求等编:《全唐诗》卷二六七,第2959页。

是唱至朝霞在天,是青年男女两情相悦的重要媒介。如刘禹锡《踏歌词》写道:

春江月出大堤平,堤上女郎连袂行。

唱尽新词欢不见,红霞映树鹧鸪鸣。①

　　宋代画家马远绘有《踏歌图》(见图6-4),反映了村落踏歌的情景。图中有四位村中老汉在乡野陇上踏歌而乐,似唱似说,怡然自得。其中一人持杖在前,只见他右手扶杖,左手挠腮,摇身抬腿,踏歌而舞,憨态可掬。随后居中二人,一人双手拍掌,双足踏节;另一人抓住前者的腰带,躬腰扭动,舞态可人。后行一人,肩扛竹棍,上挑葫芦,上身前倾,腰部微弯,和节而踏。四个人虽动态不一,却动律和谐,活灵活现,充满朴拙野逸的气息,画出了四位老汉的欢娱与投入,呈现出一幅"丰年人乐业,陇上踏歌行"②的画面,从中也可窥见踏歌在乡村之普及。

图6-4　宋·马远《踏歌图》局部(北京故宫博物院藏)

---

① 〔唐〕刘禹锡:《踏歌词》,载〔清〕彭定求等编:《全唐诗》卷三六五,第4111页。
② 南宋宁宗赵扩杨皇后题于马远山水画《踏歌行》之上的诗:"宿雨清畿甸,朝阳丽帝城。丰年人乐业,垅上踏歌行。"

又如自舞,其属于即兴式的舞蹈,不受场地环境等因素的限制,它不仅普遍盛行于王公贵族之间,在村落乡间也十分流行,正如《宋书·乐志》所言"前世乐饮,酒酣,必起自舞"①。对此,《史记·高祖本纪》也有记载:

> 高祖还归,过沛,留。置酒沛宫,悉召故人父老子弟纵酒。发沛中儿得百二十人,教之歌。酒酣,高祖击筑,自为歌诗曰:"大风起兮云飞扬,威加海内兮归故乡,安得猛士兮守四方!"令儿皆和习之。高祖乃起舞,慷慨伤怀,泣数行下。②

再如相和歌,其名最早当见于汉代,最初也是"街陌讴谣",在村落百姓间兴起,前引《淮南子·精神训》所记村落祭社时吟唱的即是相和歌:

> 今夫穷鄙之社也,叩盆拊瓴,相和而歌。③

实际上是村落百姓因陋就简,利用身边的盆罐,由歌唱者自己一边打着节拍,一边唱歌。

相和歌后又流向整个社会。《晋书·乐志》即言:

> 凡乐章古辞存者,并汉世街陌讴谣,《江南可采莲》、《乌生十五子》、《白头吟》之属。其后渐被弦管,即相和诸曲是也。④

相和歌原为村落的"街陌讴谣",后来被配上丝竹管弦乐器进行伴奏,即所谓

---

① 《宋书》卷一九《乐志》,第552页。
② 《史记》卷八《高祖本纪》,第389页。
③ [汉]刘安编,何宁集释:《淮南子集释》卷七《精神训》,第541页。
④ [宋]郭茂倩编,中华书局编辑部点校:《乐府诗集》卷二六《相和歌辞一》解题引《晋书·乐志》,中华书局1979年版,第376页。

"丝竹更相和,执节者歌"①,进而登上了大雅之堂。不少汉画像石对相和表演也有所展示。如河南南阳军帐营东汉墓出土画像石上刻有一相和歌的表演场面:图中共有12人,右起4人演奏乐器,即第一人抚琴,第二人吹埙,第三人吹笙,第四人鼓瑟;另4人踞坐似吹排箫(或为歌者);左起4人站姿歌唱。②

直到明清时期,在村落中依然盛行类似相和歌这种"叩盆拊瓴"的歌唱形式。正如明代邝璠所撰《便民图纂》中《田家乐竹枝词》所描写的:

今岁收成分外多,更兼官府没差科。

大家吃得醺醺醉,老瓦盆边拍手歌。③

词中"老瓦盆边拍手歌"与"叩盆拊瓴"如出一辙。

村落流行的还有徒歌。这是一种无需乐器伴奏,仅由歌者单人清唱的娱乐形式,其内容大多为来自民间的童谣、歌谣,即如《尔雅·释乐》所云:"徒歌谓之谣。"④其形式简单易行,又不受场地限制,因此,是村落中广泛存在的娱乐形式之一。后被人们配备上管弦乐器。如《晋书·乐志》载:

《子夜歌》……《凤将雏歌》……《阿子》及《欢闻歌》……《团扇歌》……《懊侬歌》……《长史变》……凡此诸曲,始皆徒歌,既而被之管弦。⑤

另外,汉代的说唱艺术十分流行,其源头亦来自民间,来自村落的"街陌讴谣",其戏谑、滑稽、夸张的表演,甚至一边击鼓一边唱歌的演出形式,深受各阶层喜爱。(见图6-5-1、图6-5-2)。

---

① 《宋书》卷二一《乐志三》,第603页。
② 参见河南省南阳市博物馆:《河南南阳军帐营汉画像石墓》,《考古与文物》1982年第1期。
③ [明]邝璠著,石声汉、康成懿校注:《便民图纂》卷一《农务之图》,第16页。
④ [清]邵晋涵撰,李嘉翼、祝鸿杰点校:《尔雅正义》卷八《释乐》,中华书局2017年版,第464页。
⑤ 《晋书》卷二三《乐志下》,第716—717页。

图6-5-1　汉代击鼓说唱俑(现藏于中国国家博物馆,四川成都天回山崖东汉墓出土)

图6-5-2　汉代立式说唱俑(现藏于四川博物院,四川郫县宋家林东汉墓出土)

图6-5　汉代说唱俑

村民之自娱自乐,使乡村歌舞独具特色,形成了不同于官方及城市的艺术风格。如宋人吴处厚《青箱杂记》卷五言:

> 今世乐艺,亦有两般格调:若教坊格调,则婉媚风流;外道格调,则粗野嘲哳。至于村歌社舞,则又甚焉。[①]

2. 杂技游艺

中国古代社会流行的各种游艺活动以及一些小型的杂技娱乐节目是村落百姓喜闻乐见的娱乐活动。早在春秋战国之时,各种游艺娱乐活动在民间已

---

① [宋]吴处厚撰,李裕民点校:《青箱杂记》卷五,《唐宋史料笔记丛刊》本,中华书局1985年版,第46页。

很流行。两汉时期已有专门表演歌舞百戏的艺人,称为"倡优""俳优"。如《汉书·地理志》云:

> 赵、中山……丈夫相聚游戏,悲歌慷慨……多弄物,为倡优。
> 颜师古注:"俳优,谐戏也。倡,乐人也。"[①]

随着社会经济的发展以及中西交流的繁盛,百戏在汉武帝以后得到充分的发展,其节目种类多,既可自娱又可娱人,在各个阶层均十分盛行。前引《盐铁论·崇礼》篇记载"夫家人有客,尚有倡优奇变之乐",以及《盐铁论·散不足》篇所载"富者钟鼓舞乐,歌儿数曹。中者鸣竽调瑟,郑舞赵讴。……今俗因人之丧以求酒肉,幸与小坐而责辨,歌舞俳优,连笑伎戏"[②],即是最好说明。四川郫县新胜乡出土的东汉晚期汉画像石生动描绘了上述场景(见图6-6)。

图6-6　汉代歌舞百戏宴乐图(四川郫县新胜乡出土东汉画像石)[③]

一些难度不高且花费不大的百戏,诸如跳丸、击壤、秋千等,在村落中也很流行,很多村民参与其中。

如跳丸(又称"飞丸""弄丸"等)游戏,这一游戏原则是两手上下抛接好多

---

①　《汉书》卷二八下《地理志下》,第1655页。
②　[汉]桓宽著,王利器校注:《盐铁论校注》卷六《散不足》,第353—354页。
③　采自中国画像石全集编辑委员会编:《中国画像石全集》第7卷图122,第96页。

个弹丸,不使落地。由于简便随意,在春秋战国时就已经广为流行。《庄子·徐无鬼》篇即云:"市南宜僚弄丸而两家之难解。"①至汉代更加盛行。《潜夫论·浮侈》云:

> 或以游敖博弈为事,或丁夫世不传犁锄,怀丸挟弹,携手遨游。或取好土作丸卖之……
>
> 郭庆藩集释曰:按《北堂书钞》一百廿四引《东观汉记》诏曰:"三辅皆好弹,一大老从旁举身曰:'噫嘻哉!'"东京挟弹成俗,父老叹息,王氏所言为不虚也。②

四川彭县出土的画像砖上展示了乐舞百戏,其中有一跳丸俑正在玩弄五丸,其中三丸在空中,两丸在手里,其抛接"跳丸"的姿势妙趣横生,动感十足。(见图6-7)③

图6-7　汉代乐舞百戏图(四川彭县出土汉画像砖)

---

① [清]郭庆藩撰,王孝鱼点校:《庄子集释·杂篇·徐无鬼》,《新编诸子集成》本,中华书局1961年版,第850页。
② [汉]王符著,[清]汪继培笺,彭铎校正:《潜夫论笺校正》卷三《浮侈》,第123—124页。
③ 参见刘志远等:《四川汉代画像砖与汉代社会》图版捌-2,文物出版社1983年版,第118页。

又如,击壤也是深受村落百姓喜爱的一种投掷类游戏。东汉刘熙的《释名》中也释曰:"击壤,野老之戏。"东汉王充《论衡·艺增》篇云:

> 传曰:有年五十击壤于路者,观者曰:"大哉,尧德乎!"击壤者曰:"吾日出而作,日入而息,凿井而饮,耕田而食,尧何等力!"①

从文中可知,在路上做击壤游戏的这位老者是位农夫,吟唱出了生动的田园歌谣:太阳出来下田劳作,太阳下山回家休息,打凿水井用以饮水,耕种田地用以果腹。展现出农耕时代先民们自由安闲、自给自足、简单快乐的生活场景。击壤初是以土块为之,后世改用木屐、瓦块、砖块等物,看谁抛得远、打得准。两汉时期,击壤游戏为当时村落百姓闲暇游戏的第一大活动,以至西晋盛彦在《击壤赋》中说:

> 论众戏之为乐,独击壤之可娱,因风托势,罪一杀两。②

直到唐宋时期,击壤游戏依然风行于乡村社会。如范成大《插秧》诗写道:

> 种密移疏绿毯平,行间清浅縠纹生。
> 谁知细细青青草,中有丰年击壤声!③

这里将击壤与丰年相联系,道出了农夫的愿望。明清时期,击壤游戏"实存名亡",时人在此基础上加以改造,而改称"打枳儿""打杂""打瓦""抛垛""飞垛"等,并由此演变出"打枳枳"或曰"打板"的游戏,使类似击壤的投掷游戏更

---

① ［汉］王充撰,黄晖校释,刘盼遂集解:《论衡校释》卷八《艺增》,第388页。
② ［宋］李昉等编纂:《太平御览》卷七五五《工艺部十二》引盛彦《击壤赋》,第3352页。
③ ［宋］范成大著,富寿荪标校:《范石湖集》卷七《插秧》,第86页。

加丰富多彩。

再如,秋千活动由于其简单易行,遍及古代村镇阡陌。在春天,在节庆,场院之内,垂杨之下,无论走到何处,都能看到村民玩秋千的情景。在文人墨客的诗文以及各地方志中对秋千的记载比比皆是。比如北宋王禹偁《寒食》诗描写山区寒食玩秋千的情景:

> 今年寒食在商山,山里风光亦可怜。
> 稚子就花拈蛱蝶,人家依树系秋千。①

北宋韩琦《寒食》诗云:

> 塞鸿归渚遥书字,营柳因风强破眠。
> 赖有目前随分景,数村和树起秋千。②

明朝李开先在其《观秋千作》中描写道:

> 东接回军,北邻大河,庄名大沟厓。清明日,高竖秋千数架,近村妇女欢聚其中。予以他事偶过,感而赋诗:"彩架傍长河,女郎笑且歌。身轻如过鸟,手捷类抛梭。村落人烟少,秋千名目多。"(作者自注:"有转立、独脚等名。")③

清朝查慎行的《清明日蒙阴道上观秋千戏作》诗描写了山东蒙阴农村地区的秋千活动画面:

---

① [宋]王禹偁:《王黄州小畜集》卷八《寒食》,《宋集珍本丛刊》第1册,线装书局2004年版,第579页。
② [宋]韩琦:《安阳集》卷四《寒食》,《宋集珍本丛刊》第6册,第426页。
③ [明]李开先:《李中麓闲居集》卷二《观秋千作》,《续修四库全书》第1340册,第494页。

> 隔墙闻笑声，人在花枝下。
>
> 花枝旋摇动，傍有秋千架。
>
> 何人挟飞仙，天半飘裙钗。
>
> ……
>
> 鲁邦喜游冶，民俗度桑柘。
>
> 已经上巳辰，才过百六夜。
>
> 新妆与靓服，往往出茅舍。①

即便在中国的边远地区，玩秋千的活动也同样盛行。如正德《琼台志》记明代海南岛地区盛行秋千，而且有男秋、女秋之分：

> 城乡俱作秋千。用四木，两分相叉为架，高而垂下者为女秋；二木如柱，两孔横架，短而翻转者为男秋。②

3. 竞技游戏

竞技游戏主要是指对抗性或竞赛性游艺活动，亦可归之于体育活动。比如角抵，这是一种类似当今摔跤之类的竞技（较力）游戏。本为远古时期战争中相搏时的"以角抵人"，后演化为一种娱乐活动。这种活动来得直接，既没有成本可言，又对时间、场地的要求不高，在农闲时节或茶余饭后，随时随地即可进行，所以在乡间非常盛行。任昉《述异记》载，冀州一带的百姓无不"两两三三头戴牛角而相抵"③，后相沿为相扑、摔跤，历数千年而不衰。

---

① ［清］查慎行著，周邵标注：《敬业堂诗集》卷一〇《清明日蒙阴道上观秋千戏作》，上海古籍出版社1986年版，第267页。

② ［明］唐胄纂，彭静中点校：《正德琼台志》卷七《风俗》，《海南地方志丛刊》本，海南出版社2006年版，第141页。

③ ［元］马端临：《文献通考》卷一四七《散乐百戏》，中华书局1986年版，第1287页。

　　就流行的普遍性而言,北方的蹴鞠与南方的竞渡堪为代表。蹴鞠之类的活动,因其简单易学,十分利于村民因陋就简,利用村落的街头巷尾、田间地头、戏台场院开展活动,当时男女老少均可参加,可一二人,也可几人、十几人;且活动带有竞技成分,既需要速度,又要求有一定技巧,令人酣畅淋漓,欲罢不能。所以,不仅在城市时兴,在乡村社会也很受欢迎。如《盐铁论·国疾》载:

　　　　里有俗,党有场。康庄驰逐,穷巷蹋鞠。①

　　《史记·扁鹊仓公列传》载一西汉初期的病例可侧面反映汉代村民对蹴鞠这一娱乐项目的参与热情与喜好。据该列传记载,“安陵阪里公乘项处病”,请临淄名医淳于意诊脉。淳于意诊脉后告诫道:“慎毋为劳力事,为劳力事则必呕血死。”但项处酷爱蹴鞠,遂不顾淳于意的嘱咐,抱病参加了村里的蹴鞠活动,结果“汗出多,即呕血”,劳累而死。② 再如刘邦称帝后,将其在家乡丰邑乡村的父亲接至长安居住,不料其父整日闷闷不乐,并不快乐,致使刘邦大惑不解。史载:

　　　　高祖窃因左右问其故,以平生所好,皆屠贩少年,沽酒卖饼,斗鸡蹴
　　　鞠,以此为欢。今皆无此,故以不乐。③

刘邦了解到其父不乐的原因是在故土丰邑喜好与村民一起“斗鸡蹴鞠”,而长安住处无有。于是,刘邦建新丰邑,将故乡人迁居于此,使其父与故人在此蹴鞠为乐。

　　自唐宋以后,蹴鞠进一步成为全民喜好的活动。尤其到寒食、清明时节,

---

① 　[汉]桓宽著,王利器校注:《盐铁论校注》卷五《国疾》,第334页。
② 　《史记》卷一〇五《扁鹊仓公列传》,第2812页。
③ 　[汉]刘歆等撰,王根林校点:《西京杂记》(外五种)卷二《作新丰移旧社》,第18页。

更是全民蹴鞠的盛会——"举目则秋千巧笑,触处则蹴鞠疏狂"①。许多文人墨客为此讴歌不已,对于村落中蹴鞠的描写也有不少。如:温庭筠诗:"彩索拂庭柯,轻毬落邻圃。"②薛能诗:"村球高过索,坟树绿和花。"③谢景初诗:"蹴鞠逢南陌,秋千送晚烟。"④陆游《村饮》一诗描述了村落蹴鞠的场面,展示了少年奋力击鞠的风姿:

> 少年喜任侠,见酒气已吞。
> 一饮但计日,斗斛何足论。
> 绿草满雉场,红旗植毬门。
> 三叫落乌帻,倒泻黄金门。⑤

在中国古代盛行几千年不衰的竞渡活动往往少不了农村居民的参加。如元稹的《竞舟》诗写道:

> 楚俗不爱力,费力为竞舟。
> ……
> 此时集丁壮,习竞南亩头。
> 朝饮村社酒,暮椎邻舍牛。
> 祭船如祭祖,习竞如习仇。
> 连延数十日,作业不复忧。
> 君侯馈良吉,会客陈膳羞。
> 画鹢四来合,大竞长江流。

---

① [宋]孟元老撰,邓之诚注:《东京梦华录》卷六《收灯都人出城探春》,第 176 页。
② [唐]温庭筠:《寒食节日寄楚望》,载[清]彭定求等编:《全唐诗》卷五八三,第 6763 页。
③ [唐]薛能:《寒食有怀》,载[清]彭定求等编:《全唐诗》卷五五八,第 6475 页。
④ [宋]谢景初:《禁烟即事》,载北京大学古文献研究所编:《全宋诗》第 9 册,第 6296 页。
⑤ [宋]陆游著,钱仲联校注:《剑南诗稿校注》卷一六《村饮》,第 1293 页。

建标明取舍，胜负死生求。

一时欢呼罢，三月农事休。①

又如刘禹锡《竞渡曲》：

沅江五月平堤流，邑人相将浮彩舟。

灵均何年歌已矣，哀谣振楫从此起。

杨桴击节雷阗阗，乱流齐进声轰然。

……

百胜本自有前期，一飞由来无定所。

风俗如狂重此时，纵观云委江之湄。②

黄榦《寄郑维忠、叶云叟诸友》诗云：

村村箫鼓竞龙舟，莫菊岩前倚晚秋。③

庄绰《鸡肋编》卷上亦云：

湖北以五月望日谓之"大端午"，泛舟竞渡。逐村之人，各为一舟，各雇一人凶悍者于船首执旗，身挂楮钱。④

由上述资料来看，南方水乡村落百姓参与活动的积极性很高，不仅是竞赛

---

① ［唐］元稹撰，冀勤点校：《元稹集》卷三《竞舟》，第29—30页。

② ［唐］刘禹锡：《竞渡曲》，载［清］彭定求等编：《全唐诗》卷三五六，第4002页。

③ ［宋］黄榦：《勉斋集》卷四〇《寄郑维忠、叶云叟诸友》，《景印文渊阁四库全书》第1168册，第497页。

④ ［宋］庄绰撰，萧鲁阳点校：《鸡肋编》卷上《各地岁时习俗》，第20页。

活动的主力军,而且将竞渡夺标视为本村的头等大事,以至于"胜负死生求"①。

这种活动到明、清两代仍然相演不衰。如乾隆《东湖县志》载明人雷思霈诗云:

> 樵歌社鼓插秧归,肯放江头乐事稀。
> 天下无舟不竞渡,峡中有鸟只争飞。②

光绪《潮阳县志》记载岭南村民参加竞渡的盛况:

> 五月朔日,村村金鼓喧阗,谓之转龙船鼓。……自此,江浒竞渡几一月,夺标者咸以为荣。③

综上可见,在中国古代乡村社会中,"面朝黄土背朝天"的乡村百姓并不是一直都沉浸在平淡、寂寞、乏味的世俗生活中,若是能够在繁重、忙碌的农耕中获得暂时的喘息,或者其生活处于比较平稳的境况时,他们精神和文化上的需求便会涌现甚至迸发出来。或在节期载歌载舞,自娱自乐;或进城赶庙会,观看说唱表演,穷欢极娱;或在村中观赏杂耍猴戏,幽默滑稽,趣味横生……这大概就是乡村百姓的一种心灵放松和精神调节,抑或是中国古代村落的一种文化形态。虽然它是一种追求感官享受的娱乐形式,是一种趋俗的欣赏习惯,但并不意味着其文化品位是低下的。

---

① [唐]元稹撰,冀勤点校:《元稹集》卷三《竞舟》,第 30 页。
② [清]林有席修,[清]严思濬纂:乾隆《东湖县志》卷五《疆域下·风俗》,清乾隆二十八年(1763 年)刻本,第 8/a—9/b 页。
③ [清]周恒重修:光绪《潮阳县志》卷一一《风俗》,清光绪十年(1884 年)刻本,第 5/b 页。

三、古代村落娱乐活动的组织

凡集体参与的娱乐活动必有其组织者与组织方式,村落娱乐活动也是如此,前所述请戏享乐之活动,都是由组织者直接策划与组织的。这种组织活动大致有三种情况。

1. "好事者"的主动组织

或为热心,或为利益,或为在乡村社会中的影响与地位,总有人自告奋勇地承担组织者的责任。

比如范濂《云间据目抄》所记载的明代松江一带乡间组织娱乐活动的情况:

> 每年乡镇二三月间,迎神赛会。地方恶少、喜事之人先期聚众,般演杂剧故事,如曹大本收租、小秦王跳涧之类,皆野史所载,俚鄙可笑者。然初犹仅学戏子装束,且以丰年举之,亦不甚害。至万历庚寅,各镇赁马二三百匹,演剧者皆穿鲜明蟒衣、靴革,而幞头、纱帽满缀金珠翠花。如扮状元游街,用珠鞭三条,价值百金有余。又增妓女三四十人,扮为寡妇征西、昭君出塞,色名华丽尤甚。其他彩亭、旗鼓、兵器,种种精奇,不能悉述。……每镇或四日或五日乃止,日费千金。[①]

这种好事者在王朝政府眼中,往往被视作恶少、刁民,处在被压抑、被非议之中,但在乡村文化娱乐中,却顺应了村民们的精神需求,颇受欢迎。

再如,清代山西安肃县之村民酷爱看戏,每逢年节或祭神之日即有人组织

---

① ［明］范濂:《云间据目抄》卷二《记风俗》,第9/a页。

戏剧演出：

> 借端演戏，男妇趋走如狂，原非淳俗，乃穷乡僻壤之民，资生不给，独喜看戏，好事者为首敛钱，从中射利，而穷民偏安心忍受，乐此不疲。①

这是清安肃县令张钝在县中张贴的禁止民间这一活动的告示中的内容，其中讲到的"穷民偏安心忍受，乐此不疲"，恰恰说明了村民们强烈的文化需求。

2. 村落民间的集体组织

集体组织是迎神赛会或祭祀活动的主要方式，与之相关联的娱乐活动也在其组织的范围内。其方式是组建会或社，推举会首、社首，全社或全会共同组织有关活动。

社的民间组织起源于汉代，初时之社都是社祭的产物，其设置受官方控制，要得到官方认可。汉王朝时代，就要求以里立社，不能随意立社。然而，在民间却出现了传统里社之外的私社，而且其发展呈现出不可遏止的势头，更为重要的是，由社祭而生的娱神同时具有了村民集体娱乐的性质，其发展同样不可遏制。②

此后，以祭社为纽带的社又扩展到其他祭祀活动中，通称"社"或"会"，其首领由村民推举，一般称为"会长"，由祭社而生的村民的集体娱乐也延递而来，"会长"自然也就是乡村娱乐活动的重要组织者。如清代乾隆《震泽县志》所载江南地区村落对蝗神刘猛将军的赛神活动：

> 元旦，坊巷乡村各为天曹神会，以赛猛将之神，相传神能驱蝗，故奉

---

① 刘延昌修，刘鸿书等纂：民国《徐水县新志》卷末《告示》，民国二十一年（1932 年）铅印本，第 57/a 页。
② 详见马新：《论两汉乡村社会中的里社》，《文史哲》1998 年第 5 期。

之。会各杂集老少为隶卒,鸣金击鼓,列队张盖,遍走城市,富家施以钱粟,至是日(二十日或十五日)乃罢。……村间亦有为醵会者,先于岁暮入醵米五升,纳于当年会长,以供酒肴之费。至元日呼集,以美少年为神仙公子,锦衣、花帽、羽扇、纶巾,余各装演杂剧,遍走村落。[①]

民国《闻喜县志》中曾较为详尽地描述了清代该县各村之社赛神及娱乐活动的组织情况,兹转述如下:

> 村各有所迎之神,大村独为一社,小村联合为社,又合五六社及十余社不等,分年轮接一神。所接神有后稷,有成汤,有伯益,有泰山,有金龙四大王,又有五龙(澹台灭明)、五虎、石娘娘等神。……凡轮值之社,及沿定之期,锣鼓外必闹会……。庙所在村及途经同社之村,必游行一周。庙中,则送神之社,预演戏;既至,锣鼓数通后,排其仪仗,舁其行轿,返置社人公建之行宫,演戏三日以安神。平时日轮一户,祀两餐,早晚铺叠床寝如生人。每村至少有一月盘期,搭精巧之彩棚,陈水陆之供品,演戏三日。邻村及戚友皆捧酒肉浇神,必款以宴。次年送神,则仅有锣鼓而已,亦有闹送不闹接者。要之,不赛神之村无几也。[②]

3. 村民之家的个人组织

村民之家的个人组织是指村民家庭有重大事项时,为祈福禳灾而进行的娱神活动。康熙年间婺源万安乡长城里某村民的一份《祈嗣疏文》写道:

① [清]陈和志修,[清]倪师孟等纂:乾隆《震泽县志》卷二六《风俗二·节序》,清乾隆十一年(1746年)刻本,第2/a—2/b页。
② 余宝滋修,杨钹田纂:民国《闻喜县志》卷九《礼俗》,民国八年(1919年)石印本,第4/b—5/a页。

据江南徽州府婺源县万安乡长城里 Δ 社奉道祷神祈嗣弟子 Δ，众信 ΔΔ，泊合众信等，即日虔忱拜于大造，言念 Δ 等鸳偶有年，艰招嗣续，命带孤辰寡宿，或犯天狗咸池，恐夫妇之相冲，虑局星之在度。兹以谨涓今月良宵，高架棚台，轻敲檀板，清演梨园，降二十四员和合喜神，玩一十三腔之线索傀儡，皈投圣造，祈遂感通，恭迓洪恩，益扶嗣续，伏愿元天洞鉴，圣意垂慈，赦孤辰寡宿以离官，除天狗咸池而速退，早招有寿之男，招绍箕裘之业，九天监生圣母，默施抱送之功，凡干动止，悉伏帡幪，须至疏闻者。……于日求嗣演戏……恭惟圣慈洞鉴。谨疏。①

从该文看，此村民家为求子嗣，请来梨园戏班，高架棚台，演戏娱神。这一活动由事主家主办，村中其他人家助银或助力襄办，自然也相聚观戏。

村中娱乐活动的场所多种多样。就自娱自乐而言，村中广场、田间地头、院落之内，随处可为如秋千、击壤、蹴鞠等活动。以秋千为例。嘉庆《寿光县志》就曾对山东寿光民间一直十分流行的秋千进行描述：

> 寒食、清明二日……人家植双木于院落，系绳板为秋千，唐人所谓"半仙戏"也。②

清代萧雄《听园西疆杂述诗》卷三《嬉乐》载新疆地区的秋千活动：

> 秋千与内地同，彼中妇女，不分贫富，不论时节，皆喜为之。到处竖有高架，宅边有大树者，或即横木于枝以系绳。③

---

①　转引自陈锋主编：《明清以来长江流域社会发展史论》，第681—682页。
②　[清]刘翰周纂修：嘉庆《寿光县志》卷六《舆地志六·风俗》，清嘉庆五年(1800年)刻本，第3/a页。
③　[清]萧雄：《听园西疆杂述诗》卷三《嬉乐》，《丛书集成初编》本，中华书局1985年版，第87页。

这种"植双木于院落,系绳板为秋千"和"宅边有大树者,或即横木于枝一系绳"的简易方式,十分适合农民的自娱自乐,至今在农村还十分多见。

就迎戏入村而言,或临时搭台,或在广场,或使用固定戏台,都较为普遍。需要指出的是,村落中戏台设施之普遍是中国古代乡村社会的一大特色,也是中国古代村落文化发展的重要标志。前已述及,不再赘述。

四、古代村落娱乐活动的特点

关于村落娱乐活动的特点,主要部分已包括在中国古代娱乐活动的大特色中,且前人论之颇多。在此,我们重点讨论村落娱乐活动中那些与城镇娱乐活动不同的根本特色,借以把握中国古代村落文化的深层内涵。

1. 村落娱乐的起源及走向

讨论村落娱乐活动与城镇娱乐活动的不同的根本特色,还要从其起源着手。以古代娱乐活动核心内容歌舞为例,生产劳动是其基本来源,它们在社会劳动中的地位与作用有两个明显的阶段:

第一阶段是简单模仿阶段。比如在狩猎活动之前,原始人们会披上兽皮,甚至找来一些真正的动物,进行狩猎活动的模拟。通过模拟,表达一定的愿望或施行一定的巫术,这实际上是模仿狩猎活动进行的哑剧,披上兽皮的人们失去了自我,成为剧中角色,模仿中的呼喊、祈愿,拨动的弓弦,敲击的卵石成为歌谣与音乐的先声,原始的歌、舞、乐就这样诞生了。在我国残缺不全的上古文献中,还能找到一点类似的痕迹。如《吕氏春秋·古乐》所说"昔葛天氏之乐,三人操牛尾投足以歌八阕"①,就表达了上古时代歌舞乐与劳动的关系。"三人操牛尾"似是指狩猎时捕获野牛的场面;"投足以歌",即一边用脚踏着

---

① 许维遹撰,梁运华整理:《吕氏春秋集释》卷五《古乐》,第118页。

拍子一边唱歌。《尚书·舜典》中有这样一句话：“予击石拊石，百兽率舞。”①这是说原始人们一边敲击着石器，一边化装成各种野兽的样子，欢快地跳着舞。前引青海省大通县上孙家寨古墓中出土的五千年前的新石器时代的陶盆，内壁绘有三组五人连臂踏歌图。从这个舞蹈图案中，可以看到原始歌舞的情形。图中人物身带饰物，下身都拖着一根尾巴，可能是披着野兽的毛皮在跳舞。这一阶段，歌舞乐完全是劳动的一个组成部分。

　　第二阶段是仪式阶段。原始人们将过去作为劳动的环节的歌舞乐独立出来，作为祭礼与巫术的仪式。这一时期的歌、舞、乐虽然已具有独立的内容与形式，但在当时，仍不具备艺术审美的特色。原始人在祭礼上，巫术与履行歌、舞、乐的仪式不是为了娱神，因为他们还意识不到这是美，他们只认为歌、舞、乐是与神灵沟通的神秘法室，是一种工具。在歌、舞、乐组合的仪式中，人们披着兽皮，戴着面具，进入各自不同的角色。“每个参与者都在一种由韵律节奏所产生的催眠效果中从对现实的意识中摆脱出来，对这些参与者来说，这种与现实的分离是以独特的方式进入到潜意识的幻想世界中去的。而这个幻想对集体中每一个成员来说都是共同的。”②在这个幻想世界中，神降临在他们中间，实现了人格转换，他们如痴如狂，不能自已。

　　在新石器时代，原始人的几乎每一个活动都有这样的仪式，从一般的祭礼，到医病疗疾，驱邪祈福，这种仪式都是不可缺少的。如前引《诗经·小雅·甫田》对土地神的祭礼所云：“以社以方，我田以臧，农夫之庆，琴瑟击鼓，以御田祖。”③《周礼·春官》亦云：“凡国祈年于田祖……击土鼓，以乐田畯。”④这都是原始时代祭礼仪式的存续。医病疗疾的仪式在我国主要的存续痕迹就是“降神术”，实际上是通过一定的音乐、舞蹈与咒语效果实现跳神者的人格转

---

① ［汉］孔安国传，［唐］孔颖达等正义：《尚书正义》卷三《舜典》，第131页。
② 朱狄：《原始文化研究：对审美发生问题的思考》，生活·读书·新知三联书店1988年版，第497页。
③ ［汉］毛苌传，［汉］郑玄笺，［唐］孔颖达等正义：《毛诗正义》卷一四《周颂·甫田》，第474页。
④ ［汉］郑玄注，［唐］贾公彦疏：《周礼注疏》卷二四《春官·籥章》，第801页。

换。弗雷泽在其名著《金枝》中也谈及一种医疗性的舞蹈：

> 人有时候也扮演替罪羊的角色，把威胁别人的灾祸移到自己身上。当一个僧伽罗人病情危急，医生束手无策时，就请一个跳鬼的人来，他向鬼献上祭品，戴上类似鬼的假面具跳舞，借此把病人身上的那些病魔一个一个地招到自己身上来。①

这种舞蹈显然也只是一种工具，并不具备审美目的与意义。社会发展的进程到达阶级社会后，等级的分野与人们社会角色的固定化，使上述仪式成为某一部分人的专利，社会中的大部分人在一般情况下，只是以旁观者的身份参与仪式，而不是像过去那样置身其中。这样，审美意识与美感便自然产生，一部分仪式演化为富有审美目的的歌、舞、乐。当然，这种演化是不断进行的，某些演化直到近代社会方告完成。如鲁迅先生所描述的社戏，就是祭社仪式的演化。

在这一漫长的演化过程中，随着原始聚落的分化，城市的出现，城乡分野的明确，城乡娱乐活动也走上了不同的发展方向：城市娱乐活动逐步开始远离社会生产活动，单纯的娱乐性活动不断增加，与祭祀和崇拜活动相关的娱乐活动不断减少。当然，这一过程是十分缓慢的渐进过程。而村落中的娱乐活动则较多地保留与社会生产的联系，保留了与祭祀及崇拜的联系——这也正是村落娱乐活动的两个根本特点。

2. 村落娱乐与生产活动密切相关

自村落产生以来，其娱乐活动便与农业生产密切相关，相当一部分娱乐活动与农业生产相伴生。如村落娱乐中的歌舞与生产活动就有密切联系，农业

---

① 〔英〕J. G. 弗雷泽著，汪培基等译：《金枝：巫术与宗教之研究》，商务印书馆 2013 年版，第 849 页。

生产中所流行的秧歌、田歌与山歌,一直是村民们重要的娱乐方式。

秧歌至迟起源于汉代的水田劳动中,在水田薅秧时,往往以一人敲击锣鼓领歌,组织有节奏的农作,减轻疲劳,提高效率。1953 年,四川绵阳东汉墓出土了一个东汉陶水田模型,水田为泥质红陶,陶形为长方形,分左、右两部分,右侧为水塘,内有鱼、田螺、荷花的造型;左侧为秧田,田中五人,一人身着长袍拱手而立,可能是监工,另有二人肩物拎罐,一人执薅秧耪。在一侧还有一人腰部悬鼓,双手作击鼓状,此人便是薅秧锣鼓手(见图 6-8)。1982 年,绵阳何家山嘴的东汉墓中,出土了一件陶秧鼓俑,俑高 18.6 厘米,头间以巾约束,微微翘首,面带笑容,身着短褐,腰束宽带,袖筒裤管均高高挽起,裸臂赤足,腰部悬一小鼓,双手执枹作击鼓状。这也是一个十分典型的乡间秧鼓艺人。[①]

图 6-8 四川绵阳东汉墓出土陶水田模型中的秧鼓俑

这种生产劳作时击鼓敲锣、说唱对歌的秧歌习俗至近古而不衰。元代王祯《农书》中收有《薅秧鼓图》,其释文道:

---

① 图及文均见孙华等:《汉代秧鼓俑杂说》,《农业考古》1986 年第 1 期;马新:《试论两汉乡村工商业与高利贷》,《东岳论丛》2001 年第 2 期。

薅田有鼓,自入蜀见之。始则集其来,既来则节其作,既作则防其所以笑语而妨务也。[1]

清人屈大均也记道:

农者每春时,妇子以数十计,往田插秧。一老挝大鼓,鼓声一通,群歌竞作,弥日不绝,是曰"秧歌"。[2]

田歌和山歌实际上与秧歌一样,都是农民劳作时所吟唱。比如苏轼《眉州远景楼记》写道:

吾州之俗……岁二月农事始作。四月初吉,谷稚而草壮,耘者毕出。数十百人为曹,立表下漏,鸣鼓以致众。择其徒为众所畏信者二人,一人掌鼓,一人掌漏,进退作止,唯二人之听。鼓之而不至,至而不力,皆有罚。[3]

陆游《农桑》诗曰:

农事初兴未苦忙,且支漏屋补颓墙。
山歌高下皆成调,野水纵横自入塘。[4]

这种与农业生产或祭祀崇拜相伴而生的村落娱乐文化,保有很多原始的

① [元]王祯撰,缪启愉译注:《东鲁王氏农书译注·农器图谱集》卷四《钱镈门》,第435页。
② [清]屈大均:《广东新语》卷一二《粤歌》,《清代史料笔记丛刊》本,中华书局1985年版,第361页。
③ [宋]苏轼撰,孔凡礼点校:《苏轼文集》卷一一《眉州远景楼记》,中华书局1986年版,第353页。
④ [宋]陆游著,钱仲联校注:《剑南诗稿校注》卷六六《农桑》,第3712页。

"野性",富有生命力和感染力,存有中国古代艺术发展的诸多活化石,具有独特的价值与意义。

3. 村落娱乐与崇拜及祭祀活动密切相关

在中国古代乡村社会,娱乐活动始终与崇拜及祭祀活动密切相关,娱神是村落娱乐活动的重要动因,单纯的以娱人为目的的娱乐活动一直未占据主导地位。

首先,娱神是村落娱乐活动的重要来源,无论是娱乐形式、娱乐内容,还是娱乐设施,多由娱神而来。如王逸《楚辞章句》所云:

> 楚国南郢之邑、沅湘之间,其俗信巫而好祠,其祠必作歌乐鼓舞以乐诸神。①

由"其祠必作歌乐鼓舞以乐诸神"可见祭祀与歌舞关联密切。上古时代的"琴瑟击鼓,以御田祖""歌乐鼓舞,以乐诸神",就是典型写照。近古时期,戏台成为村落中最为重要的娱乐设施,戏台之出现也是娱神之需。村落中的戏台基本都是各类庙宇的配套设施,独立设置的、单纯用于娱乐的戏台几乎没有。这充分表明娱神对村落娱乐活动的重要意义。

其次,中国古代社会中,村落娱乐活动具有娱神与娱人两大功能,但娱神始终占主导地位。如明清时期江南地区盛行的"赛猛将",既有"装演杂剧,遍走村落",又有"鼓舞趋走,自成行列,歌唱答应",村民"邻翁喊哑,彼自以为乐",热闹非凡,是江南村落中的一大盛事,但其主要功能还是驱蝗,"相传神能驱蝗,故奉之"。

又如明清时期村落中的社日活动,娱乐化程度明显高于前代,但其主要功

---

① [汉]王逸撰,黄灵庚疏证:《楚辞章句疏证》卷三《九歌》,第942—943页。

能仍是娱神。如明万历《漳州府志》载漳州府风俗云：

> 中秋祀土神，盖古人祭祀之礼，春祈而秋报也。士绅作月饼遥相贻，其夜置酒酣宴以续幔亭曾孙。乡村人作社事尤为腾踊，山桥野店歌吹相闻，谓之社戏。①

清乾隆《顺德府志》也有类似记载：

> 遇春祈秋报时，乡人醵钱谷，具牲醴，盛张鼓乐，扮杂剧于神庙前。②

光绪《蔚州志》描写河北蔚州府乡村的祭社活动：

> 当春秋祈报日，里社备牲醴祀神，召优伶作乐娱之。各邀亲朋来观，裙屐毕集。竣事，会中人叙坐享馂余，必醉饱而归。③

从上可见，村民们无论是"山桥野店歌吹相闻"或"召优伶作乐娱之"也好，"扮杂剧于神庙前"也罢，目的主要是为了娱神；其次才是"各邀亲朋来观"，大家欢聚一堂。

再次，在乡村娱乐活动中，祭神是一个重要的娱乐载体，许多娱乐活动要借助这一载体举行。如发源于农业生产的秧歌，有些时候也戴上祭神的面具，发扬光大。清人李声振在《百戏竹枝词》一书中记录了许多此类艺术形式。如

---

① ［明］闵梦得修，中国人民政治协商会议福建省漳州市委员会编：万历癸丑《漳州府志》卷二六《风土志·岁时》，厦门大学出版社 2012 年版，第 1827 页。

② ［清］徐景曾纂修：乾隆《顺德府志》卷六《风俗》，《中国地方志集成·河北府县志辑》第 67 册，上海书店出版社 2006 年版，第 93 页。

③ ［清］庆之金修，［清］杨笃纂：光绪《蔚州志》卷一八《风土记》，《中国地方志集成·河北府县志辑》第 13 册，上海书店出版社 2006 年版，第 253 页。

在《扎高脚》中描述道：

> 农人扮村公、村母，以木柱各二，约三尺，缚踏足下，几于长一身半矣。所唱亦秧歌类。
>
> 　　　　村公村母扮村村，屐齿双移四柱均。
> 　　　　高脚相看身有半，要知原不是长人。①

在《打花鼓》中描写道：

> 凤阳妇人多工者，又名"秧歌"，盖农人赛会之戏。其曲有"好朵鲜花"套数。鼓形细腰，或古之搏拊然。
>
> 　　　　赛会时光趁踏青，记来妾住凤阳城。
> 　　　　秧歌争道鲜花好，肠断冬冬打鼓声。②

将城市上层社会中的歌舞引入到村落时，往往也要借助祭神这一载体。如民国《闻喜县志》载：

> 乡村竞闹社户，所扮鲍老张翁、鱼龙柳翠诸戏外，花鼓、花船皆唱古调小曲，间涂面演拳棒武技。有所谓拐字灯者，择十龄内外幼童八人至十二人饰古女子，宫妆，各持丁字灯架一，两端悬小红灯二，盘旋交舞，排"天下太平"四字。每一字毕，班立两行，又起舞，乃唐宫旧戏也。③

将唐宫旧戏引入到社祭活动中，是村民们的一大创举，也反映出乡村娱乐活动

① ［清］李声振：《百戏竹枝词》，载雷梦水等编：《中华竹枝词》，北京古籍出版社1997年版，第82页。
② ［清］李声振：《百戏竹枝词》，载雷梦水等编：《中华竹枝词》，第77页。
③ 余宝滋修，杨铎田纂：民国《闻喜县志》卷九《礼俗》，第3/b—4/a页。

与祭祀信仰崇拜的密切关系。

要之,中国古代村落中的娱乐形式与内容均与生产及祭祀有着密不可分的关系。村落中的娱乐来自生产与祭祀,是一种原生态文化存在。在村落娱乐活动漫长的发展演变中,始终没有脱离生产与祭祀这两大根系,无论是娱乐内容还是娱乐形式,都是在生产与祭祀的发展中得到新的充实与发展。正因为此,村落娱乐在古代村落文化以及古代农耕文明发展中有着独特意义:它是村落居民精神与生活特性的重要保障与突出标识。尽管在总体发展趋势上,村落娱乐的这一特性逐渐弱化,村落娱乐对生产与祭祀相背而行的张力不断增强,娱乐化色彩日益明显,但迄于近代,这种相悖的张力尚未使村落文化脱离其本来,村落文化的特色与特定价值仍存而未失。

第七章　中国古代村落的谣谚文化

谣谚是中国古代民间文化的重要组成部分,而且凡谣谚必是民间的。就村落文化而言,村民中流传的谣谚则既是民间的,又是村落的,村落谣谚是民间谣谚的重要组成部分,但它既不同于城镇百姓中流传的谣谚,也不同于工商业者中流传的谣谚。它具有独特的内容与语言风格,所反映出的更是村落独特的精神文化趋向。

一、生产经营谣谚

生产经营谣谚是中国古代村落中流传较为普遍的一类谣谚,主要来源于村民们对乡村生产经营经验的认知,往往传之千年,在村落文化与村落社会的发展中起到了重要作用。

1. 地权认知类谣谚

在乡村社会中,土地是最基本的生产资料,因而,谣谚中多有体现对土地敬重者,也有告诫子孙对土地珍视者。如明清时代村间流传的"田是主人人是客",所体现的就是对土地的敬重。明谈修《呵冻漫笔》记胡宗洵之言曰:

> 凡田地基址相连处,不可遽有吞谋并得之意。或人因家贫事故,转售于我,亦必以实价与之,不可因彼事势穷蹙,故意推托,欲其减价贱售。谚云:"田是主人人是客。"自天地开辟以来,此田此地,卖者买者,不知曾经

几千百人。而后传至于我，我今得之。子孙纵贤而能守，能必其世世相承，千百年而不失乎？终亦递相卖买，无定主尔。①

地权转换之频繁是中国古代乡村社会特有的现象，自宋以来，尤为严重。如宋人袁采《袁氏世范》言："贫富无定势，田宅无定主。"②罗椅亦言："古田千年八百主，如今一年换一家。"③这些社会现象被村落文化吸纳后，转换为村落谣谚，更为简洁明了。袁采就曾引谣谚"富儿更替做"，说明"贫富无定势"的常见路径。他说：

> 兼并之家，见有产之家子弟昏愚不肖，及有缓急，多是将钱强以借与……历数年不索取，待其息多，又设酒食招诱，使之结转，并息为本，别更生息。又诱勒其将田产折还。法禁虽严，多是幸免，惟天网不漏。谚云"富儿更替做"，盖谓迭相酬报也。④

顾炎武曾引用村谚"千年田，八百主"，说明当时田产转卖之频繁，其来源即罗椅《田蛙歌》所说的"古田千年八百主"。

从村落谣谚中，我们还可以看到村民们对他们身边社会现象的高度概括与提炼。比如，顾炎武曾引用过两则村谚："将钱买田，不知穷汉日安眠。""有田膺门户，因田成祸门。"用来说明明代中期以来，各种摊征都以田亩计，造成有田人家的极大困窘。他在《天下郡国利病书》中写道：

> 一切诸料价及兵费皆以田派，曰以轻无田之小民也。然田未必皆腴，

---

① ［明］谈修：《呵冻漫笔》卷上，《丛书集成初编》本，中华书局1991年版，第15页。
② ［宋］袁采：《袁氏世范》卷三《治家》，《丛书集成初编》本，中华书局1985年版，第62页。
③ ［宋］罗椅：《涧谷遗集》卷二《田蛙歌》，《续修四库全书》第1320册，第494页。
④ ［宋］袁采：《袁氏世范》卷三《治家》，第63页。

又时有水旱凶荒之灾,计租之入大约虽腴田,亦半税于官矣。又迩金修城大户以田,倭米大户以田,买硝黄等大户以田,一切额外之征以田,其赔偿之费至售田以供而尤不足,故俚人之谚曰:"将钱买田,不如穷汉宴眠。"又曰:"有田膺户门,因田成祸门。"伤哉风矣。①

明清时代,乡村土地经营上有一种独特的社会现象,即一田三主。至今为止,这一问题仍是学界研究的一个热点。其实,在当时的乡村社会中就已出现了对这一现象高度升华的谣谚,即"久佃成业主"。顾炎武也曾引证以论述"一田三主"的原委。他写道:

> 官民田……又分为三主:大凡天下土田,民得租而输赋税于官者为"租主"。富民不耕作而贫无业者代之耕,岁输租于产主,而收其余以自赡给,为佃户。所在皆然……民间仿效成习,久之,租与税遂分为二,而佃户又以粪土银私授受其间,而一田三主之名起焉。按:佃户出力代耕,如佣雇取值,岂得称为"田主"?缘得田之家,见目前小利,得受粪土银若干,名曰"佃头银"。田入佃手,其狡黠者逋租负税,莫可谁何。业经转移,佃乃虎踞,故有久佃成业主之谣,皆一田三主之说阶之为厉。②

如此看来,"久佃成业主"之谣道出了"一田三主"的由来,也为村落佃户如何处理与地主关系以及如何争取自身权益,提供了经验与借鉴。

2. 经营思想类谣谚

村谣民谚中还有丰富的经营思想与知识,在经营知识传承中起着重要作

---

① [明]顾炎武撰,黄珅等校点:《天下郡国利病书·浙江备录下·宁波府志·田赋书》,上海古籍出版社2012年版,第2522页。

② [明]顾炎武撰,黄珅等校点:《天下郡国利病书·福建备录·漳州府志·田赋考》,第3073页。

用。比如,汉代乡村社会就有"相斥角牛"之谚。该谚初见于东汉应劭的《风俗通义》,它告诫人们对于春间举贷要慎而为之。其文曰:

> 俗说:赤春从人假贷,家皆自乏之时……谨案:《诗》曰:"春日迟迟,卉木萋萋。春日载阳,有鸣仓庚。"《月令》:"衣青衣,服苍玉。"《尔雅》云:"春日青阳。"凡三春时,不得服赤也。今里语曰相斥触,原其所以,言不当触春从人求索也。①

两汉时代的高利贷活动比较活跃,其危害如晁错所言,举贷之农民,要"取倍称之息,于是有卖田宅鬻子孙以偿责者矣"②。其原因,一方面是由于高利贷利息太高;另一方面则是由于当时的农业劳动生产水平低,利润率难以提高,农业劳动所得还不足以抵付高额借贷利息。所以在乡里民间,人们便相互告诫:"相斥角牛。"

这一思想一直是中国古代农民经营的主导思想。在整个中国古代社会,不到万不得已,农民们是不会轻易借贷的。在中国古代传统农业经营中,扩大再生产的手段,主要是通过自身的积累,极少以举贷方式进行扩大再生产。农民举贷的情况一般是完赋纳税与自身生活急需,这一思想对以后的工商业经营也产生了一定影响。

在汉代民间社会,对于工商业并不排斥,尽管政府一直倡导重农抑商,但工商业的高额利得是显而易见的。如《汉书·食货志》记晁错所言:

> 而商贾大者积贮倍息,小者坐列贩卖,操其奇赢,日游都市,乘上之急,所卖必倍。故其男不耕耘,女不蚕织,衣必文采,食必粱肉;亡农夫之

---

① 〔汉〕应劭撰,王利器校注:《风俗通义校注·佚文》,第604页。
② 《汉书》卷二四上《食货志上》,第1132页。

苦,有阡陌之得。①

因此,乡村民间便有这样的谣谚:

> 以贫求富,农不如工,工不如商,刺绣文不如倚市门。②

对于人们的逐利现象,有里谚曰:

> 天下攘攘,皆为利往;天下熙熙,皆为利来。③

　　这些谣谚是对社会现象的真实反映,同时又对乡村社会起着启示与引领作用。这与王朝政府的倡导截然相反。所以,两汉时期不少农村人口的改从工商,成为"游民""浮食者",一直是困扰当政者的重要问题。

　　当然,中国古代大部分农民还是被牢牢地固着在土地之上,一代又一代,积累起了丰富的土地经营知识。对于这方面的经验,村落谣谚也多有总结。如《史记·货殖列传》所引:

> 居之一岁,种之以谷;十岁,树之以木。④

贾思勰在其《齐民要术》"序"中亦引此谚,并诠释道:

> 李衡于武陵龙阳泛洲上作宅,种甘橘千树,临卒敕儿曰:"吾州里有

---

① 《汉书》卷二四上《食货志上》,第 1132 页。
② 《汉书》卷九一《货殖传序》,第 3687 页。
③ [宋]李昉等编纂:《太平御览》卷四九六《人事部一百三十七》引《六韬》,第 2268 页。按,司马迁在《史记》卷一二九《货殖列传》中也援引了这条里谚。
④ 《史记》卷一二九《货殖列传》,第 3271 页。

千头木奴，不责汝衣食，岁上一匹绢，亦可足用矣。"吴末，甘橘成，岁得绢数千匹。恒称太史公所谓"江陵千树橘，与千户侯等"者也。樊重欲作器物，先种梓、漆，时人嗤之。然积以岁月，皆得其用，向之笑者，咸求假焉。此种植之不可已也。谚曰："一年之计，莫若种谷；十年之计，莫若种树。"此之谓也。①

《齐民要术·种谷》还曾引汉时民谚"顷不比亩善"，以说明"多恶不如少善"②，告诫人们不要广种薄收，而要精耕细作；王祯《农书》引有"粪田胜如买田"③农谣，也是告诉农民要注重种田施肥以及土地经营的成本效益关系；等等。这种勤谨治田以提高单位面积产量的思想，是中国古代农耕经验的核心所在，从这里也可以看出农业谣谚对农业经营经验的总结与传承的重要性。

农业既是古代国家的立国之本，也是农民的生存之本，所以如何经营好土地乃是重中之重，这在古代谣谚中即有反映。如"欲作千箱主，问取黄金母"，此为唐代晋汾一带谚语，"谓多稼厚畜，耕土所致也"。④ 也就是说，若想拥有财富，就得勤奋耕耘。又有农家谚曰："坐贾行商，不如开荒。"⑤这类谣谚与前述"以贫求富，农不如工，工不如商"等互为表里，体现了中国古代村落经济的复合性以及经营思想的多样化取向。

二、生产技术谣谚

农业生产技术是一个日积月累、复杂丰富的知识体系，在古代乡村，多以

---

① ［北朝］贾思勰著，缪启愉、缪桂龙译注：《齐民要术译注·序》，第11页。
② ［北朝］贾思勰著，缪启愉、缪桂龙译注：《齐民要术译注》卷一《种谷》，第67页。
③ ［元］王祯撰，缪启愉译注：《东鲁王氏农书译注·农桑通诀》卷三《粪壤篇》，第479页。
④ 《汾晋涧语》载［清］彭定求等编：《全唐诗》卷八七六，第9932页。
⑤ ［明］徐光启著，石声汉校注，西北农学院古农学研究室整理：《农政全书校注》卷六《农事》，上海古籍出版社1979年版，第139页。

口口相传的方式进行交流与继承。一些农业生产技术谣谚以简洁明快的语言，提纲挈领，将复杂的技术知识形象化为简明上口、易于传颂的形式，对于农业生产技术的流传起到了重要作用。如西汉时代，流传着这样一则农谚：

> 子欲富，黄金覆。

这短短的六个字，包含了小麦田间管理的许多内容。如《氾胜之书》所言：

> 麦生，黄色，伤于太稠。稠者，锄而稀之。
>
> 秋，锄；以棘柴耧之，以壅麦根。故谚曰："子欲富，黄金覆。""黄金覆"者，谓秋锄麦，曳柴壅麦根也。……
>
> 至春冻解，棘柴曳之，突绝其干叶。须麦生，复锄之。到榆荚时，注雨止。候土白背，复锄。如此，则收必倍。[①]

中国古代的农业生产技术方面的谣谚几乎覆盖了农副生产的各个方面，从土地与作物品种选择、田间管理，到农时把握；从种瓜种葱，到植树养马，应有尽有。

1. 作物种植与田间管理类谣谚

作物种植的首要之事就是择土，亦即明确何种土壤适于种植什么作物。对此，中国古代积累了丰富的经验，形成了丰富的谣谚。如"高田种小麦，终久不成穗"，"与他作豆田"，等等。前者《氾胜之书》曾引用之，《尔雅翼》卷一对此也有转录和诠释：

---

① ［汉］氾胜之撰，石声汉释：《氾胜之书今释》，科学出版社 1956 年版，第 19—20 页。

古称高田宜黍稷，下田宜稻麦。今小麦例须下田。故歌有曰："高田种小麦，终久不成穗。"①

后者之本意，《齐民要术·小豆》曾云：

（种豆）美田亩，可十石；以薄田，尚可亩取五石。孙注云：谚曰"与他作豆田"。斯言良美可惜也。②

关于田间管理方面的谣谚更是多见。如汉初的《耕田歌》：

深耕既种，立苗欲疏；非其种者，锄而去之。

这是一首流传甚广的田作谣谚，意即要深耕、间苗，以确保丰收。就连朱虚侯刘章也曾信手拈来，讽喻吕后之立诸吕。《史记·齐悼惠王世家》云：

高后立诸吕为三王，擅权用事。朱虚侯年二十，有气力，忿刘氏不得职。尝入侍高后燕饮，高后令朱虚侯为酒吏……（章）请为太后言耕田歌。高后……笑曰："顾而父知田耳，若生而为王子，安知田乎。"章曰："臣知之。"太后曰："试为我言田。"③

于是，刘章将此农谚说给吕后，吕后听后默然。

田间管理的歌谚，又有"锄头三寸泽"，这是指以锄田保墒。北魏贾思勰《齐民要术·杂说》引两则古谚，一则云：

① ［宋］罗愿撰，石云孙点校：《尔雅翼》卷一《释草一》，黄山书社1991年版，第6页。
② ［北朝］贾思勰著，缪启愉、缪桂龙译注：《齐民要术译注》卷二《小豆》，第96页。
③ 《史记》卷五二《齐悼惠王世家》，第2000—2001页。

谚曰："锄头三寸泽。"……古人云："耕锄不以水旱息功,必获丰年之收。"①

又如:"温耕泽锄,不如归去。"这是讲耕与锄的要领,强调湿地不宜耕锄,否则会"无益而有损"。"耕而不劳,不如作暴。"这是讲春秋土地耕后进行耢耱的重要性。如《齐民要术·耕田》云:

春耕寻手劳,秋耕待白背劳。孙注云:春既多风,若不寻劳,地必虚燥。秋田堰长劫反实,湿劳令地硬。谚曰:"耕而不劳,不如作暴。"盖言泽难遇喜天时故也。

意思是说,春耕的地要随时耢耱,秋天的地要待土背发白时再耢耱。因为春天风多干燥,若不及时耢耱,土壤会透风干燥;秋天多雨,土壤下塌紧实,若湿地耢耱会使土壤板结。谚语说:土地耕后不耢耱,不如暴晒。所以要珍惜和把握好使土壤泽润的机会。②

西汉桓宽《盐铁论·轻重》引民谚曰:

茂林之下无丰草,大块之间无美苗。③

这则谣谚也是强调阳光和土壤松碎的重要性。再如谣谚"回车倒马,掷衣不下",则十分形象地概括了谷田管理的办法。对此谣谚,《齐民要术》亦云:

稀豁之处,锄而补之。凡五谷,唯小锄为良。良田率一尺留一

① ［北朝］贾思勰著,缪启愉、缪桂龙译注:《齐民要术译注·杂说》,第20页。
② ［北朝］贾思勰著,缪启愉、缪桂龙译注:《齐民要术译注》卷一《耕田》,第27、29页。
③ ［汉］桓宽著,王利器校注:《盐铁论校注》卷三《轻重》,第179页。

科。……孙注云：……谚云："回车倒马，掷衣不下，皆十石而收。"皆十石而收，言大稀大概之收，皆均平也。①

宋代有一谚云："麦过口，不入口。"此谚说的是要管理好麦苗成长，不要让其长得过高，以防倒伏。对此，宋代庄绰《鸡肋编》举例说明之：

谚云："麦过人，不入口。"靖康元年，麦多高于人者，既熟，大雨，所损十八。②

由上可见，谣谚寥寥数言，便可准确表述技术要领，极易记诵，对村落农民十分适用，其功效远过于深奥的书面表述。正因为此，中国古代的知名农书均大量引用之。

2. 农时把握类谣谚

农时在农业生产中有着重要意义，每一个农民必须掌握时令节气。这种知识与技巧的传授几乎完全依赖谣谚进行。因而，这方面的谣谚也很丰富。比如：关于观察谷物成熟的谚语有"黄栗留看我，麦黄葚熟"。宋代陆佃《埤雅》卷八《释鸟》云：

黄栗留，一名"仓庚"，一名"皇莺"，齐人谓之"抟黍"，亦或谓之"黄袍"。常葚熟时来，在桑间，故里语曰："黄栗留看我，麦黄葚熟。"亦是应节趋时之鸟也。③

---

① ［北朝］贾思勰著，缪启愉、缪桂龙译注：《齐民要术译注》卷一《种谷》，第53页。
② ［宋］庄绰撰，萧鲁阳点校：《鸡肋编》卷上《农谚》，第18页。
③ ［宋］陆佃著，王敏红校点：《埤雅》卷八《释鸟》，浙江大学出版社2008年版，第75页。

关于播谷时节的有"欲得谷,马耳镞"。《齐民要术·种谷》云:

> 凡种谷,雨后为佳。遇小雨,宜接湿种;遇大雨,待秽生。春若遇旱,秋耕之地,得仰垄待雨。夏若仰垄,非直荡汰不生,兼与草秽俱出……苗生如马耳则镞锄。孙注云:谚曰"欲得谷,马耳镞"。①

关于种黍时令的谣谚有"椹厘厘,种黍时"。《齐民要术·黍穄》云:

> (黍穄)三月上旬种者为上时,四月上旬为中时,五月上旬为下时。夏种黍穄,与植谷同时;非夏者,大率以椹赤为候。孙注云:谚曰"椹厘厘,种黍时"。

关于穄黍的收割时节谣谚有"穄青喉,黍折头"。《齐民要术·黍穄》云:

> 刈穄欲早,刈黍欲晚。孙注云:穄晚多零落,黍早米不成。谚曰:"穄青喉,黍折头。"②

关于种豆时节的谣谚有"立秋叶如荷钱,犹得豆"。据《齐民要术·小豆》云:

> 小豆,大率用麦底。然恐小晚,有地者,常须兼留去岁谷下以拟之。
> 夏至后十日种者为上时,初伏断手为中时,中伏断手为下时,中伏以后则晚矣。孙注云:谚曰"立秋叶如荷钱,犹得豆"者,指谓宜晚之岁耳,不可为常矣。③

---

① [北朝]贾思勰著,缪启愉、缪桂龙译注:《齐民要术译注》卷一《种谷》,第53页。
② [北朝]贾思勰著,缪启愉、缪桂龙译注:《齐民要术译注》卷二《黍穄》,第83页。
③ [北朝]贾思勰著,缪启愉、缪桂龙译注:《齐民要术译注》卷二《小豆》,第95页。

关于种麻时令的谣谚有"夏至后,不没狗""但雨多,没橐驼""五月及泽,父子不相借"等等。《齐民要术·种麻》云:

> (种麻)夏至前十日为上时,至日为中时,至后十日为下时。孙注云:"麦苗种麻,麻黄种麦",亦良候也。谚曰:"夏至后,不没狗。"或答曰:"但雨多,没橐驼。"又谚曰:"五月及泽,父子不相借。"言及泽急,说非辞也。夏至后者,匪唯浅短,皮亦轻薄。此亦趋时不可失也。父子之间,尚不相假借,而况他人者也?[①]

值得注意的是,在时令把握上,阴阳家们立下了许多禁忌,甚至《氾胜之书》亦言:

> 小豆忌卯,稻、麻忌辰,禾忌丙,黍忌丑,秫忌寅、未,小麦忌戌,大麦忌子,大豆忌申、卯。凡九谷有忌日,种之不避其忌,则多伤败。[②]

而乡间百姓却不听信这一套,他们从生产实践得出了"以时及泽,为上策"的经验。对此,《齐民要术·种谷》孙注曰:

> 《史记》曰:阴阳之家,拘而多忌。止可知其梗概,不可委曲从之。谚曰:"以时及泽,为上策"也。[③]

贾思勰引用农谚,注重季节时令,强调农时,主张农耕要以季节、气候和墒情作为根据;而且还认为应根据季节时令的变化,增加或减少播种量,以提高大豆

---

① [北朝]贾思勰著,缪启愉、缪桂龙译注:《齐民要术译注》卷二《种麻》,第99页。
② [北朝]贾思勰著,缪启愉、缪桂龙译注:《齐民要术译注》卷一《种谷》引《氾胜之书》,第57页。
③ [北朝]贾思勰著,缪启愉、缪桂龙译注:《齐民要术译注》卷一《种谷》,第57页。

的产量和质量。这一点是难能可贵的。

3. 畜牧业及其他副业生产类谣谚

在中国古代村落谣谚中,关于畜牧业及其他副业生产方面的谣谚十分庞杂,数量众多,但有一个共同的特点,即简洁明快,极易掌握。比如:

关于畜牧业方面有饲养牛马的谣谚:"嬴牛劣马寒食下""旦起骑谷,日中骑水"[①];在南方渔业发达地区则有"网中得蟹,无鱼可卖"[②]之谚;等等。

关于副业生产的谣谚,如制酱谣谚:"菱葰葵,日干酱";制作齑胗谣谚:"金齑,玉脍"[③];等等。

关于植树谣谚,有种植时令的:"正月可栽大树";有如何种植榆树的:"不剥不沐,十年成毂"[④]"桃三李四,梅子十二"[⑤];等等。

关于瓜菜种植的谣谚也很多。有种瓜谚:"种瓜黄台头";掐葵剪韭谚:"触露不掐葵,日中不剪韭";种蒜谚:"左右通锄,一万余株";种韭谚:"韭者懒人菜";种葱谚:"夏葱曰小,冬葱曰大"[⑥];还有关于"葱三虁四"[⑦],"藕生应月,月生一节,闰辄益一"[⑧];等等。

还有督促妇女纺织的谣谚。如:"趋织鸣,懒妇惊。"三国吴人陆机的《毛诗草木鸟兽虫鱼疏》卷下云:

　　　幽州人谓之趣织,督促之言也。里语曰"趋织鸣,懒妇惊"是也。[⑨]

---

① ［北朝］贾思勰著,缪启愉、缪桂龙译注:《齐民要术》卷六《养牛、马、驴、骡》,第331、349页。

② ［宋］罗愿撰,石云孙点校:《尔雅翼》卷三一《释鱼四》,第315页。

③ ［北朝］贾思勰著,缪启愉、缪桂龙译注:《齐民要术》卷八《作酱》,第464页;《八和齑》,第494页。

④ ［北朝］贾思勰著,缪启愉、缪桂龙译注:《齐民要术》卷四《栽树》,第219页;卷五《种榆、白杨》,第289页。

⑤ ［宋］陆佃著,王敏红校点:《埤雅》卷一三《释木》,第125页。

⑥ ［北朝］贾思勰著,缪启愉、缪桂龙译注:《齐民要术》卷二《种瓜》,第130页;卷三《种葵》,第149页;卷三《种蒜》,第162页;卷三《种韭》,第172页;卷三《种葱》,第169页。

⑦ ［宋］陆佃著,王敏红校点:《埤雅》卷一六《释草》,第156页。

⑧ ［宋］陆佃著,王敏红校点:《埤雅》卷一七《释草》,第168页。

⑨ ［三国］陆机:《毛诗草木鸟兽虫鱼疏》卷下,《丛书集成初编》本,中华书局1985年版,第59页。

《尔雅翼》卷二五《释虫二》也有相似记载：

> 幽州谓之促织。又其鸣时，正织之候，故以戒妇功。[1]

此类谣谚与其他村落谣谚一样，言简而高效，具有不可替代性。

需要指出的是，在长期的传承中，一些文人将农业谣谚收集、整理，去其里鄙之气，转而成雅，以诗词的形式加以表现，既是村落文化向上层文化的延伸，又是上层文化对村落文化的改造，颇有典型意义，如明代邝璠所撰《便民图纂》中的《农务女红竹枝词》（见图 7-1）便将农业生产经营的各个环节的技术与要求，分别编写成词。兹抄录如下：

图 7-1　田家乐（明·邝璠《便民图纂》插图）

---

①　［宋］罗愿撰，石云孙点校：《尔雅翼》卷二五《释虫二》，第 261 页。

浸种竹枝词

三月清明浸种天，去年包裹到今年。

日浸夜收常看管，只等芽长撒下田。

耕田竹枝词

翻耕须是力勤劳，才听鸡啼便出郊。

耙得了时还要耖，工程限定在明朝。

耖田竹枝词

耙过还须耖一番，田中泥块要匀摊。

摊得匀时秧好插，摊弗匀时插也难。

布种竹枝词

初发秧芽未长成，撒来田里要均平。

还愁鸟雀飞来吃，密密将灰盖一层。

下壅竹枝词

稻禾全靠粪浇根，豆饼河泥下得匀。

要利还须着本做，多收还是本多人。

插莳竹枝词

芒种才交插莳完，何须劳动劝农官。

今年觉似常年早，落得全家尽喜欢。

扬田竹枝词

草在田中没要留，稻根须用扬扒搜。

扬过两遭耘又到，农夫气力最难偷。

耘田竹枝词

秧过秧来又要耘,秧边宿草莫留根。
治田便是治民法,恶个祛除善个存。

车戽竹枝词

脚痛腰酸晓夜忙,田头车戽响浪浪。
高田车进低田出,只愿高低不做荒。

收割竹枝词

无雨无风斫稻天,斫归场上便心宽。
收成须趁晴明好,柴也干时米也干。

打稻竹枝词

连枷拍拍稻铺场,打落将来风里扬。
芒头秕谷齐扬去,粒粒珍珠著斗量。

牵砻竹枝词

大小人家尽有收,盘工做米弗停留。
山歌唱起齐声和,快活方知在后头。

春碓竹枝词

大熟之年处处同,田家米白弗停春。
行到前村并后巷,只闻筛簸闹丛丛。

上仓竹枝词

秋成先要纳官粮,好米将来送上仓。
销过青由方是了,别无私债挂心肠。

田家乐竹枝词

今岁收成分外多,更兼官府没差科。

大家吃得醺醺醉,老瓦盆边拍手歌。①

　　这套竹枝词是针对以稻作农田为主的乡村而做,注重吸收农事谣谚的内容及其特色,朗朗上口,通俗易懂。但是,若放到村落之中,交到几乎全部是目不识丁的农民那里,就会发现其接受度远远不如原有谣谚;另外,若认真推敲一下这套竹枝词的具体内容,便可发现,竹枝词中对于农业技术要领的表述也远不如谣谚准确。因而,无法取代村落谣谚在农业生产经营上的作用。当然,此类竹枝词对于农业技术知识的传播,特别是在学校教育中的知识启蒙会起到积极作用。

三、节令与气象知识谣谚

　　节令变化与天气知识是古代乡村社会重要的知识构成,无论是生产与生活都与之密切相关。尽管历代王朝都有授时颁历制度,但对于乡村百姓而言,那些内容过于高深,且难以传布至各户村落与村民之中,而气象知识更是官方和上层知识阶层无法给予的,因而,谣谚就成为村民们传承与获取这些知识的主要渠道。更为重要的是,乡村谣谚中所含载的丰富知识,几乎完全来自村民自身的经验、观察与总结,本身就是他们的创造。

1. 节令气候类谣谚

　　古代村民们对节令冷暖之变化观察得细致入微,用十分生动、逼真的描述刻画出不同节令的特性。比如,对夏至到来后天气的变化,就有很生动的谣

---

① ［明］邝璠著,石声汉、康成懿校注:《便民图纂》卷一《农务之图》,第2—16页。

谚。清代翟灏《通俗编》论道：

> 一九二九，扇子弗离手。
> 三九二十七，冰水如蜜汁。
> 四九三十六，拭汗如出浴。
> 五九四十五，头戴楸叶舞。
> 六九五十四，乘凉入佛寺。
> 七九六十三，床头寻被单。
> 八九七十二，思量盖夹被。
> 九九八十一，家家打炭墼。

对于冬至后寒冷的递进，该书也有生动的谣谚：

> 一九二九，相唤不出手。
> 三九二十七，檐头吹篳篥。
> 四九三十六，夜眠如鹭缩。
> 五九四十五，太阳开门户。
> 六九五十四，贫儿争意气。
> 七九六十三，布衲两头摊。
> 八九七十二，猫狗寻阴地。
> 九九八十一，犁耙一齐出。①

还有的将节令与天气演化相结合，总结出了节令天气对农耕生产的影响，或长时段，或短时段，蕴含了不少合理与科学成分。比如，对正月的天气兆候，

---

① ［清］翟灏撰，颜春峰点校：《通俗编》卷三《时序》，中华书局 2013 年版，第 40 页。

就有若干谣谚。《农占》记道：

正月朔日雨，春旱，人食一升；二日雨，人食二升，以渐而增；五日雨，
大熟。一云：元旦雨雪吉。谚云："难拜年，易种田。"一云："一日值雨，人
食百草。"又曰："一日晴，一年丰；一日雨，一年歉。"①

关于寒食的天气兆候，有谚"雨打墓头钱，今岁好丰年"②；关于立夏与小满
的天气兆候，有谚"立夏不下，田家莫耙；小满不满，芒种莫管"③；顺治《松阳县
志》载：

立夏晴，旱；东风，谷熟人安；南风，人疫，亢旱；西风，六畜灾；北风，
鱼多。
立夏与小满日宜雨。谚云：立夏不下，田家莫耙；小满不满，芒种
不管。④

关于芒种的天气兆候也有若干条。《农占》曾记录了江南地区的芒种农谚，其
中记道：

芒种宜雨迟。谚云："雨芒种头，河鱼泪流；雨芒种脚，鱼捉不着。""芒
种端午前，处处有荒田。"主无秧。芒种后逢壬日或丙日，进梅。闽人以壬
日进梅，前半月为立梅，有雨主旱。谚云："雨打梅头，无水饮牛；雨打梅

　　① ［清］杜文澜辑，周绍良校点：《古谣谚》卷二五，中华书局1958年版，第386页。
　　② ［清］杜文澜辑，周绍良校点：《古谣谚》卷二五，第387页。
　　③ ［清］杜文澜辑，周绍良校点：《古谣谚》卷二五，第384页。
　　④ ［清］佟庆年修，［清］胡世定纂：顺治《松阳县志》卷一《风俗》，《中国地方志集成·浙江府县志辑》第67
册，上海书店出版社1993年版，第24—25页。

额,河底开拆。"一说主水。谚云:"迎梅一寸,送梅一尺。"①

关于夏至的天气兆候也有若干。如《农占》所记:

> 夏至无雨,旱。谚云:"夏至无雨,碓里无米。"得雨,其年必丰。谚云:
> "夏至日个雨,一点值千金。"②

关于春分与秋分的天气兆候。如王象晋《群芳谱·岁谱一》云:

> 社在春分前,主岁丰;在春分后,主岁恶。谚曰:"社了分,米谷如锦
> 墩。分了社,米贵遍天下。③

"社了分",即社日在春分前;"分了社",即春分在社日前。《月令通考》录有类
似的谚语:

> 分了社,谷米遍天下;社了分,谷米如锦墩;分社同日,低田叫
> 屈。……秋分在社前,斗米换斗钱。秋分在社后,斗米换斗豆。社了分,
> 谷米不出村;分了社,谷米如苦鲊。④

此类谣谚的最大特点是村落生活与生产密切关联,因而具有极强的时效
性,也具有强大的生命力。

---

① [清]杜文澜辑,周绍良校点:《古谣谚》卷二五,第386—387页。
② [清]杜文澜辑,周绍良校点:《古谣谚》卷二五,第387页。
③ [明]王象晋:《二如亭群芳谱·岁谱一》,《故宫珍本丛刊》本,海南出版社2000年版,第121页。
④ [明]卢翰辑:《月令通考》卷一〇《八月》,《四库全书存目丛书·史部·时令类》第164册,第330页。

2. 气象占候类农谚

农谚中最为丰富的还是有关气象占候的内容。若按时效划分,有中长期占候谚与短期占候谚。中长期占候谚如:"云罩中秋月,雨打上元灯"[1]"雨打上元灯,早稻一束草"[2]等等。短期占候谚是最为普遍、最为常见者,其中又可划分为天象占候谚、风象占候谚、云象占候谚。此类农谚多是乡村村民口口相传,一些知名农书中有所引述,但数量较少。至唐代,方有黄子发纂辑《相雨书》一书,收录气象农谚 169 条,开农业气象谚语汇编之先。至元代,娄元礼又编有《田家五行》,是迄元朝为止集大成式的农业气象谚语的汇编。我们可据以了解各类占候农谚。

关于天象占候谚,《田家五行·天文类》中的"占日谚"记道:

> 日晕则雨,谚云:"月晕主风,日晕主雨。"日脚占晴雨,谚云:"朝叉天,暮叉地。"主晴,反此则雨。……日生耳,主晴雨,谚云:"南耳晴,北耳雨;日生双耳,断风截雨。"若是长而下垂近地,则又名曰"日幢",主久晴。……日外白云障中起,主晴,谚云:"日头萫云障,晒杀老和尚。"……谚云:"乌云接日,明朝不如今日。"又云:"日落云没,不雨定寒。"又云:"日落云里走,雨在半夜后。"已上皆主雨。此言一朵乌云渐起,而日正落其中者。谚云:"日落乌云半夜枵,明朝晒得背皮焦。"此言半天元有黑云,日落云外,其云夜必开散,明必甚晴也。又云:"今夜日没乌云洞,明朝晒得背皮痛。"此言半天上虽有云,及日没下段都无云,而见日状如岩洞者也。已上皆主晴,甚验。[3]

---

① 〔明〕王象晋:《二如亭群芳谱·天谱三》,第 24 页。
② 〔明〕王象晋:《二如亭群芳谱·天谱三》,第 79 页。
③ 〔元〕娄元礼:《田家五行》卷中《天文类》,《续修四库全书》第 975 册,第 336—337 页。

《田家五行·天文》又有"占月谚"。如：

> 谚云："月如弯弓，少雨多风；月如仰瓦，不求自下。"又云："月仰仰，水漾漾。月子侧，水无滴。"新月落北，主米贵荒。谚云："月照后壁，人食狗食。"

该卷中还有"占星谚"。如：

> 谚云："一个星，保夜晴。"此言雨后天阴，但见一两星，此夜必晴。①

《田家五行·天文类》中的"占风谚"数量较多。如：

> 谚云："西南转西北，搓绳来绊屋。"又云："半夜五更西，天明拔树枝。"又云："日晚风和，明朝再多。"又云："恶风尽日没。"又云："日出三竿，不急便宽"。大凡风，日出之时必略静，谓之风让日。大抵风自日内起者必善，夜起必毒，日内息者亦和，夜半后息者必大冻。已上并言隆冬之风。谚云："风急雨落，人急客作。"又云："东风急，备蓑笠。"风急云起，愈急必雨。……谚云："东北风，雨太公。"言艮方风雨，卒难得晴，俗名曰"牛箸风雨"，指丑位故也。谚云："云行得春风有夏雨。"言有夏雨应时，可种田也，非谓水必大也，经验。谚云："春风踏脚报。"言易转方，人传报不停脚也。一云："既吹一日南风，必还一日北风。"报答也。二说俱应。谚云："西南早到，晏弗动草。"言早有此风，向晏必静。谚云："南风尾，北风头。"言南风愈吹愈急，北风初起便大。②

---

① ［元］娄元礼：《田家五行》卷中《天文类》，《续修四库全书》第 975 册，第 337 页。
② ［元］娄元礼：《田家五行》卷中《天文类》，《续修四库全书》第 975 册，第 337—338 页。

此卷中还收有数量颇多的"占雨谚"。比如：

> 谚云："雨打五更，日晒水坑。"言五更忽有雨，日中必晴，甚验。谚云：
> "一点雨似一个钉，落到明朝也不晴；一点雨似一个泡，落到明朝未得了。"
> 谚云："天下太平，夜雨日晴。"言不妨农也。谚云："上牵昼，暮牵斋，下昼
> 雨㴲㴲。"此言久雨正午少止，谓之牵昼，或有可晴之理；止在午前，谓之牵
> 斋，则午后之雨必不可胜矣。谚云："病人怕肚胀，雨落怕天亮。"亦言久雨
> 正当昏黑，忽自明亮，则是雨候也。雨交雪难得晴，谚云："夹雨夹雪，无休
> 无歇。"谚云："快雨快晴。"……谚云："千日晴不厌，一日雨落便厌。"①

《田家五行·天文类》中的"占云谚"也十分丰富。如：

> 谚云："云行东，雨无踪，车马通。云行西，马溅泥，水没犁。云行南，
> 水潺潺，水涨潭。云行北，雨便足，好晒谷。"上风虽开，下风不散，主雨。
> 谚云："上风皇，下风隘，无襄衣，莫出外。"……谚云："西南阵，俥过也落三
> 寸。"言云阵起自西南来者，雨必多。寻常阴天，西南障上亦雨。谚云："太
> 婆年八十八，不曾见东南阵头发。"又云："千岁老人不曾见，东南阵头雨没
> 子田。"言云起自东南来者，绝无雨。……谚云："旱年只怕沿江挑，水年只
> 怕北江红。"……亢旱之年，望雨如望恩才是，四方远处云生阵起，或自东
> 引而西，自西而东，俗所谓"挑"也，则此雨非但今日不至，必每日如之，即
> 是久旱之兆也。……若是晚霁，必兼西天俱晴无雨，谚云："西北赤，好晒
> 麦。"阴天卜晴，谚云："朝要天顶穿，暮要四脚悬。"又云："朝看东南，暮看
> 西北。"谚云："鱼鳞天，不雨也风颠。"此言细细如鱼鳞班者。一云："老鲤
> 班云障，晒杀老和尚。"此言满天云大片如鳞，故云老鲤，往往试验各有

---

① ［元］娄元礼：《田家五行》卷中《天文类》，《续修四库全书》第 975 册，第 338 页。

准。……冬天近晚,忽有老鲤班云起,渐合成浓阴者,必无雨,名曰"护霜天"。谚云:"识每护霜天,不识每着子一夜眠。"①

《田家五行·天文类》中还有"占雷电谚"。如:

谚云:"未雨先雷,船去步归。"主无雨。……谚云:"当头雷无雨,卯前雷有雨。"凡雷声响烈者,雨阵虽大而易过,雷声殷殷然响者,卒不晴……东州人云:"一夜起雷三日雨。"言雷自夜起必连阴。……北闪俗谓之北辰闪,主雨立至。谚云:"北辰三夜,无雨大怪。"言必有大风大雨也。②

《田家五行·鸟兽类》中还有"占飞禽谚"等内容。如:

谚云:"雅(鸦)浴风,鹊浴雨,八哥儿洗浴断风雨。"鸠鸣有还声者,谓之呼妇,主晴;无还声者,谓之逐妇,主雨。……海燕忽成群而来,主风雨,谚云:"乌肚雨,白肚风。"……夜间听九逍遥鸟叫,卜风雨,谚云:"一声风,二声雨,三声四声断风雨。"③

另外还有许多气象农谚存在其他文献中。如:"天将雨,鸠逐妇。"④"雄呼晴,雌呼雨。"⑤"云往东,一场空;云往西,马溅泥;云往南,水潭潭;云往北,好晒

---

①　[元]娄元礼:《田家五行》卷中《天文》,《续修四库全书》第975册,第338—339页。

②　[元]娄元礼:《田家五行》卷中《天文类》,《续修四库全书》第975册,第339—340页。

③　[元]娄元礼:《田家五行》卷中《鸟兽类》,《续修四库全书》第975册,第342页。

④　[宋]陆佃著,王敏红校注:《埤雅》卷七《释鸟》,第66页。

⑤　[明]李时珍:《本草纲目》卷四九《禽部三·斑鸠》,人民卫生出版社1981年版,第2651页。按,李时珍云:"鸠性慤孝,而拙于为巢,才架数茎,往往堕卵。天将雨即逐其雌,霁则呼而反之。故曰鹊巧而危,鸠拙而安。或云雄呼晴,雌呼雨。"

麦。"①"月如弯弓,少雨多风;月如仰瓦,不求自下。"②

这些谣谚立足于农事耕作生产与气象节令关系规律的总结。村民们世代传承不替,深信不疑,对其生产与生活产生了重要影响。

四、社会认知谣谚

社会认知谣谚主要是指对社会现实的认识与对社会经验的总结,它既是村民们获取社会知识的重要途径,又是村民们对社会现象的评判与认识。其内容涵括了人伦人际、人生经验、现实臧否等内容。

1. 人伦人际类谣谚

人伦人际类谣谚主要指孝悌伦理以及其他人伦观念方面的谣谚。如在两汉时代的村落民谣民谚中,既有对孝悌行为的劝勉,又有对人们哲理性的告诫。前者如东汉谣谚"父母何在在我庭,化我鸱枭哺所生";后者如"孤犊触乳,骄子骂母",均很典型。这两则谣谚都本于东汉陈元。据《后汉书·循吏·仇览传》云:

(览)选为蒲亭长……览初到亭,人有陈元者,独与母居,而母诣览告元不孝。览惊曰:"吾近日过舍,庐落整顿,耕耘以时,此非恶人。当是教化未及至耳。母守寡养孤,苦身投老,奈何肆怨于一朝? 欲致子以不义乎?"母闻感悟,涕泣而去。览乃亲到元家,与其母子饮,因为陈人伦孝行,譬以祸福之言。元卒成孝子。乡邑为之谣曰:"父母何在在我庭,化我鸱枭哺所生。"③

---

① [明]杨慎:《升庵集》卷四一《密云不雨》,《四库明人文集丛刊》本,上海古籍出版社1993年版,第283页。
② 《占月语》载[清]彭定求等编:《全唐诗》卷八八〇,第9957页。
③ 《后汉书》卷七六《循吏·仇览传》,第2479—2480页。

后一则谣谚见于谢承《后汉书》。《后汉书·循吏·仇览传》注引谢承书曰：

> 览为县阳遂亭长，好行教化。人羊元凶恶不孝。其母诣览言元。览呼元，诮责元以子道，与一卷《孝经》，使诵读之。元深改悔。到母床下，谢罪曰："元少孤，为母所骄。谚曰：'孤犊触乳，骄子骂母。'乞今自改。"母子更相向泣，于是元遂修孝道，后成佳士也。①

汉代是古代谣谚增量最大的时代，而且许多谣谚来自乡村谚语，十分朴素，也十分贴近生活，尤其人生哲理方面更是如此。如：

> 里语："腐木不可以为柱，卑人不可以为主。"②

> 里谚曰："千人所指，无病而死。"③

> 鄙谚："宁为鸡口，毋为牛后。"④

> 鄙谚："家累千金，坐不垂堂。"⑤

> 里谚曰："礼让一寸，得礼一尺。"⑥

汉代村落谣谚的这一特色被后世传承，而且后世谣谚中对人伦人际社会

---

① 《后汉书》卷七六《循吏·仇览传》，第 2480 页。
② 《汉书》卷七七《刘辅传》，第 3252 页。
③ 《汉书》卷八六《王嘉传》，第 3498 页。
④ 《史记》卷六九《张仪苏秦列传》，第 2253 页。
⑤ 《汉书》卷五七《司马相如传》，第 2591 页。
⑥ [清]严可均辑，马志伟审订：《全上古三代秦汉三国六朝文·三国文》卷三，第 25 页。

现象的揭示更为具体也更为直接。比如,讲夫妻关系的谣谚"乡里夫妻,步步相随",形象地揭示了村落中农家夫妻的关系状态。清翟灏《通俗编》卷四诠释道:

> 沈约《山阴柳家女》诗曰:"还家问乡里,讵堪持作夫。"《丹铅总录》:"俗语:'乡里夫妻,步步相随。'言乡不离里,如夫不离妻也。"①

2. 人生经验类谣谚

人生经验类谣谚重点向村民们传授人们社会交往和社会认知中的经验与哲理。其中,有的谣谚揭示了人情冷暖。如宋代乡村有"田怕秋旱,人怕老贫"②之谚,道出了老来贫困、无人理会的现实。宋代乡村中还有"井深槐树粗,街阔人义疏"之谚,流行甚广。宋真宗曾问王曾:"卿乡里谚云:'井深槐树粗,街阔人义疏。'何也?"王曾为青州人,对此谚十分熟悉,但又不想非议乡人,遂答道:"'井深槐树粗',土厚水深也;'街阔人义疏',家给人足也。"③其实,"街阔人义疏"的本意是说:家给人足、街阔屋高之后,人情反而转薄。

还有的谣谚揭示人生哲理,传授人生经验。如《慎子》中引有谣谚:

> 鄙谚曰:"不聪不明,不能为王;不瞽不聋,不能为公。"④

这一乡里之谚后来广泛传播运用。《资治通鉴》中记有一事非常典型:唐代宗将女儿升平公主嫁给郭子仪子郭暧。一次郭暧与公主发生口角,争吵不息,公

---

① ［清］翟灏撰,颜春峰点校:《通俗编》卷四《伦常》,第46页。
② ［清］翟灏撰,颜春峰点校:《通俗编》卷一四《境遇》,第185页。
③ ［明］朱国祯著,缪宏点校:《涌幢小品》卷一,文化艺术出版社1998年版,第18页。
④ ［宋］李昉等编纂:《太平御览》卷四九六《人事部一百三十七》引《慎子》,第2268页。

主遂乘车回宫。郭子仪听说后,十分生气和担心。他把郭暧绑起来,带他到宫殿请罪。代宗见状,说道:"鄙谚有之:'不痴不聋,不作家翁。'儿女子闺房之言,何足听也!"①这则鄙谚"不痴不聋,不作家翁"是"不瞽不聋,不能为公"的演绎版,足以反映乡村原生文化的渗透力和影响力。

又如唐宋乡村所流行的"打人莫打膝,道人莫道实"之谚,《袁氏世范》卷二解释道:"亲戚故旧……至有失欢之时……最不可指其隐讳之事而暴其祖父之恶。吾之一时怒气所激,必欲指其切实而言之,不知彼之怨恨深入骨髓。古人谓'伤人之言,深于矛戟'是也。"②近世民间所流行的"打人莫打脸,骂人莫揭短",即由此而来。

先秦时期乡村社会流行有"种麦而得麦,种稷而得稷"③之谚;明清时代,乡村中流行"入田观稼,从小看大""胡荽不结瓜,菝根不产麻"④等谣谚,后者在后世演化为"种瓜得瓜,种豆得豆"⑤之谚。这些谣谚是在昭示人生成长的经验,这些经验或许有先天经验成分,但也能揭示少儿教育和家庭教育的重要性。

3. 现实臧否类谣谚

现实臧否类谣谚主要是对社会政治的评判。在中国古代社会,不论城市还是乡村,这一类的谣谚都较为流行。就乡村流行的此类谣谚而言,那些能让他们有切身感受者更有生命力。

其中,有对为政者实行惠民措施或当地循吏的称颂。比如,《汉书·沟洫志》载,西汉武帝太始二年(前95年),"赵中大夫白公复奏穿渠。引泾水,首起

---

①　[宋]司马光:《资治通鉴》卷二二四《唐纪四十》,第7194—7195页。

②　[宋]袁采:《袁氏世范》卷二《处己》,第32页。

③　许维遹撰,梁运华整理:《吕氏春秋集释》卷一九《离俗览》,第523页。

④　[明]李梦阳:《空同集》卷三八《族谱·大传》、卷四四《夫人贾氏墓志铭》,《四库全书荟要》第70册,世界书局1988年版,第16、10页。

⑤　[明]冯梦龙编著,恒鹤等标校:《古今小说》卷二九《月明和尚度柳翠》,上海古籍出版社1992年版,第281页。

谷口,尾入栎阳,注渭中,袤二百里,溉田四千五百余顷,因名曰白渠。民得其饶"。因此,百姓歌之曰:

> 田于何所?池阳、谷口。郑国在前,白渠起后。举臿为云,决渠为雨。泾水一石,其泥数斗。且溉且粪,长我禾粟。衣食京师,亿万之口。[①]

东汉光武帝时,张堪拜渔阳太守后,竭力劝民耕种,于狐奴(今北京密云南)广开稻田8 000余顷,使得这一代村民殷富。于是百姓歌颂道:

> 桑无附枝,麦穗两岐。张君为政,乐不可支。[②]

对于为政爱民清廉者,乡众也不吝赞口。如常璩《华阳国志》载:"王涣,字稚子,郪人也。初为河内温令,路不拾遗,卧不闭门。"因甚有政绩,故民歌之曰:

> 王稚子,世未有,平徭役,百姓喜。[③]

秦护为官清正,得到乡里百姓称赞。谢承《后汉书》曰:

> 秦护清廉,不受礼赂,家贫,衣服单露。乡人歌之曰:"冬无裤,有秦护。"[④]

---

① 《汉书》卷二九《沟洫志》,第1685页。
② 《后汉书》卷三一《张堪传》,第1100页。
③ [晋]常璩:《华阳国志》卷一〇《广汉士女总赞》,第140页。
④ [宋]李昉等编纂:《太平御览》卷六九五《服章部十二》引谢承《后汉书》,第3102页。

这些歌谣虽然是简单的俚俗，但的确代表了百姓对地方官员的评判，也反映了乡村百姓对政治的积极参与意识。①

后代文献中类似这种对循吏歌颂的乡里歌谣不绝如缕。如《隋书·豆卢绩传》载：

> （豆卢绩）转渭州刺史。甚有惠政，华夷悦服……民为之谣曰："我有丹阳，山出玉浆。济我民夷，神乌来翔。"②

再如，据唐代柏虔冉《新创千金陂记》记载，在汝河一带"先是荒废陂水不入，仰天雨积潦而溉之。苟旱暵不雨，苗则尽稿。是临汝、长宁、长乐三乡之民，固无望秋成，而输王之税，不减他户。穷民焦号，无所控诉。至有鬻妻佣女，其苦甚矣"。抚州刺史渤海李公乃"上横截汝江，置千金陂……通舟楫之利，利于穷民。走文昌桥北，沿流三十余里，灌注原田，新旧共百有余顷。自兹田无荒者，民悉力而开耕，尔后又不可胜纪其顷亩矣"。因此，乡民作谣歌颂道：

> 公作千金，抚民惠深。陂水沈沈，乐乎人心。我田不荒，我苗如林。忧公之去，谁其嗣音？③

还有一些谣谚反映乡村百姓对昏官的愤懑和不满，或对政治黑暗和横征暴敛的贬斥。如东汉桓帝时，李盛（仲和）为巴郡太守，其"贪财重赋"，引起民愤，于是百姓作谣谚进行嘲讽：

---

① 参见马新：《时政谣谚与两汉民众参与意识》，《齐鲁学刊》2001 年第 6 期。
② 《隋书》卷三九《豆卢绩传》，第 1155—1156 页。
③ ［清］董诰等编：《全唐文》卷八〇五，柏虔冉《新创千金陂记》，第 8468—8469 页。

狗吠何喧喧，有吏来在门。披衣出门应，府记欲得钱。语穷乞请期，吏怒反见尤。旋步顾家中，家中无可与。思往从邻贷，邻人以言遗。钱钱何难得，令我独憔悴。[①]

对于王朝的黑暗面，也是毫不留情地指斥、揶揄与嘲讽。如应劭《风俗通义》载："里语云：'县官漫漫，怨死者半。'"[②]意即做官的昏庸无能，使很多人遭受冤屈。

更为可贵的是，民众们不仅通过谣谚表达出自己对社会黑暗的不满，而且还通过谣谚呼唤民众，组织民众，共同反击黑暗，挣脱苦难。如黄巾起义的领袖张角，就是利用谣谚组织起义的。这则民谣曰：

苍天已死，黄天当立，岁在甲子，天下大吉。[③]

面对贪官污吏与朝廷对民众的镇压，民众们又唱出这样的歌谣：

发如韭，剪复生；头如鸡，割复鸣。吏不必可畏，民不必可轻。[④]

这是民众发自内心的呐喊，是真正的政治生活的参与。

乡村谣谚的这一传统在中国古代乡村社会发展史上一直得以传承。如元陶宗仪《南村辍耕录》载，至元年间，朝廷派遣官奉使宣抚诸道，察民疾苦，结果这些使者与地方官吏沆瀣一气，盘剥百姓，对"赃吏贪婪而不问，良民涂炭而罔知"，致使"闾阎失望，田里寒心"，"百姓不平之气，郁结于怀"。他们歌之曰：

---

① ［晋］常璩：《华阳国志》卷一《巴志》，第 5 页。
② ［宋］李昉等编纂：《太平御览》卷四九六《人事部一百三十七》引应劭《风俗通》，第 2268 页。
③ 《后汉书》卷七一《皇甫嵩传》，第 2299 页。
④ ［清］严可均辑，马志伟审订：《全上古三代秦汉三国六朝文·全后汉文》，第 472 页。

九重丹诏颁恩至,万两黄金奉使回。

奉使来时惊天动地,奉使去时乌天黑地。官吏都欢天喜地,百姓却啼天哭地。

官吏黑漆皮灯笼,奉使来时添一重。①

乡村百姓对于官吏贪婪的不满情绪通过歌谣直接抒发出来。又如明代乡村中,有"官粮办,便无饭"②之谚,揭露王朝盘剥之重。明末李自成起义时,流传着这样的歌谣:

朝求升,暮求合,近来贫汉难存活。早早开门拜闯王,管教大小都欢悦。③

需要说明的是,乡村中流行的社会臧否类谣谚来源多样,有些是乡民创作,有些又经文人加工;还有一些是官员们所为,他们要借百姓之口,为自己歌功颂德。此风源自汉代,汉代有"观纳风谣"之制,观采风谣的一个重要功能是考课官吏,也就是所谓的"举谣言"。如《后汉书·刘陶传》记道:

光和五年,诏公卿以谣言举刺史、二千石为民蠹害者。时太尉许馘、司空张济承望内官,受取货赂,其宦者子弟宾客,虽贪污秽浊,皆不敢问,而虚纠边远小郡清修有惠化者二十六人。吏人诣阙陈诉,(陈)耽与议郎曹操上言:"公卿所举,率党其私,所谓放鸱枭而囚鸾凤。"其言忠切,帝以让馘、济,由是诸坐谣言征者悉拜议郎。

---

①　[元]陶宗仪撰,李梦生点校:《南村辍耕录》卷一九《阑驾上书》,上海古籍出版社 2012 年版,第 211 页。

②　[明]朱彝尊辑录:《明诗综》卷一〇〇,中华书局 2007 年版,第 4572 页。

③　[清]计六奇撰,任道斌等点校:《明季北略》卷二三《李岩说自成假行仁义》,中华书局 1984 年版,第 656 页。

由此，我们可以看到谣言的考课功能。正如李贤注云：

> 谣言谓听百姓风谣善恶而黜陟之也。①

《汉官仪》对"举谣言"的解释也十分清楚：

> 三公听采长史臧否，人所疾苦，还条奏之，是为举谣言也。顷者举谣言，掾属令史都会殿上，主者大言，州郡行状云何，善者同声称之，不善者默而衔枚。②

民间歌谣对于官员治政也的确起到了一定的衡量与监督作用。如东汉光武帝，因"长于民间，颇达情伪，见稼穑艰难，百姓病害。至天下已定，务用安静"，于是"广求民瘼，观纳风谣"③；东汉和帝时，"分遣使者，皆微服单行，各至州县观采风谣"④，其目的当然是考核官员。所以，每当帝王"令三公谣言奉事"时，"奉公者欣然得志，邪狂者忧悸失色"⑤。一些不法长吏的作为，也曾通过民谣而传布四方，形成一种社会压力，如东汉末益州刺史郄俭，即"在政烦扰，谣言远闻"⑥。

也正因为如此，一些地方长吏为了博取名声，便要利用"谣言"为自己涂脂抹粉，这也就出现了大量的歌功颂德与阿谀奉承之作。此类歌谣，除前引中的若干内容外，又如《后汉书·岑彭传》中歌颂岑彭的舆人歌曰：

① 《后汉书》卷五七《刘陶传》，第1851页。
② 《后汉书》卷六七《党锢·范滂传》注引《汉官仪》，第2204页。
③ 《后汉书》卷七六《循吏列传》，第2457页。
④ 《后汉书》卷八二《方术列传》，第2717页。
⑤ 《后汉书》卷六〇《蔡邕传》，第1996页。
⑥ 《后汉书》卷七五《刘焉传》，第2431页。

　　我有枳棘，岑君伐之。我有蟊贼，岑君遏之。狗吠不惊，足下生氂。含哺鼓腹，焉知凶灾？我喜我生，独丁斯时。美矣岑君，於戏休兹！①

《后汉书·刘陶传》载歌颂刘陶的谣谚曰：

　　邑然不乐，思我刘君。何时复来，安此下民。②

再如，皇甫嵩在镇压黄巾军起义后，面对冀州连年征战、田地荒芜、饥民无数的惨相，曾奏请朝廷免去冀州一年田租。史载当地乡村百姓歌之曰：

　　天下大乱兮市为墟，母不保子兮妻失夫，赖得皇甫兮复安居。③

　　以上几则歌谣背后，我们能看到的多是那些幕僚门客们的影子，很少是乡村百姓的心声。

　　当然，这类谣谚并非百姓切身感受，也就难以流传，但这一做法却一直沿承了下来。王象之编纂的《舆地纪胜》中收录了若干此类谣谚。比如其卷九八《广南东路》记南恩州知州陈丰：

　　丰字宜仲，守南恩。田野无秋毫之扰，民歌之曰："君不见恩平陈守贤，优游治郡如烹鲜。"④

其卷一八七《利东路》记薛逢：

　　①　《后汉书》卷一七《岑彭传》，第 663 页。
　　②　《后汉书》卷五七《刘陶传》，第 1848 页。
　　③　《后汉书》卷七一《刘焉传》，第 2302 页。
　　④　[宋] 王象之：《舆地纪胜》卷九八《广南东路》，《中国古代地理总志丛刊》本，中华书局 1992 年版，第 3070 页。

为巴州刺史,人咏之曰:"日出而耕,日入而归。吏不到门,夜不掩扉。有孩有童,愿以名垂。何以字之,薛孙薛儿。"①

以上这些谣谚显然来自官员本身,或夸大或编造,为自己树碑立传,不能视之为乡村谣谚。②

五、村落中流行的童谣

童谣是古代谣谚的重要组成部分,但它本身又是中国古代村落中颇富特色的文化形态,主要有两大类:一类是谐谑童谣,一类是知识童谣。前者往往也含有认知内容,可提高村童的认知能力;后者也往往具谐谑特色,为村童所喜爱。除此之外,村落中还有一些被植入的童谣,多为社会性童谣,即某些人或某些势力编制童谣以达到自身目的。

1. 谐谑童谣

谐谑类童谣是儿童游戏的一部分,也是童谣的本初形态。明冯梦龙《山歌》一书中,收有较多村落童谣。如卷一之"萤火虫,娘来里,爷来里,搓条麻绳缚来里","风婆婆,草里登,喝声便起身"③,即为谐谑童谣。郑旭旦《天籁集》所收童谣中也不乏谐谑类童谣。如其《咕咚咕咚谣》云:

咕咚咕咚咤。

"半夜三更来做舍?"

"不吃公公酒,

---

① [宋]王象之:《舆地纪胜》卷一八七《利东路》,第4835页。

② 以上参见马新:《时政谣谚与两汉民众参与意识》,《齐鲁学刊》2001年第6期。

③ [明]冯梦龙:《山歌》卷一《私情四句·引》,江苏古籍出版社2000年版,第8页。

> 不吃婆婆茶，
>
> 只问公公讨只狸花狗。"
>
> "卖哩。"
>
> "公公呢?"
>
> "死哩。"
>
> "舍子棺材?"
>
> "乌木棺材。"
>
> "舍子抬?"
>
> "两个蚂蚁抬。"
>
> "舍子鼓?"
>
> "咚咚鼓。"
>
> "舍子锣?"
>
> "疙疬疙瘩老虔婆。"①

该谣讲述的是儿媳半夜找公公，要讨只狸花狗，婆婆说谎，说狗卖了，公公死了，装在乌木馆材中——当时不能用乌木做棺材，两只蚂蚁抬棺。最后答不下去了，只能自认是老虔婆。诙谐生动，适于村童游戏传唱。

吕肖奂先生的《中国古代民谣研究》中列举了一些传统谐谑童谣，兹转录如下：

> 恻恻力力，放马山侧。大马死，小马饿。高山崩，石自破。
>
> 黄雌鸡，莫作雄父啼。一旦去毛衣，衣被拉飒栖。
>
> 刘新妇簸米，石新妇炊，羧羝荡涤，簸张儿，张儿食之口正披。
>
> 洋洋千里流，流嫛东城头。乌马乌皮袴，三更相告诉。脚跛不得起，

---

① ［清］郑旭旦辑:《天籁集》，上海文艺出版社1990年版，第26页。

误杀老姥子。

羊羊吃野草，不吃野草远我道，不远打尔脑。

卢十六，雉十四，犍子拍头三十二。

七月刈禾伤早，九月吃糕正好，十月洗荡饭瓮，十一月出却赵老。

燕燕飞上天，天下女儿铺白毡，毡上有千钱。

一支箸，两头朱，五六月，化为胆。

骑马来，骑马去。

打麦麦打三三三。舞了也。

摇摇罟罟，至河南，拜阕氏。

黄练花，花练黄。

入洞数，钻岩怪，沿山走的后还在。

两个土地会说话，两个石人会挞架。

以上这些童谣富有乡土气息，充满稚气，"都是真正的童谣，不是成人的伪造，其本身的意义或明确或含混，但都表现出儿童的语言和思维"，"押韵有趣，带着天真无邪的游戏性质，并没有预示意义或其他含义"。①

2. 知识童谣

知识类童谣在保有谐谑性的同时，还将大量的知识蕴含其中，是良好的启蒙方式。此类童谣中主要包含生产生活与社会知识两大部分内容。如郑旭旦《天籁集》中的"墙头上，一株草"，借几种动物的对话，生动地交代出各自的功用，告诉孩童应有的生活知识。童谣全文如下：

墙头上，一株草。

---

① 吕肖奂：《中国古代民谣研究》，巴蜀书社 2006 年版，第 147—148 页。

风吹两边倒。

"今日有客来,舍子好?"

"鲫鱼好。"

鲫鱼肚里紧愀愀,

"为舍子,不杀牛?"

牛说道:"耕田犁地都是我。

为舍子,不杀马?"

马说道:"接客送客都是我。

为舍子,不杀羊?"

羊说道:"角儿弯弯朝北斗。

为舍子,不杀狗?"

狗说道:"看家守舍都是我。

为舍子,不杀猪?"

猪说道:"没得说。"

没得说,一把尖刀戳出血。[1]

又如,《天籁集》中还收这样一首民谣:

月亮光光,女儿来望娘。

娘道:"心头肉。"

爷道:"百花香。"

哥哥道:"亲姊姊。"

嫂嫂道:"搅家王。"

"我又不吃哥哥饭,

---

① [清]郑旭旦辑:《天籁集》,第2页。

　　　　　　　　我又不穿嫂嫂嫁时衣。

　　　　　　　　开娘箱,着娘衣。

　　　　　　　　开米柜,吃爷的。"①

这则民谣是讲一位嫁出的女儿回娘家探望的情形,父母兄长见到后都十分高兴,只有嫂嫂称其"搅家王",即搅家魔王。这位嫁出的小姑毫不示弱,反唇相讥,声称回家探望父母与哥嫂无关,"开娘箱,着娘衣。开米柜,吃爷的"。

　　古代村落童谣中,还有专门指向巧言媒婆者,痛陈媒婆与包办婚姻给女子带来的不幸。兹引述《天籁集》所收一首童谣:

　　　　　　　　石榴花,花簇簇。

　　　　　　　　三个姐儿同床宿。

　　　　　　　　那个姐儿长?

　　　　　　　　中间姐儿长。

　　　　　　　　留下中间姐儿伴爷娘。

　　　　　　　　伴得爷娘头发白,

　　　　　　　　三对橱,四对箱,

　　　　　　　　嫁与山村田舍郎,

　　　　　　　　黄瓜绿豆当干粮。

　　　　　　　　一封书,上复爷。

　　　　　　　　一封书,上复娘。

　　　　　　　　一封破书上覆媒婆老花娘。

　　　　　　　　长竹枪,枪枪起,

　　　　　　　　枪凸媒婆脚板底。

---

① ［清］郑旭旦辑:《天籁集》,第3页。

> 短竹枪,枪枪出,
> 抢折媒婆背脊骨。①

这则童谣既有社会知识点,如"爷娘""田舍郎""媒婆""黄瓜""茶豆""箱橱",又有对"父母之命,媒妁之言"观念的灌输与启蒙,内容十分丰富。

《天籁集》中还收有一首反映未出嫁的小姑与兄嫂关系的民谣,从另一个角度揭示了姑嫂关系的复杂,这与前首民谣应当都是村落社会生活的真实写照。歌谣如下:

> 青萍儿,紫背儿,
> 娘叫我,织带儿。
> 带儿带儿几丈长?三丈长。
> 把娘看:"好女儿。"
> 把爷看:"一枝花。"
> 把哥哥看:"赔钱货。"
> 把嫂嫂看:"活冤家。"
> "我又不吃哥哥饭,
> 我又不穿嫂嫂衣。
> 开娘盒儿搽娘粉,
> 开娘箱儿着娘衣。"②

此类谣谚贴近生活,浅显生动,极易传诵,在观照村落社会现实的同时,又蕴含着人伦人际的规范导向。

---

① [清]郑旭旦辑:《天籁集》,第5—6页。
② [清]郑旭旦辑:《天籁集》,第3—4页。

清人编《庄谐选录》中收有明末以来湘中乡村流行的一则童谣,全文如下:

> 张打铁,李打铁,
>
> 打把剪刀送姊姊,
>
> 姊姊留我歇,
>
> 我不歇,我要回去学打铁。
>
> 打铁一,苏州羊毛好做笔;
>
> 打铁两,两个娃娃拍巴掌;
>
> 打铁三,三两银子换布衫;
>
> 打铁四,四口花针好挑刺;
>
> 打铁五,五个粽子过端午;
>
> 打铁六,六月不见早禾熟;
>
> 打铁七,七个果子甜蜜蜜;
>
> 打铁八,八个娃娃砌宝塔。
>
> 打铁九,后花园里好饮酒;
>
> 打铁十,十个癞子戴斗笠;
>
> 打铁十一年,拾个破铜钱,
>
> 娘要打酒吃,仔要还船钱。①

在不长的十余句童谣中,包含了多处社会知识点。比如,剪刀是铁匠打的,毛笔是羊毛做的,银子可以换衣衫,扎刺要用花针挑,端午节时吃粽子,等等。这些童谣在乡村社会中的知识与文化传承作用不言而喻。

3. 社会性童谣

社会性童谣是指那些直接揭示社会现实,由相关人员或势力编撰而成的

---

① ［清］醒醉生编:《庄谐选录》卷下《湘中童谣》,上海尚友山房 1915 年铅印本,第 24 页。

童谣,主旨是借童谣形式以反映乡里民情,或表达自身诉求。如汉武帝时期,"(灌)夫不好文学,喜任侠,已然诺。诸所与交通,无非豪桀大猾。家累数千万,食客日数十百人。波池田园,宗族宾客为权利,横颍川"。故有颍川儿歌:

颍水清,灌氏宁;颍水浊,灌氏族。①

又如西汉成帝时,因"关东数水,陂溢为害",丞相翟方进奏毁今淮河干流与南汝河之间的大型蓄水灌溉工程鸿隙陂(今河南正阳和息县一带)。汝南这一带土地失去鸿隙陂的保护和涵养,加之连年旱情,水田变成了旱地,农民由种水稻改成种豆菽,致使周围村落"民失其利,多致饥困"。所以,这一带村民迫切要求朝廷修复鸿隙陂。"及翟氏灭,乡里归恶,言方进请陂下田不得而奏罢陂云。王莽时常枯旱,郡中追怨方进。"于是有童谣传唱,反映乡民心声:

坏陂谁? 翟子威。饭我豆食羹芋魁。反乎覆,陂当复。谁云者? 两黄鹄。②

《东观汉记》亦载:"(张堪)迁渔阳太守,有惠政,开治稻田八千余顷,教民种田,以百姓殷富。……视事八年,匈奴不敢犯塞。"故有童谣歌曰:

桑无附枝,麦穗两岐,张君为政,乐不可支。③

再如《后汉书·五行志一》记道:

① 《汉书》卷五二《灌夫传》,第2384页。
② 《汉书》卷八四《翟方进传》,第3440页。
③ [汉]刘珍等撰,吴树平校注:《东观汉记校注》卷一四《张堪传》,第587页。

桓帝之初,天下童谣曰:"小麦青青大麦枯,谁当获者妇与姑。丈人何在西击胡,吏买马,君具车,谁为诸君鼓咙胡。"案元嘉中凉州诸羌一时俱反,南入蜀、汉,东抄三辅,延及并、冀,大为民害。命将出众,每战常负。中国益发甲卒,麦多委弃,但有妇女获刈之也。吏买马,君具车者,言调发重及有秩者也。谁为诸君鼓咙胡者,不敢公言,私咽语。①

东汉末年还有一首童谣,反映当时选举名不副实、徒具虚名的状况:

举秀才,不知书;察孝廉,父别居。寒素清白浊如泥,高第良将怯如鸡。②

这类童谣针对时弊,一针见血,当然不会出自孩童。而且,由社会硬性赋予孩童之口的童谣也了无童趣,自然不会广泛流传。所以,从严格意义上讲,这类童谣并非真正童谣。

综上所述,中国古代村落中的谣谚既是村落文化的重要组成部分,又是村落文化传承的重要载体。它所包含的丰富内容蕴含着大量的古代文化的本初元素,表达着古代村落文化的演进梯阶与发展特色,是我们研究与把握中国古代村落文化必须注重的领域。

---

① 《后汉书》志一三《五行志一》,第3281页。
② ［晋］葛洪撰,杨明照校笺:《抱朴子外篇校笺》卷一五《审举》,《新编诸子集成》本,中华书局1991年版,第393页。

第八章　中国古代农民特性与农民心态

中国古代村落的主体是代相传承的农民,他们既是村落文化的创造者、传承者,又是村落文化的守护者。村落文化不管经历多少时代的变化,其起点和终点都是村落中的农民。因而,在论述了中国古代村落文化的基本内容后,我们就要回到农民这里,分析与把握中国传统农民的特性,并进而探寻其心态,这是村落文化研究不可缺失的内容。

一、古代农民的特性

关于中国古代农民的特性,自 20 世纪初以来,先贤们多有讨论,尤其是 20 世纪 80 年代以来,学界多将这一问题置于中国传统文化与传统社会的大框架下,展开了多方位的探讨。因此,我们可以在前人研究的基础上,通过与西欧中世纪农民的比较,在中国古代村落文化的大背景下归纳出中国传统农民的主要特征。

1. 平民性

所谓平民性,是指在多数情况下,农民的法律地位与社会身份的公民性。在政治上,他们是自由人,享有一定的政治权利。在经济上,他们多拥有属于自己的小农经济,独立地对王朝政府承担着赋役义务。这一点与欧洲中世纪的农民有明显的不同。这种不同,主要来源于各自不同的政治体制与经济体制。

　　首先，就农民个体与国家的关系而言。在中国传统社会，自战国以来，各王朝均实行面向全体国民的中央集权政体，自中央政府而下，都是实行以地缘关系为依据的多层级行政管理——中央王朝的权力可以直接控制到州、县、乡、里的全体民众。乡村中的所有农民，无论是广占田土的地主，还是仅足自给的农民，都是国家的编户齐民。任何一个王朝，都是赋税出于斯，兵役出于斯，其他种种的统治也都是以此为基点。

　　而中世纪的西欧与之不同。在中世纪的西欧，普遍实行三大制度：贵族制、分封制、领主制。就国家统治集团而言，世代相袭的贵族是其法定的也是唯一的成员，政权与国家由国王和这些贵族共同拥有。就管理体系而言，自上而下层层的分封是其基本的政治制度。拥有公、侯、伯、男等不同爵位等级的贵族，可以从国王那儿分得一方土地，建立国中之国。在这样的国中之国中，各级贵族享有着充分的治权，国王对这些国中之国的居民无法管辖。所以，西欧中世纪流行一句政治名言："我的附庸的附庸，不是我的附庸。"就乡村社会管理而言，领主制是基本的管理方式。从国王那儿领取了封地的公、侯、伯、男们，本身虽是国王的封臣，但他们又可以把土地与人民进一步分割给自己的亲属与亲兵，使之成为自己的封臣。各种封臣就是乡村社会中大大小小的封建领主。在领主的领地内，一般采用庄园制的经营方式。具体方式是：将领主土地分为自用地和农奴份地两部分，所有耕地都是条状，两种土地相互交错分布。农奴们一方面要无偿为领主耕种其自用地；另一方面，可以耕种自己的份地，收获物归于自己使用。每一个领主都拥有经济与政治的双重权力，可以全权处理领地内的经济与司法事务，一般还都设有庄园法庭，审理有关农奴的案件。至晚近时代，随着君主集权的形成和近代资本主义因素的出现，庄园解体，方出现了类似于中国古代的小农与小农经济。

　　其次，就农民的权利义务而言。在中国古代的多数王朝时期，农民也都具有一定的参政机会，有的人也可以"朝为布衣，暮致卿相"。比如在汉代察举征辟制下，有公孙弘、朱买臣等多人由农民忝列朝堂。公孙弘放猪出身，曾"牧豕海上",朱买臣挑柴市卖为业,前者最终位居丞相,封平津侯,后者则为会稽太守,从而形成中国历史上著名的"布衣政治"。在后世科举制下,农民出身的读书人,经"寒窑"苦读,改变命运者也代有人出。更为重要的是,在乡村基层组织中,乡长、里正、村长之类的人选多是从农民中直接产生。如唐朝即规定:

> 诸里正,县司选勋官六品以下白丁清平强干者充。其次为坊正。若当里无人,听于比邻里简用。其村正取白丁充,无人处,里正等并通取十八以上中男、残疾等充。①

当然,由于乡村社会的贫富差别和农民的弱势,在许多时期,农民之于地主的人身依附关系还较为突出,如东汉之徒附,魏晋南北朝时之部曲、佃客,等等。但有两点必须提及:一是即便在这样的时代,乡村社会中的自耕农和半自耕农仍占农民中的多数;二是这种依附关系自形成之日起就备受王朝政权关注,并逐渐被限制、剥离。宋以降,租佃地主土地之佃农与地主之间虽仍有一定的依附关系,但其趋势一直在减弱之中。清乾隆时代即明确规定地主与佃户之间"并无主仆名分"。而且,佃户对地主的种种抗争往往也公开进行。这一时期还出现了佃户争取永佃权的活动,提出"三分田主之田,而以一分为佃人耕田之本,其所耕之田,田主有易姓,而佃夫无易人,永为世业"②。这是西欧领主制下的依附农民所难以想象的。③

2. 半分散性

所谓半分散性,是指中国古代农民既具有分散性特质,又存在着村落或自

---

① [唐]杜佑撰,王文锦等点校:《通典》卷三《食货三》,第64页。
② [清]杨兆年:《上督府田贼始丰》,载[清]郭灿修,[清]黄天策等纂:乾隆《瑞金县志》卷七《艺文志》,清乾隆十八年(1753年)刻本,第117/a页。
③ 参见齐涛:《中国传统政治检讨》,南海出版公司2012年版,第206—209页。

组织内的内在联系性。

农民分散性特质首先表现在土地占有的分散性。在中国古代村落的土地形态中，个体小农的小土地占有与地权的分散是较为普遍的现象。中国古代的农民经济，自战国以来，便以"五口之家，百亩之田"概括之。李悝云"一夫挟五口，治田百亩"；晁错称"农夫五口之家，其服役者不下二人，其能耕者不过百亩"；孟子尽管言农民八口之家，但治田也是百亩。当时的百亩相当于后世市亩的30亩左右。五口之家，每口六七亩地，是地道的小型经济单位。更重要的是，这百亩之田也只是在战国及西汉前期可以较为普遍地实现。

在以后的历史进程中，随着人口基数的不断加大，土地兼并的发展，每户农民所占有的土地数处在总的递减之中。但小土地占有与地权的分散性的特性未变。

以均田制下唐代的情况为例。唐朝《均田令》规定，农民之丁男与中男，每人受田100亩，其中20亩为永业田，80亩为口分田。虽在实际执行中未必如此，但农民的小土地所有仍较为普遍。如唐太宗贞观十八年（644年）二月幸灵口（今陕西临潼区境）时，见"村落逼侧，问其受田，丁三十亩，遂夜分而寝，忧其不给。诏雍州录尤少田者，给复，移之宽乡"①。武则天时，狄仁杰上疏称：

彭泽地狭，山峻无田，百姓所营之田，一户不过十亩、五亩。②

从近年出土的唐代敦煌、吐鲁番文书中残存的受田文书看，唐代西州（今新疆吐鲁番）、沙州（今甘肃敦煌）地区施行均田的情况不容乐观，这一地区耕地稀少，属狭乡，民户一般都受田不足，但受田少者也可每户受田5亩。

长期以来，史学界对于中国古代的土地问题似乎有一个思维定式，即在注

① ［宋］王钦若等编：《册府元龟》卷四二《帝王部·仁慈》，中华书局1989年版，第45页。
② ［清］董诰等编：《全唐文》卷一六九，［唐］狄仁杰《乞免民租疏》，第1728页。

意土地私有化趋势的同时,特别注重地权的集中,以至于过高地估计了土地兼并与农民失去土地的程度,在研究中缺少定量的统计与分析,多是使用史家或当时的政论家们所感叹的"富者田连阡陌,贫者无立锥之地"之类的议论来立论。这种立论容易掩盖中国古代土地关系的实际情况。诚然,在土地私有化的状态下,土地兼并一刻也不会停止,但在兼并的同时,地权的不断转移与分散也一刻没有停止。这是中国古代土地关系的特色所在。正因如此,经过两千年"土地兼并的狂潮",直到近代中国,依然是多元化的地权占有,小土地占有形态一直居较大比重。[1]

目前已知的最早的关于地权分配的统计资料是 1918 年北京市政府农商部的统计。朱玉湘先生曾据此编制了当时"全国农户占有土地比例表"(见表 8-1)[2],兹转录如下:

表 8-1　全国农户占有土地比例表

类别	户数	百分比(%)
10 亩未满	20 352 285	42.7
10 亩以上	12 611 998	26.4
30 亩以上	7 651 575	16.0
50 亩以上	4 625 096	9.7
100 亩以上	2 467 648	5.2
合计	47 708 662	100.0

1934 年,吴文晖对当时中国地权状况的研究结论是:占总农户数 3% 的地主所占有的耕地为 26%;占总农户数 7% 的富农占有的耕地为 27%;占总农户数 22% 的中农占有的耕地为 25%;贫农、雇农及其他占总农户数的 68%,占有的耕地为 22%。他还对各类农户平均所占耕地面积做了概算,认为地主平均

---

① 参见马新、齐涛:《关于中国古代社会史研究中的几个问题》,《文史哲》2006 年第 4 期。
② 参见朱玉湘:《中国近代农民问题与农村社会》,第 33 页;《试论近代中国的土地占有关系及其特点》,《文史哲》1997 年第 2 期。

每户占地 1 733 余亩,富农 77 亩,中农 23 亩,贫农 7 亩。[①] 从这个分析看,作为大土地所有者的地主以 3% 的户数拥有 26% 的耕地,应当是已成为封建土地所有制的主导内容;由于富农平均每户占有耕地 77 亩,可以将他们与其他小土地占有者都视为中小土地占有者,这一部分农户以 97% 的户数拥有着 74% 的耕地,与地主相比,差别很大。不过,若从整体上考察,特别是与欧洲封建社会的地权状况相比,中国的地权结构还是相对分散的。

小土地占有居主导地位,必然带来小农经营规模之小,也必然造成分散性。即使在大土地所有者的土地上,实行的也多是以一家一户小农为租佃单元的租佃制,庄园式的大地产经营并非大土地所有者的主要经营方式。

中国古代农民之“散”,还可以从其政治地位之独立性上分析。前已述及,具有一定的政治独立性是中国传统农民的重要特点,历代王朝对农民的基本管理单位是户与丁口。除了特定时期有宗主督护等特殊情况外,每一个个体农民及其家庭都是王朝政权直接的管理对象,再无其他法定社会组织将农民们加以组织。因此,从政治地位与社会组织上也可以说明农民之分散。[②]

但是,讨论至此还不能完全说明农民的各种组合关系,中国传统农民的宗法血缘特色是我们不应忽视的。自秦汉以来,中国传统农民的生活与生存状态始终处在宗法血缘关系的环绕中。自秦汉到明清,宗族组织一直是乡村社会中最为基本的非官方的社会组织。尽管这期间其强弱变化有所不同,但几乎任何一个农民及其家庭都在宗法血缘关系的笼罩下,族权是在皇权和官方权力之外的另一条绳索。除此之外,村落中农民在生产、生活以及祭祀娱乐中的集体性与互助性十分普遍,村落中的结社以及其他自组织也较为常见。因而,只讲农民的分散性并不确切,应当定义为“半分散性”。

---

① 参见吴文晖:《中国土地问题及其对策》,商务印书馆 1944 年版,第 128 页。

② 参见齐涛:《中国传统政治检讨》,第 209—210 页。

3. 半自足性

所谓半自足性,是指中国古代农民的生产经营与经济形态既有自给自足的倾向,又与外部的工商业经济有着不可分割的联系与交换。

从中国古代小农经济的构成看,其自给自足的倾向十分突出。《孟子·梁惠王上》即言:

> 五亩之宅,树之以桑,五十者可以衣帛矣。鸡豚狗彘之畜,无失其时,七十者可以食肉矣。百亩之田,勿夺其时,八口之家可以无饥矣。[1]

《汉书·食货志》亦曾描述农民经济的理想结构:

> 种谷必杂五种,以备灾害。田中不得有树,用妨五谷。……还庐树桑,菜茹有畦,瓜瓠果蓏,殖于疆易。鸡豚狗彘毋失其时,女修蚕织,则五十可以衣帛,七十可以食肉。[2]

这是典型的以家庭为单位的男耕女织式综合经营。这固然是由于自然条件与生产对象在一定程度上为中国农民提供了这种可能性,如蚕织、麻织均可通过家内劳动完成,而欧洲社会的毛革与毛织业则难以由一家一户单独进行。但更重要的则是,由于在精耕细作制度下,农民劳动生产率较低,生产所获除缴租纳赋外,所余无几。因此,农村人口中的绝大多数都必须投入土地经营。这就使得历史上的中国农村社会分工薄弱,农民必须要尽量以自己的力量解决生活的不同需求。

---

① ［清］焦循撰,沈文倬点校:《孟子正义》卷三《梁惠王上》,第95页。
② 《汉书》卷二四上《食货志上》,第1120页。

但是,这种以家庭为单位的男耕女织式综合经营是否就可以真正自给自足了呢? 当然不会。

从小农经济的结构性看,分散的小农经济能力十分有限,许多必需的生产与生活用品还是无法自行生产的。农民在有限的土地上,以有限的劳动力,很难实现生产与生活用品的自给自足,起码不是多数农户所能普遍生产的,一些生产与生活的必需品必须从市场获取,如农业生产工具尤其是铁制工具,以及食盐、陶器、木器等生产用品等。具体到自身经济条件和所处的自然环境,个体农民不可能各种副业都进行经营,相当一部分生产、生活必需品要依赖市场调剂和解决。如《盐铁论·水旱》中所言手工商业者:

> 各务为善器,器不善者不集。农事急,挽运衍之阡陌之间。民相与市买,得以财货五谷新币易货;或时贳民,不弃作业。
>
> 弃膏腴之日,远市田器,则后良时。盐、铁贾贵,百姓不便。贫民或木耕手耨,土耰淡食。[1]

由上可以看出农民对于盐铁市场的依赖。这一传统一直存在于整个中国古代社会。[2]

还必须指出的是,小农经济的弱小特性,决定了其综合性的生产经营并不能与自给自足画等号。小农经济之弱小,自古而然。李悝曾对战国的个体小农进行分析:

> 今一夫挟五口,治田百亩,岁收亩一石半,为粟百五十石,除十一之税十五石,余百三十五石。食,人月一石半,五人终岁为粟九十石,余有四十

---

①　[汉]桓宽撰,王利器校注:《盐铁论校注》卷六《水旱》,第 430 页。

②　参见马新:《商品经济与两汉农民的历史命运》,《文史哲》1996 年第 6 期。

五石。石三十,为钱千三百五十,除社闾尝新春秋之祠,用钱三百,余千五十。衣,人率用钱三百,五人终岁用千五百,不足四百五十。不幸疾病死丧之费,及上赋敛,又未与此。①

据此可知,粮食收入无法满足农民的生活支出,经常造成亏空。晁错也曾如是分析西汉前期的小农经济:

> 今农夫五口之家,其服役者不下二人,其能耕者不过百亩,百亩之收不过百石。春耕夏耘,秋获冬臧,伐薪樵,治官府,给徭役;春不得避风尘,夏不得避暑热,秋不得避阴雨,冬不得避寒冻。四时之间无日休息;又私自送往迎来,吊死问疾,养孤长幼在其中。勤苦如此,尚复被水旱之灾,急政暴赋,赋敛不时,朝令而暮改。当具有者半贾而卖,亡者取倍称之息,于是有卖田宅鬻子孙以偿债者矣。②

以上是占有土地较为宽松时代的情况。到了后代,随着小农家庭占有土地的递减,人均占有口粮及其他劳动产品的下降,小农生活更是艰辛。

明清时代,普通小农经济十分拮据。如清代黄卬在《锡金识小录》卷一《备参》中曾记道:

> 乡民食于田者,惟冬三月。及还租已毕,则以所余米舂白而置于困,归典库以易质衣。春月则阖户纺织,以布易米而食,家无余粒也。及五月田事迫,则又取冬衣易所质米归,俗谓"种田饭米"。及秋,稍有雨泽,则机杼声又遍村落,抱布贸米以食矣!③

---

① 《汉书》卷二四上《食货志上》,第1125页。
② 《汉书》卷二四上《食货志上》,第1132页。
③ [清]黄卬辑:《锡金识小录》卷一《备参上·力作之力》,成文出版社1983年版,第52—53页。

这种情况下,村落农民不可能脱离市场而存在。

农民经营中的相当一部分副业经营并非为了自给,而是要投入交换,弥补家用之不足。尉缭子即认为:

> 夫在芸耨,妻在机杼,民无二事,则有储蓄。……春夏夫出于南亩,秋冬女练于布帛,则民不困。[1]

《管子·禁藏》也说:"糠秕六畜当十石。"从战国时期开始,政府就鼓励家畜的饲养。如银雀山竹简《守法》载:

> 上家畜一豕、一狗,鸡一雄一雌。诸以令畜者,皆藏其本,赍其息,得用之。[2]

《盐铁论·散不足》也说:

> 夫一豕之肉,得中年之收,十五斗粟,当丁男半月之食。[3]

就考古材料看,家畜饲养在汉代农户中确实比较普遍,各地常常出土有陶猪圈、陶猪以及犬、羊、鸡、鸭等模型。

在有条件的地区,农民们在农闲之际也出外樵伐与采集。《汉书·龚遂传》中所说的"秋冬课收敛,益蓄果实菱芡"[4],就是秋后的采集。有的农户甚至以樵采为生,如西汉朱买臣即"不治产业,常艾薪樵,卖以给食"[5]。另外,乡村

① [战国]尉缭子:《尉缭子》卷三《治本》,中华书局1985年版,第28页。
② 银雀山汉墓竹简整理小组编:《银雀山汉墓竹简》(壹),文物出版社1985年版,第146页。
③ [汉]桓宽撰,王利器校注:《盐铁论校注》卷六《散不足》,第351页。
④ 《汉书》卷八九《龚遂传》,第3640页。
⑤ 《汉书》卷六四上《朱买臣传》,第2791页。

百姓往往在宅院内部或侧近经营园圃瓜果,也是农民的一项重要副业。如文献所言:"菜茹有畦,瓜瓠果蓏,殖于疆易"①,"园菜果蓏助米粮"②,等等。以上说明,农民自身无法实现生产生活的自给自足,必须以副业补充家用。③

　　基于上,我们可以得出结论:中国古代农民与商品市场和手工业有着密切联系,具有明显的半自足性。④

二、古代农民的家国情怀

　　由中国传统农民的特性可以看到,农民自身的分散、弱小,使他们必须依赖社会,而其平民性的特色,又决定了他们和王朝政府间的互为依托、互相依存的密切关系,因而,中国传统农民心中有着十分浓厚的家国情怀,主要体现在对皇权与官方的认同与关切。

1. 忠君报国的思维取向

　　秦汉以来,特别是西汉武帝"独尊儒术"以来,随着统一的中央王朝的稳定与强大,"大一统"的观念深入人心,村落百姓对国家也表现出明显的认同与关注。具体而言,首先表现为对中央王朝的认同。比如,东汉末年,各地判吏拥兵自重,并州牧董卓率兵进入洛阳,废少帝刘辩,改立 9 岁的刘协为帝,自封相国,控制朝政,百姓旗帜鲜明地站在汉王朝一边。于是便有《董逃歌》流传。歌云:

　　　　承乐世董逃,游四郭董逃,蒙天恩董逃,带金紫董逃,行谢恩董逃,整

---

① 《汉书》卷二四上《食货志上》,第 1120 页。
② [汉]史游撰,管振邦译注,宙浩审校:《颜注急就篇译释》卷二,第 119 页。
③ 参见马新:《商品经济与两汉农民的历史命运》,《文史哲》1996 年第 6 期。
④ 关于农民与商品经济的关系问题,详见马新:《商品经济与两汉农民的历史命运》,《文史哲》1996 年第 6 期;齐涛:《中国传统政治检讨》,第 210—213 页。

车骑董逃,垂欲发董逃,与中辞董逃,出西门董逃,瞻宫殿董逃,望京城董逃,日夜绝董逃,心摧伤董逃。①

这首歌谣恐怕流传很广。据汉代应劭《风俗通义·佚文》曰:

董卓以《董逃》之歌,主为己发,大禁绝之,死者千数。②

董卓还将"董逃"改为"董安",但这些都无济于事,民间甚至流传了更愤怒的咒骂:

千里草,何青青。十日卜,不得生。③

这里的"千里草"即为"董"字;"十日卜"为"卓"。这首歌谣采用字谜的形式,表达了人们对董卓的态度,预示了董卓必亡的政治命运。

就一般情况而言,谣谚中民众多是站在正统政府一边,指斥那些犯上作乱的篡权者。东汉时期,州郡势力膨胀,地方官员尾大不掉,中央王朝号令不行。崔寔在《政论》中记录了民间流传的谣谚:

州县符,如霹雳;得诏书,但挂壁。④

这则里谣对当时中央与地方关系的描绘,可谓入木三分。类似的民谣在整个

---

① 《后汉书》志一三《五行志一》,第3284页。
② [汉]应劭撰,王利器校注:《风俗通义校注·佚文》,第569页。
③ 《后汉书》志一三《五行志一》,第3285页。
④ [宋]李昉等编纂:《太平御览》卷四九六《人事部一百三十七》引崔寔《政论》,第2268页。又,崔寔《政论》"州县符"或作"州郡记"。(见[清]严可均辑,马志伟审订:《全上古三代秦汉三国六朝文·全后汉文》卷四六引崔寔《政论》,第471页。)

中国古代社会一直兴盛不衰,使其成为农民与普通百姓关注国政的重要载体。①

在对中央王朝或朝廷认可的基础上,社会上又形成了对君权的认同,忠君报国的思维取向深入民间,也成为乡村百姓的选择。比如,在魏晋南北朝以来的礼佛造像活动中,为帝王祈福成为常见的祈福内容。东魏兴和三年(541年)曲阳京上村乐零秀礼佛造像云:

> 敬造观世音像一区,上为皇帝陛下,七世先忘、现在眷属,边地含生,等同福愿。②

北齐天保十年(559年),村民王和兄弟三人为亡父母造多宝玉像一尊,也表示:

> 上为皇帝陛下,中为七世先亡、师僧父母,下为含识受苦众生,利苦得乐。愿共法界一时成佛,俱登妙果也。③

山东临朐石门房山有唐天宝六载(747年)三月廿九日卢大娘造像云:

> 上为国王帝主,□彳父母,法界仓生,咸同斯福。④

五代后晋天福二年(937年)七月二日山东青州北海县高阳乡明村人麻浩等造像云:

---

① 以上参见马新:《时政谣谚与两汉民众参与意识》,《齐鲁学刊》2001 年第 6 期。
② 冯贺君:《曲阳白石造像研究》附录三"发愿文总录",紫禁城出版社 2015 年版,第 154 页。
③ 冯贺君:《曲阳白石造像研究》附录三"发愿文总录",第 184—185 页。
④ [清]陆增祥:《八琼室金石补正》卷五七《卢大娘题记》,文物出版社 1985 年版,第 395 页。

上为国王帝主,下及师僧父母、七代先亡、见存眷属,普为法界群生,齐登佛果。①

在敦煌社邑文书中,也常可见到类似的祈福。比如:

伏愿威光转胜,福力弥增,救人护国。愿使圣躬延受(寿),五谷丰登,管内人安,歌谣满城。②

先奉为国安仁(人)奉,社稷恒昌,佛日同开,普天安乐。③

然(燃)俊灯于金地者,先奉为龙天八部,拥护疆场,国泰人安,田蚕善熟。令公延寿,宝祚长兴。次为合邑人等,无诸灾障之福会也。④

在明清时代的家谱、族谱与族训中,更是充满着忠君与报国之情,同样反映着村落百姓的家国情怀。比如湖南善化《谭氏族谱》卷二《初修家训》,开宗明义,便是"忠君"条:

我辈都是君的百姓,家家神龛上供着天地君亲师,可知除天大地大就是君大。百姓未做官,未受朝廷爵禄,如何尽忠哩?

只要时时有个君恩在心里,忠便随处可尽。粮饷早完这是尽忠,就是抽厘捐饷也是尽忠;去当兵奋勇杀贼这是尽忠,就是纯良百姓莫入匪党也是尽忠;各勤职业,莫作游民,这是尽忠;恪守王法,莫作罪民也是尽忠;推之在乡间办团务、清户口、立社仓、行义举,都是与皇上出力安民,无处不

①　[清]陆增祥:《八琼室金石补正》卷八〇《高阳乡麻浩等造像碑》,第553页。
②　《社邑印沙佛文》(斯六六三号),载宁可、郝春文辑校:《敦煌社邑文书辑校》,第626页。
③　《社邑燃灯印沙佛文抄》(伯三二七六背),载宁可、郝春文辑校:《敦煌社邑文书辑校》,第647页。
④　《社邑燃灯文》(伯二〇五八背),载宁可、郝春文辑校:《敦煌社邑文书辑校》,第649—650页。

可尽忠。……故家训首一条,就从忠君说起。①

湖南邵陵桐江赵氏规训中的"急赋税"条亦劝诫全族成员要"及时输纳,竭力急公":

> 普天率土,共戴一王,赋税力役之征,三代以来未之或易。若恃强抗制,或玩法拖延,即为盛世之蠹民,追呼问罪必至,家破名辱,害岂有穷哉?谚云:"要得欢,先了官。"尚其及时输纳,竭力急公。此固职分所当为,而非奸谋可得免者,又何所容其徘徊也。②

在中国古代乡村社会中,好皇帝与恶贪官是基本的判断模式,"只反贪官,不反皇帝"也成为许多农民起义的思维取向,以至于在乡村戏曲舞台上也成为最为常见的组合。如蒲松龄所编民间俚曲《磨难曲》中,就描写了某县遭灾,皇帝发令赈济,而各级官吏竞相贪污,导致百姓苦不堪言的故事。其中,就有灾民唱道:

> "哎呀!苍天呀!听的说朝廷爷极仁慈,若是有官好的替咱诉诉这些苦楚,休说赦钱粮,还赈济也是有的。怎么就大小官员,都没有摊着一个爱民的?"

> 知道咱苦和甜,全凭那上下官,朝廷好那里捞着见?下头知县不肯报,上头大官不肯言,万岁爷怎知道卢龙俭?休指望赦粮赈济,就赦了那恩惠难沾。

> "长想着那一年大赦了钱粮,没封的就便宜了那滑户,封了的就便宜

---

①　[清]谭宗锽等纂修:《善化谭氏续修族谱》卷二《初修家训》,清宣统二年(1910年)木活字本,第1/b—3/b页。

②　《邵陵桐江赵氏规训》,载陈建华、王鹤鸣主编:《中国家谱资料选编》第8册《家规族约卷》,第142页。

了那县官,那好百姓沾甚么恩来! 奉旨各处都开饭场,那米未曾发县,上司就落起了八千石;发在厂里,那衙役又偷去了六千石。煮出粥来,那衙役的亲戚、朋友、兄弟、族人,尽吃的是朝廷家饭。厂里的人许多饿死,那万岁爷哪里知道的!"

前遇着大俭年,万岁爷动爱怜,发了漕米百万石,赈济赈的是衙役家狗,赈济赈的是州县官,饥民饿死了勾千千万! 若遇着洪武皇帝,剥的皮堆积有如山![①]

这字里行间,无不流露着乡村农民朴素的忠君之情,这份感情,尽管被后人斥之为愚忠,但其中所蕴含的家国情怀却值得我们高度重视。需要指出的是,这份情怀并非只是停留在思想上或言辞上,皇室的号召力任何时候在乡村农民这里都是无与伦比的,农民们随时可以以自己的行动去实践忠君报国之心。

比如,南宋初年的杨么起义声势浩大,屡败前来讨伐的官军,金朝控制的刘豫政权派人与之联系,要与之合力攻宋,"克日会合,水陆并进","得州者做知州,得县者做知县"。[②] 但起义军不为所动,将其灌醉后沉入湖底。当岳飞前来镇压时,看到了其中蕴含的忠君报国之情,便采取了安抚政策,宣布:起义农民愿归农者,官府划拨闲田,授田给种;自愿充当兵士者,优予转官,各授名目;蠲免起义地区上供养,放米钱赈济。很快便瓦解了这支起义军,招入军中者达20余万,这些士卒在朱仙镇战役以及其他一系列战役中发挥了重要作用。[③]

2. 对官府的依赖与认同

乡村农民的这份家国情怀不是凭空产生的,也不仅仅是正统教化所能导致的,最主要的根源就是分散的个体农民对官府的全面依赖性。中国传统农

---

① [清]蒲松龄著,蒲先明整理,邹宗良校注:《聊斋俚曲集》,第 706 页。

② [宋]鼎澧逸民撰,朱希祖考证:《杨么事迹考证》卷下,商务印书馆 1935 年版,第 42 页。

③ 参见赵俪生:《南宋初的钟相、杨么起义》,《历史教学》1954 年第 11 期。

民的分散性,使得他们单凭个人或家庭的力量,既无法抵御自然灾害及社会危
害,也无法处理人与人之间、人与群体之间以及群体与群体之间的复杂关系。
宗法血缘组织与民间私社对于化解农民的分散性的问题虽然能起到一定作
用,但范围与时效都较为有限;更为重要的是,宗法血缘讲究伦理,以情分为
重,其公正性往往不易被多数民众认可。所以,乡村农民们不管遇到什么事
情,其首选往往是诉之于官,亦即告官。

　　告官的事务复杂多样,几乎涉及农民生活的方方面面。其中,有发生经济
纠纷而告官者。如唐咸通年间,一富裕农户与邻家发生了借贷纠纷,诉之于
官。《太平广记》卷一七二引《唐阙史》记道:

　　　　咸通初,有天水赵和者任江阴令……时有楚州淮阴农,比庄俱以丰岁
　　而货殖焉。其东邻则拓腴田数百亩,资镪未满,因以庄券质于西邻,贷缗
　　百万,契书显验,且言来岁赍本利以赎。至期,果以腴田获利甚博,备财赎
　　契。先纳八百缗,第检置契书,期明日以残资换券。所隔信宿,且恃通家,
　　因不征纳缗之籍。明日,赍余镪至,遂为西邻不认,且以无保证,又乏簿
　　籍,终为所拒。东邻冤诉于县,县为追勘,无以证明。宰邑谓曰:诚疑尔
　　冤,其如官中所赖者券,乏此以证,何术理之。①

该案情节并不复杂,淮阴相邻的两个富裕农户,东邻以地契抵押向西邻借钱,
到期后,东邻先还800缗,约定次日还上余额后即取回地契。但次日还钱时,
西邻不承认东邻已还之800缗。东邻在当地告官,未被受理,遂越界到江阴县
告状,被县令赵和审理判明。遇有纠纷则不断告官以至越界告官,足以说明乡
村民众对官府之信服。

　　又有农家妇女被里胥欺辱而告者。如唐人张读《宣室志》"韦氏子"条

――――――――――

　　① 〔宋〕李昉等编:《太平广记》卷一七二《精察二·赵和》,第1079页。

记载道：

> 杜陵韦氏子,家于韩城,有别墅在邑北十余里。开成四年秋,自邑中游焉。日暮,见一妇人,素衣,挈一瓢,自北而来,谓韦曰:"妾居邑北里中有年矣,家甚贫,今为里胥所辱,将讼于官。幸吾子与纸笔书其事,妾得以执诣邑长,冀雪其耻。"韦诺之。①

此案是一个普通农家妇女遭吏胥欺辱而要告官之事,同样说明乡村民众对官府之信服。

也有因县衙指派差役不公而告官者。如黄繁光曾据《名公书判清明集》卷三《赋役门》整理有南宋一个案例:

> 某县乡第十五都保正"熊俊英"执役期满当替,县司点差"熊澜"入役,发生纠役官司,以致本都役事无人干办。熊澜户下税钱虽有三贯二百多文,却坚持别户应优先充役,于是一再论诉,"熊澜词内所纠论者凡六人",词连熊俊乂、熊俊民、张师说、张师华、师承之、师望之等六户,情状复杂。判官当厅查验各户税钱数目、歇役远近,参稽比对,先将歇役未满人户逐一剔除,最后照得"师承之一户,税钱计七贯六百文有零,较之熊澜税数,则不啻一倍。又昨于绍熙年间应役一次,歇役已经二十余年,参之物力增及一倍,歇役十年,理为白脚之法,亦不啻一倍矣。以人情法意论之,合当差师承之充应目今役次"。因此判决师承之"日下即便入役,不得妄有推托",从而解决了本都长期无保正执役的困境。②

---

① ［唐］张读撰,张永钦等点校:《宣室志》卷一〇《韦氏子遇狐》,《古小说丛刊》本,中华书局1983年版,第138页。

② 参见黄繁光:《南宋中晚期的役法实况——以〈名公书判清明集〉为考察中心》,《淡江史学》第12期,2001年。

此案非一般性告官,而是状告县衙有司点差执役不公,是标准的"行政诉讼",有此勇气且得到公正改派,更说明了乡村百姓对官府之信服。

还有因家务纠纷而告官者。如蒲松龄所编俚曲《墙头记》,描述了乡村一老者有两子,两子成家后不仅不孝,反而虐待老人。一个乡村银匠看不下去,谎称老人在他那儿积有一些银子,骗两子尽孝。待老人安然度过晚年去世之后,两子方知被骗,要拉着银匠见官。剧中写道:

> 果然官来了。两个老婆就叫"皇天!"官问:"什么人?"答:"是张大的妻。"唱:
>
> 大老爷是青天:阖家不足两顷田,可恨银匠把俺骗!"他怎么骗您来?"家里一个老头子,饥饱与他嘎相干? 他调唆着不吃家常饭。"你不给他吃不的么?"他却又千般哄诱着,着俺去里头把钱转。"他怎么哄你来呢?"他说俺公公有大钱;死后全然没一言,他又说账目有千万。"你怎么来?"听着他事事弄整齐,又称漆来漆了棺,光粮食粜了有五十石。"后来呢?"临了是分文无有,吃的亏叫人难堪!
>
> 官问银匠:"你为什么哄人呢?"唱:
>
> 他把个老子搁墙头,浑身都是烂流丢,一家全是真禽兽! 若不将银钱打动他,好言怎能劝回头,张老也活不到八十六。他全凭着老婆出马,拦住路合我为仇。
>
> 官说:"你起去,与你无干。——给我把两个不孝的奴才,每人打三十大板;两个不贤的妇人,每人一拶子,一百撙!"那皂隶喊了一声,先打了汉子,后拶了老婆,官才去了。
>
> 一家人叫苦连天,哇哼成块。张大说:"好打,好打!"唱:
>
> 那官府忒也偏,一打几乎到九泉,好胡突并不听人辨。"二弟,你不相干么?"我这腿像有个虾蟆肚,得找外科马寿先,长到三十没经惯。"哥哥你呢?"这一霎恶心疼痛,只觉着口涩唇干。李氏说:"哎呀,疼死我

也!"唱:

我从来不怕谁,打就打捶就捶,这一遭可把胆来碎!"您二婶子,你还好么?"十个指头露着骨,好似心里扎一锥,浑身疼痛连肝肺。"嫂子,你呢?"手丫里全没皮肉,不由人裂嘴攒眉。

张大说:"小瓦瓴子,给我擦擦腿上这血。"瓦瓴子说:"俺不,怪脏的。"张大说:"小杂羔子气煞我!我到家可打你!"瓦瓴子说:"俺爷爷长疮瘰,叫你给他看看,你就嫌脏,正眼不理么,怎么这个就待打人?"张大唯哼着说:"我做下样子了。——我对你说,休学我了,我这不就是样子么?"唱:

望上看有双亲,往下看有儿孙,我不好后代越发甚。指望他到家服事我,谁想他事事要学人,坏了腿还有谁来问?腚虽疼有点好处,也着那后世惊心。

四口子都说:"这个行子好可恶,几时的事他还记着!"唱:

小瓦瓴不过才十来多岁,已下手把样子描了两对,想是那小心眼诸般学会。你可前半截学伶俐,后半截学吃亏。你若是学的像了我,可预先准备着烟下腿。

张大哎哟说:"受打捱捶为什么?"张二哎哟说:"皮开肉绽血成洼。"李氏哎哟说:"太爷说到还轻处。"

赵氏哎哟说:"又积作下堂前忤逆达。"唯哼瘸跛并下。[1]

此剧塑造了亲民清明的青天形象。当两个不孝子告官时,他不仅不追究银匠的诈骗之罪,反把两个告状的不孝子痛打三十大板,在观众们大快人心的感受中,可以看到乡村百姓的清官追求,也可以看到官府在他们心中的地位与形象。

由上述事例不难看出,村民们将官府视作公平所在、依托所在,无论大小

---

[1] [清]蒲松龄著,蒲先明整理,邹宗良校注:《聊斋俚曲集》,第44—45页。

事务、家事外事,最后的裁决者就是地方官,这也表明农民的家国情怀有着充分的社会基础。

三、古代农民的进取之心

所谓进取心,就是不安于现状,谋求改变,以求得更好结果的一种精神。就中国古代农民而言,其进取心主要体现在致力于改变社会地位和致力于改变经济地位两个方面。

1. 改变社会地位的政治进取心

中国古代社会地位的改变主要是指读书入仕,进入官僚集团,成为人上人。而经济地位的改变主要是指通过勤劳或其他种种方式致富,上升为富人阶层。而且,在中国古代社会,官与富可以相通,"三年清知府,十万雪花银"是平常状态。当然,为富之人,也可能通过种种方式进入官场,即便不入官场,其财富也足以使其实现人上人的地位。如司马迁在《史记·货殖列传》中所言:"凡编户齐民,富相什则卑下之,伯则畏惮之,千则役,万则仆,物之理也。"[1]在百姓眼中,有远大志向,要"修身,齐家,治国,平天下"[2]者,毕竟只是少数,多数人致力于求学与求仕,还是为了社会地位的改变。

中国古代社会中的农民之所以有此追求,其根源还在于中国传统农民的平民性为其提供了政治上的可能。而且,这种追求早在中国古代农民形成之初便已开始,最为典型的代表就是秦王朝时期的普通农民陈胜与陈平。《史记·陈涉世家》曾记:

---

[1] 《史记》卷一二九《货殖列传》,第 3274 页。

[2] ［汉］郑玄注,［唐］孔颖达等正义:《礼记正义》卷六〇《大学》,第 1673 页。

（陈胜）少时，尝与人佣耕，辍耕之垄上，怅恨久之，曰："苟富贵，无相忘。"佣者笑而应曰："若为佣耕，何富贵也？"陈涉太息曰："嗟乎，燕雀安知鸿鹄之志哉！"①

在他与吴广被征为戍卒，被发往渔阳途中，连日大雨，道路不通，延误了行期，按秦律应斩首。陈胜、吴广向戍卒们号召道：

公等遇雨，皆已失期，失期当斩。藉第令毋斩，而戍死者固十六七。且壮士不死则已，死则举大名耳。王侯将相宁有种乎！②

大约与之同期，阳武农民陈平也发出了类似的感叹。史载：

里中社，平为宰，分肉甚均。父老曰："善，陈孺子之为宰！"平曰："嗟乎，使平得宰天下，亦如是肉矣！"③

从陈胜、吴广到陈平，三位居于乡村中的农夫就有天下鸿鹄之志，这在中世纪的西欧乡村是绝不可能的。而陈胜们之所以能有此大志的根源在于他们的时代"朝为布衣暮公卿，昨日鼎食今鼎烹"④已成为现实，王侯将相已不是西周贵族制下的世袭遗传，而是向士子以及农民打开门户了。结局是：陈胜果然如愿称王，陈平也做到了丞相，得宰天下。

当然，在秦王朝时代，乡村百姓上升的空间极为狭小和偶然；自两汉时代以来，察举制与征辟制的实行，加之种种的入仕途径的开通，特别是科举制的

① 《史记》卷四八《陈涉世家》，第1949页。
② 《史记》卷四八《陈涉世家》，第1952页。
③ 《史记》卷五六《陈丞相世家》，第2052页。
④ ［宋］邵雍著，郭彧整理：《邵雍集·伊川击壤集》卷一七《战国吟》，中华书局2010年版，第454页。

出现,为乡村百姓中的佼佼者提供了较为充分的上升空间,"朝为田舍郎,暮登天子堂"①成为许多农民的梦想,激发着他们的进取情怀。

西汉时代的吴人朱买臣,"家贫,好读书,不治产业,常艾薪樵,卖以给食,担束薪,行且诵书"。卖柴为生,却读书不辍,时时还"歌呕道中",根本原因就是他有坚定的进取精神,坚信自己会被皇帝赏识,从而出人头地。所以,其妻制止他在道中讴歌,朱买臣根本不听,更是放声而歌,其妻羞愧求去,朱买臣自信地说:"我年五十当富贵,今已四十余矣。女苦日久,待我富贵报女功。"其妻当然不信,说:"如公等,终饿死沟中耳,何能富贵?"遂离其而去。但朱买臣一直没有放弃,数年后,出力役,随上计吏到长安,直接"诣阙上书",被汉武帝赏识,任命为中大夫,后又任会稽太守。朱买臣被任命为会稽太守后,浩浩荡荡,衣锦还乡。"会稽闻太守且至,发民除道,县吏并送迎,车百余乘。入吴界,见其故妻、妻夫治道。买臣驻车,呼令后车载其夫妻,到太守舍,置园中,给食之。"②从而,朱买臣的进取故事画上了一个圆满的句号。

科举时代,农民群体中的政治进取心更为普遍,演化出许许多多劝学励志的说教与故事。唐代敦煌变文中的《牙嗑书》即写道:

> 勤学不辞贫与贱,发愤长歌十二时,平旦寅,少年勤学莫辞贫。君不见,朱买臣未得贵,出自行歌自负薪。日出卯,人生在世须臾老。男儿不学读诗书,恰似园中肥地草。食时辰,偷光凿壁事殷勤,丈夫学问随身宝,白玉黄金未是珍。③

敦煌乡村社会中流行的《五更转·识字》也是典型的劝学篇。该篇写道:

---

① ［元］高明著,钱南扬校注:《元本琵琶记校注》第九出《新进士宴杏园》,中华书局 2009 年版,第 58 页。
② 《汉书》卷六四《朱买臣传》,第 2791—2793 页。
③ 王重民等编:《敦煌变文集》卷七,人民文学出版社 1957 年版,第 859 页。

一更初,自恨长养枉身躯,耶娘小来不教授,如今争识文与书?

二更深,《孝经》一卷不曾寻,之乎者也都不识,如今嗟叹始悲吟。

三更半,到处被他笔头算,纵然身达得官职,公事文书争处断?

四更长,昼夜常如面向墙,男儿到此屈折地,悔不《孝经》读一行。

五更晓,作人已来都未了,东西南北被驱使,恰如盲人不见道。[①]

在这种进取心态引导下,乡村寒门之读书人且耕且读,终岁奔波在科举途中,至老而不悔。清代吴敬梓《儒林外史》中所描述的范进便是其中的典型代表。蒲松龄笔下也描写了这样一位老童生,终其一生,一直未取得任何功名,但一直乐此不疲。其《禳妒咒》中写道:

咱这临县中有一个刘太和,今年六十五了。一伙小童生见了他每日考,便都戏他说:"刘大爷,你好做诗,何不做一首?"刘太和说:"甚么为题?"众人说:"就指着自家罢。"刘太和顺口念道:"从那来了个春风鼓,童考考到六十五。没钱奉上大宗师,熬成天下童生祖!"[②]

这段描写把一个乡村老童生的辛酸刻画得入木三分,把其孜孜以求、至老不悔的进取之心也刻画得活灵活现,这实际上也是乡村士子们的共同心态。

2. 改善经济地位的致富追求

中国古代农民的致富追求主要立足于其勤劳精神,其前提是中国古代农民的半自足性。前已述及,所谓半自足性是指中国传统农民的生产经营不是完全自给自足的自然经济形态,而是以土地为本,多种经营兼具,与市场经济

---

① 任半塘编著:《敦煌歌辞总编》卷五,上海古籍出版社1987年版,第1284页。
② [清]蒲松龄著,路大荒整理:《蒲松龄集》,第1158页。

有着密切联系的半自给自足、半商品经济的特殊形态。在这种形态中，农民依靠自己的勤奋与经营，是有可能积累财富，走上致富之路的，这方面的实例也是代有所出，因而，勤劳致富也就成为中国古代农民的重要心态。值得注意的是，中国古代农民的这一心态，与历代王朝官方及主流社会的劝农、重农导向恰相一致，这对古代农民勤劳致富心态的强化产生了重要影响。

司马迁在《史记·货殖列传》中指出："夫纤啬筋力，治生之正道也。"就是说，勤劳节俭是治理产业的正路。他还以秦杨为例，说明"田农，掘业，而秦扬以盖一州"①，亦即种田务农虽然笨重辛苦，但秦杨却凭此富盖一州。在《史记·平准书》中，他又以卜式为范例，强调勤劳是获取致富和尊敬的主要方式。卜式"以田畜为事"，是一个以耕种畜牧为业的普通农民。分割家产时，他将田宅财物尽分给弟弟，自己只有百余只羊。但他十分勤奋，"入山牧十余岁，羊致千余头，买田宅"，成为村中"富人"。② 当时正值汉朝与匈奴作战，财政困难，卜式遂捐出一半的家财资助边事；后山东一带遭遇洪涝灾害，他又出资 20 万资助河南流民。他屡屡捐资扶贫，深得汉武帝赏识，皇上"于是以式终长者，乃召拜式为中郎，赐爵左庶长，田十顷，布告天下，尊显以风百姓"③，予以官爵厚赐及尊荣来教化百姓。后拜为齐王太傅、齐相。元鼎中，征召卜式为御史大夫。这位"远迹羊豕之间"④的农民被树为以勤劳致富、报国致贵的典范。

贾思勰在《齐民要术》中，既强调统治者的劝农、重农以富国，又要求农民勤劳经营以致富。比如，在《齐民要术·序》中，他就论述了农民勤劳力田对国家和个人的重要性。他说：

《管子》曰："一农不耕，民有饥者；一女不织，民有寒者。""仓廪实，知

---

① 《史记》卷一二九《货殖列传》，第 3282 页。
② 《史记》卷三〇《平准书》，第 1431—1432 页。
③ 《汉书》卷五八《卜式传》，第 2625 页。
④ 《汉书》卷五八《卜式传》，第 2625 页。

礼节;衣食足,知荣辱。"……《传》曰:"人生在勤,勤则不匮。"古语曰:"力能胜贫,谨能胜祸。"盖言勤力可以不贫,谨身可以避祸。故李悝为魏文侯作尽地力之教,国以富强;秦孝公用商君急耕战之赏,倾夺邻国而雄诸侯。①

贾氏在全书正文中,虽然主旨是向农民传授农业生产知识,但字里行间无不透出对勤劳的推崇和对经营的重视,使《齐民要术》真正成为贴近农民的生产需求与心理需求的传世之作。如在《齐民要术·杂说》中,贾思勰曾详尽讲述对黍谷的种植与管理,倡导勤劳致富。该篇写道:

> 候黍、粟苗未与垄齐,即锄一遍。黍经五日,更报锄第二遍。候未蚕老毕,报锄第三遍。如无力,即止;如有余力,秀后更锄第四遍。油麻、大豆,并锄两遍止;亦不厌早锄。谷,第一遍便科定,每科只留两茎,更不得留多。每科相去一尺。两垄头空,务欲深细。第一遍锄,未可全深;第二遍,唯深是求;第三遍,较浅于第二遍;第四遍较浅。
>
> ……
>
> 一切但依此法,除虫灾外,小小旱,不至全损。何者? 缘盖磨数多故也。又锄耨以时。谚曰:"锄头三寸泽。"此之谓也。尧汤旱涝之年,则不敢保。虽然,此乃常式。古人云:"耕锄不以水旱息功,必获丰年之收。"②

在该篇中,贾思勰还特别讲到多种经营的重要性,教给农民如何掌握所处地理位置,有目的地面向市场需求进行多种经营。他这样写道:

> 如去城郭近,务须多种瓜、菜、茄子等,且得供家,有余出卖。只如十

---

① [北朝]贾思勰著,缪启愉、缪桂龙译注:《齐民要术译注·序》,第1页。
② [北朝]贾思勰著,缪启愉、缪桂龙译注:《齐民要术译注·杂说》,第19—20页。

亩之地,灼然良沃者,选得五亩,二亩半种葱,二亩半种诸杂菜;似校平者种瓜、萝卜。其菜每至春二月内,选良沃地二亩熟,种葵、莴苣。作畦,栽蔓菁,收子。至五月、六月,拔诸菜先熟者,并须盛裹,亦收子讫。应空闲地种蔓菁、莴苣、萝卜等,看稀稠锄其科。至七月六日、十四日,如有车牛,尽割卖之;如自无车牛,输与人。即取地种秋菜。①

他还举出了勤劳致富的若干实证。比如:

> 龚遂为渤海,劝民务农桑,令口种一树榆,百本薤,五十本葱,一畦韭;家二母彘,五鸡。民有带持刀剑者,使卖剑买牛,卖刀买犊,曰:"何为带牛佩犊?"春夏不得不趣田亩;秋冬课收敛,益蓄果实菱、芡。吏民皆富实。召信臣为南阳,好为民兴利,务在富之。躬劝农耕,出入阡陌,止舍离乡亭,稀有安居。时行视郡中水泉,开通沟渎,起水门、提阏,凡数十处,以广溉灌,民得其利,蓄积有余。禁止嫁娶送终奢靡,务出于俭约。郡中莫不耕稼力田。吏民亲爱信臣,号曰"召父"。僮种为不其令,率民养一猪。雌鸡四头,以供祭祀,死买棺木。颜斐为京兆,乃令整阡陌,树桑果;又课以闲月取材,使得转相教匠作车;又课民无牛者,令畜猪,投贵时卖,以买牛。始者,民以为烦;一二年间,家有丁车、大牛,整顿丰足。②

文中所记载的"吏民皆富实""蓄积有余""家有丁车、大牛,整顿丰足",就是因勤劳经营而由贫转富的结果。这些事例本身也反映出古代农民勤劳致富心态的形成与成长过程。

关于古代农民勤劳致富心态的直接资料难以寻觅,但如果看一下各个时

---

① [北朝]贾思勰著,缪启愉、缪桂龙译注:《齐民要术译注·杂说》,第22页。
② [北朝]贾思勰著,缪启愉、缪桂龙译注:《齐民要术译注·序》,第7页。

代的墓志铭或是为自己的先人所作传记，我们可以发现，在为尊者讳、为长者讳的中国古代社会，无人讳言先人曾经的贫穷与勤劳，反而都对先人之能以勤劳致富大书特书。比如，茅坤所撰《亡弟双泉墓志铭》即详细记载了墓主本是田家子，少即知田，年十余岁便能做到：

> 能身操畚锸，为诸田者先，其所按壤分播、剃草化土之法，一乡人所共首推之者。已而树桑，桑且数十万树……桑所患者蛀与蛾，君又别为剗之拂之，故府君之桑首里中……君之田倍乡之所入，而君之桑则又什且伯乡之所入，故君既以田与桑佐府君起家，累数千金而羡。而其继也，君又能以田与桑自为起家，累数万金而羡。①

又如，归有光所撰《归府君墓志铭》，也备述归椿如何勤劳致富之艰辛。其中写道：

> 府君少时亦尝学书，后弃之，夫妇晨夜力作。白茆在江海之墟，高仰瘠卤，浦水时浚时淤，无善田。府君相水远近，通溪置闸，用以灌溉。其始居民鲜少，茅舍历落，数家而已。府君长身古貌，为人倜傥好施舍，田又日垦，人稍稍就居之，遂为庐舍市肆如邑居云。晚年，诸子悉用其法。其治数千亩如数十亩，役属百人如数人。吴中多利水田，府君家独以旱田。诸富室争逐肥美，府君选取其碛者曰："顾吾力可不可，田无不可耕者。"人以此服君之精。②

明代文人邹迪光在《始青阁稿》中为其族人立传表彰，其核心内容就是称

---

① ［明］茅坤：《茅鹿门先生文集》卷二三《亡弟双泉墓志铭》，明万历刻本，第 10/a—10/b 页。
② ［明］归有光著，周本淳校点：《震川先生集》卷一九《归府君墓志铭》，上海古籍出版社 2007 年版，第 481 页。

赞其勤劳致富之行事。他写道：

> 吾族有邹思溪翁者……故业农，家窭甚，无尺土可耕，佃田耕焉。耕必强力昏作，炙手涂足，终岁勤动，畚楇斤𣙵，靡所不艮利。遂能亩无奥草，易硗而腴，一坡可获数秸，号为上农。……久之，有田数亩，而力作如故。又久之而加倍，而亦力作如故。又久之而田且及百，乃始收犁置耜，召庸保合作，而身为督。①

人们之所以对此大书特书，充分认可，实际上是社会心态中勤劳致富心态的反映，当然也体现了古代农民的这一心态。

需要指出的是，中国古代农民的进取精神还与其半世俗性的特性有着密切的关系。农民信仰世界的世俗性，决定着他们的入世态度及物欲追求，直接促生其精神世界中的进取之心。对此，我们可以读一下蒲松龄所作俚曲《富贵神仙》中第一回楔子，兹转述如下：

> [鹧鸪天]区区小愿欲求天：近绕居民百顷田，膝下儿孙多似玉，堂中妻妾美如仙；朝朝饮酒暮烹鲜，耳目聪明牙齿坚；皓齿清歌细腰舞，糊涂混过百余年。
>
> [山坡羊]笑世人求仙求佛，这念头忒也谬妄。一个俗俗人儿，怎么把青天去上？就是那鹤壮如驴，他能驮我到仙府，也怕那里的神仙太多，这后来的无处安放。奉劝世人，不必慌张。依我这意思清廉本分，那天爷也不说我贪赃。愿得那小荩荩山儿似的一座元宝，又离不了一两个子孙封侯拜相。解闷开怀，些须得几个美人歌舞；百岁外，浑身上下，任拘嘎都健

---

① 　[明]邹迪光：《始青阁稿》卷一八《吾族思溪翁夫妇墓志铭》，《四库禁毁书丛刊·集部》第103册，北京出版社2000年版，第396—397页。

壮如常。但只是古人富贵,都要先受点子风霜;我却要漫荒拉草,受用那下半世的风光。或是佛来或是仙,摸摸这头皮不能担;忽然要到极乐国,只怕也坐不惯那九品莲。我要腾云学吕祖,天爷必然笑我憨;若是那不富不贵的老彭祖,天爷就肯我也心不甘。自家贬损又贬损,这叫开口告人难。我说一个样子给天爷看,足见我志向甚清廉;天爷若是还不肯,何厚何薄例可援。这人原是一个才子,他下半世的荣华尽可观。每日奔波条处里撞,一举成名四海传。歌儿舞女美似玉,金银财宝积如山;一棒儿孙皆富贵,美妾成群妻又贤;万顷田园无薄土,千层楼阁接青天;大小浑身锦绣裹,车马盈门满道看;八洞神仙来上寿,福禄二星增的全;天官也赐千般福,人世永成百岁欢;夫妇才到七十外,又见曾孙中状元;吃了仙酒老来少,模样只像三十前。口里东西须索是自吃,脚上绣鞋也要人替穿。一件衣服值百两,一碗东西值万钱。朝朝歌舞朝朝乐,夜夜元宵夜夜年。三杯酒吃的醺醺醉,美人扶到牙床边。快活浑如在天边外,荣华不似居人世间。自家的官诰四五次,儿孙的封赠十数番。每日黎明不曾起,门前成群来问安;遇着年节并上寿,紫袍玉带挤成攒。天爷赐了生铁券,千年万辈做高官。郭子仪富贵了两三世,哪似这等福寿全? 若是像这下半世,就不做神仙也自然。但把风光须早受,至多迟到二十三;只要富贵从天降,把那前半截的风霜一笔删。这个志向也容易足,小小荣华不算贪。不艰难也省了天爷的事,受荣华也无费天爷的钱。以此望空直祷告,想必天爷也不作难。

[劈破玉]祷告罢老天爷开口就问。那福神一路表直奏天门,说这人极清廉又极本分。天爷笑了笑,吩咐那手下人,你把用不着的玉带,去给他一大捆。

[清江引]老天爷见我这志向小,蟒袍儿往下抔。暂且捞到手,再从容问他要;还问他求一个长生不老。①

----

① [清]蒲松龄著,蒲先明整理,邹宗良校注:《聊斋俚曲集》,第604—605页。

从这则俚曲中,我们可以清楚地看到,村落农民也信仰老天爷,但他们信仰的目的不是成佛成仙,而是为了现世中的金玉满堂、荣华富贵,至多追求一个长生不老。祭拜那些释、佛、道及各路神灵也有着同样的诉求。这是古代农民进取精神的重要前提。

四、古代农民的集体精神

前已述及,中国古代农民既具有分散性特质,又存在着同一村落或同一自组织内的内在联系性,这种内在联系性的首要表现就是集体精神,这种精神来自上古,是中国古代重要的文化基因,对中国古代文明与古代社会的发展有着重大影响。

1. 集体劳动的文化传统

集体劳动的文化传统来自井田制,春秋战国之授田制取代井田制后,仍有较多存续。秦汉以来,虽然土地制度发生了巨大变化,由井田制而授田制而农民的小私有制,农业生产也由大田集体劳作转为个体的小农劳作。但乡村社会的生存模式并未改变,村民们仍然是相聚而居,邻里相望,鸡犬之声相闻,彼此间的联系与往来十分密切。村民们自发的集体性劳动一直延续。如《北史》载北朝道州的一些村落:

> 人行义让,有无均通,男子相助耕耘,妇女相从纺绩,大村或数百户,皆如一家之务。①

南朝宋刘敬叔所撰《异苑》也曾记:

---

① 《北史》卷八六《循吏·公孙景茂传》,第2883页。

> 鄱阳陈忠女名丰，邻人葛勃有美姿。丰与村中数女共聚络丝，戏相谓曰："若得婿如葛勃，无所恨也。"①

这种景象就是村民们集体精神的产物。

至宋代，村落中仍盛行集体耘田的习俗，为了奖勤罚懒，耘田时还在田边置漏和鼓。高斯得《国府劝农文》描写道：

> 方春，耕作将兴……莫不尽力以布种。四月草生，同阡共陌之人，通力合作，耘而去之，置漏以定其期，击鼓以为之节，怠者有罚，趋者有赏。及至盛夏，烈日如火，田水如汤，薅耨之苦尤甚，农之就功尤力，人事勤尽如此，故其熟也常倍。②

明代也有击鼓集体耘田的习俗。朱元璋曾设立老人制度，里中老人的一项重要职责就是劝农。其《教民榜文》称：

> 农民中有等懒惰，不肯勤务农业……止是各该里老人劝督，每村置鼓一面，凡遇农种时月，五更擂鼓，众人闻鼓下田。该管老人点闸，若有懒惰不下田者，许老人责决，务要严切督并见丁著业，毋容惰夫游食。③

这实际上也是中国古代农民集体精神的折射。

在日常的生产劳动中，村民们多是以个体家庭为单位进行，但常常有换工与互助式的集体劳动。同治《长阳县志》卷一《地理志·风俗》曾有对这种劳

---

① ［南朝宋］刘敬叔：《异苑》卷八，载王根林等校点：《汉魏六朝笔记小说大观》，上海古籍出版社1999年版，第671页。
② ［宋］高斯得：《耻堂存稿》卷五《宁国府劝农文》，《丛书集成初编》本，中华书局1985年版，第99页。
③ ［明］张卤：《皇明制书》卷九《教民榜文》，《续修四库全书》第788册，第357页。

动场面的描述:

> 其种稻先一日,主骑秧马入田,取秧扎成大把,名"秧把",将秧把散掷净田中,均匀分立,名"梅花瓣"。栽秧者下田,各取秧把分插,皆佝偻以退为进,另二人击鼓锣唱秧歌,亦退而走。鼓缓,插亦缓,鼓急,插亦急,名"点蓺";横直成行为"上蓺";替换为"接蓺";一人太快上前,众人俱落后为"勒蓺";鼓锣繁促不唱,插者亦繁促不语为"催蓺"。插毕,彼此互要饮食为"洗泥",又曰"洗犁"。谓来岁方用犁,今后只须去草待收获也。旱田草盛工忙,互相助为"换工"。亦击鼓锣歌唱,节劳逸,有头歇、二歇、三歇。至末,鼓锣与薅锄齐急,不闻人声,为"赶蓺",谓之薅二道草、三道草。

更让我们感兴趣的是,村民们在这种劳动之后,心情是那么兴奋与欢欣。如该志还录有一首竹枝词,记录当地村民在这种劳动之后的心情:

> 栽秧插禾满村啼,正是栽秧插禾时。
> 口唱秧歌骑秧马,晚来还带鲜包归。[1]

这种心情同样可以视为中国古代农民对集体劳动的向往与怀念。

明人唐顺之在其《救荒浰记》中记载了一次赈灾过程:嘉靖二十二年(1543年)到二十四年(1545年),溧阳连遭饥馑,当地实行了募饥民修堤的方式进行赈灾,每天一个劳力可领米二升、银一分、薪一束,结果是:

---

[1] [清]陈维模修,[清]谭大勋纂:同治《长阳县志》卷一《地理志·风俗》,《中国地方志集成·湖北府县志辑》第54册,江苏古籍出版社2001年版,第469—470页。

民以半米易麦菽而杂食之,计一夫赴役自食,可兼食其老弱瘠病之不能役者二人。于是民之栖于堤者,爨烟饭餴,列舍相接,蓊然如处村落之间。

我们更关心的是对这些饥民精神状态的描述:

日出则畚者、锸者、筑者、救者、汲者、爨者蚁旋于堤上,夜则妇子饱哺,嬉嬉而卧,又晏然如在乐土,而忘其为流徙饥馑之时也。①

这种状态就是农民对集体劳动与集体生活的认可与适应,当然也是农民集体精神的反映。

2. 互助结社的文化传统

在中国古代乡村社会,一户一家的小农经济占据主导地位,其经营规模小,抗压性也弱,单凭村落农户的个体力量无法承担各种天灾人祸或来自政府和乡村社会的事务;加之乡村社会变化缓慢,邻里互助、家族互恤观念较强,人与人之间的信任度较高;等等。可以说,中国古代乡村社会最具有适宜生产与生活互助的环境和因素。所以,自古以来,村落民众中便十分流行结社习俗。这一点成为中国古代农民集体精神较为典型的体现。

从中国古代农民结社的发展来看,非宗教性、非信仰性的结社大致有三类,即为应差役而结社,为生产互助而结社,为生活互助而结社。从这三类结社中,我们都可以读出其中蕴含的集体精神。

---

① [明]唐顺之著,马美信等点校:《唐顺之集·荆川先生文集》卷一二《救荒灂记》,浙江古籍出版社 2014 年版,第 547 页。

（1）为应差役而结社

目前为止，我们所知较早、较为典型的为应差役而结社之例当属东汉章帝时代的侍廷里父老僤。1977 年，河南偃师县郑瑶村出土了"侍廷里父老僤约束石券"，兹录全文如下：

> 建初二年正月十五日，侍廷里父老僤祭尊于季、主疏左巨等二十五人共为约束石券里治中。乃以永平十五年六月中造起僤，敛钱共有六万一千五百，买田八十二亩。僤中其有訾次当给为里父老者，共以容田借与，得收田上毛物谷实自给。即訾下不中，还田，转与当为父老者，传后子孙以为常。其有物故，得传后代户者一人。即僤中皆訾下不中父老，季、巨等共假赁田。它如约束。单侯、单子阳、尹伯通、锜中都、周平、周兰、□□、周伟、于中山、于中程、于季、于孝卿、于程、于伯先、于孝、左巨、单力、于稚、锜初卿、左□□、于思、锜季卿、尹太孙、于伯和、尹明功。①

该石券出土以来，学界给予充分的关注，进行了大量研究。但对其性质、功能等基本问题歧义颇大，迄无定论。我们同意张金光先生的观点，即这是一个为充父老之差而结成的私社。② 由此反观券文内容，可以看到它主要有四项内容：

一是侍廷里二十五户人家于永平十五年六月共结一社（僤），敛钱六万一千五百，买田八十二亩，并推举于季、左巨为祭尊和主疏，负责社务。

二是社（僤）中因家资合乎规定而被定为里父老者，可获取田上收成以自给。若改由他人为里父老，则将此权益转予此人。

三是该田系二十五户共有，世代相传。

---

① 券文见黄士斌：《河南偃师县发现汉代买田约束石券》，《文物》1982 年第 12 期。句读从张金光说，见其《秦制研究》（上海古籍出版社 2004 年版，第 419 页）。

② 参见张金光：《秦制研究》，第 421 页。

四是若里中无人充任父老,此田由于季、左巨等共同租种。①

两汉时代,充任里父老者非官非吏,仍为普通农民,但要应付种种官府事务,一户之家难以支撑,所以就有了这种基于某种需要而结成的村民私社。在汉代乡村社会,除上引侍廷里自发组织、自愿捐款而组建的父老僤这类组织外,还有一些由地方官员出面承办或协办的乡村自助组织,一般称之为"正卫僤"(或作"正卫单")、"正僤"等。下引三通碑文真实地反映了东汉乡村自助组织情况:

中平二年《都乡正卫弹碑》(又名《昆阳都乡正卫弹碑》):

　　□□□□国□□□□□公□伯子□吕(缺二十四字)其(缺十六字)国□劳用民(缺九字)于一(缺十字)相扶助,卒□曰(缺三十五字)不强,迄于中平二年正月□令□国宁陵□君讳修,字(缺十四字)中□以府丞董察,□□抚昆阳,承□丧乱之余,□称圣烈。□有林官,凡处□循□□□□□□转既到,庶□于□□。愍夫徭役之不□,乃□谁□□□圣之□□,于有□以□□忠。于是乎轻赋□敛,调□□富,结单言府,斑董科例。收其□□□□之目,临时慕顾,不烦居民。时太守东郡丕环,丞济阴华林,优恤民隐,钦若是由,□□□□□郡校刘□为民约□□□平无穷。自是之后,黎民用宁,吏无荷扰之烦,野无愁痛之□□,因民所利。斯所谓惠康之荣(缺),量均之□□□也。政之□□□□□□□。于是乎成役之艰苦,于是□□颂曰:□□□命猗欤!我君敦《诗》说《礼》,宁德于民。底□轻赋帅约,孔均徭役以□□,士不□□我,好爵聿怀,多□明德,惟馨民以本□□耕千耦,梵梵黍稷;于胥□□永□不□□□□□,中明慧通,□若五大夫,服厉□□□□为□,掌领□书,单钱复不□,吏□□□□□若其□劝导有功。

<hr>

① 参见马新:《试论中国古代农民的群体性特质》,《文史哲》2019 年第 6 期。

时□□范秋,字原雎;尉曹掾都□,字汉宾;史张苞,字子才;有秩定陵杜则,字孝□□□□□□,字国宝;陈□□□□。①

《鲁阳都乡正卫弹碑》(又称《汉都乡正卫单碑》)碑文如下:

(以前残毁行数不可计)

□□□□□□□□□储,不得妄给他官,君不得取,臣不(下缺)□□□□□□□卑赴其身,历世受灾,民获所欲,不复出赋,官吏(下缺)□□□□□□□府文于侧,纪弹之利,其辞曰:□□□□□□□弹,国服为息,本存子衍,上供正卫,下给灾□,民用不(下缺)□□□□□□□用饶□。防彼君臣,贪婪放散。歃血誓之,浊濊革惮。费小功大,(缺下)□□□□□□□身,清激彼人。举国以安,咸用殖殷。立勋此国,不朽令闻。□□□□□□□阳淳于翁汉成　阳柴乡啬夫　韩牧□□□□□□□昆　左尉沛国虹赵卫德　祖都乡啬夫尹□□□□□□□芳直君　右尉河东蒲坂孙□登高唐乡啬夫张间　□□□□□□□陈　别治掾赵存　瞿乡啬夫口(下缺)②

《酸枣令刘雄碑》碑文载:

君讳熊,字孟□,广陵海西人也。……光武皇帝之玄,广陵王之孙,俞乡侯之季子也。……褒贤表善,扬幽拔微,式序在位,量能授宜。官无旷事,□□为正,以卒为更。愍念烝民劳苦不均,为作正弹,造设门更。富者不独逸乐,贫者不独□□,□□□□,□顺四时,积和咸畅,岁为丰穰,赋税

①　[宋]洪适:《隶释　隶续》卷五《都乡正卫弹碑》,第163—164页。
②　该碑文录自许敬参《鲁山县新出二石记》(《考古社刊》第4期,1936年),并参校俞伟超《中国古代公社组织的考察——论先秦两汉的单—僤—弹》所录文本。

不烦,寔我刘父。吏民爱若慈父,畏若神明。①

从上引诸碑文可以看出,成立正弹的初衷是为了解决村落百姓"徭役之不□""劳苦不均"之类的赋税和徭役问题。通过这种正弹组织的协调,使这一问题在弹内得到解决。如《昆阳都乡正卫弹》采取"调□□富,结单言府,斑董科例","相扶助",倡导富人捐款敛钱等措施,结果"自是之后,黎民用宁,吏无荷扰之烦,野无愁痛之□□""底□轻赋帅约,孔均徭役以□□",徭役繁重问题得以缓解。酸枣令刘雄"愍念烝民劳苦不均,为作正弹,造设门更",其竭力承办的正弹,采取"富者不独逸乐,贫者不独□□,□□□□,□顺四时,积和咸畅",结果"赋税不烦,寔我刘父。吏民爱若慈父,畏若神明",使得农民的赋税负担得到一定程度的减轻,官府对村民的烦扰也相应减少。《汉都乡正卫单碑》言其乡"民获所欲,不复出赋""本存子衍,上供正卫,下给灾□,民用不(下缺)",故"官吏(下缺)□□□□□□府文于侧,纪弹之利",看来正卫单在一定程度上起到均平徭役、减轻村民负担的作用。

这种结社直到清代仍广有存续。陈宝良先生曾对此进行论述,兹转引于下:

保甲法行,名为保障乡里,实则为害地方。尤其是保甲法废弛以后,保正不过供州县役使,有罪则鞭笞斥辱,与皂隶等同,成为一种额外劳役。为解除这种役患,于是清代湖南浏阳县上东乡,出现了一种共同充任保正的合会。此会之法为:"纠上四都廿四族金,入其息,凡保正期满,聚而谋其可任者,差愈于旧,而其息已赢。"按照清代惯例,保正就役时,必须向县衙具状,申请委牌,称"领委"。胥吏借此索钱,并加上往来旅费,"费钱几二十缗"。保正无钱,只好持簿遍行乡村募钱,称"销费"。此会实行后,保

---

①　[宋]洪适:《隶释 隶续》卷五《酸枣令刘熊碑》,第64页。

正领委的费用,就由合会基金的利息支付,不用再募"销费"。同时,合会成立后,就购置产业,在文昌祠立庙祀,故又更名为"文昌祀"。出资的二十四姓,每姓各领铜牌一面,每年在文昌祠祭祀聚会,"核账目,验牌入席"。可见,保正会成立后,保正由当地二十四姓轮充,费用共出,避免了旧时充保正者负担过重的弊端。①

从以上所记事例中我们可以看到,这种结社无任何官方背景,也无强势人物之胁迫,完全是全体村民的自觉行为,是为了弥补政府基层组织力所不能及的应激机制,反映出明确的集体互助意识。两个结社中,成员之间完全对等,约定或账目公开,是一种较为成熟的自治与民主机制,也足以反映村民们的集体精神。

(2) 为生产互助而结社

乡村社会为生产互助而形成的结社也应当出现于汉代。《汉书·五行志》即有西汉元帝建昭五年(前 34 年)"兖州刺史浩赏禁民私所自立社"的记载,师古注引臣瓒曰:"民或十家、五家共为田社,是私社。"②其具体情况已不得而知,但应当是社内人员在耕地、收割、打场、脱粒等农作生产环节相互合作,共同使用场地、牲畜、水源、工具等资源。当然,田社也会伴有祭祀、祈祷等精神文化活动。③

江陵凤凰山十号汉墓出土的木牍中有《中舨共侍约》记载了农民在农耕互助外,还合伙集资经营运输或贩卖的活动:

---

① 陈宝良:《中国的社与会》,浙江人民出版社 1996 年版,第 175 页。
② 《汉书》卷二七中之下《五行志中之下》,第 1413 页。
③ 香港中文大学所藏东汉时期祝祷书《序宁祷券》中也提及"田社":"田社。皇男、皇妇为序宁所祷田社。"杨华先生认为"这可能也是有别于官社的一个私社"。(参见杨华:《战国秦汉时期的里社与私社》,《天津师范大学学报(社会科学版)》2006 年第 1 期)

　　□□三月辛卯,中舨舨长张伯、□兄、秦仲、陈伯等七人相与为舨约,
入舨钱二百,约二,会钱备,不备勿与同舨,即舨直行共侍,非前谒,病不行
者罚日卅,毋入者庸贾,器物不具,物责十钱,共事已器物毁伤之及亡,舨
共负之,非其器物擅取之,罚百钱。舨吏令会不会,会日罚五十,会而计不
具者,罚比不会,为舨吏□器物及人。舨吏李仲。[①]

　　"舨",即贩[②]。从简文中的"人舨钱二百""舨直行共侍,非前谒,病不行者罚日
卅""器物不具,物责十钱"等约文,表明这种出资微薄的小本经营,应是乡村农
民所为;其成员除墓主张偃为乡吏外,其他成员很可能是住处相近的邻里或同
乡。相应,从这则约文的行文格式上看,既没有汉代官方惯用的口吻,也没有
官府署名,应是江陵地区某村落的小农集资合伙经营、相约互助的约文。该
"舨"应该是与"单"性质类似的民间生产互助组织。

　　汉以后村落中的生产合作性结社多为专门性结社。如唐宋之际的渠人
社、元代的锄社等等。渠人社是村落农民为修治、使用水渠而形成的结社。
敦煌文书中有若干件社司转帖,让我们可直观了解渠人社的活动情况。斯
六一二三号文书有《戊寅年(978)七月十四日宜秋西枝渠人转贴》,内容
如下:

　　宜秋西枝渠人　转贴　菜枨忠　石愿通　索赤头　索铁子
苏保山　索再昇　索流通　索流定　索流实　索谏昇　索再通
索员昌　索再成　索再德　索不藉子　索延德　吴富员　阴清朵
阴幸员　阴富定　邓美昌　解憨子　氾慢达　氾文惠　氾连儿
上件渠人今缘水次

---

① 李均明、何双全编:《散见简牍合辑》,第67—68页。
② 参见裘锡圭:《湖北江陵凤凰山十号汉墓出土简牍考释》,《文物》1974年第7期。

浇粟汤,准旧看平水相量,幸请诸渠等,帖至,限今月十五日卯时于普
光寺 门 前 取齐。如有后[到]罚酒壹角;全不来罚酒半瓮。其帖各自 示
名 递 送者。

戊寅年七月 十 四 日录事氾万岊帖①

上引伯六一二三号文书中的转帖是渠社成员共同进行分水浇灌事宜,是较为
典型的生产合作活动。渠社具有民间性与官方性双重色彩,既被官方认可,接
受官方指令负责水渠维护、修葺;又自发组织一些合作活动,比如行水浇灌、房
屋修葺、春秋社局、丧葬互助等。两类活动在转帖中可以明确区分,当时的转
帖中都有对不参与或迟到人等的处罚。一种处罚是决杖若干,重有责罚或官
有重责,显然是转达官府要求;另一种处罚则是罚酒若干,如上引转帖,既是
"罚酒壹角"或"罚酒半瓮",这自然是渠人自行组织的活动。

锄社最初是北方一些村落自发组织的生产互助组织。王祯《农书·锄治
篇》记道:

其北方村落之间,多结为锄社。以十家为率,先锄一家之田,本家供
其饮食,其余次之,旬日之间,各家田皆锄治。自相率领,乐事趋功,无有
偷惰。间有病患之家,共力助之。故苗无荒秽,岁皆丰熟。秋成之后,豚
蹄盂酒,递相犒劳,名为锄社。②

锄地对于乡村农民而言,是最适于个体劳作的一种农活,一家一户完全有
能力完成。而且,锄地的时令性要求又强,也适于各家分头进行,不误农时,但
元代北方村落中都流行锄社,十家结为一社,"间有病患之家,共力助之","乐

---

① 宁可、郝春文辑校:《敦煌社邑文书辑校》,第378页。

② [元]王祯撰,缪启愉译注:《东鲁王氏农书译注·农桑通诀》卷三《锄治篇》,第476页。

事趋功,无有偷惰",秋收之后,还要相聚犒劳,乐在其中。其间享受的集体之关爱、欢乐已超出了其他。

元王朝统一全国后,鉴于乡村久经战乱,凋敝不堪,遂参照流行于北方地区的锄社模式,利用行政力量,向全国着力推行,以劝课农桑,恢复农业生产。《元典章》卷二三所录《劝农立社事理》规定:

> 诸县所属村疃,凡五十家立为一社,不以是何诸色人等,并行入社,令社众推举年高、通晓农事、有兼丁者立为社长。如一村五十家以上,只为一社。增至百家者,另设社长一员。如不及五十家者,与附近村分相并为一社。若地远人稀不能相并者,斟酌各处地面,各村自为一社者,听。或三村、五村并为一社,仍于酌中村内选立社长。[①]

从这一规定看,虽然要求每五十家立为一社,但在实行中可以变通。比如,五十家以上至百家者,也可设一社,但要设两位社长;不足五十家者,可以与其他村庄合为一社,也可以"各村自为一社"。因此,社应当多是依自然村而设,且大小不一。杨讷先生曾据《至顺镇江志》统计丹徒、丹阳、金坛三县共有 90 002 户,社长 750 名,每社约合 120 户。[②]

当时社的设置应当较为普遍。杨讷先生提出:

> 社制先行于北方,元灭南宋以后,又把它推行到江南。元代除开中书省直辖的腹里地区,外设十一行省。其实行社制而又明见于史料记载的,除开腹里,计有岭北、辽阳、河南、陕西、江浙、江西、湖广等七个行省。我们没有查到四川、甘肃、云南三省的材料,然据理推想,这三个行省当亦实

---

① 陈高华等点校:《元典章》卷二三《户部九·农桑·立社》,中华书局等 2011 年版,第 916—917 页。
② 参见杨讷:《元代农村社制研究》,《历史研究》1965 年第 4 期。

行社制。①

既是官方立社,通过社长以行政命令的方式劝课农桑便成为元代乡村诸社的第一要务。《劝农立社事理》规定:

> 今后仰社长教谕,各随风土所宜,须管趁时农作。
>
> 仍于地头道边各立牌橛,书写某社某人地段,仰社长时时往来点觑,奖谨诫惰,不致荒芜。

有的还规定得十分具体,如令文规定:

> 每丁周岁须要刨栽桑、枣二十株,或附宅栽种地桑二十株,早供蚁蚕食用。其地不宜栽桑、枣,各随地土所宜,栽种榆、柳等树,亦及二十株。若欲栽种杂果者,每丁限种十株,皆以生成为定数,自愿多栽者听。

元王朝及其地方官员所推广的农桑新法也多通过社实施。如至元十六年(1279 年),元王朝颁行"树桑良法",便是"督勒社长,劝谕农民趁时栽种"②。延祐三年(1316 年),元王朝推广苗好谦的种桑法,也是"令各社出地,共莳桑苗,以社长领之,分给各社"③。

若仅止于此,这种管理督察仍可视为村社自组织与自治功能。但是,随着社在乡村社会中影响力的增加,越来越多的乡村行政职能附加到了社长之身。社长要从事司法诉讼管理、治安管理,还要催驱赋役、应付科差等等。如《至元新格》规定:

---

① 杨讷:《元代农村社制研究》,《历史研究》1965 年第 4 期。
② 陈高华等点校:《元典章》卷二三《户部九·农桑·劝课》,第 927 页。
③ 《元史》卷九三《食货志一》,中华书局 1976 年版,第 2357 页。

> 诸论诉婚姻、家财、田宅、债负,若不系违法重事,并听社长以理谕解,
> 免使妨废农务,烦扰官司。①

这样,在实际上,社长履行了部分村正的职能,充当着事实上的村正,社也渐渐成为乡村社会的基层组织。也正因为此,他们与设于各村的主首互相重合,在许多地方,罢主首而存社长,形成了里正、社长为主体的乡村管理体系。这种现象是元初立社之时所始料未及的。②

(3) 为生活互助而结社

《岳麓书院藏秦简》(叁)所收题为"识劫婉案"③的案件中,有一条为生活相助而结成的"单"④。简文中的婉为大夫沛的妾,沛妻死后,大夫沛欲以婉为妻。下段简文叙述了她"入宗"的过程。简文曰:

> (沛)告宗人、里人大夫快、臣、走马拳、上造嘉、颉曰:"沛有子所四人,不取(娶)妻矣。欲令婉入宗,出里单赋,与里人通饮食。"快等曰:"可。"婉即入宗,里人不幸死者出单赋,它如人妻。

上述材料给我们透露出四点信息:(1) 从简文"(沛)告宗人、里人大夫快、臣、走马拳、上造嘉、颉"可知,这些人都是同里之人。(2) 沛想让自己的妾入宗,需要"出里单赋",即要缴纳入单的费用。(3) 简文"出里单赋,与里人通饮食",意即入单后,要共同分担里中祭祀或节庆等宴饮的费用。(4)"里人不幸死者出单赋",即单内成员若遇有丧葬之事,大家要出钱助丧。

---

① 方龄贵校注:《通制条格校注》卷一六《田令·理民》,第452页。
② 以上参见马新:《试论中国古代农民的群体性特质》,《文史哲》2019年第6期。
③ 朱汉民、陈松长主编:《岳麓书院藏秦简》(叁),第153—162页。
④ 王彦辉先生曾对这一材料进行了深入探讨,认为在当时基层社会中存在与"里"规模相当的单,称之为"里单";还认为婉所"入宗"即是入单。此论甚是。(参见王彦辉:《从秦汉"单"的性质看国家与社会权力结构的失衡》,《中国史研究》2015年第1期;王彦辉:《秦简"识劫婉案"发微》,《古代文明》2015年第1期)

在传世与出土的两汉印章的印文中,可以看到,有一些僤可能是出于丧葬事务而结成,如"慈孝僤""长生安乐僤""孝子僤"等。① 1955 年在四川宜宾翠屏村发掘的三号汉墓墓砖上刻有铭文,其中有三种互为关联的字样:

> 永元六年宜世里宗椠利后安乐
> 永元六年八月造
> 宣化宜世彈休止藏永元六年始造。②

这里的"宜世彈"之"彈",应为宜世里之"里彈"。宜世彈出现在墓砖上,说明该彈应与丧葬活动有关。

汉代民间社会还有各种名目而结成的单,诸如"长寿单""千岁单""万岁单""曾寿单""长久单""益寿单""益乐单""长寿万年单""安久单""千秋乐平"等,有可能是下层民众组织的养老、防老性互助性组织;还有以宗亲为核心组成的互助组织,如"宗亲弹""宗单";还有"酒单",很可能是为了承办集体宴饮相结而成。③

敦煌文书中大量的社邑文书为我们提供了此类结社的第一手资料。兹先摘引唐大中年间儒风坊西巷社社条:

> 大中 □□□ 十七 日儒风坊西巷村邻等,就马兴晟家众集再商量。
>
> ——且(具)名如后:
>
> 梁阇梨　王景翼　瞿神庆　僧胜惠幢　张曹二　张老老　翟明明

---

① 参见杜正胜:《古代社会与国家》,允晨文化实业股份有限公司 1992 年版,第 966—967 页。
② 参见匡远滢:《四川宜宾市翠屏村汉墓清理简报》,《考古通讯》1957 年第 3 期。
③ 关于汉代民间社会结成的形形色色的单(彈、僤),在汉印中多有反映,也有一些学者对其进行了深入细致的搜集和稽考。可参见罗福颐主编:《秦汉南北朝官印征存》,文物出版社 1987 年版;俞伟超:《中国古代公社组织的考察——论先秦两汉的单—僤—彈》,文物出版社 1988 年版,第 72—75、85—87 页;张信通:《秦汉里治研究》,中国社会科学出版社 2019 年版,第 365—366、373—376 页。

汜坚坚　马兴晟　马曹仵　汜英达　王安胡　僧神漈　马苟子

宋苟子　王坚坚　汜骨仑　张子温　张文誼　张怀润　张怀义

张寿　张顿伽　忧婆姨情追如　索友友　索神神　张履屯

李佛奴　张小兴　张友信

后入社人：

张善善　乐宝岩　张安屯　郭小通

后入之人，若身东西不在，口承人：

张履屯　马苟子　郭小通

一、若右赠孝家，各助麻壹两，如有故违者，罚油壹胜。

一、所置义聚，备凝凶祸，相共助诚，益期赈济急难。

一、所置赠孝家，助粟壹斗，饼贰拾番，须白净壹尺捌寸，如分寸不等，罚麦壹汉斗，人各贰拾番。

一、所有科税，期集所敛物，不依期限齐纳者，罚油壹胜，用贮社。

一、或孝家营葬，临事主人须投状，众共助诚（成），各助布壹疋，不纳者罚油壹胜。

一、所遭事一遍了者，便须承月直，须行文帖，晓告诸家。或文帖至，见当家十岁已上夫妻子弟等，并承文贴。如不收，罚油壹胜。

一、所有急难，各助柴一束。如不纳，罚油壹胜。

丙寅年三月四日上件巷社因张、曹二家众集商量，从今已后，社内十岁以上有凶祸大丧者，准条赠，不限付名三大（𩙿）。每家三赠了，须智（置）壹延（筵），酒壹瓮。然后依前例，终如（而）复始。①

从这一社条的约定可以看到，此社主要是丧葬和急难之事的互助，但除此之外，还有义聚。义聚为全成员共有，其来源主要是对不履义务之社员的处罚所

---

① 宁可、郝春文辑校：《敦煌社邑文书辑校》，斯二〇四一，第4—6页。

得,条文中便有"罚酒壹胜,用贮社"的规定。义聚财物主要也是用于社内成员的集体性活动,如祭社、祀神,宴饮等。社条中还规定,"每家三赠了,须置壹筵,酒壹瓮",招待全社成员。

再摘引一则敦煌文书《渠人转帖》(伯五〇三二号):

> 右缘孙仓仓就都厶? 里? 请垒舍壹日,人各粟壹䰞,锹钁壹事。帖至,限今月八日限(衍)辛时,于庄头取齐,捉二人后到,罚酒壹角,全不来 罚 酒半瓮。其 帖 各 自 示名定滞(递过)者,不得停滞。如 □□□□(滞帖者准)条科罚。帖周 □□□□(却付本司。)
>
> (用凭告罚)
>
> (后缺)①

该文书记的是渠社通知其社内成员自出粮食、自带工具帮助社内成员孙仓仓垒筑房舍一日之事。营造房舍不是凭一人一家所能胜任的事,所以也需要借助社员的集体力量来完成。

这种集体性的活动本身之价值与社员间的互助同样重要。正如唐中期韦挺所上《论风俗失礼表》云:

> 又闾里细人,每有重丧,不即发问,先造邑社,待营办具,乃始发哀。至假车乘,雇棺椁,以荣送葬。既葬,邻伍会集,相与醉醉,名曰出孝。②

这里,既葬之后的"相与醉醉"是村民们参与社邑活动的重要动因,是对集体精神的向往与追求。王梵志诗所言"遥看世间人,村坊安社邑。一家有死生,合

---

① 唐耕耦、陆宏基编:《敦煌社会经济文献真迹释录》第1辑,第402页。
② [清]董诰等编:《全唐文》卷一五四,[唐]韦挺《论风俗失礼表》,第1575页。

村相就泣"①,表达的也是同样的情感。

总之,村落中的各种结社对村民的生产与生活产生了较大影响:一方面,它进一步强化了乡里民众的互助之风,倡扬了集体合作的精神;另一方面,在一定程度上减少或弱化了中下层村民的负累和压力,起到了官方力量达不到的作用和效果。

3. 邻里相望的文化传统

邻里相望表达的是一种以地缘为基础、以农耕和村落为背景的人际关系。浸润在村落中的邻里相望,不仅是一种伦理要求,更是日常生活的需要,也是集体精神的重要体现。早在先秦文献《周礼·地官·族师》中就提出要建立邻里乡人相互劝勉、相互协助、相互救济的睦邻关系:

> 五家为比,十家为联;五人为伍,十人为联;四闾为族,八闾为联。使之相保、相受,刑罚庆赏,相及相共,以受邦职,以役国事,以相葬埋。②

这段话的意思是说:在乡里"五家为比,十家为联",在军中"五人为伍,十人为联";在乡里"四闾为族",在军中"八闾为联"。全村人要相互担保、相互托付,若有刑罚、喜庆或赏赐之事,一同承受、共同分享;对于国家的职事、赋役,邻里一起承担;遇有丧事,大家都相互帮助殓葬。《韩诗外传》也有类似表述:

> 八家相保,出入更守,疾病相忧,患难相救,有无相贷,饮食相召,嫁娶相谋,渔猎分得,仁恩施行,是以其民和亲而相好。③

---

① ［唐］王梵志著,项楚校注:《王梵志诗校注》卷一《遥看世间人》,第11页。
② ［汉］郑玄注,［唐］贾公彦疏:《周礼注疏》卷一二《地官·族师》,第719页。
③ ［汉］韩婴撰,许维遹校释:《韩诗外传集释》卷四第十三章,中华书局1980年版,第143页。

《孟子·滕文公上》对这种乡村睦邻关系做了高度概括：

> 死徙无出乡，乡田同井，出入相友，守望相助，疾病相扶持，则百姓和睦。①

孟子所描述的这番话一直被后人津津乐道，称赞不已。这种以睦邻、救助为核心的村落文化自一开始就深深地嵌入了儒家伦理：以礼为外在表现形式，以仁爱为灵魂，以孝悌为基本规范。在几千年的农耕社会中，这些逐渐内化为乡里民众的价值取向，在各方面规范和引导着村落民众的生活。

在中国古代乡村社会，村落中的守望相助既体现在日常的农作活动中，又体现在村人嫁娶、丧葬、盖房、疾病诸事的互助共济上。如《汉书·卢绾传》记载：

> 卢绾，丰人也，与高祖同里。绾亲与高祖太上皇相爱，及生男，高祖、绾同生，里中持羊酒贺两家。及高祖、绾壮，学书，又相爱也。里中嘉两家亲相爱，生子同日，壮又相爱，复贺羊酒。②

由此看来，村中凡有结婚、生子、友爱等喜庆之事均会持不同礼物前去祝贺。

遇有丧葬也是如此。如前引江陵凤凰山 10 号汉墓出土编号为 2 的木牍，记载了西汉文景时期平里农户送给死者五大夫伥偃家属的礼钱情况，全里加上死者人家共计 19 户，其中送礼之家就达 16 户，除 2 户不明原因外，几乎全村人家都出手相助。③ 王充在《论衡》中也说到，东汉时乡里若遇丧事，"贫人与富

---

① ［清］焦循撰，沈文倬点校：《孟子正义》卷一〇《滕文公上》，第 358—359 页。
② 《汉书》卷三四《卢绾传》，第 1890 页。
③ 李均明、何双全编：《散见简牍合辑》，第 67 页。

人,俱赍钱百,并为赙礼死哀之家"①,也是举村出资相助。我们从前引南阳汉画像石上也可以看到乡村农民之会葬的情形。

基于此,追求邻里相望、友善相待,也成为各王朝乡村社会治理的最高目标,是许多乡里士绅的美好追求和向往。如南宋后期著名理学家真德秀云:

> 至于邻里乡党,虽比宗族为疏,然其有无相资、缓急相倚、患难相救、疾病相扶,情义所关,亦为甚重。②

明代王艮《乡约谕俗诗六首》其二"和睦乡里"云:

> 生来同里共乡邻,不是交游是所亲。
> 礼尚往来躬自厚,情关休戚我先恩。
> 莫因小忿伤和气,遂结深仇起斗心。
> 报复相戕还自累,始知和睦是安身。③

许多村落的乡约或宗族家训中也多有此类条规。如被视为我国历史上最早的成文乡约——北宋时期陕西蓝田吕大钧等制定的《吕氏乡约》就规定:

> 德业相劝,过失相规,礼俗相交,患难相恤。④

湖南甘氏宗族家训云:

---

① [汉]王充撰,黄晖校释,刘盼遂集解:《论衡校释》卷一二《量知》,第546页。
② [宋]真德秀:《西山先生真文忠公文集》卷四〇《潭州谕俗文》,《宋集珍本丛刊》第76册,第404页。
③ [明]王艮著,陈祝生等校点:《王心斋全集·明儒王心斋先生遗集》卷二《论学杂吟·乡约谕俗诗六首》,江苏教育出版社2001年版,第199页。
④ 《宋史》卷三四〇《吕大防传》,第10844页。

至若邻里,比屋联居,非亲即友,亦宜有无相通,患难相顾,以让救争,以礼止暴,乃成仁厚之俗。宗族和顺,乡党亲睦,自无盗贼凶恶之徒为之滋扰矣。①

白居易笔下的朱陈村,就是一个温情、亲情同在的古代村落。他为我们描绘了这个两姓村中的家族状况。为能更好地透视古代村落的生活,其《朱陈村》诗描述道:

> 徐州古丰县,有村曰朱陈。
> 去县百余里,桑麻青氛氲。
> 机梭声札札,牛驴走纭纭。
> 女汲涧中水,男采山上薪。
> 县远官事少,山深人俗淳。
> 有财不行商,有丁不入军。
> 家家守村业,头白不出门。
> 生为村之民,死为村之尘。
> 田中老与幼,相见何欣欣。
> 一村唯两姓,世世为婚姻。
> 亲疏居有族,少长游有群。
> 黄鸡与白酒,欢会不隔旬。
> 生者不远别,嫁娶先近邻。
> 死者不远葬,坟墓多绕村。
> 既安生与死,不苦形与神。

---

① ［清］甘之镶等纂修:《湘潭中湘甘氏族谱》卷三《家训·睦族党》,清道光二十三年(1843年)敦本堂木刻活字印本,第11/a—11/b页。

所以多寿考,往往见玄孙。

我生礼义乡,少小孤且贫。

徒学辨是非,只自取辛勤。

世法贵名教,士人重冠婚。

以此自桎梏,信为大谬人。

十岁解读书,十五能属文。

二十举秀才,三十为谏臣。

下有妻子累,上有君亲恩。

承家与事国,望此不肖身。

忆昨旅游初,迨今十五春。

孤舟三适楚,羸马四经秦。

昼行有饥色,夜寝无安魂。

东西不暂住,来往若浮云。

离乱失故乡,骨肉多散分。

江南与江北,各有平生亲。

平生终日别,逝者隔年闻。

朝忧卧至暮,夕哭坐达晨。

悲火烧心曲,愁霜侵鬓根。

一生苦如此,长羡村中民。①

白居易在诗的前半部分讲述了朱陈村中"田中老与幼,相见何欣欣""黄鸡与白酒,欢会不隔旬",温情脉脉,其乐融融;后半部分则讲述了自己虽然三十为谏臣,身居城市中,但却是"东西不暂住,来往若浮云""平生终日别,逝者隔年闻",人情淡薄,亲情难温。最后他感叹道:"一生苦如此,长羡村中民。"所

---

① ［唐］白居易:《朱陈村》,载［清］彭定求等编:《全唐诗》卷四三三,第4780页。

以,邻里相望是中国古代乡村社会的一个突出的文化特色。①

4. 倾村祭祀的文化传统

在中国古代乡村社会中,有很多祭祀或文化娱乐活动是集体进行的。如祭社、求雨、驱傩、腊日、中元节、春节等娱神、祭神活动往往是举村而出,是全体村民的集体信仰仪式。

在古代村落文化中,祭祀社神是头等大事,由社祭而生的娱神同时具有了村民集体娱乐的性质。社祭是一种典型的集体信仰,它所折射的是农民对土地神的共同祈望和诉求,是维系村民情感的精神纽带:"春祭社以祈膏雨,望五谷丰熟;秋祭社者以百谷丰稔,所以报功。"②自先秦时期,人们便"唯为社事,单(殚)出里;唯为社田,国人毕作"③。这种做法一直延续到明清时期。村民在祭社这一日无论男女老幼都会倾家而出,参与社祭活动,全村集合在一处,杀猪宰羊,祭祀社神;然后一起分享祭肉、祭酒,共度社日,体现了村民的集体精神与公共意识。如宗懔《荆楚岁时记》所载:

社日,四邻并结综会社,牲醪,为屋于树下,先祭神,然后飨其胙。④

所以,社日又往往是乡村的集体狂欢节日。人们利用这难得的闲暇,欢歌笑语,尽情释放。"桑柘影斜春社散,家家扶得醉人归"⑤,王驾的诗句形象地描写了村民社日集体狂欢的盛况。即使在穷乡僻壤,社日亦是一片欢腾景象。

这种村民集体性的参与在村落的各种娱乐活动中,也都有突出体现。此前多有述及,兹不赘述。

---

① 以上参见马新:《试论中国古代农民的群体性特质》,《文史哲》2019 年第 6 期。
② 〔汉〕郑玄注,〔唐〕贾公彦疏:《周礼注疏》卷十二《地官·乡大夫》,第 717 页。
③ 〔汉〕郑玄注,〔唐〕孔颖达等正义:《礼记正义》卷二五《郊特牲》,第 1449 页。
④ 〔南朝梁〕宗懔著,姜彦稚辑校:《荆楚岁时记》,第 23 页。
⑤ 〔唐〕王驾:《社日》,载〔清〕彭定求等编:《全唐诗》卷六九〇,第 7918 页。

5. 古代农民集体精神的养成

中国古代村落中集体精神的体现是方方面面的,并不限于上述几个方面。更为重要的是,中国古代农民所呈现出的集体精神,是由中国古代社会特定的历史条件与社会结构养成的,它又对中国古代农耕文明施加着重要影响,不充分认识这一点,便无法真正了解中国古代社会,更无法全面认识中国古代村落文化。

第一,中国古代村落形态的最大特点是农民相聚而居的"集村"模式占主导地位,这一传统来自原始聚落时代。进入农耕时代后,聚落成为人们基本的生存空间,几乎所有的农业居民都生活在大大小小的聚落中,比邻而居或共居于排房之中。在城乡分离、村落出现后,农民们的居住方式并未发生变化。如河南汤阴白营河南龙山文化晚期村落遗址中,共发掘房基 46 座,其布局基本是东西成排,南北成行,大部分住宅向南开门,绝大部分住宅都是圆形地面建筑,房基直径 2.8—5.2 米不等。[1] 根据发掘报告中的"探方及房基分布图"可以看到,住宅分布相对均匀,住宅的间距多在 5 米以内。山东平阴朱家桥殷代村落遗址大约 4400 平方米,其中,发掘面积 230 平方米,发掘房基 21 座,皆处在遗址中心区。发掘报告写道:"由于发掘面积较小,不足以了解该村落的全貌,但是,大概的分布还可以看得出。房基密集的地方是村落的中心区,另一个聚居区在离中心区 40 米的东边。至于中心区的南边、北边也有居住的遗迹,然而却很稀疏。"[2] 又如辽宁省辽阳市三道壕的西汉村落遗址,在 1 万多平方米的发掘面积中,发现属于公元前 200 年至公元 25 年之间的民居住址 6 处,水井 11 眼,砖窑址 7 座,铺石道路 2 段;另有儿童瓮棺墓 368 座。这是集居址、

① 河南省安阳地区文物管理委员会:《汤阴白营河南龙山文化村落遗址发掘报告》,《考古学集刊》(3),科学出版社 1983 年版,第 2—3 页。

② 中国科学院考古研究所山东发掘队:《山东平阴朱家桥殷代遗址》,《考古》1961 年第 2 期。

作坊和坟墓为一体的集村式聚落遗址。①

　　这种村落形态一直延续到近代社会。在这种村落形态中,有着共同的公共活动、公共设施,也有着共同的公共利益,这是农民合作意识与集体精神的良好温床。对此,高明的古代政治家们早已洞察并因势利导,服务于强国固本。从管仲的"祭祀同福,死丧同恤,祸实共亡",到晁错的"生死相恤,坟墓相从",不正是集体精神的养成吗?

　　第二,中国上古时代存在着相当长时期的村公社体制,在这一体制下,一个村落就是一个宗法血缘共同体,土地为宗族所有,每个个体家庭只是基本的生活单位,无论是农业生产、村落公共活动,还是其他经济社会活动,都以家族亦即村落为单位进行。②《汉书·食货志》曾记载了上古时代村落民众的集体劳动与生活状态:

　　　　春〔将〕出民,里胥平旦坐于右塾,邻长坐于〔左〕塾,毕出然后归,夕亦如之。入者必持薪樵,轻重相分,班白不提挈。冬,民既入,妇人同巷,相从夜绩,女工一月得四十五日。必相从者,所以省费燎火,同巧拙而合习俗也。男女有不得其所者,因相与歌咏,各言其伤。③

从这则史料我们可以看到,村民们集中聚居于一村之中,统一早出晚归,且有里胥邻长之督促。对此,颜师古注曰:

　　　　门侧之堂曰塾。坐于门侧者,督促劝之,知其早晏,防怠惰也。④

---

① 参见东北博物馆:《辽阳三道壕西汉村落遗址》,《考古学报》1957 年第 1 期。
② 参见马新:《乡遂之制与西周春秋之乡村形态》,《文史哲》2010 年第 3 期。
③ 《汉书》卷二四上《食货志上》,第 1121 页。
④ 《汉书》卷二四上《食货志上》,第 1122 页。

从上述资料我们还可以看到,夜晚时分,妇女还要相聚纺织,既省照明之费,又可切磋技艺。这种充满集体精神的村公社传统无疑对此后相沿的村落共同体施加着源源不断的影响。

第三,中国古代乡村社会中,官方组织体系一直覆盖到村落,延伸到每一户村民,而且,最基层的官方行政组织与村落共同体基本重合,极大地促成了一村居民的组织性与集体性。如汉代县之下实施乡里之制,里的设置与作为自然村落的聚基本一致,里正就是一村之长;唐代实施乡村之制,直接设置村长或村正。宋代以后,有保甲制、乡约、里甲等诸多设置,但基本是因村设长,作为官方基层组织的实质一直未变。汉代的里正也好,唐代的村长也好,宋代以后的保长、甲长也好,都要在官方组织下协助处理一村之务。如《清朝文献通考》总括:

> 其以乡人治其乡之事者,乡约、地方等役类由本乡本里之民保送佥充,而地方一役最重。凡一州县,分地若干,一地方管村庄若干。其管内税粮完欠、田宅争辨、词讼曲直、盗贼生发、命案审理,一切皆与有责。遇有差役所需器物,责令催办,所用人夫,责令摄管,稍有违误,扑责立加,终岁奔走,少有暇时。乡约、里长、甲长、保长,各省责成,轻重不同。凡在民之役,大略如此。①

我们还要注意的是,历代王朝并不仅仅是在村落设长,并以村落为王朝最为基本的社会单元与组织单位,而且,在村落之内,又以什伍之制将每户村民都编制在官方体系之中。《后汉书·百官志》记道:"里有里魁,民有什伍,善恶以告。"李贤注曰:"里魁掌一里百家。什主十家,伍主五家,以相检察。民有善

---

① ［清］嵇璜等:《清朝文献通考》卷二一《职役一》,浙江古籍出版社 1988 年版,第 5045 页。

事恶事,以告监官。"①除了上述功能外,官方还以什伍甚至村落为单位,实行各种形式的连坐制。如《宋书·谢方明传》载:

> 江东民户殷盛,风俗峻刻,强弱相陵,奸吏蜂起,符书一下,文摄相续。又罪及比伍,动相连坐,一人犯吏,则一村废业,邑里惊扰,狗吠达旦。②

这种村落管理模式自秦汉到明清相沿不替,在实现着历代王朝对村落民众组织控制的同时,又有助于村落民众合作与集体精神的养成。

第四,如前所述,中国古代社会小农的最大特色是弱小与分散。小农的弱小与脆弱固然可能造成其分散与无助,但也正因为此,也造就了他们对群体与组织的向往与依赖。如敦煌文书中有若干投社状,其中,伯二四九八号文书中,投社人马丑儿在投社状中写道:

> 投社人马丑儿状
>
> 有(?)□长□□□□□□□
>
> 鸳鸯失件(伴),壹只孤飞,今见贵社斋集,意乐投入。更有追凶逐吉,于帖丞了。若有入社筵局,续当排备。伏乞三官众社等乞赐收名入案。不敢不申,伏听处分。
>
> 牒件状如前,谨牒
>
> □酉岁□□□□□□③

伯三二六六(背)文书中,投社人董延进在投社状中写道:

---

①　《后汉书》志二八《百官志五》,第 3625 页。
②　《宋书》卷五三《谢方明传》,第 1524 页。
③　宁可、郝春文辑校:《敦煌社邑文书辑校》,伯二四九八,第 704—705 页。

投社人董延进：右延进父母生身，并无朋有（友），空过一生，全无社邑。金（今）遇贵社，欲义投入，追凶逐吉。伏望三官乞赐收名入案于条，贤圣追逐，不敢不身（申）。伏请处分。某年某月某日社子董延进谨状。伏礼请处分。①

从以上两则投社状可以看出，村民要求入社的原因，都是因为其自身的孤单与弱小，要寻求集体的庇护与相互间的慰藉。

综上所述，中国古代农民的集体精神并非一时一地的表现，而是由中国古代特定的历史条件与社会结构养成的历史存在。与欧洲历史上的农民相比，他们绝非一盘散沙，亦非"口袋中的一个个马铃薯"，而是具有较强合作意识与集体精神的社会群体。作为"口袋中的一个个马铃薯"的法国近代农民，彼此间无法形成共同关系，无法形成全国性的联系或政治组织，不能以自己的名义来保护自己的阶级利益。但中国古代的农民们则可以形成共同关系，可以形成全国性的联系或政治组织，甚至可以保护自己的阶级利益。

五、古代农民的精神面貌
——圆仁眼中的村民形象

唐代日本僧人圆仁前往长安求法巡礼，前后历时近 10 年时间，足迹涉及从江淮到山东、河北、河东、关中、河南等重要地区，一路经过扬州、楚州、海州、密州、文登、登州、莱州、青州、齐州、贝州、赵州、太原、汾州、晋州、蒲州、同州、郑州、汴州、泗州等州府。他以日记形式，将沿途所见所闻写成《入唐求法巡礼行记》一书。书中记载了许多他经过的村落，我们从中整理出其中 66 个村落的情况，并将村落名称、涉及村民姓名、圆仁一行在村落的活动内容以及圆仁

---

① 宁可、郝春文辑校：《敦煌社邑文书辑校》，斯二〇四一，第 706 页。

对村民们的评价,统一制成"圆仁《入唐求法巡礼行记》所见村民一览表"(见表8－2),希望从中能够发现唐代乡村中村民们真实的精神世界和真实心态。需要说明的是,表中所有文字都直接录自圆仁《入唐求法巡礼行记》[①],未进行任何改编。

表8－2　圆仁《入唐求法巡礼行记》所见村民一览表

序号	村名、户名	活动事项	感受与评价
1	宿城村村长王良	投宿	
2	望海村王家	断中	
3	輦车村宋日成宅	断中	乞酱酢盐菜,专无一色,汤饭吃不得
4	庐山寺	设斋	村人廿有余,各于自宅,随力所办,修理饭食擎将来,村人于堂前同斋,各自所将饭食各自吃,不分与人,各割自食分以供僧也
5	牟城村高安宅	投宿	主人不恶
6	竖泰村孙花茂宅	断中	不报直入宅里,得主人怪,但主人殷勤
7	安香村庭彦宅	斋	
8	王徐村羡庆宅	断中	
9	九里战村少允宅	投宿	主人无礼数
10	战斋馆于东桓宅	斋	主人极慳,乞一盘菜,再三而方与
11	徐宋村姜平宅	投宿	主人心直
12	图丘馆王家	断中	主人初见不肯,每事难易,终施盐菜周足
13	乔村王家	吃茶	
14	中李村	投宿	经五六宅觅宿处,家家多有病人,不许客宿。最后到一家,又不许宿,再三嗔骂。更到藤峰宅宿,主人有道心
15	牟徐村程家	断中	主心殷勤
16	潘村潘家	断中	主人粗恶,不作礼数,就主人乞菜,酱、醋、盐,总不得,遂出茶一斤,买得酱菜,不堪吃
17	三埠村刘清宅	投宿	
18	田庄卜家	断中	主人殷勤,斋菜无乏

---

① 〔日〕圆仁:《入唐求法巡礼行记》,广西师范大学出版社2007年版,第38—112页。

（续表）

序号	村名、户名	活动事项	感受与评价
19	东耿村耿家	投宿	主人柔善
20	王�村赵家	断中	主有道心，供菜饱足
21	孤山村宋家	修餐	主人悭极，一撮盐、一匙酱醋，非钱不与
22	半城村李家	投宿	主人爱停客取宿钱
23	韭味店张家	断中	主人心平
24	石羊村陈家	餐	主人心平
25	金岭驿东王家	投宿	主人心性直好，见客殷勤
26	张赵村赵家	餐	主人极贫，无饭可吃，心里无恶，斋后
27	古县村郭家	投宿	主人锻工，心平，有道心
28	张李村	断中	主人殷勤
29	不村史家	吃茶	却不村史家宿，竟夜狗吠，恐惧不眠。早朝，主人施粥，又差一人相送指路
30	醴泉寺庄	断中	
31	王家	投宿	主人心平
32	尹家	断中	
33	双龙村张家	投宿	主人心平
34	燕塘村里甫家	投宿	主人有道心
35	仙公村赵家	投宿	主人无道心
36	赵馆村赵家	投宿	主人无道心
37	形开村赵家	断中	主人有道心，施斋饭，菜蔬饱足
38	孟家庄孙家	投宿	主人有道心
39	王淹村王家	断中	主人有道心，施斋饭
40	合章流村刘家	断中	主人虽未解佛法，自出斋饭与僧等断中，吃榆叶羹
41	赵固村赵家	投宿	主人心直，早朝，主人施麦
42	城南家	断中	
43	秦丘村刘家	断中	主人虽贫，布施斋饭
44	城外孙家	断中	
45	作护驿刘家	投宿	主人贼心算人
46	使庄杨家	投宿	主人有道心，于客殷勤，早朝，主人施粥
47	南接村刘家	断中	入宅不久，便供饭食，妇人出来慰客数遍，斋了吃茶

（续表）

序号	村名、户名	活动事项	感受与评价
48	蹋地店	投宿	
49	晋村家	断中	
50	李家	断中	饭食如法
51	冷泉店周匝宅	投宿	
52	小水店李家	断中	
53	桃柳店掉家	投宿	主人心平
54	霍昌村马家店	投宿	主人粗贼
55	益昌驿村	断中	主人虽有道心，极贫
56	晋桥店	断中	
57	长秋驿宗家店	投宿	
58	天王邑	断中	
59	粉店宋家	投宿	主人有道心
60	辛驿店	断中	
61	于店	断中	
62	安远村王明店王家	断中	
63	蕃驿店高家	断中	
64	永安店	断中	
65	新店	投宿	经卅来家，觅宿处不得，强入赵家宿
66	灞桥店	断中	

从上表可以看出，圆仁一行到村中，主要有两项内容，即断中（午餐）和投宿。事后的评价又分两种情况：一种是无评价。这一类可以看作是差强人意，无可差评。另一种是有或多或少的评价，这部分评价的内容又可分为差与好两种。圆仁对于遇到的让他不满意或反感的村民，在行记中毫不隐讳。比如，第 9 则直接写道"主人无礼数"，第 10 则写道"主人极悭"，第 16 则写道"主人粗恶，不作礼数"，等等，这一类评价共 7 户村民，占总户数的 10.6%。对于遇到的让他满意或感动的村民，也如实记录。比如，第 15 则写道"主心殷勤"，第 20 则写道"主有道心"，第 24 则写道"主人心平"，第 25 则写道"主人心性直好"，等等，这一类评价共 30 户村民，约占总户数的 45.5%。连同差强人意者，

则有 59 户,约占总户数的 89.4%。

在进行进一步分析之前,我们有必要明确三个问题:

首先,唐代农村尚处于封闭状态,对外联系较少,尤其是村落间的人员流动更为少见,突然有外国人入村觅食投宿,其反应应当更多为惊奇、不安和排斥。

其次,唐朝官员对人员流徙管理颇严,特别是对于外国人在内地的活动,更有一套严格的管理规章。圆仁等人滞留文登县青宁乡赤山村赤山法华院时,赤山村与赤山院因未及时上报,遭到县官申斥,县官专门派人持县帖前来催问,圆仁录下了县帖全文,兹抄录如下:

县帖青宁乡:

得板头窦文至状报:日本国船上抛却人三人。

右检案内,得前件板头状报:其船今月十五日发讫。抛却三人,见在赤山新罗寺院,其报如前者。依检,前件人既船上抛却,即合村保板头当日状报,何得经今十五日然始状报?又不见抛却人姓名兼有何行李衣物,并勘赤山寺院纲维、知事僧等,有外国人在,都不申报。事须帖乡专差人勘事由,限帖到当日,具分折状上。如勘到一事不同及妄有拒住,并进上勘责。如违限,勘事不子细,元勘事人必重科决者。

开成四年七月廿四日

典王佐帖

主簿副尉胡军直①

尽管圆仁一行后来顺利取到了公验文书,但有如此严格的管理制度,会让目不识丁的村民们见外人便望而生畏,不敢随意留宿、供食。

---

① 〔日〕圆仁:《入唐求法巡礼行记》卷二,第55页。

　　再次,中国古代普通村民的生活一直处在拮据、贫困之中,尤其是遭遇天灾之时,更是民不聊生,自顾不暇,而圆仁此行所经之地恰恰处在灾荒之年,村民生活极为困苦,圆仁在《入唐求法巡礼行记》曾描述其亲历情景。比如:

　　　　牟平县至登州,傍北海行,比年虫灾,百姓饥穷,吃橡为饭。①

　　　　从登州文登县至此青州,三四年来蝗虫灾起,吃却五谷。官私饥穷,登州界专吃橡子为饭。客僧等经此险处,粮食难得。②

　　　　从洛河西,谷苗黄虫吃尽,村乡百姓愁极。③

　　而圆仁一行有四人之多,除圆仁外,还有日本僧人惟正、惟晓,行者丁雄万。四名成年男子入村到任何一户村民家,都会给对方造成极大的负担。如,圆仁记张赵村赵家"主人极贫,无饭可吃,心里无恶"④;益昌驿村"主人虽有道心,极贫"⑤。加之圆仁此行以施斋为主,凡主人索要钱物者,圆仁都特地记录,目之为"奸恶""粗恶""无礼数"。这也使得圆仁一行的食宿安身比较困难。如,到中李村,"经五六宅觅宿处,家家多有病人,不许客宿,最后到一家,又不许宿,再三嗔骂,更到藤峰宅宿,主人有道心"⑥;到新店,"经卅来家,觅宿处不得,强入赵家宿"⑦。

　　现在,我们具体观察圆仁眼中村落民众之心态。先看令圆仁不满意的 7 户人家,据其表现可分为三类:

---

① 〔日〕圆仁:《入唐求法巡礼行记》卷二,第 72 页。
② 〔日〕圆仁:《入唐求法巡礼行记》卷二,第 79 页。
③ 〔日〕圆仁:《入唐求法巡礼行记》卷三,第 112 页。
④ 〔日〕圆仁:《入唐求法巡礼行记》卷二,第 82 页。
⑤ 〔日〕圆仁:《入唐求法巡礼行记》卷三,第 110 页。
⑥ 〔日〕圆仁:《入唐求法巡礼行记》卷二,第 77 页。
⑦ 〔日〕圆仁:《入唐求法巡礼行记》卷三,第 112 页。

第一类是悭吝。如战斋馆于东桓家，"主人极悭，乞一盘菜，再三而方与"①。

第二类是不肯施斋，需要付钱财。如潘村潘家，"主心粗恶，不作礼数"。表现是："就主人乞菜，酱、醋、盐，总不得，遂出茶一斤，买得酱菜。"②又如，孤山村宋家，"主人悭极，一撮盐、一匙酱醋，非钱不与"③。

第三类是心术不正。计有2户：一户是镇州大廓县作护驿村刘家，"主人贼心算人"④；另一户是霍昌村马家店，"主人粗贼"⑤。从圆仁的行文习惯看，所谓"贼心"与"粗贼"应当是在钱物上的算计与索取，并无其他。

再看圆仁表示满意的30户人家，其表现也可分为三类：

第一类是慷慨。除记那些施斋丰富者外，圆仁特别记下了几户贫困之家的施斋。如：

> 到淄州淄川县界张赵村，入赵家餐。主人极贫，无饭可吃，心里无恶。斋后，向西北行卅里。到长山县界古县村郭家宿。主人锻工，本是沛州人。心平，有道心。⑥

虽自家无饭可吃，却为圆仁一行四人提供了斋饭。又如：

> 到秦丘村刘家断中，主人虽贫，布施斋饭。⑦

> 到清河县界合章流村刘家断中，吃榆叶羹，主人虽未解佛法，自出斋

---

① 〔日〕圆仁：《入唐求法巡礼行记》卷二，第77页。
② 〔日〕圆仁：《入唐求法巡礼行记》卷二，第77—78页。
③ 〔日〕圆仁：《入唐求法巡礼行记》卷二，第78页。
④ 〔日〕圆仁：《入唐求法巡礼行记》卷二，第85页。
⑤ 〔日〕圆仁：《入唐求法巡礼行记》卷三，第110页。
⑥ 〔日〕圆仁：《入唐求法巡礼行记》卷二，第82页。
⑦ 〔日〕圆仁：《入唐求法巡礼行记》卷二，第85页。

饭与僧等断中。①

主人家贫,甚至已到了吃榆叶的地步,但仍向圆仁一行施斋,当然是相当的慷慨。

第二类是殷勤,亦即热情周到。圆仁除多次评论村民之殷勤外,还曾记录了发生于长山县的一则具体事例:

> 到临淄县界缁水驿,西行廿五里,到金岭驿家王家宿,主人心性直好,见客殷勤。……
>
> 从县西行十里,到张李断中,主人殷勤。斋后,西行十五里,到长白山东面。日欲申时,于仙人台前不村史家吃茶,问醴泉寺,主人答:从不村望西直行十五里,到醴泉寺云云。便向正西入山去,错差路行十余里,多有差路,不知所向。缘夜,却不村史家宿。竟夜狗吠,恐惧不眠。六日,早朝,主人施粥。又差一人相送指路,正西入谷。行过高岭,向西下坂,方得到醴泉寺果园。②

第三类是有道心或主人心平、柔善等等,其具体内容应当是指热情周到。如:

> 见州夏津县界形开村赵家断中,主人有道心。施斋饭,菜蔬饱足。③

> 到王淹村王家断中,主人有道心,施斋饭。④

---

① 〔日〕圆仁:《入唐求法巡礼行记》卷二,第85页。
② 〔日〕圆仁:《入唐求法巡礼行记》卷二,第82页。
③ 〔日〕圆仁:《入唐求法巡礼行记》卷二,第84页。
④ 〔日〕圆仁:《入唐求法巡礼行记》卷二,第84页。

到益都县界石羊村陈家餐,主人心平。①

总括圆仁此行的观察,我们可以归纳出唐代乡村村民在人与人交往中的三个基本精神面貌。

其一,慷慨好客。这一点在圆仁的记录中已得到充分的体现。在他记录中所到的66个村庄中,只有一次是费尽周折方才住下,其余各村,不论他感受如何,都能比较顺利地入住或断中。在当时的历史条件下,几位异邦僧人,能如此顺利,直接体现了村民们的慷慨好客。前引其他有关事例更能形象地印证这一状况。在唯一的一次费尽周折方才入住的村庄中,的确发生了特殊情况。圆仁记道:

> 到中李村,有廿余家,经五六宅觅宿处,家家多有病人,不许客宿。最后到一家,又不许宿,再三嗔骂。更到藤峰宅宿,主人有道心。②

家家都有病人,自然不肯接纳外人入住,但嗔骂者也只一家,而且,最后还是顺利住下。

其二,宽厚大度。村民之居室是个人私有的隐秘空间,任何时代、任何文明中都有强烈的私有权属观念。但圆仁一行常常不经允许或者不加告知就直接闯入,自然会引起村民的不安和不快,但转而又热情接待,充分体现了唐代村民们宽厚大度的良好品性。圆仁曾记道:

> 西北行廿里,到竖泰孙花茂宅断中,不报,直入宅里,得主人怪,但主心殷勤,斋后,望西北行卅里。③

---

① 〔日〕圆仁:《入唐求法巡礼行记》,第82页。
② 〔日〕圆仁:《入唐求法巡礼行记》卷二,第77页。
③ 〔日〕圆仁:《入唐求法巡礼行记》卷二,第71页。

圆仁一行闯入村民之宅,讨要斋饭,主人虽起初嗔怪,但还是殷勤相待,这种宽厚大度难能可贵。正因为此,圆仁一行进入关中后,又如法炮制:

> 西行卅五里,到新店,经卅来家,觅宿处不得,强入赵家宿。①

其三,友善仁爱。在圆仁的记录中,出现频率较高的词汇是"有道心""心平"等,共有 18 次,所反映的就是所遇村民人性的友善仁爱。在他返回日本途中,再次经过海州、莱州等地时,未再具体记录村民们的态度,而是概括性地加以评价,其中最为突出的就是友善与仁爱。如圆仁记道:

> 到怀仁,管海州,人心孝顺,见客殷重,等闲相接。②

> 到高密县,人心和软。③

> 到即墨县,管在莱州,人心孝顺,能安存客。④

> 到昌阳县,莱州管,人心好。⑤

圆仁所亲历的唐代村民的精神面貌,是研究中国古代农民心态的难得素材,将其置于中国古代村落文化的大环境中,可以为我们提供充分而客观的印证,可以为我们观察整个村落文化提供难得的视角与启迪。

要之,中国古代社会中的农民,既不同于西欧中世纪的农奴,又不同于欧

---

① 〔日〕圆仁:《入唐求法巡礼行记》卷三,第 112 页。
② 〔日〕圆仁:《入唐求法巡礼行记》卷三,第 151 页。
③ 〔日〕圆仁:《入唐求法巡礼行记》卷三,第 152 页。
④ 〔日〕圆仁:《入唐求法巡礼行记》卷三,第 152 页。
⑤ 〔日〕圆仁:《入唐求法巡礼行记》卷三,第 152 页。

洲近代农民。作为中国古代村落文化的主体,他们不仅创造与传承着村落文化,也守护与传播着村落文化。古代农民的特性、心态与精神面貌是在中国古代特定的历史条件与社会结构中养成的,其既是中国古代农耕文明的必然产物,又对中国古代农耕文明施加着重要影响。可以说,古代农民的心态构成与特性是中国古代村落文化的有机组成部分,也是中国古代村落文化的重要土壤。

主要参考书目

一、古代文献

［战国］慎到撰，许富宏校注：《慎子集校集注》，《新编诸子集成续编》本，中华书局 2013 年版。

［汉］班固：《汉书》，中华书局 1962 年版。

［汉］崔寔、［汉］仲长统撰，孙启治校注：《政论校注 昌言校注》，《新编诸子集成续编》本，中华书局 2012 年版。

［汉］崔寔撰，缪启愉辑释：《四民月令辑释》，农业出版社 1981 年版。

［汉］董仲舒撰，［清］苏舆义证，钟哲点校：《春秋繁露义证》，《新编诸子集成》本，中华书局 1992 年版。

［汉］氾胜之撰，石声汉释：《氾胜之书今释》，科学出版社 1956 年版。

［汉］韩婴撰，许维遹校释：《韩诗外传集释》，中华书局 1980 年版。

［汉］何休注，［唐］徐彦疏：《春秋公羊传注疏》，《十三经注疏》本，中华书局 1980 年影印版。

［汉］何休撰，［唐］陆德明音义：《春秋公羊经传解诂》，中华书局 1988 年版。

［汉］桓宽撰，王利器校注：《盐铁论校注》，《新编诸子集成》本，中华书局 1992 年版。

［汉］桓谭撰，朱谦之校辑：《新辑本桓谭新论》，《新编诸子集成续编》本，中华书局 2009 年版。

［汉］孔安国传，［唐］孔颖达等正义：《尚书正义》，《十三经注疏》本，中华书局 1980 年影印版。

［汉］刘安编，何宁集释：《淮南子集释》，《新编诸子集成》本，中华书局 1998 年版。

［汉］刘向集录：《战国策》，上海古籍出版社 1985 年版。

［汉］刘歆等撰，王根林校点：《西京杂记》（外五种），上海古籍出版社 2012 年版。

［汉］刘珍等撰，吴树平校注：《东观汉记校注》，中华书局 2008 年版。

［汉］毛苌传，［汉］郑玄笺，［唐］孔颖达等正义：《毛诗正义》，《十三经注疏》本，中华书局 1980 年

影印版。

[汉]史游撰,管振邦译注,宙浩审校:《颜注急就篇译释》,南京大学出版社 2009 年版。

[汉]司马迁:《史记》,中华书局 1959 年版。

[汉]王充撰,黄晖校释,刘盼遂集解:《论衡校释》,《新编诸子集成》本,中华书局 1990 年版。

[汉]王符撰,[清]汪继培笺,彭铎校正:《潜夫论笺校正》,《新编诸子集成》本,中华书局 1985 年版。

[汉]王逸撰,黄灵庚疏证:《楚辞章句疏证》,中华书局 2007 年版。

[汉]许慎撰,[清]段玉裁注:《说文解字注》,中州古籍出版社 2006 年版。

[汉]荀悦、[晋]袁宏撰,张烈点校:《两汉纪》,中华书局 2002 版。

[汉]扬雄撰,汪荣宝义疏,陈仲夫点校:《法言义疏》,《新编诸子集成》本,中华书局 1987 年版。

[汉]应劭撰,王利器校注:《风俗通义校注》,《新编诸子集成续编》本,中华书局 2010 年版。

[汉]郑玄注,[唐]贾公彦疏:《仪礼注疏》,《十三经注疏》本,中华书局 1980 年影印版。

[汉]郑玄注,[唐]贾公彦疏:《周礼注疏》,《十三经注疏》本,中华书局 1980 年影印版。

[汉]郑玄注,[唐]孔颖达等正义:《礼记正义》,《十三经注疏》本,中华书局 1980 年影印版。

[魏]王弼、[晋]韩康伯注,[唐]孔颖达等正义:《周易正义》,《十三经注疏》本,中华书局 1980 年影印版。

[魏]王弼撰,楼宇烈校释:《老子道德经注校释》,《新编诸子集成》本,中华书局 2008 年版。

[晋]常璩:《华阳国志》,《丛书集成初编》本,中华书局 1985 年版。

[晋]陈寿撰,[南朝宋]裴松之注:《三国志》,中华书局 1959 年版。

[晋]杜预注,[唐]孔颖达等正义:《春秋左传正义》,《十三经注疏》本,中华书局 1980 年影印版。

[晋]干宝撰,汪绍楹校注:《搜神记》,中华书局 1979 年版。

[晋]葛洪撰,王明校释:《抱朴子内篇校释》,《新编诸子集成》本,中华书局 1985 年版。

[晋]葛洪撰,杨明照校笺:《抱朴子外篇校笺》(上、下),《新编诸子集成》本,中华书局 1991 年版。

[北朝]贾思勰撰,缪启愉、缪桂龙译注:《齐民要术译注》,上海古籍出版社 2009 年版。

[北魏]郦道元注,杨守敬、熊会贞疏,段熙仲点校,陈桥驿复校:《水经注疏》,江苏古籍出版社

1999 年版。

[南朝宋]范晔撰,[唐]李贤等注:《后汉书》,中华书局 1965 年版。

[南朝梁]沈约:《宋书》,中华书局 1974 年版。

[南朝梁]吴均:《续齐谐记》,《元明善本丛书》本,商务印书馆 1937 年版。

[南朝梁]萧统编,[唐]李善注:《文选》,中华书局 1977 年版。

[南朝梁]萧子显:《南齐书》,中华书局 1972 年版。

[南朝梁]宗懔著,姜彦稚辑校:《荆楚岁时记》,岳麓书社 1986 年版。

[北齐]魏收:《魏书》,中华书局 1974 年版。

[北齐]颜之推撰,王利器集解:《颜氏家训集解》(增补本),《新编诸子集成》本,中华书局 1993
年版。

[唐]杜佑撰,王文锦等点校:《通典》,中华书局 1988 年版。

[唐]段成式撰,方南生点校:《酉阳杂俎》,中华书局 1981 年版。

[唐]房玄龄等:《晋书》,中华书局 1974 年版。

[唐]封演撰,赵贞信校注:《封氏闻见记校注》,中华书局 2005 年版。

[唐]李林甫等撰,陈仲夫点校:《唐六典》,中华书局 1992 年版。

[唐]李延寿:《南史》,中华书局 1972 年版。

[唐]李延寿:《北史》,中华书局 1974 年版。

[唐]李肇:《唐国史补》,中华书局 1991 年版。

[唐]令狐德棻等:《周书》,中华书局 1971 年版。

[唐]陆贽著,刘泽民校点:《陆宣公集》,浙江古籍出版社 1988 年版。

[唐]欧阳询等:《艺文类聚》,上海古籍出版社 2013 年版。

[唐]释道世著,周叔迦、苏晋仁校注:《法苑珠林校注》,中华书局 2003 年版。

[唐]王梵志著,项楚校注:《王梵志诗校注》,上海古籍出版社 1991 年版。

[唐]魏征等:《隋书》,中华书局 1973 年版。

[唐]徐坚等:《初学记》,中华书局 1962 年版。

[唐]姚思廉:《陈书》,中华书局 1972 年版。

［唐］姚思廉:《梁书》,中华书局 1973 年版。

［唐］元稹撰,冀勤点校:《元稹集》,中华书局 1982 年版。

［唐］长孙无忌等撰,刘俊文点校:《唐律疏议》,中华书局 1983 年版。

［唐］赵璘:《因话录》,《丛书集成初编》本,中华书局 1985 年版。

［后晋］刘昫等:《旧唐书》,中华书局 1975 年版。

［五代］孙光宪撰,贾二强点校:《北梦琐言》,中华书局 2002 年版。

［宋］陈元靓撰,许逸民点校:《岁时广记》,中华书局 2020 年版。

［宋］范成大著,富寿荪标校:《范石湖集》,上海古籍出版社 2006 年版。

［宋］高斯得:《耻堂存稿》,中华书局 1985 年版。

［宋］洪迈撰,何卓点校:《夷坚志·夷坚丁志》,中华书局 1981 年版。

［宋］洪适:《隶释 隶续》,中华书局 1985 年版。

［宋］李昉等编:《文苑英华》,中华书局 1966 年版。

［宋］李昉等编:《太平广记》,中华书局 2020 年版。

［宋］李昉等编纂:《太平御览》,中华书局 1960 年版。

［宋］李焘著,上海师范大学古籍整理研究所等点校:《续资治通鉴长编》,中华书局 2004 年版。

［宋］陆佃著,王敏红校点:《埤雅》,浙江大学出版社 2008 年版。

［宋］陆游著,钱仲联校注:《剑南诗稿校注》,上海古籍出版社 2005 年版。

［宋］罗愿撰,石云孙点校:《尔雅翼》,黄山书社 1991 年版。

［宋］孟元老撰,邓之诚注:《东京梦华录》,中华书局 1982 年版。

［宋］欧阳修、宋祁:《新唐书》,中华书局 1975 年版。

［宋］欧阳修:《新五代史》,中华书局 1974 年版。

［宋］欧阳修著,李逸安校点:《欧阳修全集》,中华书局 2001 年版。

［宋］沈括:《梦溪笔谈》,上海书店出版社 2009 年版。

［宋］司马光:《资治通鉴》,中华书局 1956 年版。

［宋］宋敏求编,洪丕谟等点校:《唐大诏令集》,学林出版社 1992 年版。

［宋］王谠撰,周勋初校证:《唐语林校证》,《唐宋史料笔记丛刊》本,中华书局 2008 年版。

[宋]王辟之撰,吕友仁点校:《渑水燕谈录》,《唐宋史料笔记丛刊》本,中华书局 1981 年版。

[宋]王溥:《唐会要》,中华书局 1955 年版。

[宋]王钦若等编:《册府元龟》,中华书局 1989 年版。

[宋]王象之:《舆地纪胜》,《中国古代地理总志丛刊》本,中华书局 1992 年版。

[宋]王应麟撰,翁元圻等注,栾保群等校点:《困学纪闻》,上海古籍出版社 2008 年版。

[宋]吴处厚撰,李裕民点校:《青箱杂记》,《唐宋史料笔记丛刊》本,中华书局 1985 年版。

[宋]吴自牧撰,关海娟校注:《梦粱录新校注》,巴蜀书社 2015 年版。

[宋]袁采:《袁氏世范》,《丛书集成初编》本,中华书局 1985 年版。

[宋]张世南撰,张茂鹏点校:《游宦纪闻》,《唐宋史料笔记丛刊》本,中华书局 1981 年版。

[宋]朱熹著,郭齐、尹波点校:《朱熹集》,四川教育出版社 1996 年版。

[宋]庄绰撰,萧鲁阳点校:《鸡肋编》,《唐宋史料笔记丛刊》本,中华书局 1983 年版。

[元]李祁:《云阳集》,《景印文渊阁四库全书》本,台湾商务印书馆 1986 年版。

[元]娄元礼:《田家五行》,《续修四库全书》本,上海古籍出版社 2002 年版。

[元]马端临:《文献通考》,中华书局 1986 年版。

[元]脱脱等:《宋史》,中华书局 1977 年版。

[元]俞希鲁:《至顺镇江志》,《宋元方志丛刊》本,中华书局 1990 年版。

[元]王祯撰,缪启愉译注:《东鲁王氏农书译注》,上海古籍出版社 1994 年版。

[元]郑玉:《师山集》,《景印文渊阁四库全书》本,台湾商务印书馆 1986 年版。

[明]冯梦龙:《山歌》,江苏古籍出版社 2000 年版。

[明]顾起元撰,谭棣华等点校:《客座赘语》,中华书局 1987 年版。

[明]顾炎武撰,华忱之点校:《顾亭林诗文集》,中华书局 1983 年版。

[明]顾炎武撰,黄珅等校点:《天下郡国利病书》,上海古籍出版社 2012 年版。

[明]归有光著,周本淳校点:《震川先生集》,上海古籍出版社 2007 年版。

[明]邝璠著,石声汉、康成懿校注:《便民图纂》,农业出版社 1959 年版。

[明]李东阳等撰,[明]申时行等重修:《大明会典》,广陵书社 2007 年影印本。

[明]李梦阳:《空同集》,《四库全书荟要》本,世界书局 1988 年版。

［明］李日华著,屠友祥校注:《味水轩日记》,上海远东出版社 1996 年版。

［明］陆粲撰,谭棣华等点校:《庚巳编》,中华书局 1987 年版。

［明］卢翰辑:《月令通考》,《四库全书存目丛书》本,齐鲁书社 1996 年版。

［明］谈修:《呵冻漫笔》,《丛书集成初编》本,中华书局 1991 年版。

［明］王稌:《瞻斋稿》,《续金华丛书》本,永康胡氏梦选楼民国十三年(1924 年)刻本。

［明］王象晋:《二如亭群芳谱》,《故宫珍本丛刊》本,海南出版社 2000 年版。

［明］熊鸣岐:《昭代王章》,正中书局 1981 年重印《玄览堂丛书初辑》本。

［明］徐光启著,石声汉校注,西北农学院古农学研究室整理:《农政全书校注》,上海古籍出版社
　　1979 年版。

［明］叶梦珠撰,来新夏点校:《阅世编》,上海古籍出版社 1981 年版。

［明］臧晋叔编:《元曲选》,中华书局 1958 年版。

［明］张岱撰,马兴荣点校:《陶庵梦忆》,《元明史料笔记丛刊》本,中华书局 2007 年版。

［明］朱彝尊辑录:《明诗综》,中华书局 2007 年版。

［清］陈立撰,吴则虞点校:《白虎通疏证》,《新编诸子集成》本,中华书局 1994 年版。

［清］邓琳纂:道光《虞乡志略》,《江苏历代方志全书》本,凤凰出版社 2016 年版。

［清］董诰等编:《全唐文》,中华书局 1983 年影印版。

［清］杜文澜辑,周绍良校点:《古谣谚》,中华书局 1958 年版。

［清］方苞著,刘季高校点:《方苞集》,上海古籍出版社 1983 年版。

［清］方若原著,王壮弘增补:《增补校碑随笔》,上海书画出版社 1981 年版。

［清］冯桂芬:《显志堂稿》,朝华出版社 2018 年版。

［清］福格撰,汪北平点校:《听雨丛谈》,《清代史料笔记丛刊》本,中华书局 1984 年版。

［清］辅德:《皇清奏议》,《续修四库全书》本,上海古籍出版社 2002 年版。

［清］顾禄撰,来新夏校点:《清嘉录》,上海古籍出版社 1986 年版。

［清］嵇璜等:《清朝文献通考》,浙江古籍出版社 1998 年版。

［清］贺长龄辑:《皇朝经世文编》,文海出版社 1972 年版。

［清］焦循撰,沈文倬点校:《孟子正义》,《新编诸子集成》本,中华书局 1987 年版。

［清］刘献廷撰，汪北平、夏志和点校：《广阳杂记》，《清代史料笔记丛刊》本，中华书局 1957 年版。

［清］彭定求等编：《全唐诗》，中华书局 1960 年版。

［清］蒲松龄著，蒲先明整理，邹宗良校注：《聊斋俚曲集》，国际文化出版公司 1999 年版。

［清］蒲松龄著，路大荒整理：《蒲松龄集》，上海古籍出版社 1986 年版。

［清］屈大均：《广东新语》，《清代史料笔记丛刊》本，中华书局 1985 年版。

［清］王先谦：《汉书补注》，中华书局 1983 年版。

［清］王先谦撰，沈啸寰、王星贤点校：《荀子集解》，《新编诸子集成》本，中华书局 2013 年版。

［清］王先慎撰，钟哲点校：《韩非子集解》，《新编诸子集成》本，中华书局 1998 年版。

［清］徐松辑，刘琳等校点：《宋会要辑稿》，上海古籍出版社 2014 年版。

［清］严可均辑，马志伟审订：《全上古三代秦汉三国六朝文》，商务印书馆 1999 年版。

［清］翟灏撰，颜春峰点校：《通俗编》，中华书局 2013 年版。

［清］张廷玉等：《明史》，中华书局 1974 年版。

［清］赵吉士：《寄园寄所寄》，《续修四库全书》本，上海古籍出版社 2002 年版。

［清］郑旭旦辑：《天籁集》，上海文艺出版社 1990 年版。

北京大学古文献研究所编：《全宋诗》，北京大学出版社 1991—1998 年版。

陈高华等点校：《元典章》，中华书局 2011 年版。

陈尚君辑校：《全唐诗补编》（全 3 册），中华书局 1992 年版。

陈生玺辑：《政书集成》第 10 辑，中州古籍出版社 1996 年版。

程树德撰，程俊英、蒋见元点校：《论语集释》，《新编诸子集成》本，中华书局 1990 年版。

方龄贵校注：《通制条格校注》，中华书局 2001 年版。

官箴书集成编纂委员会编：《官箴书集成》，黄山书社 1997 年版。

顾廷龙等主编：《续修四库全书》，上海古籍出版社 2002 年版。

古直笺，李剑锋评：《重定陶渊明诗笺》，山东大学 2016 年版。

雷梦水等编：《中华竹枝词》，北京古籍出版社 1997 年版。

黎翔凤撰，梁运华整理：《管子校注》，《新编诸子集成》本，中华书局 2004 年版。

楼含松主编:《中国历代家训集成》第 1 册,浙江古籍出版社 2017 年版。

任半塘编著:《敦煌歌辞总编》,上海古籍出版社 1987 年版。

《日本藏中国罕见地方志丛刊》(全 32 册),书目文献出版社 1990 年版。

上海师范大学古籍整理研究所校点:《国语》,上海古籍出版社 1978 年版。

《天一阁藏明代方志选刊》(全 68 册),上海古籍书店 1981、1982 年版。

《天一阁藏明代方志丛刊续编》(全 72 册),上海书店出版社 2014 年版。

王根林等校点:《汉魏六朝笔记小说大观》,上海古籍出版社 1999 年版。

王树山、陈庆延、杨廷祥等:《古今俗语集成》(全 6 卷),山西人民出版社、山西教育出版社 1989
    年版。

吴恭亨撰,喻岳衡校注:《对联话》,岳麓书社 2003 年版。

许维遹撰,梁运华整理:《吕氏春秋集释》,《新编诸子集成》本,中华书局 2009 年版。

杨伯峻编著:《春秋左传注》,中华书局 1990 年版。

杨镰主编:《全元诗》第 12 册,中华书局 2013 年版。

中国地方志集成编辑委员会等:《中国地方志集成·府县志辑》,江苏古籍出版社、上海书店、巴
    蜀书社 1991 年至今出版。

中国地方志集成编辑委员会等:《中国地方志集成·乡镇志专辑》(全 33 册),江苏古籍出版社、
    上海书店、巴蜀书社 1992 年版。

中国社会科学院历史研究所清史研究室:《清史资料》,中华书局 1983 年版。

曾枣庄、刘琳主编:《全宋文》,上海辞书出版社、安徽教育出版社 2006 年版。

二、出土文献资料

长沙市文物考古研究所、中国文物研究所、走马楼简牍整理组编著:《长沙走马楼三国吴简 竹
    简》(8 卷共 24 册),文物出版社 2003—2018 年版。

长沙市文物考古研究所、中国文物研究所编:《长沙东牌楼东汉简牍》,文物出版社 2006 年版。

长沙市文物考古研究所等编:《长沙五一广场东汉简牍》(壹、贰),中西书局 2018 年版。

长沙市文物考古研究所等编:《长沙五一广场东汉简牍选释》,中西书局 2015 年版。

长沙市文物考古研究所等编著:《长沙走马楼三国吴简——嘉禾吏民田家莂》,文物出版社 1999

年版。

陈建华、王鹤鸣主编:《中国家谱资料选编·家规族约卷》(上、下卷),上海古籍出版社 2013 年版。

陈松长编著:《香港中文大学文物馆藏简牍》,香港中文大学文物馆 2001 年版。

陈松长主编:《岳麓书院藏秦简》(肆),上海辞书出版社 2015 年版。

陈松长主编:《岳麓书院藏秦简》(伍),上海辞书出版社 2017 年版。

陈伟主编:《里耶秦简牍校释》第 1 卷,武汉大学出版社 2012 年版。

陈伟主编:《里耶秦简牍校释》第 2 卷,武汉大学出版社 2018 年版。

陈伟主编:《秦简牍合集》(全 6 册),武汉大学出版社 2014 年版。

陈伟主编:《秦简牍合集》(释文注释修订本,全 4 册),武汉大学出版社 2016 年版。

崔忠清主编,山东省沂南汉墓博物馆编:《山东沂南汉画像石》,齐鲁书社 2001 年版。

甘肃省文物考古研究所编:《敦煌汉简》,中华书局 1991 年版。

甘肃省文物考古研究所等编:《居延新简》,文物出版社 1990 年版。

高文:《汉碑集释》(修订本),河南大学出版社 1997 年版。

高文:《四川汉代画像砖》,上海人民出版社 1987 年版。

宫衍兴编著:《济宁全汉碑》,齐鲁书社 1990 年版。

河南省文物考古研究所编:《新蔡葛陵楚墓》,大象出版社 2003 年版。

胡平生等:《长江流域出土简牍与研究》,湖北教育出版社 2004 年版。

湖北省荆沙铁路考古队:《包山楚简》,文物出版社 1991 年版。

湖北省荆州市周梁玉桥遗址博物馆编:《关沮秦汉墓简牍》,中华书局 2001 年版。

黄征、吴伟编校:《敦煌愿文集》,岳麓书社 1995 年版。

李均明、何双全编:《散见简牍合辑》,文物出版社 1990 年版。

刘纬毅:《汉唐方志辑佚》,北京图书馆出版社 1997 年版。

陆增祥:《八琼室金石补正》,文物出版社 1985 年版。

马汉国主编:《微山汉画像石选集》,文物出版社 2003 年版。

马王堆汉墓帛书整理小组:《五十二病方》,文物出版社 1979 年版。

孟繁峰、刘超英主编:《隋唐五代墓志汇编·河北卷》,天津古籍出版社1991年版。

南阳汉画像石编委会编:《南阳汉画像石》,文物出版社1985年版。

宁可、郝春文辑校:《敦煌社邑文书辑校》,江苏古籍出版社1997年版。

裘锡圭主编:《长沙马王堆汉墓简帛集成》(全7册),中华书局2014年版。

沙知:《敦煌契约文书辑校》,江苏古籍出版社1999年版。

睡虎地秦墓竹简整理小组:《睡虎地秦墓竹简》,文物出版社1978年版。

台北"中研院"历史语言研究所简牍整理小组编:《居延汉简》(1—4),"中研院"历史语言研究所
　　2014—2017年版。

唐耕耦、陆宏基编:《敦煌社会经济文献真迹释录》(第1—4辑),书目文献出版社、全国图书馆文
　　献缩微复制中心1986—1990年版。

王建中、闪修山:《南阳两汉画像石》,文物出版社1990年版。

王重民等编:《敦煌变文集》,人民文学出版社1957年版。

吴曾德:《汉代画像石》,文物出版社1984年版。

吴小强:《秦简日书集释》,岳麓书社2000年版。

银雀山汉墓竹简整理小组编:《银雀山汉墓竹简》,文物出版社1985年版。

张传玺编:《中国历代契约会编考释》,北京大学出版社1995年版。

张家山二四七号汉墓竹简整理小组编著:《张家山汉墓竹简(二四七号墓)》(释文修订本),文物
　　出版社2006年版。

张昭森主编:《长清碑刻》,济南出版社2020年版。

赵超:《汉魏南北朝墓志汇编》,天津古籍出版社1992年版。

郑振满等编:《福建宗教碑铭汇编》,福建人民出版社1995年版。

中国画像石全集编辑委员会编:《中国画像石全集》(共8卷),河南美术出版社、山东美术出版社
　　2000年版。

中国画像砖全集编辑委员会编:《中国画像砖全集》,四川美术出版社2005年版。

中国简牍集成编辑委员会编:《中国简牍集成》(全20册),敦煌文艺出版社2001、2005年版。

中国科学院历史研究所资料室编:《敦煌资料》第1辑,中华书局1961年版。

中国社会科学院考古研究所:《居延汉简甲乙编》,中华书局 1980 年版。

周绍良主编:《唐代墓志汇编》(上、下),上海古籍出版社 1992 年版。

周绍良、赵超主编:《唐代墓志汇编续集》,上海古籍出版社 2001 年版。

朱汉民、陈松长主编:《岳麓书院藏秦简》(叁),上海辞书出版社 2013 年版。

朱锡禄编著:《嘉祥汉画像石》,山东美术出版社 1992 年版。

朱锡禄编著:《武氏祠汉画像石》,山东美术出版社 1986 年版。

三、今人主要著作

白益华主编:《中国农村基层建制的历史演变》,四川人民出版社 1992 年版。

包伟民:《传统国家与社会(960—1279 年)》,商务印书馆 2009 年版。

包伟民主编:《宋代社会史论稿》,山西古籍出版社 2005 年版。

蔡东洲等:《关羽崇拜研究》,巴蜀书社 2001 年版。

常建华:《明代宗族研究》,上海人民出版社 2006 年版。

常建华:《宋以后宗族形态的演进与社会变迁》,天津人民出版社 2013 年版。

常建华:《中华文化通志·宗族志》,上海人民出版社 1998 年版。

晁福林:《夏商西周的社会变迁》,北京师范大学出版社 1996 年版。

陈宝良:《中国的社与会》,浙江人民出版社 1996 年版。

陈宝良:《明代社会生活史》,中国社会科学出版社 2004 年版。

陈高华、徐吉军主编:《中国风俗通史》(12 卷),上海文艺出版社 2001 年版。

陈锋主编:《明清以来长江流域社会发展史论》,武汉大学出版社 2006 年版。

陈江:《明清中后期的江南社会与社会生活》,上海社会科学院出版社 2006 年版。

陈其南:《家族与社会》,联经出版事业股份有限公司 1990 年版。

陈学恂主编:《中国教育史研究(明清分卷)》,华东师范大学出版社 1995 年版。

陈志华等:《新叶村》,重庆出版社 1999 年版。

崔向东:《汉代豪族研究》,崇文书局 2003 年版。

党银平、段承校编著:《隋唐五代歌谣集》,南京师范大学出版社 2014 年版。

杜正胜:《编户齐民——传统政治结构之形成》,联经出版事业股份有限公司 1990 年版。

杜正胜:《古代社会与国家》,允晨文化实业股份有限公司 1992 年版。

杜正贞:《村社传统与明清士绅:山西泽州乡土社会的制度变迁》,上海辞书出版社 2007 年版。

段进等:《世界文化遗产西递古村落空间解析》,东南大学出版社 2006 年版。

段友文:《黄河中下游家族村落民俗与社会现代化》,中华书局 2007 年版。

费成康主编:《中国的家法族规》,上海社会科学院出版社 1998 年版。

费孝通:《乡土中国 生育制度》,北京大学出版社 1998 年版。

费孝通:《江村经济——中国农民的生活》,商务印书馆 2001 年版。

冯尔康、常建华编:《中国历史上的农民》,台北财团法人馨园文教基金会 1998 年版。

冯尔康等编著:《中国宗族史》,上海人民出版社 2009 年版。

冯尔康主编:《中国社会结构的演变》,河南人民出版社 1994 年版。

冯贤亮:《明清江南地区的环境变动与社会控制》,上海人民出版社 2002 年版。

冯贤亮:《明清江南的州县行政与地方社会研究》,上海古籍出版社 2015 年版。

福建博物院编著:《福建北部古村落调查报告》,科学出版社 2006 年版。

傅衣凌:《明清农村社会经济 明清社会经济变迁论》,中华书局 2007 年版。

高敏:《长沙走马楼简牍研究》,广西师范大学出版社 2007 年版。

高荣盛主编:《江南社会经济研究·宋元卷》,中国农业出版社 2006 年版。

高升荣:《明清时期关中地区水资源环境变迁与乡村社会》,商务印书馆 2017 年版。

高寿仙:《明代农业经济与农村社会》,黄山书社 2006 年版。

高占祥主编:《论村落文化》,河南人民出版社 1994 年版。

耿元骊:《唐宋土地制度与政策演变研究》,商务印书馆 2012 年版。

龚书铎主编:《中国社会通史》(全 8 卷),山西教育出版社 1996 年版。

谷更有:《唐宋国家与乡村社会》,中国社会科学出版社 2006 年版。

谷更有:《太行山东麓的古村落及其历史文化研究——以井陉域内为中心》,中国社会科学出版
  社 2019 年版。

广东省文学艺术界联合会等编著:《广东古村落》,华南理工大学出版社 2010 年版。

韩茂莉:《十里八村——近代山西乡村社会地理研究》,生活·读书·新知三联书店 2017 年版。

韩昇主编:《古代中国:社会转型与多元文化》,上海人民出版社 2007 年版。

郝春文:《中古时期社邑研究》,新文丰出版公司 2006 年版。

何兹全:《中国古代社会》,河南人民出版社 1991 年版。

侯旭东:《五、六世纪北方民众佛教信仰》,中国社会科学出版社 1998 年版。

侯旭东:《北朝村民的生活世界——朝廷、州县与村里》,商务印书馆 2005 年版。

侯旭东:《佛陀相佑:造像记所见北朝民众信仰》,社会科学文献出版社 2018 年版。

胡恒:《皇权不下县? ——清代县辖政区与基层社会治理》,北京师范大学出版社 2015 年版。

胡朴安:《中华全国风俗志》,中州古籍出版社 1990 年版。

黄海妍:《在城市与乡村之间:清代以来广州合族祠研究》,生活·读书·新知三联书店 2008 年版。

黄宽重、刘增贵主编:《家族与社会》,中国大百科全书出版社 2005 年版。

黄宽重主编:《中国史新论(基层社会分册)》,联经出版事业股份有限公司 2009 年版。

黄宽重:《宋代的家族与社会》,东大图书公司 2006 年版。

黄晓芬:《汉墓的考古学研究》,岳麓书社 2003 年版。

蒋英炬:《汉代画像石与画像砖》,文物出版社 2001 年版。

雷家宏:《中国古代的乡里生活》,商务印书馆国际有限公司 1997 年版。

李斌城等:《隋唐五代社会生活史》,中国社会科学出版社 1998 年版。

李发林:《山东汉画像石研究》,齐鲁书社 1982 年版。

李景汉编著:《定县社会概况调查》,上海人民出版社 2005 年版。

黎明钊:《辐辏与秩序:汉帝国地方社会研究》,香港中文大学出版社 2013 年版。

李国钧、王炳照总主编:《中国教育制度通史》(第1—3卷),山东教育出版社 2000 年版。

李秋香主编:《庙宇》,生活·读书·新知三联书店 2006 年版。

李秋香主编:《宗祠》,生活·读书·新知三联书店 2006 年版。

李秋香主编:《文教建筑》,生活·读书·新知三联书店 2007 年版。

李秋香主编:《村落》,生活·读书·新知三联书店 2008 年版。

李如森:《汉代丧葬礼俗》,沈阳出版社 2003 年版。

李文治、江太新:《中国宗法宗族制和族田义庄》,社会科学文献出版社 2000 年版。

李新宇、周海婴主编:《鲁迅大全集》第 25 卷,长江文艺出版社 2011 年版。

梁庚尧、刘淑芬主编:《城市与乡村》,中国大百科全书出版社 2005 年版。

廖寅:《宋代两湖地区民间强势力量与地域秩序》,人民出版社 2011 年版。

林济:《长江流域的宗族与宗族生活》,湖北教育出版社 2004 年版。

林文勋、谷更有:《唐宋乡村社会力量与基层控制》,云南大学出版社 2005 年版。

林文勋等:《中国古代"富民"阶层研究》,云南大学出版社 2008 年版。

刘岱主编:《中国文化新论·社会篇:吾土与吾民》,生活·读书·新知三联书店 1992 年版。

刘沛林:《古村落:和谐的人居空间》,上海三联书店 1998 年版。

刘兴林:《先秦两汉农业与乡村聚落的考古学研究》,文物出版社 2017 年版。

刘屹:《神格与地域:汉唐间道教信仰世界研究》,上海人民出版社 2011 年版。

柳诒徵:《中国文化史》,中国文史出版社 2015 年版。

刘志伟:《在国家与社会之间——明清广东地区里甲赋役制度与乡村社会》,中国人民大学出版
　　社 2010 年版。

刘志远等:《四川汉代画像砖与汉代社会》,文物出版社 1983 年版。

路遥主编:《民间信仰与中国社会研究系列》(全 7 卷),上海人民出版社 2010—2012 年版。

吕大吉:《宗教学通论新编》,中国社会科学出版社 2010 年版。

吕微:《隐喻世界的来访者:中国民间财神信仰》,学苑出版社 2001 年版。

吕肖奂:《中国古代民谣研究》,巴蜀书社 2006 年版。

马彪:《秦汉豪族社会研究》,中国书店 2002 年版。

马西沙、韩秉方:《中国民间宗教史》,上海人民出版社 1992 年版。

马新、齐涛:《中国远古社会史论》,科学出版社 2003 年版。

马新:《两汉乡村社会史》,齐鲁书社 1997 年版。

马新主编:《中国古代地方政治研究》(全 6 册),山东大学出版社 2010—2011 年版。

马新主编:《中国文化四季》(全 16 册),山东大学 2017 年版。

马新:《中国古代村落形态研究》,商务印书馆 2020 年版。

马新、贾艳红、李浩:《中国古代民间信仰:远古—隋唐五代》,上海人民出版社 2010 年版。

毛汉光:《中国中古社会史论》,上海书店出版社 2002 年版。

孟宪实:《敦煌民间结社研究》,北京大学出版社 2009 年版。

牟发松:《汉唐历史变迁中的社会与国家》,上海人民出版社 2011 年版。

牟钟鉴:《中国宗教与文化》,巴蜀书社 1989 年版。

牟钟鉴、张践:《中国宗教通史》,中国社会科学出版社 2007 年版。

彭一刚:《传统村镇聚落景观分析》,中国建筑工业出版社 1992 年版。

蒲慕州:《追寻一己之福:中国古代的信仰世界》,上海古籍出版社 2007 年版。

钱杭等:《十七世纪江南社会生活》,浙江人民出版社 1996 年版。

齐涛:《魏晋隋唐乡村社会研究》,山东人民出版社 1995 年版。

齐涛:《中国民俗史论》,河南大学出版社 1992 年版。

齐涛主编:《中国民俗通志》(全 36 册),山东教育出版社 2007 年版。

齐涛:《中国传统政治检讨》,南海出版公司 2012 年版。

齐涛主编:《中国古代经济史》(第 3 版),山东大学出版社 2012 年版。

秦晖:《传统十论》,东方出版社 2014 年版。

瞿同祖著,邱立波译:《汉代社会结构》,上海世纪出版集团 2007 年版。

荣新江主编:《唐代宗教信仰与社会》,上海辞书出版社 2003 年版。

山东省文物考古研究所编:《济青高级公路章丘工段考古发掘报告集》,齐鲁书社 1993 年版。

山西省住房和城乡建设厅组织编写:《山西古村镇系列丛书》(共 17 分册),中国建筑工业出版社
　2009—2013 年版。

上海民间文艺家协会、上海民俗学会编:《中国民间文化:地方神信仰》,学林出版社 1995 年版。

史卫民:《元代社会生活史》,中国社会科学出版社 2005 年版。

宋镇豪:《商代社会生活与礼俗》,中国社会科学出版社 2000 年版。

苏力:《元代地方精英与基层社会:以江南地区为中心》,天津古籍出版社 2009 年版。

谭景玉:《宋代乡村组织研究》,山东大学出版社 2010 年版。

田昌五:《中国古代社会发展史论》,齐鲁书社 1992 年版。

田昌五、臧知非:《周秦社会结构研究》,西北大学出版社 1996 年版。

万明主编:《晚明社会变迁问题与研究》,商务印书馆 2005 年版。

王笛:《跨出封闭的世界——长江上游区域社会研究(1644—1911)》,中华书局 2001 年版。

王加华:《被结构的时间:农事节律与传统中国乡村民众年度时间生活——以江南地区为中心的研究》,上海古籍出版社 2015 年版。

王建革:《传统社会末期华北的生态与社会》,生活·读书·新知三联书店 2009 年版。

王建革:《水乡生态与江南社会(9—20 世纪)》,北京大学出版社 2013 年版。

王金平等:《良户古村》,中国建筑工业出版社 2013 年版。

王铭铭:《村落视野中的文化与权利——闽台三村五论》,生活·读书·新知三联书店 1997 年版。

王日根:《明清民间社会的秩序》,岳麓书社 2003 年版。

王善军:《宋代宗族和宗族制度研究》,人民出版社 2018 年版。

王彦辉:《秦汉户籍管理与赋役制度研究》,中华书局 2016 年版。

王子今:《秦汉社会史论考》,商务印书馆 2006 年版。

王子今:《秦汉社会意识研究》,商务印书馆 2012 年版。

乌丙安:《中国民间信仰》,上海人民出版社 1995 年版。

吴恭亨撰,喻岳衡校注:《对联话》,岳麓书社 2003 年版。

吴文晖:《中国土地问题及其对策》,商务印书馆 1944 年版。

吴琦:《明清地方力量与地方社会》,中国社会科学出版社 2009 年版。

吴毅:《村治变迁中的权威与秩序》,中国社会科学出版社 2002 年版。

吴正芳:《徽州传统村落社会——白杨源》,复旦大学出版社 2011 年版。

萧公权:《中国乡村:19 世纪的帝国控制》,九州出版社 2018 年版。

邢义田、刘增贵主编:《古代庶民社会》,联经出版事业股份有限公司 2013 年版。

邢义田、林丽月编:《台湾学者中国史研究论丛·社会变迁》,中国大百科全书出版社 2005 年版。

信立祥:《汉代画像石综合研究》,文物出版社 2000 年版。

许冀:《徽州传统村落社会——许村》,复旦大学出版社 2013 年版。

徐茂明:《江南士绅与江南社会(1368—1911)》,商务印书馆2004年版。

徐扬杰:《中国家族制度史》,人民出版社1992年版。

徐扬杰:《宋明家族制度史论》,中华书局1995年版。

薛林平等:《大阳泉古村》,中国建筑工业出版社2010年版。

薛林平等:《官沟古村》,中国建筑工业出版社2011年版。

薛林平等:《师家沟古村》,中国建筑工业出版社2010年版。

薛林平等:《西黄石古村》,中国建筑工业出版社2010年版。

杨际平等:《五—十世纪敦煌的家庭与家族关系》,岳麓书社1997年版。

杨国安:《国家权力与民间秩序——多元视野下的明清两湖乡村社会史研究》,武汉大学出版社
　　2012年版。

杨国安:《明清两湖地区乡村社会史论》,商务印书馆2016年版。

杨俊峰:《唐宋之间的国家与祠祀:以国家和南方祀神之风互动为焦点》,上海古籍出版社2019
　　年版。

姚春敏:《清代华北乡村庙宇与社会组织》,人民出版社2013年版。

叶超:《体国经野——中国城乡关系发展的理论与历史》,东南大学出版社2014年版。

叶涛:《泰山香社研究》,上海古籍出版社2009年版。

俞伟超:《中国古代公社组织的考察——论先秦两汉的单—僤—彈》,文物出版社1988年版。

于振波:《走马楼吴简初探》,台湾文津出版社有限公司2004年版。

于振波:《简牍与秦汉社会》,湖南大学出版社2012年版。

榆林市文物管理委员会办公室编著:《神木大保当:汉代城址与墓葬考古报告》,科学出版社2001
　　年版。

杨振红:《出土简牍与汉代社会》,广西师范大学出版社2009年版。

杨振红:《出土简牍与汉代社会(续编)》,广西师范大学出版社2015年版。

臧知非:《秦汉土地赋役制度研究》,中央编译出版社2017年版。

张建民主编:《10世纪以来长江中游区域环境、经济与社会变迁》,武汉大学出版社2008
　　年版。

张建民:《明清长江中游农村社会经济研究》,商务印书馆 2010 年版。

赵景深等编:《古代儿歌资料》,少年儿童出版社 1963 年版。

赵世瑜:《狂欢与日常——明清以来的庙会与民间社会》,生活·读书·新知三联书店 2002
年版。

赵世瑜:《小历史与大历史——区域社会史的理念、方法与实践》,生活·读书·新知三联书店
2006 年版。

赵世瑜主编:《大河上下——10 世纪以来的北方城乡与民众生活》,山西人民出版社 2010
年版。

张金光:《秦制研究》,上海古籍出版社 2004 年版。

张士闪、李松总主编:《山东村落田野研究丛书》(共 20 册),山东大学出版社 2017 年版。

张树铮:《蒲松龄〈日用俗字〉注》,山东大学出版社 2015 年版。

张信通:《秦汉里治研究》,中国社会科学出版社 2019 年版。

张研:《清代族田与基层社会结构》,中国人民大学出版社 1991 年版。

张玉兴:《唐代县官与地方社会研究》,天津古籍出版社 2009 年版。

张泽咸:《唐代阶级结构研究》,中州古籍出版社 1996 年版。

郑阿财、朱凤玉:《敦煌蒙书研究》,甘肃教育出版社 2002 年版。

郑振满、陈春声主编:《民间信仰与社会空间》,福建人民出版社 2003 年版。

钟敬文主编:《中国民俗史》,人民出版社 2008 年版。

周荣:《明清社会保障制度与两湖基层社会》,武汉大学出版社 2006 年版。

周蓓:《清代基层社会聚众案件研究》,大象出版社 2013 年版。

周积明、宋德金主编:《中国社会史论》,湖北教育出版社 2000 年版。

周天游主编:《地域社会与传统中国》,西北大学出版社 1995 年版。

朱狄:《原始文化研究:对审美发生问题的思考》,生活·读书·新知三联书店 1988 年版。

朱大渭等:《魏晋南北朝社会生活史》,中国社会科学出版社 1998 年版。

邹水杰、李斯、陈克标:《国家与社会视角下的秦汉乡里秩序》,湖南大学出版社 2014 年版。

四、国外学者著作

〔德〕黑格尔著,朱光潜译:《美学》(全3卷),商务印书馆1996年版。

〔德〕路德维希·费尔巴哈著,荣震华等译:《费尔巴哈哲学著作选集》,生活·读书·新知三联书店1962年版。

〔德〕路德维希·费尔巴哈著,荣震华译:《基督教的本质》,商务印书馆1979年版。

〔法〕劳格文、〔英〕科大卫编:《中国乡村与墟镇神圣空间的构建》,社会科学文献出版社2014年版。

〔法〕谢和耐著,马德程译:《南宋社会生活史》,中国文化大学出版部1982年版。

〔韩〕吴金成著,〔日〕渡昌弘译:《明代社会经济史研究——绅士層の形成とその社会经济的役割》,汲古書院1990年版。

〔美〕费正清、赖肖尔著,陈仲丹等译:《中国传统与变革》,江苏人民出版社2012年版。

〔美〕韩明士著,皮庆生译:《道与庶道:宋代以来的道教、民间信仰和神灵模式》,江苏人民出版社2007年版。

〔美〕韩森著,包伟民译:《变迁之神——南宋时期的民间信仰》,浙江人民出版社1999年版。

〔美〕黄宗智主编:《中国乡村研究》,福建教育出版社2010年版。

〔美〕孔力飞著,陈兼、刘昶译:《叫魂:1768年中国妖术大恐慌》,生活·读书·新知三联书店2014年版。

〔美〕罗伯特·芮德菲尔德著,王莹译:《农民社会与文化:人类学对文明的一种诠释》,中国社会科学出版社2013年版。

〔美〕明思溥著,午晴、唐军译:《中国乡村生活》,时事出版社1998年版。

〔美〕欧大年著,刘心勇等译:《中国民间宗教教派研究》,上海古籍出版社1993年版。

〔日〕大沢正昭:《唐宋時代の家族·婚姻·女性》,明石書店2005年版。

〔日〕福武直:《中國村落の社會生活》,大雅堂1946年版。

〔日〕宫崎市定著,张学锋等译:《中国聚落形态的变迁》,上海古籍出版社2018年版。

〔日〕谷川道雄著,马彪译:《中国中世社会与共同体》,中华书局2002年版。

〔日〕井上徹著,钱航译:《中国的宗族与国家礼制》,上海书店出版社2008年版。

〔日〕松元浩一:《宋代の道教と民间信仰》,汲古書院 2006 年版。

〔日〕伊藤正彦:《宋元郷村社会史論》,汲古書院 2010 年版。

〔日〕圆仁:《入唐求法巡礼行记》,广西师范大学出版社 2007 年版。

〔英〕J. G. 弗雷泽著,汪培基等译:《金枝巫术与宗教之研究》,商务印书馆 2013 年版。

刘俊文主编:《日本学者研究中国史论著选译》(第 1—6 卷),中华书局 1992、1993 年版。

后 记

　　书稿完成,我应当是卸下了一个担子,可以松一口气了。但是,在这部《中国古代村落文化研究》付梓之际,我却未感到丝毫的放松。何以如此? 缘于旷日持久的紧张、辛苦,更缘于书稿完成之日,仍然存在的诸多遗憾。以我绵薄一己之力,并未完成对中国古代村落文化的全面研究与总结,更有许多疑惑尚未解决。这部书稿只是起始之跬步,更远的路还在后面,如何能够放松?

　　在《中国古代村落文化研究》获得国家社科基金重点项目立项之初,我曾十分乐观地认为,三五年内可完成这项工作,主要依据是学术界对于中国传统文化、中国古代民俗文化以及中国古代乡村社会史都有较为充分的研究,我本人对这些领域也略有涉猎,且取得了一些进展。但是,一旦深入中国古代村落文化内部,却发现并非如此。古代村落文化内容之丰富、多样,村落文化所富有的地域性、历史性、差异性,村落文化所蕴含的中国古代农耕文明的基因之复杂,都远远超出了以往研究所给予我们的认知。现有的中国传统文化研究多立足于正统文化或上层文化,并未真正深入郊野乡村,其研究范式与研究工具也难以用之于村落文化。现有的中国古代民俗文化研究虽然面向民间,但并未深入区分城市与乡村,针对村落内部的系统研究尚嫌不足。因而,课题启动后的第一个难题便是理论与范畴问题,既要寻找批判的武器,又要进行武器的批判,其中甘苦,无法言说。

　　课题启动之后,我还发现,中国古代的文献资料浩若烟海,近数十年来新出土的考古资料与简牍资料也是汗牛充栋,但是,真正关于乡村者,尤其是具体关系到村落文化者却是少之又少。为了保证古代村落文化研究的客观性与科学性,在发掘史料、甄别史料上所用功夫也难以备述。当然,一路走来的风光还是令人难忘,既有荒野大漠的孤独,又有小桥流水的欢畅;既有风雨兼程的艰辛,又有春华秋实的喜悦。这也正是文化苦旅的魅力所在。

　　古人云:"筚路蓝缕,以启山林。""筚路蓝缕"之苦,业已备尝;能否"以启山林",岂敢言之。至多是在古代村落文化与中国农耕文明的密林深处踏出了小小的一步。这一小步是否正确,有无进展,还要请大方之家,有以教之。

马　新

2021 年 4 月于山东大学

图书在版编目 (CIP) 数据

中国古代村落文化研究 / 马新著 . — 北京 : 商务
印书馆 , 2021
ISBN 978-7-100-20353-1

Ⅰ . ①中… Ⅱ . ①马… Ⅲ . ①村落文化 — 文化研究 —
中国 — 古代 Ⅳ . ① K928.5

中国版本图书馆 CIP 数据核字（2021）第 183293 号

中国古代村落文化研究

马 新 著

商 务 印 书 馆 出 版
（北京王府井大街 36 号 邮政编码 100710）
商 务 印 书 馆 发 行
南京新洲印刷有限公司印刷
ISBN 978-7-100-20353-1

2021 年 11 月第 1 版　　开本 720×1000 1/16
2021 年 11 月第 1 次印刷　　印张 34

定价：168.00 元